기독교문서선교회(Christian Literature Center: 약칭 CLC)는 1941년 영국 콜체스터에서 켄 아담스에 의해 시작되었으며 국제 본부는 미국 필라델피아에 있습니다.
국제 CLC는 59개 나라에서 180개의 본부를 두고, 약 650여 명의 선교사들이 이동도서차량 40대를 이용하여 문서 보급에 힘쓰고 있으며 이메일 주문을 통해 130여 국으로 책을 공급하고 있습니다. 한국 CLC는 청교도적 복음주의 신학과 신앙서적을 출판하는 문서선교기관으로서, 한 영혼이라도 구원되길 소망하면서 주님이 오시는 그날까지 최선을 다할 것입니다.

추천사

서 철 원 박사
현 한영신학대학교 석좌교수, 전 총신대학교 부총장 및 조직신학 교수

유광석 목사는 성경을 뜨겁게 사랑하는 설교자입니다. 그래서 성경을 강론할 때 성경 내용을 간추려서 그대로 선포합니다. 하나님의 말씀의 박력을 그대로 전달하기 위해서입니다.
유광석 목사는 성경의 핵심을 아는 목회자입니다. 성경을 강론할 때 본문을 그리스도의 인격과 구원 사역에 긴밀히 연결시킵니다. 성경이 목표하는 바가 무엇인지 밝히고 있습니다. 예수 그리스도의 구원 사역만이 인류를 죄와 죽음에서 구원하는 유일한 구원임을 제시하고 강조합니다.
이 책을 읽으므로 하나님의 말씀의 선포의 영광을 깨달을 것입니다. 그러니 그런 말씀의 선포에서 기쁨과 감격이 넘쳐납니다. 널리 읽으시고 한번 새로운 설교의 모험을 시도해 보실 수 있기 바랍니다.

김 근 수 박사
칼빈대학교 총장

수십여 년간 강단에서 섬겨 온 유광석 목사님의 저서 『4복음서 장별 강론』은 사변적이며 목회 현장에 대한 이해 없이 저술된 책들과는 확연히 다른 강조점이 돋보입니다.
오늘날 한국교회가 시들어 가는 요인 중의 하나는 삶이 받쳐 주는 말씀의 선포가 아니라 이 책, 저 책 짜집기식으로 표절한 강론과 사변적인 강론 때문이라고 생각합니다.
유광석 목사님의 목회 현장의 땀냄새가 나는, 그리고 눈물과 피, 생명의 액체가 묻어있는 그의 글들의 가치는 귀합니다. 본문을 붙잡고 기도하고, 정황을 연구하며 분석한 흔적들이 목회자들에게 친근하게 다가가고 동감을 느끼게 하며 자기 확신이 생기게 합니다.
영감된 하나님의 말씀에 대한 일말의 의심도 없이 무오하고 지고의 생명적 가치를 전제하면서 구약과 신약을 강론하였다는 사실은 목회자의 자기 확신이 없이는 될 수 없습니다. 그뿐만 아니라 성경 말씀을 성경을 인용하며 주해하고 있음도 오늘날 학풍과는 구별됩니다. 그러므로 유광석 목사님의 책을 귀한 저술로 높이 평가합니다.

길자연 목사
전 총신대학교 총장, 전 한국기독교총연합회 대표회장

유광석 목사님은 기도의 사람입니다. 그동안 겪어 오신 역경과 고난을 내밀한 기도의 생활로 이겨 오셨고, 나아가 기도로 깊은 은혜의 경지에 이르신 분입니다.

특히나 유광석 목사님은 말씀의 사람입니다. 남달리 말씀을 사랑하시는 분이십니다. 그동안 말씀의 깊은 세계를 통하여 하나님과 교통하여 오셨습니다. 목회의 여정 속에서 억울하고 고통스럽고 외로움을 당할 때, 말씀에 집중하여 힘을 얻어 견뎌 오신 말씀의 사람입니다.

유광석 목사님에겐 세상적인 꾸밈이 없고 진솔합니다. 말씀에 대한 열정이 남다르게 깊습니다. 그래서 지난 20여 년 동안 성경 말씀을 연구하여 오신 결과물을 "유광석 목사의 성경 장별 강론 시리즈"로 내놓는데, 그중에 먼저 『4복음서 장별 강론』을 출간합니다.

이 책에는 유광석 목사님의 말씀 사랑의 얼이 넘칩니다. 심령 속에 뜨겁게 솟구치는 말씀 사랑의 진솔한 정신이 넘칩니다. 이런 말씀 사랑의 정신이 목사님이 하나님의 사랑을 받는 이유일 것입니다.

유광석 목사님의 말씀 사랑의 열정과 순수성에 감동하여 목사님이 집필하신 『4복음서 장별 강론』을 추천하오니 읽으시고 유 목사님과 함께 은혜의 깊은 세계를 체험하시기를 바랍니다.

4복음서 장별 강론

4복음서 장별 강론

2019년 1월 18일 초판 발행

| 지은이 | 유광석 |

편집	곽진수
디자인	서민정, 박인미, 신봉규
펴낸곳	(사)기독교문서선교회
등록	제16-25호(1980.1.18)
주소	서울특별시 서초구 방배로 68
전화	02-586-8761~3(본사) 031-942-8761(영업부)
팩스	02-523-0131(본사) 031-942-8763(영업부)
이메일	clckor@gmail.com
홈페이지	www.clcbook.com

ISBN 978-89-341-1918-0 (94230)
ISBN 978-89-341-1917-3 (SET)

이 도서의 국립중앙도서관 출판시 도서목록(CIP)은
서지정보유통지원시스템 홈페이지(http://seoji.nl.go.kr)와 국가자료공동목록시스템
(http://www.nl.go.kr/kolisnet)에서 이용하실 수 있습니다. (CIP제어번호: CIP2018040885)
이 책의 저작권은 저자와 (사)기독교문서선교회가 소유합니다.
신저작권법에 의하여 한국 내에서 보호받는 저작물이므로 무단 전재와 무단 복제를 금합니다.

유광석 목사의 성경 장별 강론 시리즈 ❶

성경 말씀을 읽고 묵상케 하여
예수님을 만나게 하는

4복음서
장별 강론

유 광 석 지음

CLC

목차

추천사   1
저자 서문   14
서론   18

제1부
마태복음   46

제1장 | 마태복음 1장 강론
예수 그리스도의 나심은 이러 하니라   47

제2장 | 마태복음 2장 강론
동방 박사들의 믿음을 배워야 합니다   52

제3장 | 마태복음 3장 강론
세례 요한이 전파한 말을 들어야 합니다   57

제4장 | 마태복음 4장 강론
성령에게 이끌려야 합니다   62

제5장 | 마태복음 5장 강론
예수님이 가르쳐 주신 복   66

제6장 | 마태복음 6장 강론
예수님이 가르쳐 주신 복   71

제7장 | 마태복음 7장 강론
기도는 예수님의 명령입니다   76

제8장 | 마태복음 8장 강론
큰 믿음이 필요합니다   82

제9장 | 마태복음 9장 강론
예수님은 권능이 있으십니다   87

제10장 | 마태복음 10장 강론
예수님께서 제자를 부르사 권능을 주셨습니다   92

제11장 | 마태복음 11장 강론
예수님이 오신 목적을 알아야 합니다   97

제12장 | 마태복음 12장 강론
인자는 안식일의 주인이니라   102

| 제13장 | 마태복음 13장 강론
천국의 비밀을 알아야 합니다　　　　　　　　　　107

| 제14장 | 마태복음 14장 강론
오병이어의 기적　　　　　　　　　　　　　　　112

| 제15장 | 마태복음 15장 강론
외식하는 자들의 특징　　　　　　　　　　　　117

| 제16장 | 마태복음 16장 강론
시몬 베드로의 신앙고백　　　　　　　　　　　122

| 제17장 | 마태복음 17장 강론
큰 믿음이 필요합니다　　　　　　　　　　　　127

| 제18장 | 마태복음 18장 강론
천국에서는 누가 크니이까?(어린이 주일 말씀)　132

| 제19장 | 마태복음 19장 강론
사람이 그 아내를 버리는 것이 옳으니이까　　137

| 제20장 | 마태복음 20장 강론
천국은 마치 포도원 주인과 같습니다　　　　142

| 제21장 | 마태복음 21장 강론
예수님은 왕이십니다　　　　　　　　　　　　147

| 제22장 | 마태복음 22장 강론
천국 혼인 잔치를 베푸셨습니다　　　　　　　152

| 제23장 | 마태복음 23장 강론
서기관들과 바리새인들이 하는 행위를 본받지 말라　157

| 제24장 | 마태복음 24장 강론
주의 임하심과 세상 끝 날에는 무슨 징조가 있사오리이까?　162

| 제25장 | 마태복음 25장 강론
착하고 충성된 종과 악하고 게으른 종을 보여 주십니다　168

| 제26장 | 마태복음 26장 강론
예수님의 몸과 흘리신 피를 생각합시다　　　173

| 제27장 | 마태복음 27장 강론
예수님이 십자가에 못 박히실 때　　　　　　178

| 제28장 | 마태복음 28장 강론
예수님 말씀하시던 대로 살아나셨느니라　　183

제2부
마가복음 — 188

제29장 | 마가복음 1장 강론
세례 요한이 전파한 메시지 — 189

제30장 | 마가복음 2장 강론
예수님이 가지신 권세 — 194

제31장 | 마가복음 3장 강론
안식일의 주인 되신 예수님이 안식일에 할 일을 가르쳐 주셨습니다 — 199

제32장 | 마가복음 4장 강론
예수께서 가르치시는 씨 뿌리는 비유 — 204

제33장 | 마가복음 5장 강론
예수님은 믿음대로 되게 하십니다 — 209

제34장 | 마가복음 6장 강론
열두 제자를 부르사 보내시며 권능과 전도지침을 주셨습니다 — 214

제35장 | 마가복음 7장 강론
사람 안에서 나오는 그것이 사람을 더럽게 하느니라 — 219

제36장 | 마가복음 8장 강론
예수님의 사랑 — 224

제37장 | 마가복음 9장 강론
믿음이 필요합니다 — 229

제38장 | 마가복음 10장 강론
예수님은 어린이를 귀중히 여기십니다 — 234

제39장 | 마가복음 11장 강론
예수님은 열매를 원하십니다 — 239

제40장 | 마가복음 12장 강론
악한 농부의 비유를 배워야 합니다 — 244

제41장 | 마가복음 13장 강론
종말에 무슨 징조가 있사 오리이까 — 249

제42장 | 마가복음 14장 강론
예수님에게 좋은 일을 해야 합니다 — 254

제43장 | 마가복음 15장 강론
예수님이 십자가에 달리실 때 — 259

제44장 | 마가복음 16장 강론
예수님의 무덤을 찾았던 여자들의 체험 — 264

제3부
누가복음   269

제45장 | 누가복음 1장 강론
처녀 마리아가 은혜를 받았습니다   270

제46장 | 누가복음 2장 강론
예수님을 모시고 찬송합시다   275

제47장 | 누가복음 3장 강론
세례 요한의 메시지   280

제48장 | 누가복음 4장 강론
성령에게 이끌리어야 합니다   285

제49장 | 누가복음 5장 강론
시몬 베드로의 신앙이 필요합니다   290

제50장 | 누가복음 6장 강론
지극히 높으신 이의 아들이 되리니   295

제51장 | 누가복음 7장 강론
예수님께서 놀랍게 여기는 백부장의 믿음   300

제52장 | 누가복음 8장 강론
백 배의 결실   305

제53장 | 누가복음 9장 강론
하나님의 나라를 전파하라   310

제54장 | 누가복음 10장 강론
주께서 칠십 인을 세우사 친히 보냈습니다   315

제55장 | 누가복음 11장 강론
주여 기도를 가르쳐 주옵소서   320

제56장 | 누가복음 12장 강론
예수님께서 먼저 제자들에게 주신 말씀   325

제57장 | 누가복음 13장 강론
회개가 필요합니다   330

제58장 | 누가복음 14장 강론
혼인 잔치에 청함을 받았을 때   335

제59장 | 누가복음 15장 강론
일어나서 아버지께로 돌아가야 합니다   340

제60장 | **누가복음 16장 강론**
　　　　　일어나서 아버지께로 돌아가야 합니다　　　　　345

제61장 | **누가복음 17장 강론**
　　　　　하나님께 영광을 돌리는 믿음　　　　　350

제62장 | **누가복음 18장 강론**
　　　　　기도의 자세　　　　　355

제63장 | **누가복음 19장 강론**
　　　　　삭개오의 믿음　　　　　360

제64장 | **누가복음 20장 강론**
　　　　　하나님이 원하시는 것을 알아야 합니다　　　　　365

제65장 | **누가복음 21장 강론**
　　　　　종말에 무슨 징조가 있사오니이까?　　　　　370

제66장 | **누가복음 22장 강론**
　　　　　예수님의 기도　　　　　375

제67장 | **누가복음 23장 강론**
　　　　　예수님 십자가 수난을 생각합시다　　　　　380

제68장 | **누가복음 24장 강론**
　　　　　주 예수님은 살아 계십니다　　　　　385

제4부
요한복음 ... 390

제69장 | 요한복음 1장 강론
참 빛 예수님이 세상에 오셨습니다 ... 391

제70장 | 요한복음 2장 강론
모자람이 없는 예수님의 표적을 체험합시다 ... 396

제71장 | 요한복음 3장 강론
물과 성령으로 거듭나야 합니다 ... 401

제72장 | 요한복음 4장 강론
예수님이 주시는 물을 마시는 자는 영원히 목마르지 아니하리니 ... 406

제73장 | 요한복음 5장 강론
예수님은 하나님과 동등한 권세를 가지셨습니다 ... 411

제74장 | 요한복음 6장 강론
예수님은 생명의 떡입니다 ... 416

제75장 | 요한복음 7장 강론
예수님은 생수의 강입니다 ... 421

제76장 | 요한복음 8장 강론
예수님은 세상의 빛이십니다 ... 426

제77장 | 요한복음 9장 강론
실로암 못에 가서 씻으라 ... 431

제78장 | 요한복음 10장 강론
예수님은 선한 목자입니다 ... 436

제79장 | 요한복음 11장 강론
마르다의 신앙이 필요합니다 ... 441

제80장 | 요한복음 12장 강론
향유 냄새가 가득한 집 ... 446

제81장 | 요한복음 13장 강론
세상에 있는 자기 사람들을 사랑하시니라 ... 451

제82장 | 요한복음 14장 강론
너희는 마음에 근심하지 말라 ... 456

제83장 | 요한복음 15장 강론
예수님 사랑 안에 거하라 ... 461

제84장 | **요한복음 16장 강론**
　　　　　　보혜사를 너희에게 보내리니　　　　　　　　　　　466

제85장 | **요한복음 17장 강론**
　　　　　　예수님의 중보 기도　　　　　　　　　　　　　　471

제86장 | **요한복음 18장 강론**
　　　　　　예수님의 수난은 자발적입니다　　　　　　　　　476

제87장 | **요한복음 19장 강론**
　　　　　　예수님은 성경대로 죽으셨습니다　　　　　　　481

제88장 | **요한복음 20장 강론**
　　　　　　마리아가 보고 들었던 말씀　　　　　　　　　　486

제89장 | **요한복음 21장 강론**
　　　　　　부활하신 후 디베랴 바다에서 나타내신 일　　491

저자 서문

유 광 석 목사
큰빛비전교회 담임

필자는 인휴(印休, Hugh Dwight Linton, 1926-1984) 선교사에게 세례를 받은 조부로부터 3대째 신앙생활을 하고 있습니다.

필자는 상업학교를 졸업하고 중소기업은행 은행원으로, 페인트 회사 경리부장으로 근무했지만, 그 일이 신앙생활에 맞지 않아 사직했습니다. 그리고 서울시 공무원으로 근무하기 시작하여 (양택식 시장 재직 시) 수도권 수계획(녹지사업)을 성공적으로 진행했다는 공로로 우수공무원으로 인정받아 장충체육관에서 시장상을 받았습니다 (구자춘 시장 재직 시). 그 후 필자는 긴장이 풀렸는지 과로로 쓰러져 한강성심병원에 입원하였으나 살 가망이 없어 동은교회(수도노회) 김양수 목사님의 집례로 임종예배를 드리고 부친이 시무한 시골 교회로 이송되었습니다. 그러나 임종예배를 드렸던 필자는 하나님의 특별한 은혜로 다시 살아났습니다.

다시 살아난 필자는 성경 말씀을 묵상하다가 하나님의 힘과 예수 십자가의 보혈의 복을 받게 하는 성령님의 역사로 예수님을 만난 것이 감격스러워 통곡하고 통곡하였습니다.

성도라면 누구든지 성경 말씀을 묵상하여 필자와 같은 체험을 하도록 돕기 위해 필자는 신학을 공부하기로 결심했습니다. 그 결과는 신학교를 우수한 성적으로 입학하고 우수한 성적으로 마치게 되었습니다. 목회도 성공하여 수도노회장으로, 총회 95회기 전도부장으로, 총회 96회기 교육부 총무로, GMS 실행이사로 섬겼고, 7층으로 된 교회 성전을 건축했습니다.

필자는 전도와 선교의 열정으로 교회를 통하여 12명의 선교사를 파송하고 50여 교회를 후원하였습니다. 19년 6개월 동안 섬긴 교회에서 은퇴를 앞두고 교회의 재정이 부족하였습니다. 필자는 하나님의 영광을 위하여 기쁜 마음으로 주님의 교회를 사임하고 빈손으로 아내와 작은 기도원으로 들어갔습니다. 그곳에서 이사야 9장 말씀을 묵상하던 중 하나님의 힘이 믿어지고 하나님을 보게 되었습니다. 그래서 다른 이도 필자와 같은 체험을 하도록 돕는 사역을 결심하게 하여 기도원에서 큰빛비전교회를 설립했습니다.

성경 말씀을 묵상할 때 예수님 만나는 복을 받게 하는 성경 1,189장 말씀을 적용하며 17개월을 감사하며 진행하던 중, 거룩하신 하나님이 이 언약의 말씀을 주신 목적을 말씀대로 이루어 주시고 하나님의 영광을 나타내시며 모든 육체가 그 영광을 보게 해 주신다는 것(사 40:5)을 믿었는데, 그대로 이루어졌습니다.

큰빛비전교회의 이름에 담긴 의미는 큰 빛을 보아 고통 흑암이 없어지고, 멸시를 당한 자가 영화롭게 되며, 사망의 문제가 해결되고, 창성하여 그 즐거움을 더하는 교회라는 것입니다(사 9:1-7).

살아 계신 하나님은 큰 은혜를 받는 동네인 홍은동에 3-5층까지 사용할 수 있는 거처를 준비하여 이사하게 하셨습니다. 교회 이전설립예배를 드리고 아내와 둘만의 목양을 계속했습니다.

■ 교회 주제 성구

"예수께서 대답하여 이르시되 기록되었으되 사람이 떡으로만 살 것이 아니요 하나님의 입으로부터 나오는 모든 말씀으로 살 것이라"(마 4:4).

"하나님의 말씀과 기도로 거룩하여짐이라"(딤전 4:5).

"흑암에 행하던 백성이 큰 빛을 보고 사망의 그늘진 땅에 거주하던 자에게 빛이 비치도다"(사 9:2).

■ 교회 주제 찬송: 새찬송가 445장 "태산을 넘어 험곡에 가도 빛 가운데로 걸어가면"

■ 교회 비전: 큰 빛을 보고(사 9:1-7) 행복해지는 비전으로

① 고통 흑암이 없어져 행복해지는 비전(사 9:1).
② 멸시를 당한 자가 영화롭게 되어 행복해지는 비전(사 9:1).
③ 사망의 그늘이 없어져 행복해지는 비전(사 9:2).
④ 창성하여 그 즐거움을 더하게 하여 행복해지는 비전(사 9:3-5).

■ 교회 목표
① 하나님의 말씀을 나누는 사역과 좋은 음식 나누는 사역 운영.
② 아동과 청소년, 노인 행복을 위해 어린이집과 어학원 그리고 요양원 운영.
③ 국내 작은 교회의 성전을 건축해 주는 사역과 작은 기도원 후원 사역.
④ 후원 중단된 해외 선교사와 선교지 후원 사역과 국내외 300명 선교사 파송 사역.

교회 비전과 교회 목표를 이루시는 큰 빛이신 예수님은 만군의 여호와의 열심이 이루어 보내신 분으로 그 어깨에 정사를 메었고 그 이름은 기묘자라, 모사라, 전능하신 하나님, 영존하시는 아버지, 평강의 왕이십니다 (사 9:6-7). 필자는 이 말씀을 믿고 기도하며 기대하고 기다립니다. 그 이루심을 확신할 뿐만 아니라 진행되고 있음을 체험하고 있습니다.

필자는 이러한 비전과 목표를 두고 아내와 기도하고, 매일 새벽예배 드린 후 사명감으로 카톡 성경 공부반을 진행하며 큰빛비전교회를 목양해 왔습니다. 교인은 카톡 성도와 아내입니다.
아내는 파킨슨병을 10년 동안 투병하며 힘들게 사는 중에 장애 2급으로 일어나지 못하여 필자가 모든 수발을 혼자 다하였는데, 그 힘듦과 어려움은 경험해 보지 않은 사람은 이해하지 못할 겁니다. 필자는 그 고통과 어려움의 때마다 말씀을 묵상하고 찬송하였고, 아내는 필자가 최고의 도우미로 모든 것을 잘 해 준다고 하여 엄마라고 불렀습니다.
그 가운데서도 필자는 아내와 새벽예배를 드리고, 카톡 성경 장별 강론 학교를 계속 진행하며 말씀을 붙잡고 따라가는 모험을 했습니다. 그러던 중 필자는 경동맥협착증으로 인해 2017년 10월 30일 세브란스병원에서 김영대 교수의 집도로 뇌수술을 받게 되었습니다.
2017년 12월 6일, 3년을 일어나지 못하던 사랑하는 아내는 아들 유제혁 목사와 아침 식사 중 갑작스런 호흡 중단으로 병원으로 긴급 이송하여 치료하다가, 12시 43분에 하나님께서 사랑하는 아내를 천국으로 데려가셨습니다.
필자가 이상과 같은 어려운 상황을 기쁨으로 감당할 수 있는 것은 예수 십자가로 구원받은 성도로서 하나님의 말씀과 기도로 말미암아 하나님의 힘(느 8장)과 하나님의 위로(사 40-41장)를 받았기 때문입니다.

매주 월요일 오후 2시에는 큰빛비전성경장별강론학교라는 이름으로 인천 학익동의 교회에서 섬겼고, 매주 화요일 오후 2시 30분에는 연희동에서, 매주 금요일 오전 11시에는 파주에서, 매주 금요일 오후 4시에는 영등포에 있는 (주)현성바이탈과 (주)에이풀에서, 매월 첫째 주 월요일에는 조찬예배를 섬겼습니다.

이미 성경 66권 1,189장에 대한 집필이 완료되었으며,『4복음서 장별 강론』을 시작으로 순차적으로 전체 성경 1,189장에 대한 강론이 출간될 것입니다. 이 책을 적용하여 성경 말씀을 읽고 묵상하는 성도는 하나님의 말씀을 깨달아 하나님의 힘을 얻고 모든 근심이 사라지며 크게 즐거워하는 복(느 8:8-12)과 여호와의 강한 손과 팔의 복(출 6:1; 신 7:19; 사 53:1)과 하나님의 위로의 복(사 40-41장)을 받을 것입니다. 말씀과 기도가 성취되어 거룩해질(딤전 4:5) 것입니다.

이 책을 출판하도록 은혜를 주신 하나님께 먼저 감사와 찬송과 영광을 드리며, 특별한 가르침으로 학위논문을 지도해 주시고 이 책의 추천사를 써 주신 세계적인 신학자, 전 총신대학교 교수 서철원 박사님께 감사를 드립니다.

또한 추천사를 써 주시고 격려와 축복을 아끼지 않으신 칼빈대학교 총장 김근수 목사님과 전 총신대학교 총장이신 길자연 목사님께 감사를 드립니다. 특별히 감사한 것은 이 책이 출판되도록 기도해 주시고 힘써 주신 CLC(기독교문서선교회)의 박영호 목사님과 직원분들게 감사를 드리며, 출판을 위해 가장 먼저 출판비를 후원해 주시고 기도해 주신 일본 이명희 선교사님에게 감사를 드립니다. 그리고 기도와 출판비 후원해 주신 모든 분들께 감사를 드립니다.

2018년 12월 13일
큰빛비전교회 서재에서

서론

"하나님의 말씀과 기도로 거룩하여짐이라"(딤전 4:5).

하나님의 말씀과 기도로 거룩해지면, 믿음에서 떠나지 않게 되고(딤전 4:1), 자기 양심을 지키게 되며(딤전 4:2), 하나님께서 주신 것을 감사함으로 받게 됩니다(딤전 4:3-4).

"너희가 성경에서 영생을 얻는 줄 생각하고 성경을 연구하거니와 이 성경이 곧 내게 대하여 증언하는 것이니라"(요 5:39).

이 말씀대로 성경에서 영생을 얻는 줄 생각하여 예수님을 증언하는 성경을 연구하고 상고해야 바울처럼 말씀이신 예수님에게 붙잡히게 됩니다. 말씀에 붙잡혀 하나님의 말씀을 따라가는 것은 아브라함의 믿음입니다(창 12-25장).

사도행전 18:5-11 말씀대로 말씀에 붙잡힌 바울은 아브라함의 믿음으로 아브라함의 믿음을 로마교회를 향하여 가르쳤습니다. 바울은 로마서 4:17-25에서 아브라함의 믿음은 의로 여겨진 믿음(창 15:6)이라고 가르쳤습니다.

"22 그러므로 그것이 그에게 의로 여겨졌느니라 23 그에게 의로 여겨졌다 기록된 것은 아브라함만 위한 것이 아니요 24 의로 여기심을 받을 우리도 위함이니 곧 예수 우리 주를 죽은 자 가운데서 살리신 이를 믿는 자니라 25 예수는 우리가 범죄한 것 때문에 내줌이 되고 또한 우리를 의롭다 하시기 위하여 살아나셨느니라"(22-25절).

① 하나님은 죽은 자를 살리시며 없는 것을 있는 것으로 부르시는 이로 믿었습니다(롬 4:17).
② 바랄 수 없는 중에 바라고 믿었습니다(롬 4:18).
③ 백 세나 되어 자기 몸이 죽은 것 같고 사래의 태가 죽은 것 같음을 알고도 믿음이 약하여지지 아니했습니다(롬 4:19).
④ 믿음이 없어 하나님의 약속을 의심하지 않았습니다(롬 4:20).
⑤ 믿음으로 견고하여져서 하나님께 영광을 돌렸습니다(롬 4:20).
⑥ 약속하신 그것을 또한 능히 이루실 줄을 확신했습니다(롬 4:21).

또한 아브라함의 믿음으로 말씀에 붙잡힌 바울은 말씀을 따라가는 아브라함의 믿음을 갈라디아교회에게 가르쳤습니다. 갈라디아서 3:1-29에서 "믿음으로 말미암은 자는 믿음이 있는 아브라함과 함께 복을 받느니라"고 가르쳤습니다(갈 3:9).

① 믿음으로 말미암은 자들은 아브라함의 자손입니다(갈 3:7).
② 모든 이방인이 아브라함으로 말미암아 복을 받을 것입니다(갈 3:8).
③ 믿음으로 말미암은 자는 믿음이 있는 아브라함과 함께 복을 받습니다(갈 3:9).
④ 믿음으로 말미암아 성령의 약속을 받게 됩니다(갈 3:14).
⑤ 믿음으로 말미암아 의롭다 함을 얻게 됩니다(갈 3:24).
⑥ 믿음으로 말미암아 그리스도 예수 안에서 하나님의 아들이 됩니다(갈 3:26).
⑦ 우리가 그리스도의 것이면 곧 아브라함의 자손이요 약속대로 유업을 이을 자입니다(갈 3:29).

말씀을 따라가는 아브라함의 믿음을 교회를 향하여 가르치는 바울은 사도행전 18:5-11에서 하나님의 말씀에 붙잡힌 모습을 보여 줍니다(행 18:5).

"실라와 디모데가 마게도냐로부터 내려오매 바울이 하나님의 말씀에 붙잡혀 유대인들에게 예수는 그리스도라 밝히 증언하니"(행 18:5).

이 말씀대로 바울이 하나님의 말씀에 붙잡혀 다음과 같이 사역했습니다.

① 유대인들에게 예수는 그리스도라 밝히 증거했습니다(행 18:5).
② 수다한 고린도 사람도 듣고 믿어 세례를 받았습니다(행 18:8).
③ 주께서 환상 가운데 바울에게 말씀하시되 두려워하지 말며 침묵하지 말고 말하라고 하셨습니다(행 18:9).
④ 일 년 육 개월을 하나님의 말씀을 가르쳤습니다(행 18:11).

하나님의 말씀에 붙잡힌 바울은 성경에 능통하게 가르쳤습니다. '성경에 능통하다'라는 말은 성경의 진정한 의미를 잘 깨닫고, 그 깨달아진대로 믿으며, 그 믿는 대로 생활에 적용하여 실천하고, 다른 사람에게도 가르칠 수 있다는 것입니다.

디모데후서 3:14-17에서 바울은 성경에서 배우고 확신한 일에 거하라고 디모데에게 가르쳤습니다(딤후 3:14).

① "그러나 너는 배우고 확신한 일에 거하라 너는 네가 누구에게서 배운 것을 알며"(딤후 3:14).
② "성경은 능히 너로 하여금 그리스도 예수 안에 있는 믿음으로 말미암아 구원에 이르는 지혜가 있게 하느니라"(딤후 3:15).
③ "모든 성경은 하나님의 감동으로 된 것으로 교훈과 책망과 바르게 함과 의로 교육하기에 유익하니"(딤후 3:16).
④ "하나님의 사람으로 온전케 하며(딤후 3:17).
⑤ "모든 선한 일을 행하기에 온전케 하려 함이니"(딤후 3:17).

하나님의 말씀에 붙잡힌 바울은 사도행전의 주역이 되어 수많은 교회를 개척하고 설립하며, 디모데를 성경에 능통한 자 되도록 가르쳤습니다.

사도행전 18:24-28은 성경에 능통한 자가 어떠한지를 아볼로의 경우에서 보여 줍니다(행 18:24).

"알렉산드리아에서 난 아볼로라 하는 유대인이 에베소에 이르니 이 사람은 언변이 좋고 성경에 능통한 자라"(행 18:24).

아볼로의 경우를 보면, 성경에 능통한 자의 특징은 다음과 같습니다.

① 주의 도를 배워 열심히 예수에 관한 것을 자세히 말하며 가르칩니다
(행 18:25).
② 하나님의 도를 더 정확하게 풀어 가르칩니다(행 18:26).
③ 믿은 자들에게 많은 유익을 줍니다(행 18:27).
④ 성경으로써 예수는 그리스도라 증언하여 유대인의 말을 이깁니다
(행 18:28).

바울의 가르침을 실천하여 성경에 능통한 자가 되어야 합니다. 성경에 능통한 자가 되어야 엘리야와 같은 신앙생활을 하게 됩니다.
열왕기상 17:1-7은 엘리야의 신앙생활을 가르쳐 줍니다(왕상 17:1). 우리가 꼭 배워야하는 엘리야의 신앙생활 특징은 다음과 같습니다.

① 살아 계신 하나님을 섬기는 신앙생활입니다(왕상 17:1).
② 여호와의 말씀을 듣는 신앙생활입니다(왕상 17:2-3).
③ 여호와의 말씀과 같이 하여 말씀대로 되는 것을 체험하는 신앙생활입니다(왕상 17:5-7).

아브라함 링컨은 "성경은 하나님이 인간에게 주신 최고의 선물이다"라고 말했습니다. 이 성경이 사람의 마음을 바꿉니다. 영국 왕 제임스 1세는 킹제임스성경을 번역한 독실한 신자였습니다. 그는 작은 범죄도 엄하게 다스렸습니다. 그런데 한번은 암스트롱이라는 좀도둑이 양을 훔치다 붙잡혀 사형선고를 받았습니다. 암스트롱은 사형을 피하기 위해 한 가지 묘안을 짜낸 후 간수를 불렀습니다.
"나는 어차피 죽을 몸, 마지막으로 성경을 읽고 싶소. 임금께 내 뜻을 전해 주시오."
제임스 1세는 그 소식을 듣고 대답했습니다.
"참 기특한 죄인이로군. 그에게 성경을 주어라. 그리고 성경을 모두 읽은 후에 사형을 집행하라."
암스트롱은 그날부터 성경을 읽기 시작했습니다. 그런데 1년이 지나도 사형을 집행할 수가 없었습니다. 그는 하루에 딱 한절씩만 성경을 묵상했습니다. 성경의 절수가 무려 31,171절이니 그것을 모두 읽으려면 80년

이상이 필요했습니다. 제임스 1세는 그를 풀어 주며 말했다.

"집에 가서 성경을 읽어라."

암스트롱은 그 후 새사람이 돼 봉사의 삶을 살았습니다.

여러분, 성경의 주제는 예수 십자가입니다. 예수 십자가는 참 생명을 얻게 합니다. 영원한 생명을 얻게 합니다. 성경에서 하나님을 만나고 또 새로운 나 자신을 발견할 때 또 하나의 새로운 삶이 시작됩니다. 영혼이 소성케 됩니다. 성경은 인간을 변화시킵니다. 하나님의 음성을 듣고 영혼의 눈을 뜨게 될 때 기적은 일어납니다. 이러한 영혼을 소성케 하는 성경 묵상 교재가 없는 현실에서 "유광석 목사의 성경 장별 강론 시리즈"을 사용하여 성경을 묵상할 때, 나 위하여 십자가에서 죽으시고 부활하신 예수님을 만나 죄 사함을 받고, 마귀의 일을 멸하며, 생명을 얻고 더 풍성히 얻게 될 것입니다.

여러분, 성경을 묵상(작은 소리로 읊조림)해야 합니다. 디모데후서 3:15-17은 우리가 성경을 묵상해야 할 이유를 가르쳐 줍니다.

"15 또 어려서부터 성경을 알았나니 성경은 ① 능히 너로 하여금 그리스도 예수 안에 있는 믿음으로 말미암아 구원에 이르는 지혜가 있게 하느니라 16 ② 모든 성경은 하나님의 감동으로 된 것으로 교훈과 책망과 바르게 함과 의로 교육하기에 유익하니 17 이는 ③ 하나님의 사람으로 온전하게 하며 ④ 모든 선한 일을 행할 능력을 갖추게 하려 함이라"(딤후 3:15-17).

신명기 5:1-6을 보면, 성경의 십계명을 지키는 3가지 자세를 가르쳐 줍니다.

"1 모세가 온 이스라엘을 불러 그들에게 이르되 이스라엘아 ① 오늘 내가 너희의 귀에 말하는 규례와 법도를 듣고 그것을 배우며 지켜 행하라 2 우리 하나님 여호와께서 호렙 산에서 우리와 언약을 세우셨나니 3 이 언약은 여호와께서 우리 조상들과 세우신 것이 아니요 ② 오늘 여기 살아 있는 우리 곧 우리와 세우신 것이라 … 5 … 여호와께서 이르시되 6 나는 ③ 너를 애굽 땅, 종 되었던 집에서 인도하여 낸 네 하나님 여호와라"(신 5:1-6).

또한 신명기 6:1-3에는 성경의 십계명을 주신 4가지 목적을 가르쳐 줍니다.

"1 이는 곧 너희의 하나님 여호와께서 너희에게 가르치라고 명하신 명령과 규례와 법도라 너희가 건너가서 차지할 땅에서 행할 것이니 2 곧 ① 너와 네 아들과 네 손자들이 평생에 네 하나님 여호와를 경외하며 ② 내가 너희에게 명한 그 모든 규례와 명령을 지키게 하기 위한 것이며 ③ 또 네 날을 장구하게 하기 위한 것이라 3 이스라엘아 듣고 삼가 그것을 행하라 그리하면 ④ 네가 복을 받고 네 조상들의 하나님 여호와께서 네게 허락하심 같이 젖과 꿀이 흐르는 땅에서 네가 크게 번성하리라"(신 6:1-3).

"하나님의 약속은 얼마든지 그리스도 안에서 예가 되니 그런즉 그로 말미암아 우리가 아멘 하여 하나님께 영광을 돌리게 되느니라"(고후 1:20).

이 책에 담겨 있는 성경의 권, 장, 절별(구약 39권 929장 23,214절, 신약 27권 260장 7,957절; 신, 구약 66권 1,189장 31,171절)의 '주요 내용과 메시지를 성도들 본인 성경책에 메모 표시하여 활용'하면서 성경을 묵상할 때 성경에 능통하게 되고, 예수님을 만나 예수 십자가와 부활, 천국을 체험하며 증거하게 될 겁니다. 시편 126:1-6 말씀대로 "우리 입에는 웃음이 가득하고 우리 혀에는 찬양이 찼도다"(시 126:2)라는 말씀을 체험하게 될 것입니다. 우리 입에는 웃음이 가득하고 우리 혀에는 찬양이 차게 되는 이유는 다음과 같습니다(시 126:2).

① 여호와께서 믿기 어려운, 꿈꾸는 것 같은 일을 하시기 때문입니다 (시 126:1).
② 여호와께서 우리를 위하여 큰 일을 행하시기 때문입니다(시 126:2-3).

"2 … 그 때에 뭇 나라 가운데에서 말하기를 여호와께서 그들을 위하여 큰 일을 행하셨다 하였도다 3 여호와께서 우리를 위하여 큰 일을 행하셨으니 우리는 기쁘도다"(시126:2-3).

③ 눈물 뒤에는 여호와께서 반드시 기쁨을 주시기 때문입니다(시 126:5-6).

"5 눈물을 흘리며 씨를 뿌리는 자는 기쁨으로 거두리로다 6 울며 씨를 뿌리러 나가는 자는 반드시 기쁨으로 그 곡식 단을 가지고 돌아오리로다"(시 126:5-6).

성경을 묵상하기 전에 성경 서론과 성경 구조를 알아야 유익이 됩니다.

1. 성경 서론

'성경'은 하나님이 우리 인간에게 주신 3대 선물(예수님, 천지만물, 성경) 중 하나입니다. 성경은 우리 기독교의 경전이요, 신앙과 행위의 정확 무오하고 유일한 법칙입니다. 그러므로 성경을 먼저 알아야 신앙생활을 바르게 할 수 있습니다. 우리는 흔히 성경을 한 권의 책으로 생각하기 쉬우나, 사실은 66권의 책이 모여서 된 것입니다.

'창세기'부터 시작하여 '요한계시록'으로 끝나고 있는 이 성경은 크게 나누어 두 부분으로 되어 있습니다. 그중 첫 부분의 것을 가리켜 "구약성경"이라고 부르며, 그 둘째 부분의 것을 "신약성경"이라고 부릅니다.

① 구약성경
39권으로 구성되었으며, 본래 '히브리어'로 기록되었습니다. 구약성경은 하나님께서 유대인들을 다루신 것을 보여 주고 있으며, 주 예수 그리스도의 오심에 관한 예언을 여러 가지 모습으로 보여 줍니다.

② 신약성경
27권으로 구성되었으며, 본래 '헬라어'로 기록되었습니다. 신약성경은 예수 그리스도의 생애와 그분의 죽으심과 부활 등을 말씀합니다. 그리고 초대교회사를 제공하며, 마지막으로 그리스도인의 생활 및 교회생활, 성도 간의 교제를 위한 교훈 등을 가르쳐 줍니다.

1) 성경의 저자

성경은 약 1,600여 년의 기간에 걸쳐 40여 명이 기록하였습니다. 그러나 잊어서는 안 될 중요한 사실은 이 사람들이 성령님의 직접적인 인도하심을 받아서 썼다는 것입니다. 그러므로 성경은 '하나님의 말씀'입니다. 성경의 모든 말씀 하나하나가 다 영감으로 된 것입니다.

"모든 성경은 하나님의 감동으로 된 것으로"(딤후 3:16).
"예언은 언제든지 사람의 뜻으로 낸 것이 아니요 오직 성령의 감동하심을 입은 사람들이 하나님께 받아 말한 것임이니라"(벧후 1:21).

또 하나의 중대한 사실은 성경은 하나님께서 인간에게 주신 성문(成文)으로 된 유일한 계시라는 것입니다. 하나님께서는 성경 맨 끝장에서 성경에 말씀을 더하거나 제하는 사람들에 대하여 경고하셨습니다(계 22:18-19). AD 90년, 얌니아 교회 회의에서 유대 랍비들과 권위 있는 학자들이 모여 오늘의 구약 성경을 확정지었습니다. 신약 성경은 사도성, 예수 그리스도 중심성, 성령의 영감성, 보편성 등을 기준으로 AD 397년 카르타고 회의에서 오늘의 신약 27권으로 확정되었습니다.

2) 성경의 주제

성경은 66권의 책이 모여서 된 것이지만 그 안에는 일관된 주제가 하나밖에는 없습니다. 그 주제는 "예수 십자가"입니다(요 5:39; 눅 24:25-27).
구약성경이 그리스도에 관한 많은 예언의 말씀으로 기록되었는데 반하여, 신약성경은 그의 오신 사실에 관한 말씀을 기록되었습니다.

3) 성경의 주요 내용

성경은 참 신이신 하나님을 바로 섬길 것과(신 6:4-9), 범죄한 인간의 실상을 보여 주고(창 3장; 롬 3:10-18), 구원받는 길과 영원히 사는 길로 인도하는(딤후 3:15-17) 내용을 담고 있으며, 세상이 시작된 때로부터 앞으로 새 하늘과 새 땅이 이루어질 때까지에 관하여 말씀합니다.

'창세기'에는 세상의 창조, 죄의 시작, 홍수 심판과 이스라엘 민족의 시작에 관한 말씀이 기록되었습니다. '출애굽기'로부터 '에스더'까지는 그리스도께서 탄생하시기 약 400여 년 전까지의 이스라엘 민족의 역사가 기록되었습니다. '욥기'로부터 '아가서'에 이르는 책들 가운데는 놀라운 시와 지혜의 말씀이 있습니다. '이사야'로부터 '말라기'에 이르는 책들은 예언의 말씀이라고도 하며 하나님께서 이스라엘 백성들의 상태와 미래의 운명에 관하여 말씀하신 것입니다.

신약성경은 '4복음서'로 시작하는데, 4복음서는 각각 예수 그리스도의 생애에 관하여 말씀합니다. '사도행전'에는 초대교회의 역사와 사도 베드로의 사역과 바울의 사역에 관한 말씀이 기록되었습니다. '로마서'부터 '유다서'까지의 서신서들은 교회 및 개인에게 보낸 편지들인데, 기독교 신앙의 위대한 진리와 그리스도인의 생활에 관한 실제적인 교훈이 기록되었습니다. '요한계시록'은 미래에 대한 한 줄기의 빛을 던져 줍니다. 즉 앞으로 하늘과 땅과 지옥에서 반드시 일어날 사건들이 기록되었습니다.

2. 성경의 구조

성경 66권의 구조를 성경의 주제인 "예수 십자가" 형상을 생각하며 정리하였습니다. 예수 십자가(†) 형상을 중심으로 최상단부에는 성경의 권, 장, 절, 주제를 정리하였고, 좌우로 성경의 전반부와 후반부를 정리하여 성경 공부를 돕는 창문 역할, 성경 'WINDOW' 역할을 하도록 했습니다.

이를 아래와 같이 도표를 만들 수 있습니다.

[성경 66권 구조]

성경(66권 1,189장 31,171절): '예수 십자가'(요 5:39)

구약(39권 929장 23,214절): 오실 예수님을 바라보라		신약(27권 260장 7,957절): 오신 예수님을 따르라	
말씀에 순종하고 (출 7-15장 참조)	인내해야 (계 14:12 참조)	예수님을 영접하고 (요 1:12 참조)	예수님을 올바로 믿어야 (벧후 1:1-11 참조)
모세오경 창세기 출애굽기 레위기 민수기 신명기	**역사서** 여호수아, 사사기, 룻기, 사무엘상·하, 열왕기상·하, 역대상·하, 에스라, 느헤미야, 에스더 **시가·지혜서** 욥기, 시편, 잠언, 전도서, 아가 **대선지서** 이사야, 예레미야, 예레미야애가, 에스겔, 다니엘 **소선지서** 호세아, 요엘, 아모스, 오바댜, 요나, 미가, 나훔, 하박국, 스바냐, 학개, 스가랴, 말라기	**4복음서** 마태복음 마가복음 누가복음 요한복음	**역사서** 사도행전 **바울서신** 로마서, 고린도전·후서, 갈라디아서, 에베소서, 빌립보서, 골로새서, 데살로니가전·후서, 디모데전·후서, 디도서, 빌레몬서 **공동서신** 히브리서, 야고보서, 베드로전·후서, 요한일·이·삼서, 유다서 **예언서** 요한계시록

1) 구약성경 각 권별 구조

(1) 모세오경

창세기 구조

창세기(50장) 주제: 창조주 하나님

4대 사건(1-11장)	4대 인물(12-50장)
1-2장: 창조 사건 3-5장: 타락 사건 6-9장: 홍수 사건 10-11장: 바벨탑 사건	12-25장: 아브라함 26장: 이삭 27-36장: 야곱 37-50장: 요셉

출애굽기 구조

출애굽기(40장) 주제: 구름기둥, 불기둥

구원 문제(1-12장)	예배 문제(13-40장)
1-6장: 모세의 소명 7-12장: 애굽을 굴복시킨 하나님의 큰 재앙	13-18장: 출애굽에서 시내산까지의 여정 19-24장: 시내산 율법 25-40장: 성막 건축

레위기 구조

레위기(27장) 주제: 거룩하신 하나님

제사 규례(1-10장)	성결 규례(11-27장)
1-10장: 제사 제도(5대 제사)	11-25장: 각종 의식과 거룩한 절기로 성결 26-27장: 순종과 서원으로 성결

민수기 구조

민수기(36장) 주제: 순종과 불순종의 결과

구 세대(1-25장)	신 세대(25-36장)
1-10장: 가나안 땅 정복을 위한 준비 11-25장: 광야에서 불평 원망하는 세대	26-36장: 가나안 땅 정복을 위한 신세대의 준비

신명기 구조

신명기(34장) 주제: 모세의 설교

과거와 미래(1-26장)	미래(27-34장)
1-4장: 모세의 첫 번째 설교 5-26장: 모세의 두 번째 설교	27-34장: 모세의 세 번째 설교

(2) 역사서

여호수아 구조

여호수아(24장) 주제: 가나안 정복과 분배

가나안 정복(1-12장)	가나안 분배(13-24장)
1-5장: 가나안 정복 준비 6-12장: 말씀대로 가나안 땅 정복	13-22장: 가나안 땅 분배 23-24장: 여호수아의 마지막 권고

사사기 구조

사사기(21장) 주제: 인내하지 못한 이스라엘

이스라엘의 배신(1-16장)	이스라엘의 타락(17-21장)
1-2장: 배신의 원인 3-16장: 일곱 번의 배신	17-18장: 우상 숭배 19장: 불륜 행위 20-21장: 동족 상잔

룻기 구조

룻기(4장) 주제: 인내하는 룻의 신앙

룻의 헌신(1-2장)	룻의 행복(3-4장)
1장: 룻의 결심 2장: 룻의 봉사	3장: 나오미의 배려 4장: 룻의 결혼

사무엘상 구조

사무엘상(31장) 주제: 인내하는 한나와 다윗

한나와 사무엘(1-8장)	사울과 다윗(9-31장)
1-2장: 한나의 신앙 3-8장: 사무엘의 사역	9-15장: 초대 왕 사울 16-31장: 선택된 왕 다윗

사무엘하 구조

사무엘하(24장) 주제: 다윗의 신앙

다윗의 승리(1-10장)	다윗의 실패(11-24장)
1-5장: 정치적 승리 6-7장: 영적 승리 8-10장: 군사적 승리	11-12장: 간음과 살인죄 13-21장: 음란과 반역 22-24장: 다윗의 찬양

열왕기상 구조

열왕기상(22장) 주제: 통일왕국과 분열왕국

통일왕국(1-11장)	분열왕국(12-22장)
1-4장: 왕이된 솔로몬 5-8장: 솔로몬 성전 건축 9-11장: 솔로문의 타락	12-16장: 분열된 왕국 17-19장: 엘리야의 사역 20-22장: 아합과 여호사밧

열왕기하 구조

열왕기하(26장) 주제: 이스라엘과 유다의 멸망

이스라엘의 멸망(1-17장)	유다의 멸망(18-25장)
1-8장: 엘리사의 사역 9-16장: 유다와 이스라엘 왕들의 통치 17장: 이스라엘의 멸망	18-21장: 히스기야의 개혁 22-23장: 요시야의 종교개혁 24-25장: 유다 왕들의 악행으로 예루살렘 함락

역대상 구조

역대상(29장) 주제: 다윗의 족보와 신앙

다윗의 족보(1-9장)	다윗의 신앙(10-29장)
1-2장: 아담에서 다윗까지 3장: 다윗의 후손들 4-9장: 열두 지파와 사울의 족보	10-17장: 사울의 죽음과 다윗의 강성 18-20장: 다윗의 정복 21-29장: 다윗의 축복

역대하 구조

역대하(36장) 주제: 솔로몬과 유다 왕들의 신앙

솔로몬의 신앙(1-9장)	유다 왕들의 신앙(10-36장)
1-5장: 솔로몬 성전 건축 6-7장: 성전 봉헌과 기도 8-9장: 솔로몬의 축복	10장: 솔로몬 왕국 분열 11-35장: 유다 왕들의 신앙 36장: 예루살렘 함락

에스라 구조

에스라(10장) 주제: 스룹바벨과 에스라의 개혁운동

제1차 귀환(1-6장)	제2차 귀환(7-10장)
1-2장: 고레스의 포로 석방 3-6장: 성전 재건	7-8장: 에스라의 결심 9-10장: 에스라의 개혁

느헤미야 구조

느헤미야(13장) 주제: 느헤미야와 에스라의 부흥운동

느헤미야 성벽 재건(1-7장)	에스라의 부흥운동(8-13장)
1-2장: 느헤미야의 귀국 3-7장: 성벽 재건	8-11장: 율법 낭독과 회개 12-13장: 성벽 봉헌과 정화

에스더 구조

에스더(10장) 주제: 하나님의 큰 구원

유다인의 큰 위험(1-4장)	유다인의 큰 구원(5-10장)
1-2장: 에스더의 간택 3-4장: 하만의 흉계	5-7장: 에스더의 지혜 8-10장: 승리와 축복

(3) 시가, 지혜서

욥기 구조

욥기(42장) 주제: 욥의 인내

욥의 고난(1-37장)	욥의 회복(38-42장)
1-2장: 사단의 시험 3-37장: 친구들과 논쟁	38-41장: 여호와의 말씀 42장: 회개와 회복

시편 구조

시편(150편) 주제: 여호와를 찬송하라

믿음과 소망(1-89편)	사랑과 순종(90-150편)
1-41편: 믿음의 찬송 42-89편: 소망의 찬송	90-106편: 사랑의 찬송 107-150편: 순종의 찬송

잠언 구조

잠언(31장) 주제: 지혜를 얻으라

젊은이들을 위한 지혜(1-9장)	모든 사람들을 위한 지혜(10-31장)
1장: 지혜의 목적	10-29장: 솔로몬의 교훈
2-9장: 지혜를 얻으라	30-31장: 지혜로운 삶

전도서 구조

전도서(12장) 주제: 지혜를 사용하라

헛된 인생의 날(1-6장)	올바른 인생의 길(7-12장)
1-4장: 인생은 헛되다	7-9장: 하나님의 지혜
5-6장: 세상과 물질도 헛되다	10-12장: 창조자를 기억하고 경외하라

아가 구조

아가(8장) 주제: 아름다운 사랑

사랑의 시작(1-4장)	사랑의 성숙(5-8장)
1-2장: 사랑에 빠짐	5-6장: 사랑의 아픔
3-4장: 사랑으로 하나됨	7-8장: 사랑의 기쁨

(4) 대선지서

이사야 구조

이사야(66장) 주제: 공의로우신 하나님

하나님의 심판(1-39장)	하나님의 은혜(40-66장)
1-5장: 유다의 죄와 형벌	40-42장: 위로하시고 도우시는 하나님
6-9장: 이사야의 소명과 메시아 탄생 예언	43-44장: 유일하신 하나님
10-24장: 이방인의 죄와 벌	45-48장: 하나님의 도구 고레스
25-27장: 새 왕국의 생활	49-57장: 여호와의 종
28-35장: 유다의 화와 축복	58-66장: 참된 신앙과 축복
36-39장: 히스기야의 신앙	

예레미야 구조

예레미야(52장) 주제: 선지자의 사명

예레미야의 소명과 예언(1-25장)	예레미야의 신앙과 예언(26-52장)
1장: 예레미야의 소명 2-25장: 유다에 대한 책망과 심판 예언	26-29장: 예레미야의 신앙 30-45장: 예루살렘에 대한 예언 46-51장: 열방에 대한 예언 52장: 예루살렘의 멸망

예레미야 애가

예레미야 애가(5장) 주제: 다시 새롭게 하소서

여호와의 심판(1-3장)	소망의 기도(4-5장)
1-2장: 예루살렘의 파괴 3장: 선지자의 슬픈 기도	4장: 예루살렘 멸망 상태 5장: 회복을 위한 기도

에스겔 구조

에스겔(48장) 주제: 그들이 나를 여호와인줄 알리라

여호와가 계시지 않는다(1-24장)	여호와가 계신다(25-48장)
1-3장: 에스겔의 소명과 사명 4-24장: 유다에 임할 심판	25-32장: 열방들에 임할 심판 33-39장: 이스라엘의 회복 40-46장: 새 성전 환상과 제사 47-48장: 생명수와 새 땅

다니엘 구조

다니엘(12장) 주제: 다니엘의 신앙과 환상

다니엘의 신앙(1-6장)	다니엘의 환상(7-12장)
1-2장: 다니엘에게 나타난 지혜 3-6장: 신앙의 절개와 승리	7장: 네 짐승의 환상 8장: 수양과 수염소의 환상 9-12장: 이스라엘의 장래 환상

(5) 소선지서

호세아 구조

호세아(14장) 주제: 하나님의 끝없는 사랑

방탕한 아내(1-3장)	방탕한 백성(4-14장)
1장: 호세아의 결혼 2-3장: 음란한 고멜과 호세아의 사랑	4-5장: 이스라엘의 범죄 6-7장: 힘써 여호와를 알자 8-10장: 심판에 대한 경고 11-14장: 사랑의 줄

요엘 구조

요엘(3장) 주제: 이제라도 내게로 돌아오라

여호와의 날(1-2장)	이스라의 회복(3장)
1장: 메뚜기, 가뭄 재앙 2장: 회개와 성령예언	3장: 불신 세력 심판과 성도를 위한 구원

아모스 구조

아모스(9장) 주제: 하나님의 공의와 은혜

하나님의 공의(1-6장)	하나님의 은혜(7-9장)
1-2장: 이방과 유다, 이스라엘의 심판 3-6장: 이스라엘을 향한 세 가지 설교	7-9장: 심판에 대한 다섯 가지 환상과 이스라엘의 회복

오바댜 구조

오바댜(1장) 주제: 너의 행한대로 너도 받을 것이라

박해하는 애돔(1-16장)	회복된 이스라엘(17-21장)
1-16장: 에돔에 대한 심판과 죄	17-21장: 이스라엘에 대한 축복과 구원

요나 구조

요나(4장) 주제: 요나가 받은 사명

첫 번째 사명(1-2장)	두 번째 사명(3-4장)
1장: 도망하는 요나 2장: 회개하여 구원받은 요나	3장: 사명을 감당하는 요나 4장: 하나님의 사랑을 깨달은 요나

미가 구조

미가(7장) 주제: 하나님의 공의와 인자

하나님의 공의(1-5장)	하나님의 인자(6-7장)
1-3장: 심판 예언 4-5장: 메시아 왕국	6장: 죄를 지적하시는 하나님 7장: 구원하시는 하나님

나훔 구조

나훔(3장) 주제: 투기하시며 보복하시는 하나님

니느웨의 멸망(1-2장)	심판의 필연성(3장)
1장: 하나님의 권능 2장: 니느웨 멸망 모습	3장: 니느웨의 죄악과 비참한 최후

하박국 구조

하박국(3장) 주제: 하박국의 번민과 기도

하박국의 번민(1-2장)	하박국의 기도(3장)
1장: 하박국의 질문 2장: 하나님의 답변	3장: 하나님의 성품과 권능과 축복을 기도

스바냐 구조

스바냐(3장) 주제: 여호와의 큰 날

여호와의 날(1-2장)	여호와 날에 임할 구원(3장)
1장: 유다의 심판 2장: 열방의 심판	3장: 예루살렘의 심판과 하나님의 구원

학개 구조

학개(2장) 주제: 내 영광으로 이 전을 충만케 하리라

성전 재건 명령(1장)	순종에 대한 축복(2장)
1장: 하나님의 전 역사 시작	2장: 현세적 축복과 미래의 축복 약속

스가랴 구조

스가랴(14장) 주제: 너희는 손을 견고히 할지어다

스가랴가 본 환상(1-6장)	스가랴에게 임한 말씀(7-14장)
1-6장: 8가지 환상	7-8장: 참된 금식과 예루살렘 회복 9-11장: 열방 심판과 메시아 초림 12-14장: 메시아의 통치

말라기 구조

말라기(4장) 주제: 여호와의 사랑을 기억하라

사랑과 책망(1-2장)	회개와 순종(3-4장)
1장: 하나님의 사랑 2장: 하나님의 책망	3장: 내게로 돌아오라 4장: 모세의 법을 기억하라

2) 신약성경 각 권별 구조

(1) 4복음서

마태복음 구조

마태복음(28장) 주제: 왕으로 오신 예수님

무리를 가르치시는 예수님(1-9장)	제자를 가르치시는 예수님(10-28장)
1-4장: 탄생하심과 시험 받으심 5-7장: 산상보훈 8-9장: 예수님의 능력과 권세	10-25장: 예수님의 설교 26-27장: 예수님의 수난 28장: 예수님의 부활

마가복음 구조

마가복음(16장) 주제: 종으로 오신 예수님

봉사하시는 예수님(1-10장)	희생하시는 예수님(11-16장)
1-3장: 제자를 부르신 예수님 4-10장: 예수님의 설교	11-13장: 최후 사역 14-15장: 예수님의 수난 16장: 예수님의 부활

누가복음 구조

누가복음(24장) 주제: 인자로 오신 예수님	
가르치시는 예수님(1-18장)	희생하시는 예수님(19-24장)
1-3장: 예수님 탄생 4-18장: 인자의 사역	19-23장: 예수님의 고난 24장: 예수님의 부활

요한복음 구조

요한복음(21장) 주제: 하나님의 아들 예수님	
믿게하시는 예수님(1-13장)	생명을 얻게 하시는 예수님(14-24장)
1-4장: 하나님의 아들이 자기 땅에 오심 5-13장: 하나님의 아들 사역	14-16장: 다락방 강화 17장: 예수님의 중보 기도 18-19장: 예수님의 수난 20-21장: 예수님의 부활

(2) 역사서

사도행전 구조

사도행전(28장) 주제: 사도들의 복음사역	
베드로를 중심한 사역(1-12장)	바울을 중심한 사역(13-28장)
1-3장: 예수 교회 탄생 4-7장: 교회의 성장 8-9장: 빌립의 사역과 사울의 회심 10-12장: 베드로의 사역	13-15장: 제1차 전도 여행 16-18장: 제2차 전도 여행 19-21장: 제3차 전도 여행 22-26장: 바울의 변론 27-28장: 바울의 로마 여행

(3) 바울서신

로마서 구조

로마서(16장) 주제: 그리스도인의 믿음과 생활

그리스도인의 믿음(1-11장)	그리스도인의 생활(12-16장)
1-3장: 구원의 필요성 4-5장: 의롭게 된 믿음 6-8장: 성화의 생활 9-11장: 구원의 범위	12-14장: 그리스도인의 교회생활 15-16장: 그리스도인의 올바른 교제

고린도전서 구조

고린도전서(16장) 주제: 교회의 문제

신앙생활의 문제(1-7장)	교리 문제(8-16장)
1-4장: 교회의 분쟁 5-6장: 도덕적 타락 7장: 올바른 부부생활	8-10장: 우상 제물 11-14장: 성찬과 은사 15-16장: 부활과 권면

고린도후서 구조

고린도후서(13장) 주제: 교회를 위한 바울의 허신

교인들을 위한 열심(1-7장)	교회를 위한 열심(8-13장)
1장: 환난 중에 위로 2-7장: 바울의 사역 정신	8-9장: 올바른 헌금 10-13장: 바울의 사도권

갈라디아서 구조

갈라디아서(6장) 주제: 복음의 능력과 열매

복음의 능력(1-4장)	복음의 열매(5-6장)
1-2장: 바울의 변호 3-4장: 율법과 믿음	5장: 성령의 열매 6장: 심음의 법칙

에베소서 구조

에베소서(6장) 주제: 예수님 안에 있는 성도

하늘의 지위(1-3장)	땅의 생활(4-6장)
1-2장: 예수님 안에서 택한 자 3장: 충만하신 사랑	4장: 땅의 지체 5-6장: 빛의 열매

빌립보서 구조

빌립보서(4장) 주제: 성도의 윤리와 생활

성도의 윤리(1-2장)	성도의 생활(3-4장)
1장: 예수님의 심정 2장: 예수님의 마음	3장: 가장 고상한 지식 4장: 성도의 특징

골로새서 구조

골로새서(4장) 주제: 만유의 머리이신 예수님

탁월하신 예수님(1-2장)	그리스도인의 생활(3-4장)
1장: 만물의 으뜸이신 예수님 2장: 보화이신 예수님	3장: 위엣 것을 생각하라 4장: 기도에 항상 힘쓰라

데살로니가전서 구조

데살로니가전서(5장) 주제: 재림하시는 예수님

교회의 열심(1-3장)	주님 맞을 준비(4-5장)
1-2장: 믿음의 소문 3장: 바울의 관심	4장: 성결한 생활 5장: 주님 강림과 거룩한 삶

데살로니가후서 구조

데살로니가후서(3장) 주제: 주님재림을 기다리는 성도

칭찬받는 믿음(1-2장)	확신을 가진 믿음(3장)
1장: 인내하는 성도 2장: 주님의 재림 전에 있을 징조	3장: 규모 있는 생활

디모데전서 구조

디모데전서(6장) 주제: 믿는 자에게 본이 되라

목회 원리(1-4장)	목회 생활(5-6장)
1장: 믿음과 착한 양심 2-4장: 지도자의 자격	5장: 교회의 질서 6장: 각급 성도의 자세

디모데후서 구조

디모데후서(4장) 주제: 말씀을 지키고 선포하라

말씀을 지키라(1-2장)	말씀을 선포하라(3-4장)
1장: 복음을 위해 세운 직분 2장: 예수님의 좋은 군사	3장: 배우고 확신한 일에거하라 4장: 말씀을 전파하라

디도서 구조

디도서(3장) 주제: 건전한 교리 수호와 실천

건전한 교리 수호(1-2장)	건전한 교리 실천(3장)
1장: 건전한 교리 보호 2장: 건전한 교리 전파	3장: 건전한 교리실천

빌레몬서 구조

빌레몬서(1장) 주제: 그리스도인의 사랑과 실천

그리스도인의 사랑(1-16장)	그리스도인의 용서(17-25장)
1-7장: 빌레몬의 성품 8-16장: 오네시모의 회심	17-25장: 바울의 사랑

(4) 공동서신

히브리서 구조

히브리서(13장) 주제: 위대하신 그리스도

그리스도의 인격과 사역(1-10장)	그리스도로 말미암는 능력(11-13장)
1-3장: 우월하신 그리스도 4-7장: 대제사장이신 그리스도 8-10장: 중보자이신 그리스도	11장: 믿음의 능력 12장: 소망의 능력 13장: 사랑의 능력

야고보서 구조

야고보서(5장) 주제: 믿음대로 행하라

진실한 믿음(1-2장)	행하는 믿음(3-5장)
1장: 말씀을 실천하는 믿음 2장: 행함이 있는 믿음	3장: 지혜로운 믿음 4-5장: 하나님을 가까이하는 믿음

베드로전서 구조

베드로전서(5장) 주제: 산 소망을 가지라

산 소망이 있는 믿음(1-2장)	산 소망이 있는 생활(3-5장)
1장: 모든 행실에 거룩하라 2장: 신령한 젖을 사모하라	3장: 선한 양심으로 사는 생활 4-5장: 그리스도를 따르는 생활

베드로후서 구조

베드로후서(3장) 주제: 새 하늘과 새 땅을 바라보라

지극히 큰 약속(1장)	거짓과 참된 소망(2-3장)
1장: 힘써 공급할 신앙	2장: 거짓 교사들을 조심하라 3장: 주의 재림을 사모하라

요한일서 구조

요한일서(5장) 주제: 하나님은 빛과 사랑

하나님은 빛(1-2장)	하나님은 사랑(3-5장)
1장: 빛이신 하나님과 교제 2장: 빛 가운데 행하는 삶	3장: 하나님의 자녀 4장: 하나님의 사랑과 믿음

요한이서 구조

요한이서(1장) 주제: 진리대로 행하라

사랑하라(1-6장)	적그리스도(7-11장)
1-6장: 계명을 좇아 행하라	7-11장: 미혹하는 자

요한삼서 구조

요한삼서(1장) 주제: 신실한 일을 하라

가이오(1-8장)	디오드레베(9-14장)
1-8장: 신실한 일	9-24장: 선한 것을 본받으라

유다서 구조

유다서(1장) 주제: 믿음을 지키라

거짓교사(1-16장)	올바른 믿음(17-25장)
1-16장: 가만히 들어온 자	17-25장: 사도들의 말을 기억하라

(5) 예언서

요한계시록 구조

요한계시록(22장) 예수 그리스도의 계시	
하늘의 환상과 땅의 환난(1-19장)	새 하늘과 새 땅(20-22장)
1-3장: 일곱 메시지	20장: 천년 왕국
4-19장: 일곱 재앙	21-22장: 거룩한 성

3. 성경 주제

1) 구약(39권)의 주제는 '오실 예수님을 바라보라'입니다

오실 예수님을 바라보려면 말씀에 순종하고 인내해야 합니다.
'순종'은 모세오경이 보여 준 것처럼 여호와의 명령대로 행하는 것입니다.

"50 온 이스라엘 자손이 이와 같이 행하되 여호와께서 모세와 아론에게 명하신 대로 행하였으며 51 바로 그 같은 날에 여호와께서 이스라엘 자손을 그 군대대로 애굽 땅에서 인도하여 내셨더라"(출 12:50-51).

'인내'는 역사서, 시가·지혜서, 대선지서, 소선지서에서 보여 준 메시아를 기다리는 믿음을 지키는 것입니다.

"성도들의 인내가 여기 있나니 그들은 하나님의 계명과 예수에 대한 믿음을 지키는 자니라"(계 14:12).

2) 신약(27권)의 주제는 '오신 예수님을 따르라'입니다

오신 예수님을 따르려면 4복음서에 기록된 예수님을 영접하고 역사서, 바울서신, 공동서신, 예언서에 기록된 대로 올바로 믿어야 합니다.

베드로후서 1:2-11에 따르면, 예수님을 가장 올바로 믿는 방법은 하나님과 예수님을 아는 것입니다(벧후 1:2).

"하나님과 우리 주 예수를 앎으로 은혜와 평강이 너희에게 더욱 많을지어다"(벧후 1:2).

하나님과 예수님을 앎으로 받는 3대 복과 8가지 자세가 있습니다.
하나님과 예수님을 앎으로 받는 3대 복(벧후 1:2-4)은 다음과 같습니다.

① 은혜와 평강이 더욱 많아지는 복입니다(벧후 1:2).
② 신기한 능력으로 생명과 경건에 속한 모든 것을 주시는 복입니다(벧후 1:3).
③ 보배롭고 지극히 큰 약속을 주사 신의 성품에 참여하는 복입니다(벧후 1:4).

하나님과 예수님을 아는 자가 더욱 힘써 공급할 것 8가지(벧후 1:5-11)는 다음과 같습니다.

"5 그러므로 너희가 더욱 힘써 너희 ① 믿음에 ② 덕을, 덕에 ③ 지식을, 6 지식에 ④ 절제를, 절제에 ⑤ 인내를, 인내에 ⑥ 경건을, 7 경건에 ⑦ 형제 우애를, 형제 우애에 ⑧ 사랑을 더하라 8 이런 것이 너희에게 있어 흡족한즉 너희로 우리 주 예수 그리스도를 알기에 게으르지 않고 열매 없는 자가 되지 않게 하려니와 9 이런 것이 없는 자는 맹인이라 멀리 보지 못하고 그의 옛 죄가 깨끗하게 된 것을 잊었느니라 10 그러므로 형제들아 더욱 힘써 너희 부르심과 택하심을 굳게 하라 너희가 이것을 행한즉 언제든지 실족하지 아니하리라 11 이같이 하면 우리 주 곧 구주 예수 그리스도의 영원한 나라에 들어감을 넉넉히 너희에게 주시리라"(벧후 1:5-11).

4. 성경 말씀을 읽고 묵상케 하여 예수님을 만나게 하는 "유광석 목사의 성경 장별 강론 시리즈"의 말씀 묵상법

이 방법은 자신이 왜 하나님의 말씀을 강론해야 하는지와 무엇을 강론해야 하는지를 알게 하는 데 초점이 맞춰져 있습니다. 목회자들이 이 방법으로 말씀을 묵상하면, 자신이 먼저 하나님의 말씀을 깨달아 하나님의 힘(느 8장)과 하나님의 위로(사 40-41장)을 받아 행복해 집니다. 그리고 말씀 강론에 자신감을 갖게 됩니다. 그리고 강론을 듣는 성도들도 하나님의 말씀을 깨달아 하나님의 힘(느 8장)과 하나님의 위로(사 40-41장)를 받아 행복해하며 기뻐합니다. 참 아름다운 일입니다.

"유광석 목사의 성경 장별 강론 시리즈"의 말씀 묵상 방법 8가지를 간단히 적용해 보시기 바랍니다.

① 찬송을 선곡하여 찬송한 후, 신앙을 고백하고 원하는 부분의 성경 한 장을 읽습니다.
② 성경의 주제는 '예수 십자가'라고 생각하며 성경 한 장을 읽되, 그 시간에 하나님이 나에게 주신 말씀으로(신 5-6장) 받아야 합니다.
③ 성경을 읽을 때 마음에 감동이 되는 부분을 펜으로 표시합니다.
④ 읽은 성경 한 장의 주제와 구조를 찾고 나에게 교훈과 책망과 바르게 함에 유익이 되는(딤후 3:16-17) 하나님의 음성이 되는 구절에 주요 메시지라는 의미로 표시하고 기도해야 합니다. 좀더 자세히 설명하면, 구조를 성경 전체의 주제가 되는 예수 십자가를 생각하며 성경 각 권을 시작할 때 십자가 형식으로 나누고(앞의 성경 각 권별 구조 참조), 각 장별로 주제, 주요 내용, 요절, 주요 메시지를 구분하고 정리합니다. 이 때 먼저 장별 구조를 파악하고, 장의 내용을 정리하며, 주요 메시지가 있는 요절에 를 표시합니다.
⑤ 기도한 후 나에게 주시는 하나님의 말씀 구절의 전후를 상고하면 내용이 깨닫게 되어 힘과 위로를 받게 됩니다. 그 후 전후 문맥에서 대지를 정합니다. 그런데 제목과 대지는 반드시 성경 본문의 용어를 그대로 사용하는 것을 원칙으로 합니다.

⑥ 항상 말씀을 읽고 상고하며 적용할 때, 오직 예수 십자가로만 해야 합니다. 예수 십자가는 구약과 신약 모두에 잘 적용됩니다.
⑦ 성경을 읽고 상고할 때 성경이 어렵다고 생각하며 시작할 수 있지만, 성경을 쓰는 기자나 성경 속에서 말씀하시는 예수님은 늘 상대가 이해하기 쉽게 말씀하셨습니다. 예수님께서 말씀하실 때 상대들은 이해하고 듣고 있습니다. 자신들의 이야기라고 알아듣기도 합니다. 성경을 이해하기 쉬운 이유는 성경 속에 답이 있기 때문입니다. 다만 그 답을 찾는 방법이 필요할 뿐입니다.
⑧ 성경을 읽고 상고할 때 나에게 이 말씀을, 이 언약을 주신 목적이 말씀대로 되게 하셔서 하나님의 영광이 나타나고 모든 육체가 보게 하기 위한 것(사 40:5)임을 알고 믿어야 합니다.

필자는 이 8가지 방법으로 하나님의 말씀을 깨달아 하나님의 힘(느 8장)과 하나님의 위로(사 40-41장)를 받았습니다. 그래서 그동안의 그 어려움과 그 고통에서도 모든 일에 할 수 있어 행복했습니다.

■ 결론

"하나님의 말씀과 기도로 거룩하여짐이라"(딤전 4:5).
"너희가 성경에서 영생을 얻는 줄 생각하고 성경을 연구하거니와 이 성경이 곧 내게 대하여 증언하는 것이니라"(요 5:39).

여러분, 하나님의 말씀을 따라가는 아브라함의 믿음이 필요합니다.
사도행전 18: 5-11 말씀대로 하나님의 말씀에 붙잡혀야 합니다.
바울과 같이 하나님의 말씀에 붙잡혀 성경에 능통하고 많은 사람들에게 성경에 능통하도록 가르쳐야 아브라함의 믿음을 가진 자입니다.
열왕기상 17:1-7 말씀대로 엘리야와 같은 신앙생활을 해야 합니다.

제1부

마태복음

제1장 | 마태복음 1장 강론

예수 그리스도의 나심은 이러 하니라

> 마태복음 1:1-25
> 새찬송가 101, 200, 205, 285, 445, 550장

■ **마태복음 전체 구조**

마태복음은 '왕으로 오신 예수님'이라는 주제로 28장까지 기록되었는데 전반부 1-9장은 무리를 가르치시는 예수님을, 후반부 10-28장은 제자를 가르치시는 예수님을 주요 내용으로 기록되었습니다.

■ **마태복음 1장 주제: 예수님의 족보와 탄생 과정**

■ **마태복음 1장의 구조와 내용**

마태복음 1장의 구조와 내용은 예수의 구약적, 혈통적 배경인 족보(1-17절)와 메시아의 탄생 과정(18-25절)입니다.

마태는 그리스도의 족보를 통해서 자신의 복음서를 열고 있습니다. 이 족보의 특성은 아브라함과 다윗의 자손으로 오신 예수님의 혈통을 먼저 밝히고 난 다음, 약속의 조상들을 차례대로 언급하고 14대(代)씩 3부로 구성합니다. 그리고 이 족보는 요셉에서 끝맺음으로써 메시아가 오기까지의 구속 역사의 흐름을 일목요연하게 밝혀 줍니다. 또 혈연과 족보를 중시했던 유대인들에게, 나아가 이방 세계에까지 예수께서 그리스도이심을 충분히 변증해 줍니다. 18절부터 시작되는 예수님 탄생과 유아기에 관한 기록은 그 내용상 2장 말미까지 계속됩니다.

여러분, 마태복음의 핵심 내용은 '예수님이 임마누엘로, 하늘의 왕으로서 이 땅에 오셨다'고 하는 것입니다. 주님은 택한 백성들을 구원해서 왕의 다스림 속에서 하나님의 복을 얻고 살아가도록, 이 땅에 오셨습니다. 마태복음 28장에서 임마누엘이신 예수님은 '세상 끝날 때까지 내가 항상 너희와 함께 있을 것이다'라고 말씀하셨습니다.

마태복음을 통하여 예수 그리스도의 여러 방면들을 우리가 볼 수가 있습니다. 주님은 왕으로 오신 분이시며 성령과 불로서 세례 주는 분이십니다. 그리고 그분은 세상의 빛이시며, 참 선생, 치료하시는 분, 죄를 사해 주는 분, 신랑, 참 목자, 우리 친구이십니다. 주님은 지혜이시며, 안식이시며, 더 큰 성전이시며, 참 다윗, 안식일의 주인이십니다. 주님은 요나보다 큰 분이시며, 솔로몬보다 큰 분, 씨 뿌리는 자로 오셨고, 그분이 곧 씨이시며, 먹이는 자로 오셨고, 떡이시며, 상 아래 부스러기이시며, 그리스도이시며, 살아 계신 하나님의 아들이십니다.

예수 그리스도는 교회를 위한 반석이시며 교회를 건축하시는 분, 왕국을 세우시는 분, 현재의 모세, 현재의 엘리야이십니다. 머릿돌, 주, 부활하신 주님이시며, 권위를 가지신 분이시며, 부활 안에서 그의 사람들에게 항상 함께 하시는 분이십니다. 우리는 우리의 천연적인 상태로서가 아니라, 부활 안에서 이 모든 항목들 안에 계신 그분을 체험할 수 있어야 합니다.

예수님의 족보에 관하여, 마가복음에서 그분이 노예의 신분으로 오셨기 때문에 족보가 필요 없으므로 족보 기록이 없습니다. 요한복음에서는 "태초에" 계신 말씀이 하나님과 함께 계셨고, 말씀이 바로 하나님이시기 때문에 결국 족보가 필요가 없습니다. 누가복음에서 예수 그리스도는 참 사람이라고 계시합니다. 예수님은 사람이시며, 그 안에 신성한 요소를 가지고 있기 때문에, 그분은 하나님이 의도하셨던 참 사람이시며 하나님이신 것입니다. 그분이 참 사람으로 우리에게 오셨기 때문에 사람에게 족보와 혈통이 있듯이 그분의 족보와 혈통이 기록되어 있습니다.

마태복음 1:1-17의 말씀을 보면 14대요, 14대요, 14대요라고 세 번 기록되어 있습니다.

첫 번째는 열조로서, 아브라함으로부터 하나님을 섬겼던 위대한 열조의 대를 의미합니다.

두 번째는 여러 왕들입니다.

세 번째는 일반적인 사람들을 포함합니다.

그리스도의 혈통은 단지 높은 지위의 사람들만 포함되는 것이 아니라, 일반적인 사람들, 즉 마리아와 요셉같이 가난하고, 세상의 지위나 명예가 없는 사람들도 포함되었습니다. 또한 이 혈통은 아브라함같이 부르심을 받은 자들과 포로로 잡혀간 이들을 다 포함합니다.

예수님의 혈통은 부르신 자들을 포함할 뿐만 아니라, 모든 타락한 자들도 포함합니다. 타락한 사람이 포함된다고 하면 의아해 하시겠지만, 예수 그리스도의 혈통, 족보를 보면 네 명의 재혼한 여성들이 포함되어 있는 것을 발견하게 될 것입니다. 유대인의 관례에 다르면 여인들은 족보에 기록되지 않습니다.

첫 번째 등장하는 여인인 다말은 유다의 며느리이며 과부입니다. 유다는 며느리에게서 자신의 쌍둥이를 낳게 했습니다.

윤리나 도덕적으로 볼 때에 이 얼마나 형편없는 일입니까?

두 번째 여인은 여리고의 기생인 라합입니다. 그녀가 하나님의 복음을 듣고 주님을 영접함으로 온 가족이 구원을 얻었습니다.

세 번째 여인은 모압의 자손 룻입니다. 모압인들은 하나님의 회중에 10대까지도 들어갈 수 없는 저주받은 민족인데, 모압 여성인 룻이 예수 그리스도를 출생시키는 족보에 등장합니다.

네 번째 여인은 이름은 기록되어 있지 않지만, '다윗은 우리아의 아내에게서 솔로몬을 낳고'라는 기록을 통해서 우리는 그녀가 어떤 사람이었는지는 짐작할 수가 있습니다.

이 네 사람은 동서남북 모든 피조물들을 의미합니다. 네 여인들은 우리의 어머니들이며 할머니들이요 우리의 대표들이며 바로 우리의 모습인 것입니다. 주님은 우리의 이러한 상황 안으로 우리를 찾아오신 분입니다. 한 여인은 처녀로서 그녀를 통해 예수 그리스도가 태어나셨습니다. 신성한 분이 깨끗한 그릇(마리아)을 통하여 오셨기에, 우리의 죄를 대신하여 그분이 오셨음을 암시합니다. 우리가 참으로 감사한 것은 주님이 이러한 혈통의 경로를 통하여, 우리에게 찾아오신 것입니다.

주님은 모든 종류의 사람들과 연합하셨습니다. 거기에는 선한 사람, 악한 사람, 비천한 사람, 부르심 받은 사람들, 타락한 사람, 모든 사람들을 포함합니다. 그러므로 예수님은 세상의 빛이요 진리요 길로서 우리를 비추시며 갈 길을 인도하시기 위해 오셨습니다.

우리는 이제 마태복음 1:1-17을 단지 인명들의 나열이라고 생각하지 말아야 합니다. 아브라함과 다윗의 자손으로 오신 예수 그리스도가 단지 다윗의 자손으로만 오셨다고 하면 우리와는 관계가 없을 것입니다. 하지만 아브라함은 유대인이 아니라 이방인으로서 부르심을 받은 사람입니다.

■ 마태복음 1장 주요 메시지

마태복음 1:1-17은 예수 그리스도의 계보의 특징을 가르쳐 줍니다.

① 아브라함과 다윗과 같은 신앙을 가진 자가 복 받는 계보입니다(1절).
② 다말과 같은 죄인도 용서받는 계보입니다(3절).
③ 룻과 같은 이방인도 구원받는 계보입니다(5절).

또한 마태복음 1:18-25에서 "예수 그리스도의 나심은 이러하니라"라고 말씀하십니다. 예수님께서 그리스도이심을 충분히 변증하기 위해 다음과 같이 말씀합니다.

① 성령으로 잉태된 것이 나타났습니다(18-20절).
② 자기 백성을 저희 죄에서 구원할 자로 나셨습니다(21절).
③ 선지자로 하신 말씀을 이루려고 나셨습니다(22-23절).
④ 임마누엘, 하나님이 우리와 함께 계시기 위해 오셨습니다(23절).

결론

여러분, 예수님의 족보를 보면 예수님이 어떤 분인가를 분명하게 깨닫게 됩니다. 예수 그리스도는 하나님이 약속하신 왕으로서 왕권을 가지고 오셔서, 우리에게 지혜를 가르치시고 택한 백성들에게 생명을 주는 영을 공급함으로 말미암아 자신의 신부로 만들어 가십니다. 이제 우리 모두는 슬기로운 다섯 처녀들처럼 신부로 단장되어, 신랑으로 다시 오실 예수 그리스도를 맞이하기를 바랍니다.

여러분, 왕권을 가지신 예수님의 첫 메시지는 "하나님 나라가 가까이 왔으니 회개하고 복음을 믿으라"입니다. 말씀대로 복음이신 예수님을 믿으면, 누구든지 구원받고 영원무궁한 하나님 나라의 백성이 되어 세상을 승리하며 살 수 있는 힘을 끊임없이 공급받습니다. 할렐루야! 아멘!

적용과 나눔
오늘 가르침에서 새롭게 깨달은 것 중 개인적으로 적용하여 실천하고자 하는 것을 기록한 후 서로 나누어 봅시다.

기도
성령님의 능력으로 감당하도록 간절히 부르짖고 기도합시다.

제2장 | 마태복음 2장 강론

동방 박사들의 믿음을 배워야 합니다

> 마태복음 2:1-18
> 새찬송가 109, 111, 112, 115, 116장

■ 마태복음 2장 주제: 메시아 탄생에 대한 반응과 유년 시절

■ 마태복음 2장의 구조와 내용

　마태복음 2장의 구조는 메시아에 대한 두 반응과 애굽 피난(1-18절), 나사렛 유년 시절(19-23절)이고, 그 내용으로는 동방 박사의 경배(1-12절), 헤롯의 살해 음모(13-18절), 그에 따른 애굽 피난과 귀향 등이 차례대로 기록되어 있습니다. 이는 그리스도의 탄생 직후에 일어난 일련의 사건들에 해당합니다.
　주지하는 바와 같이, 30여 년에 걸친 예수의 생애를 과감히 생략한 대신 이처럼 몇 개의 사건을 간추려 서술한 까닭은 그것이 구속사적 관점에서 중요한 의미를 내포하고 있기 때문입니다. 즉 동방 박사의 경배는 만왕이신 주의 왕권을 보여 주고, 헤롯의 살해 음모는 인자에 대한 사단의 살해 의도를, 그리고 애굽 피난은 인류 구속을 위해 오욕의 땅까지 가신 주님의 구속사적 열정을 보여 줍니다.
　인류역사상 가장 위대한 네 날이 있다고 합니다.
　첫째, 예수님께서 이 땅에 재림하시게 될 날입니다. 이 날을 사도 요한은 요한계시록 11:15에서 다음과 같이 말씀했습니다.

"일곱째 천사가 나팔을 불매 하늘에 큰 음성들이 나서 이르되 세상 나라가 우리 주와 그의 그리스도의 나라가 되어 그가 세세토록 왕 노릇 하시리로다 하니"(계 11:15).

예수님의 재림 날은 모든 성도들에게 가장 큰 소망의 날이기도 합니다.

둘째, 예수님께서 무덤에서 부활하신 날입니다. 부활하신 예수님을 대신하여 천사가 그날 슬퍼하는 여인들을 향하여 이렇게 말했습니다.

"5 너희는 무서워하지 말라 십자가에 못 박히신 예수를 너희가 찾는 줄을 내가 아노라 6 그가 여기 계시지 않고 그가 말씀 하시던 대로 살아나셨느니라 와서 그가 누우셨던 곳을 보라"(마 28:5-6).

이는 예수님이 '내가 사니 너희도 살리라'는 말씀입니다.

셋째, 예수님께서 두 강도와 함께 십자가에 죽으신 날입니다. 처참한 날이지만 기독교는 그렇게 끝나지 않습니다.

넷째, 처녀 마리아가 예수님을 낳아 강보에 싸서 구유에 누인 날입니다. 이날의 광경을 누가는 다음과 같이 말씀합니다.

"첫아들을 낳아 강보로 싸서 구유에 뉘었으니 이는 여관에 있을 곳이 없음이러라"(눅 2:7).

이날은 구약의 선지자들이 예언했던 것이 이루어진 날입니다. 이사야는 그리스도의 이름이 '임마누엘'로 불릴 것이라 예언했고, 미가는 그리스도가 베들레헴에서 나실 것이라고 예언을 한 바 있습니다. 이날 주의 천사가 목자들에게 "내가 온 백성에게 미칠 큰 기쁨의 좋은 소식을 너희에게 전하노라"라고 했습니다. 우리가 찬송한 그대로입니다.

"기쁘다 구주 오셨네 만백성 맞으라"

천사가 또 말했습니다.

"오늘 다윗의 동네에 너희를 위하여 구주가 나셨으니 곧 그리스도 주시니라 너희가 가서 강보에 싸여 구유에 뉘어 있는 아기를 보리니 이것이 너희에게 표적이니라"(마 2:11).

그때에 허다한 천군과 천사들이 함께 찬송을 했습니다.

"지극히 높은 곳에서는 하나님께 영광이요 땅에서는 하나님이 기뻐하신 사람들 중에 평화로다"(14절).

오늘 말씀은 동방 박사들의 세 가지 내용을 보여 줍니다.

첫째, 그들은 별을 보고 갔습니다. 본문 말씀 중에 "별"이라는 말이 네 번이나 나옵니다.

"우리가 그의 별을 보고"(마 2:2), "별이 나타난 때"(7절), "동방에서 보던 그 별이 문득 앞서 인도하여"(9절), "저희가 별을 보고 가장 기뻐하고 가장 기뻐하더라"(10절).

동방 박사들은 하늘의 별을 보면서 연구하는 천문학자들입니다. 어느 날 이상한 별이 나타났습니다. '옳거니 이것이다' 그들은 그 별이 성경이 예언한 메시아의 탄생을 알리는 것임을 깨닫고 그 먼 길을 떠난 것입니다. 이 별은 예수님을 상징합니다. "한 별이 야곱에게서 나오며"(민 24:17)라고 했고, "나는 다윗의 뿌리요 자손이니 곧 광명한 새벽 별"(계 22:16)'이라고 했습니다. 동방 박사들은 해, 달이 아닌 별을 보고 따라 갔습니다. 물론 하늘에는 수십 억만개의 별이 있지만, 그들은 다른 별을 보지 아니했습니다. 본문에 "그의 별을 보고"라고 했습니다. 예수님의 별을 보고 갔다는 말입니다.

어떻게 별을 보고 먼 길을 갈 수 있었습니까?

본문 9절이 답합니다.

"그 별이 문득 앞서 인도하여 가다가 아기 있는 곳 위에 머물러 섰는지라"(눅 2:9).

이는 별이 목자가 되어 인도했다는 말입니다.

둘째, 그들은 아기께 경배했습니다.

"유대인의 왕으로 나신 이가 어디 계시냐 우리가 동방에서 그의 별을 보고 그에게 경배하러 왔노라 하니"(마 2:2).

"엎드려 아기께 경배하고"(11절).

동방 박사들은 왕관도 없는 갓난아이 아기께 경배했습니다. 거기에는 모친 마리아도 부친 요셉도 있었습니다. 그러나 동방 박사들은 그들에게 경배하지 아니했습니다. 그런데 천주교에서는 성모 마리아에게 경배합니다. 이것은 비 성경적입니다. 경배한다는 말은 그 앞에 엎드린다는 뜻입니다. 동방 박사들이 아기께 무릎을 꿇어 엎드렸습니다.

성탄절이 어떤 날입니까?

아기 예수님께 엎드려 경배하는 날입니다.

동방 박사들은 아기께 경배를 할 때에 빈손으로 나가지를 아니했습니다.

"보배합을 열어 황금과 유향과 몰약을 예물로 드리니라"(11절).

보배합을 가지고 가서 그것을 열어 황금, 유향, 몰약을 꺼내서 예수님께 예물로 바쳤습니다. 칼빈은 황금은 왕, 유향은 제사장, 몰약은 선지자를 상징한다고 했습니다. 동방 박사들은 왕, 제사장, 선지자도 되신 아기 예수님께 가장 합당한 예물을 드려 경배했습니다.

여러분, 아기 예수님께 드릴 예물 준비는 되었습니까?

셋째, 그들은 다른 길로 갔습니다.

"그들은 꿈에 헤롯에게로 돌아가지 말라 지시하심을 받아 다른 길로 고국에 돌아가니라"(12절).

여기 "다른 길"은 올 때의 그 길이 아니고 반드시 가야 할 새 길입니다. 길에는 하나님께서 열어 놓으신 의의 길이 있고 하나님께서 막으시는 불의의 길이 있습니다. 헤롯은 다음과 같이 말했습니다.

"가서 아기에 대하여 자세히 알아보고 찾거든 내게 고하여 나도 가서 그에게 경배하게 하라"(8절).

헤롯의 속성이 드러난 말입니다. 예수님을 죽이기 위한 모함입니다. 그래서 하나님께서는 꿈을 통하여 동방 박사들에게 '다른 길로 가라'고 지시하셨습니다. 성탄절을 맞은 우리 모두를 향하여 주신 말씀이기도 합니다. 동방 박사들이 돌아갔던 다른 길은 생소한 길, 예상할 수 없는 길입니다. 그러나 그들은 무사히 고국에 돌아갈 수 있었습니다.

어떻게 그럴 수 있었습니까?

시편 23:3이 답합니다.

"주께서 의의 길로 인도하시는도다"(시 23:3).

동방 박사들이 별을 보고 가면서 얼마나 많은 고생했을까요? 주리고 목마른 때도 있었고 들어갈 여관이 없어 들판에서 노숙할 때도 있었을 것입니다. 그런데 예수님을 만난 사람에게는 기쁨이 생겨나고 소망과 평화가 생겨납니다. 하늘나라가 활짝 열립니다.

"높은 산이 거친 들이 초막이나 궁궐이나 내 주 예수 모신 곳이 그 어디나 하늘나라."

우리 모두는 기쁨의 성탄절을 맞이했습니다. 사람을 바라보면 기쁨이 없습니다.

"믿음의 주요 또 온전하게 하시는 이인 예수를 바라보자 그는 그 앞에 있는 기쁨을 위하여 십자가를 참으사 부끄러움을 개의치 아니하시더니 하나님 보좌 우편에 앉으셨느니라"(히 12:2).

예수님을 만난 동방 박사들이 어찌했습니까?
헤롯의 길로 가지 아니하고 다른 길로 돌아서 고국으로 갔습니다.
여러분, 예수님을 바라보고 전하십시다. 다른 길로, 새 길로 가십시다.

■ 마태복음 2장 주요 메시지

마태복음 2:1-12은 동방 박사들의 믿음을 보여 줍니다. 동방 박사들의 믿음의 특징은 다음과 같습니다.

① 별을 보고 매우 크게 기뻐하고 기뻐하는 믿음입니다(10절).
② 예수님께 경배하는 믿음입니다(11절).
③ 예물을 드리는 믿음입니다(11절).
④ 말씀대로 순종하는 믿음입니다(12절).

결론

여러분, 동방 박사들의 믿음을 배워야 합니다.
동방 박사들과 같이 예수님을 모신 믿음으로 새 길을 걷는 여러분이 다 되시기를 구주 예수님 이름으로 축원합니다. 할렐루야! 아멘!

적용과 나눔

오늘 가르침에서 새롭게 깨달은 것 중 개인적으로 적용하여 실천하고자 하는 것을 기록한 후 서로 나누어 봅시다.

기도

성령님의 능력으로 감당하도록 간절히 부르짖고 기도합시다.

제3장 | 마태복음 3장 강론

세례 요한이 전파한 말을 들어야 합니다

> 마태복음 3:1-17
> 새찬송가 200, 205, 285, 445장

■ **마태복음 3장 주제: 세례 요한의 사역과 하늘의 증언**

■ **마태복음 3장의 구조와 내용**

  세례 요한의 전도 사역(1-12절)과 그리스도의 수세(受洗)와 하늘의 증언(13-17절)을 담고 있는 본 장은 그리스도의 본격적인 사역으로 넘어가는 교량 역할을 합니다.

  세례 요한의 사역은 천국 선포, 회개 촉구, 세례 등으로 요약되는데, 이는 그리스도의 사역을 예비하고, 그의 등장을 자연스럽게 안내하는 성격을 띱니다. 한편, 주님은 공생애 사역 직전에 요한으로부터 세례를 받으심으로써 죄가 없음에도 불구하고 죄인과 같이 되사 하나님의 구속 계획을 성취하고자 하신 자신의 겸손과 성부에 대한 전적 복종을 나타내셨습니다(히 9:28). 마태는 본래는 세금 장부를 기록하던 세리였는데 주님의 부르심을 받아(마 9:9) 제자가 된 후에는(마 10:3) 복음이 되시는 예수 그리스도의 삶과 사역과 가르침을 기술하는 복음서의 저자가 되었습니다. 여기 3장에서는 주님의 길을 예비한 세례 요한에 대해 기술했습니다.

  주님이 오시는 길을 예비하는 예비자들이 있습니다. 도르가와 루디아는 베드로와 바울이 가는 길을 예비한 예비자들입니다. 예비자들은 자신의 모습을 드러내지 않습니다. 소리로 존재할 뿐입니다. 주님을 증거 하는 성령도 자신의 모습을 드러내지 않습니다. 성령과 성령으로 난 사람들은 바람과 같이 불어 소리를 내기는 해도 그 모습을 드러내지는 않는다고 예수님이 말씀하십니다(요 3:8). 그리고 예비자들은 소박한 삶을 삽니다. 세례 요한은 광야에서 약대 털옷을 입고 허리에 가죽 띠를 띠고 메뚜기와 석청을 먹는 지극히 소박하고 가난하며 성별된 삶을 살았습니다.

세례 요한이 전한 메시지는 "회개하고 주의 길을 예비하라"는 것이었습니다. 세상의 구주로, 만왕의 왕으로 오신 하나님의 아들을 주님으로 받아드릴 수 있는 유일한 조건은 회개하는 것입니다. 즉 자신의 거짓되고 탐욕적이며 이기적이고 위선적인 죄를 회개하고 항복하는 것입니다. 세례 요한과 예수님과 베드로가 전한 첫 메시지는 모두 회개하라는 것이었습니다. 자기를 부인하는 회개 없이 예수님을 주님으로 받아들일 수는 없습니다.

회개 없이 그리고 회개의 열매 없이 종교적 형식과 외식으로 나오는 자들을 향해 세례 요한은 "독사의 자식들"이라고 칭하며 무섭게 질책했습니다. 예수님도 회개하지 않는 외식하는 서기관들과 바리새인들을 향하여 "독사의 자식들"(마 12:34), "독사의 새끼들"(마 23:33)이라고 무섭게 책망했습니다. 회개하는 자에게는 하나님의 긍휼이 임하고 회개하지 않는 자들에게는 하나님의 무서운 심판이 임한다고 하십니다.

세례 요한은 자기 뒤에 오시는 분의 지위와 사역을 소개했습니다. 세례 요한은 그분이 자기보다 앞서고(요 1:15) 자기보다 지위가 높고 능력이 많으시므로 자기는 그분의 신발을 들기도 또는 풀기도(요 1:27) 감당치 못한다고 했습니다. 자기의 사역은 회개케 하기 위하여 물로 세례를 주는 것이지만 그분의 사역은 성령과 불로 세례를 주시는 것이라고 했습니다(요 1:33). 이 사실을 예수님도 사도 베드로도 증거했습니다.

"너희는 몇 날이 못되어 성령으로 세례를 받으리라"(행 1:5).
"성령으로 세례를 받으리라 하신 것이 생각났노라"(행 11:16).

성령으로 세례를 준다는 것은 의식적인 세례가 아닌 실제적이고 영적인 세례를 주는 것을 말합니다. 즉 마음과 영혼과 몸이 성령의 감화를 받아 옛사람이 죽고 새 사람이 사는 것을 말합니다. 오순절 날 120여 명이 성령으로 세례를 받았는데 그 현상이 "강한 바람 같은 소리"로 "불의 혀 같이 갈라지는 것"으로 그리고 "성령의 충만"으로 나타났습니다. 예수님은 성령으로 세례를 주시는 분이시고 성령으로 은사를 주시는 분이십니다. 그리고 마지막 날에는 불로 심판하시는 분이십니다.

　예수님은 세례 요한의 지위와 사역을 인정하시고 그리고 세례의 중요성을 알려 주시기 위해 친히 요한에게 세례를 받으셨습니다. 그때 성령이 임했고 하나님이 인정하시고 기뻐하시는 음성이 들렸습니다. 우리의 세례도 하나님이 인정하시고 기뻐하십니다.

　여러분, 세례 요한이 전파한 말을 들어야 합니다. 구약의 마지막 선지자 말라기의 예언 이후에 세례 요한까지 약 400년간의 침묵은 이스라엘 백성들로 하여금 예언자들의 음성이 그리워 견딜 수가 없었습니다. 이제 약 400년간의 침묵이 갑자기 깨지고 광야에서 외치는 소리가 우렁차게 터져 나왔습니다. 그것이 바로 세례 요한의 광야 소리였습니다. 30년 동안 갈고 닦은 광야의 전 생애를 한마디 소리로 증발시켜 버린 사나이였습니다.

　그 광야의 소리 중에는 '나는 그리스도의 신들메를 풀 자격도 없다'는 소리도 있었습니다. 익은 곡식은 고개를 숙이기 때문에 이런 소리가 나올 수 있었을 것입니다. 또 세례 요한의 소리 가운데 다음과 같은 것도 있었습니다.

　"신부를 취하는 자는 신랑이나 서서 신랑의 음성을 듣는 친구가 크게 기뻐하나니 나는 이러한 기쁨이 충만하였노라"(요 3:29).

　이 말은 '나는 신랑의 들러리'라는 뜻입니다. 결혼식이 끝나면 들러리는 소용없듯이 이 소리도 그리스도를 소개하고는 조용히 사라지겠다는 말인 것입니다. 세례 요한의 소리 가운데는 '그는 흥하여야 하겠고 나는 쇠하여야 하리라'(요 3:30)라는 말씀도 있습니다.

　요즈음에 가치관은 어떻습니까?

　네가 망하고 내가 흥해야만 하는 요즈음 가치관과는 근본적으로 다른 데가 있는 소리입니다. 우리는 오직 주님을 높이고 하나님께 영광을 돌리면 됩니다. 그 이상도 그 이하도 아닙니다. 나머지는 하나님께서 하십니다. 우리는 내가 높아져야 하고, 사람들이 나를 알아줘야 하는 것 때문에 갈등이 있습니다. 마음에 불편함이 남아 있는 것입니다. 진정 믿음 안에 있는 사람은 모든 것이 귀하고 모든 것이 아름답게 보입니다. 그리고 하나님께서 베푸신 모든 것들이 은혜일 따름입니다.

　지금 시대를 은혜의 시대라고 말합니다. 그러나 음란과 강포와 체포와 기근과 무질서의 소리만이 귀 아프게 들려오는 이 강산에 정말로 소리 같은 소리에는 허기가 날 정도로 굶주리고 있습니다.

■ 마태복음 3장 주요 메시지

마태복음 3:1-12은 세례 요한이 유대 광야에서 전파한 말을 가르쳐 줍니다.

① "회개하라. 천국이 가까이 왔느니라"(2절).
② "회개에 합당한 열매를 맺고"(8절).
③ 예수님은 "나보다 능력이 많으시니"(11절).
④ 예수님은 "성령과 불로 너희에게 세례를 베푸실 것이요"(11절).
⑤ 예수님은 "손에 키를 들고 자기의 타작 마당을 정하게 하사 알곡은 모아 곳간에 들이고 쭉정이는 꺼지지 않는 불에 태우시리라"(12절).

마태복음 3:13-17에서 예수님은 요한에게 세례를 받으셨습니다.

① 예수님께서 요한에게 세례를 받으신 이유는 모든 의를 이루는 것이 합당하기 때문입니다(15절).
② 하늘이 열리고 하나님의 성령이 비둘기같이 내려 자기 위에 임하심을 보였습니다(16절).
③ 하늘로부터 "이는 내 사랑하는 아들이요 내 기뻐하는 자라"라는 소리가 났습니다(17절).

결론

여러분, 세례 요한이 전파한 말을 들어야 합니다. 오늘날의 시대는 침묵의 소리만이 부풀어 있는 시대를 맞이하고 있는 듯싶습니다. 이따금 때에 따라 늦가을 모깃소리 같은 미세한 음성이 귓전에 들리는가 싶지만 방음 장치를 잘해 놓아서 그것마저도 삼켜 버리고 말았습니다.
여러분, 나라도, 교회도, 성직자도, 평신도도 잘못된 부분을 과감하게 수술하는 광야의 소리가 전국에 메아리치며 회개의 운동이 일어나기를 진심으로 바랍니다. 할렐루야! 아멘!

적용과 나눔

오늘 가르침에서 새롭게 깨달은 것 중 개인적으로 적용하여 실천하고자 하는 것을 기록한 후 서로 나누어 봅시다.

기도

성령님의 능력으로 감당하도록 간절히 부르짖고 기도합시다.

제4장 | 마태복음 4장 강론

성령에게 이끌려야 합니다

> 마태복음 4:1-25
> 새찬송가 200, 205, 285, 342, 445장

■ 마태복음 4장 주제: 예수님의 시험 승리와 공생애 시작

■ 마태복음 4장의 구조와 내용

 마태복음 4장의 구조와 내용은 40일 기도와 시험 승리(1-11절), 예수의 공생애 개시(12-17절), 네 제자를 부르심(18-22절) 그리고 갈릴리 사역의 개요(23-25절)입니다. 40일간에 걸친 예수님의 금식 기도(1-11절)와 그것에 연이은 사단의 시험(17-25절)이 주 내용으로 등장합니다.
 사단의 시험은 세 가지로 압축되는데 돌로 떡을 만들고, 성전 꼭대기에서 뛰어 내리며, 자신에게 절하라는 것입니다. 이것의 총괄적 의미는 결국 하나님을 거부하고 사단의 권세에 복종하라는 것이었습니다. 그러나 주님은 하나님의 말씀을 인용함으로써 각 시험에서 승리하셨습니다. 이로써 메시아의 신적 능력, 성부에 대한 성자의 복종이 확증된 것입니다. 이어 가버나움 방문과 네 제자(베드로, 안드레, 야고보, 요한)의 선택, 천국 복음 선포와 병자 치유가 간략히 언급되는데 이는 주님의 본격적인 사역의 전조가 됩니다.
 예수님은 인간의 운명을 짊어지시기 위해 인간이 죗값으로 당해야 하는 모든 가난과 고난과 시험과 저주와 죽음을 대신 당하셨습니다. 예수님은 구유에 나셨고 애굽으로 피난 가셨으며, 성령에게 이끌려 광야로 가서 시험을 당하셨습니다. 에덴 동산에서 아담과 하와가 뱀에게 시험 당해 패한

것을 돌이키시기 위해 광야로 가서 마귀에게 시험을 당하셨습니다. 나의 패배를 돌이키시기 위해서, 나를 패배시킨 마귀 그 놈을 패배시키기 위해서, 스스로 광야로 가서 사십 일을 밤낮으로 금식하신 후 성령에게 이끌리어 마귀에게 시험을 당하셨습니다. 우리는 마귀의 시험에 패할 수밖에 없기 때문에 우리 대신 '대리 시험'을 보신 것입니다. 놀라운 일이고 고마우신 일입니다.

예수님이 받으신 세 가지 시험은 "돌들이 떡이 되게 하라"는 먹는 것에 관한 시험과 "성전 꼭대기에서 뛰어내리라"는 기적에 관한 시험과 "내게 엎드려 경배하면 이 모든 것을 네게 주리라"는 세상 부귀에 관한 시험이었습니다. 먹는 것과 기적과 세상의 부귀는 모든 인간이 바라고 추구하는 근본적인 욕구 대상입니다. 이 세 가지 시험을 예수님은 모두 하나님의 말씀으로 그리고 하나님 제일주의로 물리쳐 이기셨습니다. 예수님의 승리는 곧 우리들의 승리입니다. 예수님은 광야로 가서 시험을 받으셨을 뿐 아니라 그 후 변방의 땅, 이방의 땅, 흑암의 땅, 사망의 땅에 가서 사셨습니다.

"12 갈릴리로 물러가셨다가 … 13 스불론과 납달리 지경 해변에 있는 가버나움에 가서 사시니"(12-13절).

그리고 그곳에서 회개의 복음, 생명의 복음, 빛의 복음을 전하기 시작하셨습니다. 선지자 이사야가 오래 전에 예언한 그대로였습니다(사 9:1-2).

■ 마태복음 4장 주요 메시지

마태복음 4:1-11은 예수께서 성령에게 이끌리셔서 마귀 시험을 이기심을 보여 줍니다.

① 육신적인 시험을 이김입니다.

"3 시험하는 자가 예수께 나아와서 이르되 네가 만일 하나님의 아들이어든 명하여 이 돌들로 떡덩이가 되게 하라 4 예수께서 대답하여 이르시되 기록되었으되 사람이 떡으로만 살 것이 아니요 하나님의 입으로부터 나오는 모든 말씀으로 살 것이라 하였느니라 하시니"(3-4절).

② 정신적인 시험을 이김입니다.

"5 이에 마귀가 예수를 거룩한 성으로 데려다가 성전 꼭대기에 세우고 6 이르되 네가 만일 하나님의 아들이어든 뛰어내리라 기록되었으되 그가 너를 위하여 그의 사자들을 명하시리니 그들이 손으로 너를 받들어 발이 돌에 부딪치지 않게 하리로다 하였느니라"(5-6절).
③ 영적인 시험 이김입니다.
"8 마귀가 또 그를 데리고 지극히 높은 산으로 가서 천하 만국과 그 영광을 보여 9 이르되 만일 내게 엎드려 경배하면 이 모든 것을 네게 주리라"(8-9절).

예수께서 성령에게 이끌리어 마귀 시험을 이기신 결과는 다음과 같습니다. "이에 마귀는 예수를 떠나고 천사들이 나아와서 수종드니라"(11절).
성령에게 이끌리어 마귀 시험을 이기신 예수님은 사람들을 낚는 인류 구원의 사역을 수행하시기 위해서 자기를 도울 동역자들, 즉 제자들을 부르셨습니다. 인류 구원의 사역을 성부 성자 성령 하나님이 협력하여 함께 이루셨을 뿐만 아니라 인간 동역자들을 택해서 그들과도 함께 이루셨습니다. 하나님은 지금도 인류 구원의 사역을 우리들과 함께 이루십니다(고전 3:9; 고후 6:1). 황송하고 감사한 일입니다. 주님의 부르심을 받아 주님과 함께 일하는 주님의 동역자(제자)들은 그물과 배와 부모를 버릴 각오를 해야 합니다.
예수님은 제자들을 데리고 인류 구원의 사역을 수행하기 시작하셨습니다. "두루 다니시면서" 수행하셨고 "가르치시면서" 수행하셨고 "천국 복음을 전파하시면서" 수행하셨고 "모든 병과 모든 약한 것을 고치시면서" 수행하셨습니다(마 9:35). 구원 사역이 변방인 수리아와 갈릴리와 데가볼리에서 시작하여 유다와 예루살렘에 이른 것은 의미 있는 일입니다. 그리고 예수님의 복음 사역과 구원 사역에는 "모든 병과 모든 약한 것을 고친" "착한 일"이 항상 따랐습니다. 그래서 베드로는 예수님의 구원 사역을 소개하면서 "저가 두루 다니시며 착한 일을 행하시고"(행 10:38)라고 했습니다. 우리들의 복음 사역도 두루 다니며, 가르치며, 전파하며, 약하고 병든 자들을 돕는 '착함'을 실천해야 할 것입니다.
마태복음 4:17-25은 예수님께서 전파하는 사역을 시작하심을 보여 줍니다. 예수님의 사역 메시지는 다음과 같습니다.

① "회개하라. 천국이 가까이 왔느니라"(17절).
② "나를 따라오라 내가 너희를 사람을 낚는 어부가 되게 하리라"(19절).

예수님 사역은 ① 가르치시며 ② 전파하시며 ③ 고치신 것입니다(23절).

결론

여러분, 성령에게 이끌려야 합니다. 예수님은 죄에 빠진 인류를 구원하려고 오셨습니다. 아담이 시험에 실패해서 모든 사람이 죽게 된 것을 이제 예수께서 그 시험을 이기심으로 모든 죽은 사람들을 살리시려는 것입니다. 그렇기에 이 마귀의 시험은 예수님이 반드시 치러야 하고 반드시 이겨야 하는 시험입니다. 아담이 시험에 실패했다는 것은 인류의 타락을 의미하고, 예수께서 시험에서 이기셨다는 것은 인류의 회복과 구원을 의미합니다. 바울은 이것을 보고 또 말하기를 그리스도 안에서 모든 사람이 삶을 얻는다고 합니다(고전 15:22). 또 첫 사람 아담은 산 영(생령)이 되었고, 마지막 아담은 살려주는 영이 되었다고 말하기도 합니다(고전 15:45).

예수께서 성령에게 이끌리어 마귀에게 시험을 받으러 가셨다고 하니까 예수님은 가기 싫은데 성령께서 억지로 끌고 가셨다고 생각하는 사람은 없겠지요?

"이끌리어"라는 단어는 '인도함을 받아'라고 바꾸어 말할 수 있습니다. 예수께서 시험받으시는 그 과정에 성령 하나님의 인도하심과 동역하심을 알 수 있는데, 우리에게는 아주 소중한 구절이 아닐 수 없습니다. 왜냐하면 우리도 늘 시험에 노출되어 살고 있는데, 그렇게 시험 당할 때마다 성령께서 우리와 함께 하시고 우리를 도우신다는 뜻이 되기 때문입니다.

여러분, 우는 사자같이 두루 다니며 삼킬 자를 찾고 있는(벧전 5:8) 우리 대적 마귀를 성령에게 이끌리어 이겨서 예수님 제자의 사역을 감당하시기 바랍니다. 할렐루야! 아멘!

적용과 나눔

오늘 가르침에서 새롭게 깨달은 것 중 개인적으로 적용하여 실천하고자 하는 것을 기록한 후 서로 나누어 봅시다.

기도

성령님의 능력으로 감당하도록 간절히 부르짖고 기도합시다.

제5장 | 마태복음 5장 강론

예수님이 가르쳐 주신 복

> 마태복음 5:1-48
> 새찬송가 200, 205, 285, 427, 428, 438, 445장

■ **마태복음 5장 주제: 메시아 왕국의 새로운 기준**

■ **마태복음 5장의 구조와 내용**

　마태복음 5장의 구조와 내용은 여덟 가지 복(1-12절)과 그리스도인의 사명(13-16절) 그리고 그리스도인의 의(義)의 수준(17-48절)입니다. 이것은 널리 알려진 감람산 강화(講話)로서 내용상 7장까지 이어집니다.

　1-16절은 팔복 강화로서, 감람산 강화 전체의 주제를 요약하고 있을 뿐 아니라 천국 시민의 대헌장이라고 할 수 있습니다. 여기서 주님은 천국 시민의 요건(특징)과 그에 대한 상급을 약속합니다. 이어 모세 율법의 몇 가지 특징적인 규례들(살인, 간음, 이혼, 맹세, 동행, 보복)이 언급되며 이에 대한 주님의 새로운 해석과 명령이 제시되고 있습니다. 우리는 여기서 구약 율법을 철폐하지 않으면서도(율법의 연속성) 하나님의 구속적 사랑과 참다운 휴머니즘이라는 대전제 위에서 그것을 승화시키신, 율법의 완성자로서의 주님의 모습을 발견할 수 있습니다.

　1-16절은 예수님의 산상수훈(마 5-7장) 가운데 핵심 부분이자 첫 부분으로 흔히 '팔복'이라 부르는 말씀입니다. 여기서 예수님은 복을 펼쳐 주십니다. 누구나 이 말씀에 귀를 기울이면 참 복의 길을 발견하게 됩니다. 아무쪼록 저와 여러분이 이 말씀을 잘 듣고 깨우쳐서 참 복의 소유자가 다 되시

기 바랍니다. 그리고 더 나아가 복을 찾지 못해 방황하는 세상의 뭇 사람들에게 참 복을 전해 주기 바랍니다.

■ 마태복음 5장 주요 메시지

마태복음 5:1-12은 예수님이 가르쳐 주신 복을 보여 줍니다.

첫째, 예수님과 성도 간의 관계에서 4가지 복입니다.

① "심령이 가난한 자는 복이 있나니 천국이 그들의 것임이요"(3절).
② "애통하는 자는 복이 있나니 그들이 위로를 받을 것임이요"(4절).
③ "온유한 자는 복이 있나니 그들이 땅을 기업으로 받을 것임이요"(5절).
④ "의에 주리고 목마른 자는 복이 있나니 그들이 배부를 것임이요"(6절).

둘째, 성도 상호 간의 관계에서 4가지 복입니다.

① "긍휼히 여기는 자는 복이 있나니 그들이 긍휼히 여김을 받을 것임이요"(7절).
② "마음이 청결한 자는 복이 있나니 그들이 하나님을 볼 것임이요"(8절).
③ "화평하게 하는 자는 복이 있나니 그들이 하나님의 아들이라 일컬음을 받을 것임이요"(9절).
④ "10 의를 위하여 박해를 받은 자는 복이 있나니 천국이 그들의 것임이라 11 나로 말미암아 너희를 욕하고 박해하고 거짓으로 너희를 거슬러 모든 악한 말을 할 때에는 너희에게 복이 있나니 12 기뻐하고 즐거워하라 하늘에서 너희의 상이 큼이라 너희 전에 있던 선지자들도 이같이 박해하였느니라"(10-12절).

이렇게 복을 가르쳐 주신 예수님은 마태복음 5:13-16에서 복 있는 자의 사명을 말씀하십니다.

"이같이 너희 빛이 사람 앞에 비치게 하여 그들로 너희 착한 행실을 보고 하늘에 계신 너희 아버지께 영광을 돌리게 하라"(16절).

복 있는 자의 사명으로 성도의 역할은 다음과 같습니다.

① 소금의 역할입니다.
"너희는 세상의 소금이니 소금이 만일 그 맛을 잃으면 무엇으로 짜게 하리요 후에는 아무 쓸 데 없어 다만 밖에 버려져 사람에게 밟힐 뿐이니라"(13절).
② 빛의 역할입니다.
"14 너희는 세상의 빛이라 산 위에 있는 동네가 숨겨지지 못할 것이요 15 사람이 등불을 켜서 말 아래에 두지 아니하고 등경 위에 두나니 이러므로 집 안 모든 사람에게 비치느니라"(14-15절).
③ 선의 역할입니다.
"이같이 너희 빛이 사람 앞에 비치게 하여 그들로 너희 착한 행실을 보고 하늘에 계신 너희 아버지께 영광을 돌리게 하라"(16절).

복 있는 자의 사명으로 성도의 역할을 말씀하신 예수님은 마태복음 5:17-20에서 예수님이 오신 목적을 말씀하십니다.
"내가 율법이나 선지자를 폐하러 온 줄로 생각하지 말라 폐하러 온 것이 아니요 완전하게 하려 함이라"(17절).
예수님이 오신 목적은 다음과 같습니다.

① 율법을 완전하게 하시기 위함입니다(17절).
② 율법을 다 이루시기 위함입니다.
"진실로 너희에게 이르노니 천지가 없어지기 전에는 율법의 일점 일획도 결코 없어지지 아니하고 다 이루리라"(18절).
③ 행하며 가르치려고 예수님이 오셨다고 말씀하십니다.
"그러므로 누구든지 이 계명 중의 지극히 작은 것 하나라도 버리고 또 그같이 사람을 가르치는 자는 천국에서 지극히 작다 일컬음을 받을 것이요 누구든지 이를 행하며 가르치는 자는 천국에서 크다 일컬음을 받으리라"(19절).

자신이 온 목적을 말씀하신 예수님은 마태복음 5:21-32에서 복 있는 자의 복된 자세를 말씀하십니다. 복 있는 자의 복된 자세는 다음과 같습니다.

① 그리스도인은 형제를 사랑해야 합니다(22-24절).
"예물을 제단 앞에 두고 먼저 가서 형제와 화목하고 그 후에 와서 예물을 드리라"(24절).
② 그리스도인은 금전문제에 깨끗해야 합니다(25-26절).
③ 그리스도인은 정결해야 합니다(27-32절).
"29 만일 네 오른 눈이 너로 실족하게 하거든 빼어 내버리라 네 백체 중 하나가 없어지고 온 몸이 지옥에 던져지지 않는 것이 유익하며 30 또한 만일 네 오른손이 너로 실족하게 하거든 찍어 내버리라 네 백체 중 하나가 없어지고 온 몸이 지옥에 던져지지 않는 것이 유익하니라"(29-30절).

예수님은 마태복음 5:33-37에서 복 있는 자는 헛맹세하지 말라고 하십니다.

① 하늘로도 하지 말아야 합니다(34절).
② 땅으로도 하지 말아야 합니다.
③ 예루살렘(신앙생활, 교회생활)으로도 하지 말아야 합니다(35절).
④ 머리로도 하지 말아야 합니다(36절).

마태복음 5:38-42에서 예수님은 복 있는 자는 악한 자를 대적하지 말라고 하십니다. 이는 구약율법의 보복원리요 참된 평화의 길을 찾게 하는 처방이요 상대편의 탐욕의 불길을 꺼버리는 하늘의 처방입니다. 그 방법은 다음과 같습니다.

① 오른편 뺨을 치거든 왼편을 돌려댑니다(39절).
② 고발하여 속옷을 가지고자 하는 자에게 겉옷까지 줍니다(40절).
③ 누구든지 너로 억지로 오 리를 가게 하거든 그 사람과 십 리를 동행해 줍니다(41절).
④ 네게 구하는 자에게 주며 네게 꾸고자 하는 자에게 거절하지 않습니다(42절).

마태복음 5:43-48에서 예수님은 우리가 복 있는 자의 복된 자세를 행할 때 하늘에 계신 아버지의 아들이 된다고 하십니다.

"이같이 한즉 하늘에 계신 너희 아버지의 아들이 되리니 이는 하나님이 그 해를 악인과 선인에게 비추시며 비를 의로운 자와 불의한 자에게 내려주심이라"(45절).

하늘에 계신 아버지의 아들의 자세는 다음과 같습니다.

① 이웃을 사랑합니다(43절).
② 원수를 사랑합니다(44절).
③ 박해하는 자를 위하여 기도합니다(44절).

결론

여러분, 예수님이 가르쳐 주신 복을 받고 복 있는 자세를 가져야 합니다. 1-4장에서 하나님 나라의 왕이신 예수께서 어떻게 그 나라를 선언하시고, 그의 제자를 부르셨으며, 또 그 나라를 능력 있게 증거 하셨는지를 보았습니다. 오늘 말씀은 하나님 나라의 왕이신 예수님이 가르쳐 주신 복과 복 있는 자의 자세를 말씀하십니다.

여러분, 우리 심령에 하나님 나라가 임하면 장차 들어갈 천국에서 누릴 것과 동일한 기쁨과 평안을 누리게 됩니다. 천국을 시식하는 것입니다. 이것은 주변의 환경 및 조건과 상관없이 주어지는 큰 복, 천국의 복입니다. 그래서 우리는 이렇게 기쁨으로 고백하며 찬양합니다.

"내 영혼이 은총 입어 중한 죄짐 벗고 보니
슬픔 많은 이 세상도 천국으로 화하도다
높은 산이 거친 들이 초막이나 궁궐이나
내 주 예수 모신 곳이 그 어디나 하늘나라"(새찬송가 438장).

여러분, 예수님이 가르쳐 주신 복 누리기 바랍니다. 할렐루야! 아멘!

적용과 나눔

오늘 가르침에서 새롭게 깨달은 것 중 개인적으로 적용하여 실천하고자 하는 것을 기록한 후 서로 나누어 봅시다.

기도

성령님의 능력으로 감당하도록 간절히 부르짖고 기도합시다.

제6장 | 마태복음 6장 강론

예수님이 가르쳐 주신 복

> 마태복음 5:1-48
> 새찬송가 200, 205, 285, 427, 428, 438, 445장

■ **마태복음 6장 주제: 천국 시민의 새 생활**

■ **마태복음 6장의 구조와 내용**

　천국 시민의 신앙생활(1-18절)과 천국 시민의 일반생활(19-34절)로서, 내용상 5장에 연속되는 부분입니다. 여기서 예수님은 자선(1-4절), 기도(5-8절), 주기도문(9-15절), 금식(16-18절), 재물 관리(19-24절), 하나님 나라를 위한 삶(25-34절) 등의 여러 주제에 관해 언급하셨습니다.

　이것은 천국 시민의 실생활에 연관된 윤리적 실천 강령이라 할 수 있습니다. 당시의 바리새인을 위시한 부패한 종교 지도자들이 형식적, 외면적인 면에 치우친 반면, 주님은 이곳에서 인간의 내면적, 실질적인 변화의 필요성을 역설하고 계십니다. 결국 천국 시민이란 자신의 양심(신앙)에 입각해서 하나님 중심의 삶을 사는 자들이라고 하십니다(33절).

　마태복음 5-7장을 "산상보훈"이라고 신학적으로 제목을 붙였습니다. 예수님께서 제자들을 데리고 산에 올라가셔서 집중적으로 하나님의 백성이 되어야할 교훈을 설교하신 내용입니다. 이스라엘에 가면 지금도 여행 코스 가운데 팔복산이 있습니다. 바로 그 자리에서 설교를 하셨다는 것입니다. 마태복음 5:1에 보면 "예수께서 무리를 보시고 산에 올라가 앉으시니"라고 시작하고 8:1에 "예수께서 산에서 내려오시니"라고 되어 있습니다.

마태복음 5장에서 팔복에 대해 이야기하면서 시작한 이 산상의 설교는 6:33에 와서 절정에 달하게 되는데 그 올라가는 문턱에 바로 이 외식의 문제가 나옵니다. 예수님은 산상수훈 가운데서 방대한 분량을 할애해서 이 외식의 문제를 다루고 계십니다. 많이 말씀하셨다는 것은 그 만큼 중요하다는 의미입니다. 여러 번 반복해서 자주 말씀하셨다는 것은 그것이 인간이 특별히 경고해도 빠지기 쉬운 죄의 종류라는 것입니다. 또 빠졌을 때에 매우 크고 어려운 결과를 낳기 때문입니다.

이 외식의 문제를 18구절에 걸쳐서 말씀하시는데 그것도 1절에서 총론을 말씀하신 다음에 2-4절은 구제에 대해서, 5-15절은 기도에 대해서, 16-18은 금식에 대해 말씀하시면서 외식의 문제를 다루십니다. 여기서 언급되고 있는 구제, 기도, 금식 이 세 가지는 당시 유대 사회에서 신앙의 가장 높은 덕목들에 속하는 것이었습니다. 그리고 이미 제자들이 열심히 실천하는 것들이었습니다. 그런데 그것을 강조하셔서 외식이라는 각도에서 말씀하시고 계시다는 사실에서 우리는 주의를 환기할 필요가 있습니다.

■ 마태복음 6장 주요 메시지

마태복음 6:1-18에서 예수님은 천국 시민의 3대 상을 받는 기본 신앙생활을 가르쳐 주십니다. 천국 시민의 상 받는 생활은 ① 구제생활(2-4절), ② 기도생활(5-15절), ③ 금식생활입니다(16-18절).

마태복음 6:2-4에서 예수님은 구제할 때의 자세를 가르쳐 주십니다. 구제할 때의 주의할 3대 자세는 다음과 같습니다.

① 사람 앞에서 보이려 하거나 나팔 불지 말아야 합니다(인본주의, 1-22절).
② 오른손이 하는 것을 왼손이 모르게 해야 합니다(은밀하게, 3절).
③ 하나님만 아시도록 구제해야 합니다(4절).

마태복음 6:5-15에서 예수님은 기도할 때의 자세를 가르쳐 주십니다. 기도할 때 조심할 4가지 자세는 다음과 같습니다.

① 사람에게 보이려고 하지 말아야 합니다(5절).
② 말을 많이 하지 말아야 합니다(7-8절).

③ 예수님이 가르쳐 주신 방법대로 기도해야 합니다(9-13절).
④ 사람의 잘못을 용서해야 합니다(14-15절).

마태복음 6:9-13에서 예수님은 우리에게 다음과 같이 기도하라고 하십니다(9절). 예수님이 가르쳐 주신 기도를 구분해 보면, 다음과 같습니다.

서론: 하늘에 계신 우리 아버지여(9절).
본론 1: 하나님에 대한 것(9-10절)
하나님에 대한 기도의 내용은 3가지입니다(9-10절).
 "① 이름이 거룩히 여김을 받으시오며 ② 나라가 임하시오며 ③ 뜻이 하늘에서 이루어진 것 같이 땅에서도 이루어지이다"(9-10절).
본론 2: 우리에 대한 것(11-13절)
우리에 대한 기도의 내용은 3가지입니다(11-13절).
 "① 오늘 우리에게 일용할 양식을 주시옵고 ② 우리가 우리에게 죄 지은 자를 사하여 준 것 같이 우리 죄를 사하여 주시옵고 ③ 우리를 시험에 들게 하지 마시옵고 다만 악에서 구하시옵소서"(11-13절).
결론: "나라와 권세와 영광이 아버지께 영원히 있사옵나이다."

마태복음 6:16-18에서 예수님은 금식할 때의 자세를 가르쳐 주십니다(16절). 금식할 때 조심해야 할 3가지 자세는 다음과 같습니다.

① 슬픈 기색을 보이지 말아야 합니다(16절).
② 머리에 기름을 바르고 얼굴을 씻어야 합니다(17절).
③ 오직 은밀한 중에 계신 아버지께 보이려고 해야 합니다(18절).

여러분, 천국 시민의 상 받는 생활로 ① 구제생활, ② 기도생활, ③ 금식생활을 가르치신 예수님은 마태복음 6:19-34에서 천국 시민으로서 하늘에 보물을 쌓아 두어야 하는 이유를 다음과 같이 말씀하셨습니다.

① 그곳이 가장 안전하기 때문입니다(19-20절).
② 네 보물 있는 그 곳에는 네 마음도 있기 때문입니다(21절).

③ 눈이 밝아지기 때문입니다(22-23절). 물욕에 어두워지면 영안이 어두워 볼 것을 못 보게 됩니다.
④ 한 주인만 섬기게 되기 때문입니다(24절). 오직 하나님만 섬겨야 합니다.
⑤ 천국 시민의 삶은 하나님이 삶을 책임져 주시기 때문입니다(25-34절). 먹는 문제, 마시는 문제, 입는 문제, 내일의 문제입니다.

여러분, 외식은 우리로 하여금 현세에 대한 욕망을 과도하게 만들어서 그 과도한 욕망 속에서 미래의 하나님 나라에 대한 그리움과 갈망을 앗아갑니다.
누가 하나님의 나라를 간절히 그리워합니까?
하나님의 일을 쥐꼬리만큼 한다는 것 때문에 개꼬리만한 대우를 받고 사는 사람들에게는 하나님의 나라를 그리워할 이유가 없습니다. 주님을 위해서 최선을 다해 살면서도 이 땅에서 대접다운 대접을 못 받는 사람들이 주님의 나라를 그리워합니다. 모든 성도들이 그러했습니다. 그들은 하나님의 나라를 소망하고 하나님 앞에서만 진실하게 살기로 갈망했습니다. 우리는 얼마나 은연중에 인정받고 싶어 하고, 영적인 사람임을 드러내 보여 주고 싶어 하고, 사람들에게 난 체하고 싶어 하면서 하늘에 속한 신령한 복을 까먹고 있는지 모릅니다.
외식이 없는 교회, 외식이 없는 신앙생활, 외식이 없는 지체들의 모임에는 마음 상함도 엄청나게 줄어 언제나 자신을 낮출 것입니다. 그 누구도 자신을 뻐기는 사람이 없고 오히려 자기가 영적인 사람으로 보일까 봐 두려워할 것입니다.
이렇다면 얼마나 아름다운 천국이 되겠습니까?
이 모든 아름다운 천국의 그림은 헌신된 사람이 없어서 파괴되는 것이 아니라 그 헌신된 사람들 속에 깃들여 있는 외식으로 말미암아 철저히 파괴되는 것입니다. 상대방을 깎아 내림이 있고 비판이 있고 미워함이 있고 시기가 있고 원망이 있고 그리고 급기야는 지체를 향해서 칼을 가는 미움이 있는 것입니다. 결국은 외식은 살인하는 데까지 나아갑니다.
여러분, 이런 일들은 수준이 형편없는 교회에서는 절대로 안 일어납니다. 말씀을 깊이 듣고 인생을 하나님 앞에 바치고 싶고 주님 앞에 멋지게 살아 보고 싶어 하는 사람들이 모인 곳에서 이런 일들이 일어납니다. 우리는 천국 시민으로 늘 외식하는 자가 되지 않도록 해야겠습니다. 늘 우리는 양심 앞에 하나님 앞에 진실하고 정직해야 됩니다. 그리고 마음에 어떠한 본능이나 감정의 충동을 억제할 수 없을 때 우리는 성령께 의지해서 절제해야 됩니다. 그리고 우리가 하나님 앞에 범한 죄에 대해서는 통회하는 마음이 있어야 하고, 회개하고 자복한 뒤에 예수님의 피를 의지해야 됩니다.

여러분, 이럴 때에 우리는 외식하는 자가 되지 않습니다.

여러분, 예수님의 피를 의지해야 천국 시민으로 살게 됩니다.

결론

여러분, 예수님은 "너희는 이렇게 기도하라"고 하십니다.
천국 시민으로 외식하는 자가 되지 말라고 하신 예수님은 기도를 가르쳐 주셨습니다. 마태복음 6장을 보시면 천국 시민이 영적으로 건강하게 사는 것을 방해하는 두 가지에 대해 말씀합니다.
첫째, 자신의 경건함에 대해 타인의 인정을 받으려는 욕망입니다(1-18절).
둘째, 물질적 부를 통해 안정을 얻으려 하는 것입니다(19-34절).
여러분, 천국 시민으로서 외식이 없는 생활을 하며, 예수님이 가르쳐 주신 기도함으로써 천국 시민의 삶을 사시기 바랍니다. 할렐루야! 아멘!

적용과 나눔

오늘 가르침에서 새롭게 깨달은 것 중 개인적으로 적용하여 실천하고자 하는 것을 기록한 후 서로 나누어 봅시다.

기도

성령님의 능력으로 감당하도록 간절히 부르짖고 기도합시다.

제7장 | 마태복음 7장 강론

기도는 예수님의 명령입니다

> 마태복음 7:1-29
> 새찬송가 270, 272, 273, 274장

■ **마태복음 7장 주제: 천국 시민이 실천해야 할 규범**

■ **마태복음 7장의 구조와 내용**

마태복음 7장의 구조와 내용은 비판과 분별(1-12절), 좁은 문으로 들어가라(13-14절)와 말씀의 실천(15-29절)으로서, 5장부터 시작된 산상수훈의 결론부에 해당합니다.

지금까지의 내용이 주로 천국 시민 생활의 원론적인 면을 다루었다면, 본 장은 그것의 보다 구체적인 측면을 서술합니다. 즉 비판의 원리, 기도에 관한 교훈 등이 그것입니다. 여기서는 특히 13-29절을 주목할 필요가 있습니다. 왜냐하면 두 길, 두 건축자의 비유를 통해서 주님은 자신의 가르침에 대한 확실한 결단을 요구하고 계시기 때문입니다. 다시 말하자면 천국 시민이란 단순한 복음을 듣는 것에 그치지 않고 그것을 행하는 자입니다. 순종이냐 불순종이냐. 현재 여기서의 나의 결단에 의해 영적 생사가 결정됨은 예나 지금이나 동일합니다.

■ **마태복음 7장 주요 메시지**

기도를 명령하신 예수님은 마태복음 7:1-5에서 천국 시민으로서 특히 하나님께 기도하는 사람에게 다음과 같이 말씀하십니다.

"비판을 받지 아니하려거든 비판하지 말라"(1절).
그 이유는 다음과 같습니다.

① 비판을 받을 것이기 때문입니다(2절).
② 헤아림을 받을 것이기 때문입니다(2절).
③ 형제의 눈 속에 티는 보고 자기 눈 속에 들보는 깨닫지 못하는 것이기 때문입니다(3절).
④ 외식하는 자가 되기 때문입니다(5절).

여러분, 비판은 외식하는 자가 되는 것으로서 예수님은 산상수훈에서 방대한 분량을 할애해서 이 외식의 문제를 말씀하십니다. 마태복음 6장에서 이 외식의 문제를 열여덟 구절에 걸쳐서 말씀하시는데 구제에 대해서, 기도에 대해서, 금식에 대해 말씀하시면서 외식에 대해서 말씀하셨습니다.
오늘 말씀에서 예수님은 기도를 명령하기에 앞서 외식의 원인이 되는 비판을 하지 말라고 먼저 말씀하시고, 마태복음 7:7-12에서 기도하라고 명령하십니다.

① 갈급하게 기도하라고 예수님이 명령하십니다(7절).
"구하라 그리하면 너희에게 주실 것이요 찾으라 그리하면 찾아낼 것이요 문을 두드리라 그리하면 너희에게 열릴 것이니"(7절).
② 행동하면서 기도하라고 예수님이 명령하십니다(7절).
"찾으라 그리하면 찾을 것이요"(7절).
③ 결심하며 기도하라고 예수님이 명령하십니다(7-8절).

기도를 명령하신 예수님은 비유를 들어서 기도 응답을 설명해 주셨습니다. 이른바 떡과 생선의 비유입니다.
"9 너희 중에 누가 아들이 떡을 달라 하는데 돌을 주며 10 생선을 달라 하는데 뱀을 줄 사람이 있겠느냐 11 너희가 악한 자라도 좋은 것으로 자식에게 줄 줄 알거든 하물며 하늘에 계신 너희 아버지께서 구하는 자에게 좋은 것으로 주시지 않겠느냐"(9-11절).
떡과 생선은 예수님 당시의 유대인들이 주로 섭취하던 음식이었습니다.

예컨대 예수님은 오병이어, 곧 떡 5개와 생선 2마리를 가지고 5,000명을 배불리 먹이셨습니다. 그리고 남은 조각을 거두니까 열두 광주리에 차게 되었습니다. 또 예수님은 떡 7개와 생선 2마리를 가지고 4,000명을 먹이셨습니다. 그리고 남은 조각을 거두니까 일곱 광주리에 차게 거두셨습니다. 그 당시의 유대인들, 특히 가난하게 살던 사람들이 주로 먹던 음식이 바로 떡과 생선이었습니다.

첫째, 예수님은 떡을 비유로 들어서 말씀하셨습니다(9절).

"너희 중에 누가 아들이 떡을 달라 하면 돌을 주며"(9절).

아들이 배가 고프다고 아버지에게 떡을 달라고 보챕니다.

그때에 누가 떡 대신 돌을 주겠습니까?

유대 광야에 있는 둥근 돌은 언뜻 보면 떡과 비슷하게 생겼습니다. 크기도 모양도 색깔도 비슷합니다. 그래서 예수님이 광야에서 마귀의 시험을 받으실 때, 마귀가 제일 먼저 다음과 같이 시험했습니다.

"이 돌들로 떡덩이가 되게 하라"(마 4:3).

그곳에 있는 돌이 떡과 비슷하게 생겼다 할지라도 아들이 배가 고파서 떡을 달라고 하는데 아들에게 돌을 주는 아버지가 어디 있겠습니까?

만일 아들이 그 돌이 떡인 줄 알고 씹으면 어떻게 되겠습니까?

이가 다 부러질 수밖에 없습니다. 아버지의 잔인함 때문에 아들의 마음은 큰 상처를 입게 될 것입니다.

둘째, 예수님은 생선을 예로 들어서 말씀하셨습니다(10절).

"생선을 달라 하면 뱀을 줄 사람이 있겠느냐"(10절).

아들이 배가 고프다고 아버지에게 생선을 달라고 합니다.

그럴 때 생선 대신에 뱀을 줄 아버지가 어디 있겠습니까?

뱀은 땅 위를 기어다니는 짐승입니다. 구약성경 레위기 11장을 보면 땅에 기는 것은 가증히 여기도록 되어 있습니다. 그것은 먹지를 못합니다. 또 수중생물 가운데 뱀하고 비슷하게 생긴 것이 있습니다. 예컨대 뱀장어나 메기 등입니다. 이것들도 먹지 못합니다. 지느러미도 없고 비늘도 없기 때문입니다.

따라서 이것들을 아무리 잘 요리해서 생선처럼 보이게 한들, 만일 그것을 아들에게 먹이면 어떻게 되겠습니까?

그것을 먹는 아들은 스스로를 더럽히는 것입니다. 하나님의 말씀을 어기고 부정하게 되는 것입니다.

어느 아버지가 사랑하는 자기 자식을 그렇게 만들 수가 있겠습니까?

그런 아버지는 있을 수 없습니다. 육신의 아버지도 자기의 자식을 그토록 사랑하고 아낄 줄 아는데, 하물며 우리 하나님은 말할 필요가 없습니다. 하나님은 사랑이십니다. 당연히 하나님은 자녀 된 우리가 구하는 것을 주십니다. 그러므로 우리는 하나님께 기도하면 되는 것입니다. 그러면 하나님은 우리에게 응답해 주십니다. 문제는 우리가 기도하지 않기 때문에 얻지를 못하는 것입니다.

어떤 교회 집사님이 있었습니다. 그는 매일 바쁜 삶을 살았습니다. 그는 시간이 없어서 주일예배를 드리지 못할 때가 많았습니다. 그는 주일예배를 드리다가도 시간이 없다고 중간에 슬그머니 일어나서 빠져나갈 때도 있었습니다. 그는 시간이 없어서 교회에서 봉사하는 것은 전연 엄두도 내지 못했습니다. 그는 시간이 없다고 기도하는 것도 게을리 했습니다. 그러다가 하루는 그가 급하게 하나님의 부르심을 받게 되었습니다. 그는 하나님의 심판대 앞에 섰습니다. 천사가 생명책을 펼쳤습니다. 천사는 그 책을 살펴보더니 그에게 이렇게 말했습니다.

"당신의 이름은 생명책에 기록되어 있지 않으니 당신은 지옥으로 가시오."

그는 깜짝 놀라면서 이렇게 말했습니다.

"그럴 리가 없습니다. 나는 분명 예수님을 믿는 사람입니다. 그래도 나는 명색이 교회 집사입니다. 그러니 다시 한 번 제 이름을 확인해 주시기 바랍니다."

천사는 그 소리를 듣고 다시금 덮었던 생명책을 펼쳐보더니 이렇게 말했습니다.

"아, 이제 생각이 나는군요! 내가 당신의 이름을 생명책에 기록하려고 했는데 나도 당신처럼 시간이 없어서 깜빡 잊고 기록하지 못했군요. 어쨌든 당신의 이름은 기록되어 있지 않으니 당신은 지옥으로 가야 되겠소."

그가 놀라서 깨어 보니까 꿈이었습니다. 시간이 없다고 핑계를 대는 사람들을 깨우치게 하기 위해서 누군가 지어낸 이야기입니다.

사랑하는 성도 여러분! 시간이 없다고 핑계대지 마십시오. 찰스 스펄전 목사님은 이런 말씀을 하셨습니다.

"기도하지 않고 성공하는 것은 오히려 그 성공 때문에 망하는 것이다."

기도하지 않고 성공하는 것은 참된 성공이 아니라는 뜻입니다. 우리가 반대로 생각해 볼 수도 있습니다.

예컨대 기도했는데도 불구하고 잘 되지 않는 것 같습니까?

그것은 실패가 아니고 성공으로 나아가는 하나의 과정입니다. 하나님은 우리가 기도하면 언제나 좋은 것으로 응답해 주십니다. 기도하는 사람이 반드시 실천할 황금율을 가르쳐 주십니다.

"그러므로 무엇이든지 남에게 대접을 받고자 하는 대로 너희도 남을 대접하라 이것이 율법이요 선지자니라"(12절).

기도하라고 명령하신 예수님은 2가지 중요한 자세를 말씀하십니다.

첫째, 마태복음 7:13-14에서 좁은 문으로 들어가라고 하십니다.

멸망으로 인도하는 문의 특징은 다음과 같습니다.

"좁은 문으로 들어가라 멸망으로 인도하는 문은 ① 크고 ② 그 길이 넓어 ③ 그리로 들어가는 자가 많고"(13절).

생명으로 인도하는 문의 특징은 다음과 같습니다.

"생명으로 인도하는 문은 ① 좁고 ② 길이 협착하여 ③ 찾는 자가 적음이라"(14절).

둘째, 마태복음 7:15-27에서 거짓 선지자들을 삼가라고 하십니다.

거짓 선지자들을 삼가라고 하신 이유는 다음과 같습니다.

① 그들은 양의 옷을 입고 속에는 노략질하는 이리이기 때문입니다(15절).
② 그들은 아름다운 열매를 맺을 수 없기 때문입니다(16-20절).
③ 그들은 하늘에 계신 아버지의 뜻대로 행하지 않기 때문입니다(21-22절).

"21 나더러 주여 주여 하는 자마다 다 천국에 들어갈 것이 아니요 다만 하늘에 계신 내 아버지의 뜻대로 행하는 자라야 들어가리라 22 그 날에 많은 사람이 나더러 이르되 주여 주여 우리가 주의 이름으로 선지자 노릇 하며 주의 이름으로 귀신을 쫓아 내며 주의 이름으로 많은 권능을 행하지 아니하였나이까 하리니"(21-22절).

④ 그들은 불법을 행하기 때문입니다(23절).

"그 때에 내가 그들에게 밝히 말하되 내가 너희를 도무지 알지 못하니 불법을 행하는 자들아 내게서 떠나가라 하리라"(23절).

⑤ 말씀을 듣고 행하지 않기 때문입니다(24-27절).

"그러므로 누구든지 나의 이 말을 듣고 행하는 자는 그 집을 반석 위에 지은 지혜로운 사람 같으리니"(24절).

결론

사랑하는 성도 여러분, 기도는 예수님의 명령입니다.
예수님은 오늘 우리에게 기도하라고 수없이 명령하십니다. 기도하라고 명령하시는 예수님의 명령에 따라 열심히 기도하는 삶을 살아야 합니다. 예수님께서 우리의 기도하는 모습을 보시고 우리의 인생을 아름답게 건축해 나가실 것입니다. 예수님은 우리의 모든 것을 알고 계십니다. 구하고 찾고 두드리라는 예수님의 뜻을 깨닫고 열심히 기도하셔서 하나님의 뜻을 저와 여러분이 이루어 가시기를 구주 예수님 이름으로 축원합니다.

적용과 나눔

오늘 가르침에서 새롭게 깨달은 것 중 개인적으로 적용하여 실천하고자 하는 것을 기록한 후 서로 나누어 봅시다.

기도

성령님의 능력으로 감당하도록 간절히 부르짖고 기도합시다.

제8장 | 마태복음 8장 강론

큰 믿음이 필요합니다

> 마태복음 8:1-34
> 새찬송가 200, 205, 285, 445, 471, 472장

■ 마태복음 8장 주제: 질병과 자연을 다스리시는 왕의 권능입니다.

■ 마태복음 8장의 구조와 내용

　마태복음 8장 구조와 내용은 병을 고치는 권세(1-17절)와 그리스도를 따르는 자의 각오(18-22절)와 풍랑을 잠잠케 하심(23-27절)과 귀신을 내어 쫓는 권세(28-34절)로서, 예수님의 신유사역이 처음으로, 그리고 집중적으로 부각된 부분입니다. 나병환자(1-4절), 백부장의 하인(5-13절), 베드로의 장모(14-17절), 거라사 지방의 귀신 들린 자(28-34절) 등 다양한 부류의 사람에 대한 치유 사역이 소개됩니다.

　특히 풍랑을 잔잔케 하심은 자연계를 지배하시는 주님의 권능을, 귀신 들린 자를 고치시는 사건은 불의의 영(사단)을 정복하러 오신 주님의 권세를 잘 드러내 줍니다. 이 같은 본 장의 내용은 천국의 실상과 권능이 당시 백성들의 실제적인 삶에서 이제 실현되고 있음을 나타내었다는 데 의미가 있습니다. 귀신 축사 사건 후에 "하나님의 나라가 이미 너희에게 임하였느니라"(마 12:28)라고 하신 말씀도 이 같은 맥락에서 이해됩니다.

　교회에서는 질병을 치유 받는 역사가 일어나야 합니다. 왜냐하면 교회는 그리스도의 몸이기 때문입니다. 또한 예수님이 세상에 계실 때 하시던 일을 승계 받아 할 수 있도록 하기 위하여 교회를 세워 주셨기 때문입니다.

예수님의 사역은 3가지로 말할 수 있습니다. 예수님은 ① 치유를 통하여 ② 자신이 어떤 분인지도 가르치셨고 그런가하면 치유를 통하여 ③ 하나님의 나라가 도래했음을 선포하기도 하셨습니다. 그러므로 기계적으로 말씀 선포와 가르침과 치유를 분별하기 힘들지만 어쨌든 이 세 가지 사역이 크고 작건 간에 이루어져야 하는 것은 사실입니다.

■ 마태복음 8장 주요 메시지

마태복음 8:1-4은 한 나병환자의 믿음을 보여 줍니다. 그의 믿음은 다음과 같습니다.

① 예수님께 절하는 믿음입니다(2절).
② 예수님을 주인으로 찾는 믿음입니다(2절).
③ 예수님의 능력을 믿는 믿음입니다(2절).

한 나병환자의 믿음으로 치유하심을 보여 주신 예수님은 마태복음 8:5-13에서 백부장과 같이 간구하라고 하십니다. 예수님께 나아온 이 백부장의 간구의 특징은 다음과 같습니다.

① "주여 내 하인이 중풍병으로 집에 누워 몹시 괴로워 하나이다"(6절).
② "다만 말씀으로만 하옵소서"라고 믿음으로 간구합니다(7-8절).
③ 예수님께서 "내가 진실로 너희에게 이르노니 이스라엘 중 아무에게서도 이만한 믿음을 보지 못하였노라"라고 칭찬하셨습니다(10절).

예수님께서 말씀만으로 될 줄 믿고 간구하는 한 백부장을 칭찬하고 치유하신 후 마태복음 8:14-17에서 말씀으로 귀신을 쫓아내시고 병든 자를 다 고치심을 보여 주십니다.
예수님이 고치시는 내용은 다음과 같습니다.

① 손을 만져 고치십니다(14-15절).
② 말씀으로 귀신들을 쫓아내시고 병든 자들을 다 고치셨습니다(16절).
"저물매 사람들이 귀신 들린 자를 많이 데리고 예수께 오거늘 예수께

서 말씀으로 귀신들을 쫓아 내시고 병든 자들을 다 고치시니"(16절).
③ 선지자 이사야를 통하여 하신 말씀을 이루려고 고치셨습니다(17절).

확신하는 것은 병은 하나님의 뜻이 아니며 치료는 하나님이 원하시고 바라는 것이라는 사실입니다. 병에는 그 배후에 직접 혹은 간접적으로 죄와 마귀가 도사리고 있습니다. 때문에 우리가 병 낫기 위하여 기도드릴 때 깊은 회개와 헌신이 필요하며 악한 마귀를 단호히 대적하고 물리쳐야만 합니다. 죄 사함을 받고 마귀를 대적하여 쫓아내고 병 고침을 말씀에 의지하여 믿음으로 부르짖을 때 주님은 우리를 고쳐 주시는 것입니다.

예수님은 왕으로 오셨습니다. 왕에게는 백성이 있어야 합니다. 그렇기 때문에 예수님이 이렇게 몰려드는 군중을 피해서 떠나셨다는 것이 일견 이해가 되지 않습니다. 그러나 여기서 중요한 것은 왜 군중이 몰려들었는가 하는 점입니다. 그들은 사실 예수님이 병 고치시는 것을 보고 몰려왔습니다. 분명한 것은 병 고침으로 인간을 구원할 수 없다는 것입니다. 그러므로 병 고치는 능력으로 인한 인기는 전혀 예수님께서 원하는 것이 아니었습니다.

그러므로 예수님은 마태복음 8:18-22에서 예수님을 따르는 각오를 가르쳐 주십니다. 그 각오는 다음과 같습니다.

① 고난 받을 각오입니다(19-20절).
② 복음을 우선순위에 두는 각오입니다(21-22절).
③ 인정을 초월하는 각오입니다(22절).

여러분, 이러한 각오를 가르치신 예수님은 마태복음 8:23-27에서 큰 믿음이 필요함을 말씀하십니다. 큰 믿음을 가지지 못하고 믿음이 작은 이유는 다음과 같습니다.

① 예수님을 따르면서도 예수님의 권능을 믿지 못하기 때문입니다(25절).
② 예수님을 따르면서도 죽겠다고 하기 때문입니다(25절).
③ 예수님을 따르면서도 무서워하기 때문입니다(26절).
"예수께서 이르시되 어찌하여 무서워하느냐 믿음이 작은 자들아 하시고 곧 일어나사 바람과 바다를 꾸짖으시니 아주 잔잔하게 되거늘"(26절).

여러분, 큰 믿음을 가지지 못하고 믿음이 작은 이유를 말씀하신 예수님은 마태복음 8:28-34에서 믿음을 방해하는 사탄의 세력인 귀신의 성질을 다음과 같이 가르쳐 주십니다.

① 몹시 사납습니다(28절).
"또 예수께서 건너편 가다라 지방에 가시매 귀신 들린 자 둘이 무덤 사이에서 나와 예수를 만나니 그들은 몹시 사나워 아무도 그 길로 지나갈 수 없을 지경이더라"(28절).

② 소리를 지릅니다(29절).

③ 괴로움을 당합니다(29절).
"이에 그들이 소리 질러 이르되 하나님의 아들이여 우리가 당신과 무슨 상관이 있나이까 때가 이르기 전에 우리를 괴롭게 하려고 여기 오셨나이까 하더니"(29절).

④ 더러운 돼지를 떼를 원합니다(31절).
"귀신들이 예수께 간구하여 이르되 만일 우리를 쫓아 내시려면 돼지 떼에 들여 보내 주소서 하니"(31절).

결론

여러분, 큰 믿음이 필요합니다. 예수님이 제자들에게 말씀하십니다. '어찌하여 무서워하느냐 믿음이 작은 자들아'(마 8:26). 예수님은 제자들에게 겁이 많다고 나무라지 않으셨습니다. 믿음이 작은 것을 지적하셨습니다. 처음 예수님을 만나고, 처음 교회에 나왔을 때의 신앙상태에서 머물러 있으면 안 됩니다. 하나님의 말씀을 배우며 성장해야 합니다. 매주, 매달, 매년 달라져야 합니다. 신앙이 무르익어야 합니다. 말씀 따라 사는 훈련을 계속 하며 강한 영적 군사가 되어야 합니다. 물론 우리는 작은 믿음이라고 누구도 얕잡아 보아서는 안 됩니다. 예수님은 제자들에게 다음과 같이 말씀하셨습니다.
"… 만일 너희에게 믿음이 겨자씨 한 알 만큼만 있어도 이 산을 명하여 여기서 저기로 옮겨지라 하면 옮겨질 것이요 또 너희가 못할 것이 없으리라"(마 17:20).
겨자씨 한 알 만큼의 작은 믿음을 가졌다 할지라도 산을 옮길 만한 능력이 있습니다. 우리가 믿으면 전능하신 하나님께서 우리를 위해 일하시기 때문입니다. 그러므로 우리는 다른 사람의 믿음에 대해 함부로 말해서는 안 됩니다. 그렇다고 해서 우리가 작은 믿음만 가지고 살면 안 됩니다. 큰 믿음이 필요합니다. 왜냐하면 때로 작은 믿음은 바람이 불면 날아갈 수 있는 위험이 있기 때문입니다. 비가 내리면 떠내려 갈 수 있습니다. 크고 견고한 믿음보다 흔들리고 날아가고 쓸려 가며 평안을 잃어버리기 쉽기 때문에 작은 믿음에 만족해서는 안 되는 것입니다. 큰 믿음이 필요합니다. 큰 믿음을 소유하시기 바랍니다. 할렐루야! 아멘!

적용과 나눔

오늘 가르침에서 새롭게 깨달은 것 중 개인적으로 적용하여 실천하고자 하는 것을 기록한 후 서로 나누어 봅시다.

기도

성령님의 능력으로 감당하도록 간절히 부르짖고 기도합시다.

제9장 | 마태복음 9장 강론

예수님은 권능이 있으십니다

> 마태복음 9:1-38
> 새찬송가 200, 205, 252, 255, 285, 445, 580, 589장

■ **마태복음 9장 주제**: 질병과 자연을 다스리시는 왕의 권능입니다.

■ **마태복음 9장의 구조와 내용**

　마태복음 9장의 구조와 내용은 죄를 사하시는 권세(1-8절)와 죄인의 친구이신 예수님(9-13절)과 금식에 관한 논쟁(14-17절)과 연속되는 치유 기사(18-34절) 그리고 요청되는 일꾼들(35-38절)로서, 내용상 8장과 연결됩니다. 여기서도 중풍병자(1-8절), 혈루증 환자 및 죽은 야이로의 딸(18-26절), 소경과 벙어리(27-34절) 등을 고치신 일이 기록되어 있습니다.

　마태복음 9장의 치유 사역이 8장과 다른 점은 그것이 죄를 사하는 주님의 권세와 연관되어 있다는 점입니다(6절). 결국 주님의 치유의 목적은 죄 사함을 통한 전 인류의 구원임이 여기서 드러난 셈입니다. 어쨌든 죄인의 형편을 살피며, 각양 질병을 추방하신 사건은 인애의 주시며, 큰 목자 되신 예수님의 모습을 잘 드러내 줍니다(렘 9:24).

　마태는 이적 기사 중간과 말미에 제자 선택과 금식 논쟁을 삽입함으로써 본격화된 천국 선포 사역과 그것에 따르는 반대자들의 공세를 암시합니다. 예수님은 우리의 기대와는 전혀 다른 선물을 우리에게 주실 때도 있습니다.

　오늘 본문을 살펴봅니다. 예수님이 집에 계실 때 사람들이 너무 많이 몰려왔습니다. 그때 사람들이 한 중풍병자를 들것에 실어 왔지만, 예수님께

가까이 갈 수 없었습니다. 결국 그들은 비상수단을 동원합니다. 옥상으로 올라가 지붕을 뜯고 그 중풍병자를 예수님 앞으로 내려놓습니다. 그런 모습을 보신 예수님이 그들의 믿음을 보시고 그 중풍병자의 죄를 사해 주십니다.

그러나 그들의 소원은 병 고침이지 죄 사함이 아니었습니다.

그런데 왜 예수님은 그의 죄를 먼저 사하시는 것일까요?

그러기에 우리 그리스도인들에게는 일종의 숙제가 있는 것입니다. 그것은 다름 아닌 우리 신앙의 대상인 예수 그리스도, 그분이 누구이신가를 올바로 아는 것입니다. 만약 우리 중에 예수님을 잘 아는 자가 있다면 그 사람은 복이 있는 사람입니다.

왜일까요?

예수님을 알면 그 사람은 우리 주님을 통해 많은 복을 누립니다. 예수님이 어떤 분이신지를 성경을 통해 잘 아시는 성도가 되기를 바랍니다.

우리 구주 예수님은 어떤 분이십니까?

■ 마태복음 9장 주요 메시지

마태복음 9:1-8에서 예수님은 자신에게 권능이 있음을 알리십니다. 마태복음 28:18에서 예수님은 자신이 하늘과 땅의 모든 권세를 가지셨다고 말씀하십니다. 예수님이 가지신 권능은 다음과 같습니다.

① 사람들의 믿음을 보시는 권능(2절).
② 사람들의 생각을 아시는 권능(3-4절).
③ 죄를 사하는 권능(6절).
  "그러나 인자가 세상에서 죄를 사하는 권능이 있는 줄을 너희로 알게 하려 하노라 하시고 중풍병자에게 말씀하시되 일어나 네 침상을 가지고 집으로 가라 하시니"(6절).
④ 하나님께 영광을 돌리는 권능(8절).

예수님은 우리의 죄를 사해 주시는 권세를 가지신 분이십니다. 나의 죄를 씻어 주시는 분, 나의 죄를 해결하여 주실 분은 예수님뿐이십니다. 찬송가 252장 "나의 죄를 씻기는"의 가사는 다음과 같습니다.

1. 나의 죄를 씻기는 예수의 피 밖에 없네
   다시 정케 하기도 예수의 피 밖에 없네
2. 나를 정케 하기는 예수의 피 밖에 없네
   사죄하는 증거도 예수의 피 밖에 없네
3. 나의 죄속 하기는 예수의 피 밖에 없네
   나는 공로 없으니 예수의 피 밖에 없네
4. 평안함과 소망은 예수의 피 밖에 없네
   나의 의는 이것뿐 예수의 피 밖에 없네
5. 영원토록 내 할 말 예수의 피밖에 없네
   나의 찬미 제목은 예수의 피 밖에 없네

후렴) 예수의 흘린 피 날 희게 하오니
   귀하고 귀하다 예수의 피 밖에 없네.

여러분, 예수님의 속죄는 예수님이 우리의 죄를 대신 담당하시고 형벌을 받아 십자가에 달리셔서 우리대신 욕먹고, 조롱당하고, 죽기까지 하심으로 모든 죄의 대가를 지불하신 것입니다. 그러므로 예수 그리스도의 속죄권은 도덕적 비난과 양심적 가책과 죄의 형벌인 사망까지도 다 해결하여 주시는 완전한 속죄입니다. 예수님의 속죄는 우리를 고치십니다. 예레미야 3:22에서 다음과 같이 말씀합니다.

"배역한 자식들아 돌아오라 내가 너희의 배역함을 고치리라"(렘 3:22).

이사야 57:19에서 다음과 같이 말씀합니다.

"입술의 열매를 짓는 나 여호와가 말하노라 먼 데 있는 자에게든지 가까운 데 있는 자에게든지 평강이 있을지어다 평강이 있을지어다 내가 그를 고치리라 하셨느니라"(사 57:19).

사람을 고칠 수 있는 힘은 오직 용서뿐입니다. 그 용서는 용서해 줄 수 있는 권세를 가지신 분의 참다운 용서이어야 합니다. 그분이 바로 예수님입니다. 예수님의 속죄는 우리의 죄를 없애줍니다.

이사야 43:25에서 다음과 같이 말씀합니다.

"나 곧 나는 나를 위하여 네 허물을 도말하는 자니 네 죄를 기억지 아니하리라"(사 43:25).

'도말'이라는 단어는 죄 목록의 기록 사항을 지운다는 뜻이 아니라 죄

목록 자체를 찢어 버린다는 뜻입니다. 그래서 아예 우리의 죄를 없애 버리겠다는 뜻입니다. 예수님의 속죄는 우리의 죄를 다시는 기억조차도 않으시는 것입니다. 예레미야 31:34에서 다음과 같이 말씀합니다.

"그들이 다시는 각기 이웃과 형제를 가리켜 이르기를 너는 여호와를 알라 하지 아니하리니 이는 작은 자로부터 큰 자까지 다 나를 앎이니라 내가 그들의 죄악을 사하고 다시는 그 죄를 기억지 아니하리라 여호와의 말이니라"(렘 31:34).

이것이 예수님의 완전하신 속죄의 은혜입니다. 기독교만의 유일한 복된 은혜입니다.

죄 사함의 권세를 가지신 예수님을 구주로 영접하십시오.

그러면 우리는 의로워집니다. 우리의 죄는 사라집니다. 하나님이 우리의 죄를 기억조차도 하지 않으십니다. 찬송 255장에 다음과 같은 가사가 있습니다.

"너희 죄 흉악하나 눈과 같이 희겠네."

하늘과 땅의 모든 권세, 권능을 가지신 예수님은 마태복음 9:18-34에서 믿음대로 되라고 하십니다. 권능을 가지신 예수님이 믿음대로 되게 하신 경우는 다음과 같습니다.

① 한 관리의 딸의 경우입니다(18, 23-25절).
② 열두 해를 앓는 여자의 경우입니다(20-22절).
  "21 이는 제 마음에 그 겉옷만 만져도 구원을 받겠다 함이라 22 예수께서 돌이켜 그를 보시며 이르시되 딸아 안심하라 네 믿음이 너를 구원하였다 하시니 여자가 그 즉시 구원을 받으니라"(21-22절).
③ 두 맹인의 경우입니다(27-30절).
  "27 예수께서 거기에서 떠나가실새 두 맹인이 따라오며 소리 질러 이르되 다윗의 자손이여 우리를 불쌍히 여기소서 하더니 28 예수께서 집에 들어가시매 맹인들이 그에게 나아오거늘 예수께서 이르시되 내가 능히 이 일 할 줄을 믿느냐 대답하되 주여 그러하오이다 하니 29 이에 예수께서 그들의 눈을 만지시며 이르시되 너희 믿음대로 되라 하시니"(27-29절).
④ 귀신들려 말 못하게 된 자의 경우입니다(32-33절).

권능을 가지신 예수님은 믿음대로 되게 하신 후 마태복음 9:35-38에서 "추수할 일꾼들을 보내 주소서"라고 기도하게 하십니다. 예수님은 ① 가르치시고(35절), ② 천국 복음을 전파하시며(35절), ③ 모든 병과 모든 약한 것을 고치시고(35절), ④ 무리를 보시고 불쌍히 여기시니 이는 그들이 목자 없는 양과 같이 고생하며 기진했기 때문입니다(36절).

결론
여러분, 예수님은 권능이 있으십니다. 예수님은 수없이 많은 권세가 있으십니다. 그러나 그 모든 권세 중 제일 중요한 권세는 죄 사함의 권세입니다. 이 은총이 없이는 어느 누구도 참된 자유와 은총을 누릴 수 없습니다. 이 은총 권세는 우리가 누릴 최고의 복입니다. 이 권세를 누리시기 바랍니다. 할렐루야! 아멘!

적용과 나눔
오늘 가르침에서 새롭게 깨달은 것 중 개인적으로 적용하여 실천하고자 하는 것을 기록한 후 서로 나누어 봅시다.

기도
성령님의 능력으로 감당하도록 간절히 부르짖고 기도합시다.

제10장 | 마태복음 10장 강론

예수님께서 제자를 부르사 권능을 주셨습니다

> 마태복음 10:1-42
> 새찬송가 200, 205, 285, 445장

■ **마태복음 10장 주제: 전도자의 자세와 각오**

■ **마태복음 10장의 구조와 내용**

　마태복음 10장 구조와 내용은 열두 사도 파송(1-4절)과 제자들에 대한 첫 번째 당부(5-15절), 제자들에 대한 두 번째 당부(16-39절)와 영접하는 자의 축복(40-42절)입니다. 이것은 열두 제자를 선택하시고 그들을 전도 사역자로 파송하기 직전에 베푸신 주님의 교훈으로서, 시간상 제3차 갈릴리 사역 초기에 일어난 일입니다.

　크게는 한 단락으로 볼 수 있겠으나 내용상 열두 제자의 명단(1-4절), 복음 전파자의 자세(5-23절), 복음 전파에 대한 주님의 도우심과 섭리(24-33절), 복음과 세상과의 대립(34-39절), 말씀을 받아들이는 자에 대한 축복(40-42절) 등으로 나눕니다. 그러나 주제는 하나, 즉 복음 선포의 절대 우위성과 그것을 담당하는 자들에게 요청되는 전적 헌신입니다. 고난을 회피하고 값싼 복음을 좇는 오늘의 우리가 다시금 되새겨 볼 말씀입니다.

　마태복음에는 특별한 다섯 가지 주제들이 정리되어 있습니다. 산상수훈(5-7장), 제자 파송(10장), 천국 비유(13장), 용서(18장), 종말론(24장) 등입니다. 오늘 본문부터는 두 번째 주제인 제자 파송에 대해서 다룹니다. 10장 내용은 대략 이런 것들입니다.

제자란 누구인가?
그들의 사명은 무엇인가?
어떤 자세로 어떻게 사역할 것인가?

■ 마태복음 10장 주요 메시지

마태복음 10:1-4에서 예수님께서 제자를 부르사 권능을 주셨습니다. 예수님께서 주신 권능은 다음과 같습니다.

① 더러운 귀신을 쫓아내는 권능입니다(1절).
② 모든 병을 고치는 권능입니다(1절).
③ 모든 약한 것을 고치는 권능입니다(1절).

제자들을 부르사 권능을 주신 예수님은 마태복음 10:5-15에서 제자들에게 이스라엘의 집의 잃어버린 양에게로 가라고 당부하셨습니다. 예수님께서 제자들에게 당부하신 내용은 다음과 같습니다.

① 천국이 가까이 왔다 하라(7절).
② 병든 자를 고치며 죽은 자를 살리며 문둥이를 깨끗하게 하며 귀신을 쫓아내서 거저 받았으니 거저주라(8절).
③ 오직 복음 전하는 일에 전심하라(9-10절).
④ 합당한 자를 찾아 사명을 감당하라(11절).
⑤ 집에 들어가면서 평안하기를 빌라(12-15절).

예수님은 마태복음 10:16-23에서 "보라 내가 너희를 보냄이 양을 이리 가운데 보냄과 같도다"(16절)라고 말씀하시면 다음과 같이 당부하십니다.

① 뱀같이 지혜로워라(16절).
② 비둘기같이 순결하라(16절).
③ 사람들을 삼가라(17절).
④ 아버지의 성령이 도와주신다(18-20절).
⑤ 모든 사람에게 미움을 받을 것이나 끝까지 견디는 자는 구원을 얻으

리라(21-23절).

제자들에게 당부하신 예수님은 마태복음 10:24-39에서 제자에게 필요한 영적 자세를 가르쳐 주십니다. 제자에게 필요한 영적 자세의 내용은 다음과 같습니다.

① 하나님만 두려워해야 합니다(26-28절).
"26 그런즉 그들을 두려워하지 말라 감추인 것이 드러나지 않을 것이 없고 숨은 것이 알려지지 않을 것이 없느니라 27 내가 너희에게 어두운 데서 이르는 것을 광명한 데서 말하며 너희가 귓속말로 듣는 것을 집 위에서 전파하라 28 몸은 죽여도 영혼은 능히 죽이지 못하는 자들을 두려워하지 말고 오직 몸과 영혼을 능히 지옥에 멸하실 수 있는 이를 두려워하라"(26-28절).
② 생명을 하나님께 맡겨야 합니다(29-31절).
"29 참새 두 마리가 한 앗사리온에 팔리지 않느냐 그러나 너희 아버지께서 허락하지 아니하시면 그 하나도 땅에 떨어지지 아니하리라 30 너희에게는 머리털까지 다 세신 바 되었나니 31 두려워하지 말라 너희는 많은 참새보다 귀하니라"(29-31절).
③ 예수님을 구주로 시인해야 합니다(32-33절).
"32 누구든지 사람 앞에서 나를 시인하면 나도 하늘에 계신 내 아버지 앞에서 그를 시인할 것이요 33 누구든지 사람 앞에서 나를 부인하면 나도 하늘에 계신 내 아버지 앞에서 그를 부인하리라"(32-33절).
④ 예수님께 합당한 자가 되어야 합니다(34-39절).

예수님은 열두 제자를 부르셔서 말씀하신대로 특별한 일을 맡기셨습니다. 이들을 사도라고 부릅니다. 사도들은 다른 시대의 제자들이 하지 못한 특별한 일을 했습니다. 즉 최초의 복음 증거자들이 되었습니다. 교회를 창설했습니다. 성경을 기록했습니다. 주님은 이 사도들에게 다른 시대 사람들이 갖지 못한 능력도 주셨습니다. 즉 사도적 증표입니다. 더러운 귀신을 쫓아내는 능력을 주셨습니다. 모든 병과 모든 약한 것을 고치는 능력을 주셨습니다.

그러면 오늘 우리는 초대교회의 사도들과 어떤 관계가 있을까요?
오늘날 우리는 사도들과 아무 연관성도 없을까요?
아닙니다. 사실 오늘 우리에게 가장 중요한 것은 우리가 이 사도들이 받았던 직무를 이어받고 있다는 점입니다. 즉, 사도직의 계승입니다. 오늘날 모든 교회는 사도직을 계승합니다. 모든 성도들은 사도직을 이어받고 있습니다.
어떤 사도직입니까?

첫째, 복음을 전파하는 사도직입니다. 즉 그리스도를 전파하는 직책입니다. 예수 그리스도가 구주이심을 알리는 책임입니다. 예수 그리스도께서 우리 죄를 대신하여 십자가에서 죽으신 것을 알려야 합니다. 예수 그리스도께서 우리를 살리시기 위해 무덤에서 부활하신 것을 알려야 합니다. 사도들은 이 사실을 전하다가 다 순교 당했습니다. 오늘 우리는 복음 전파의 사도직을 계승합니다.

둘째, 교회를 세우는 사도직입니다. 사도들은 교회를 창설했습니다.

셋째, 사도적 능력의 계승입니다. 사도들은 예수님으로부터 능력을 받았습니다.

"18 또 내가 네게 이르노니 너는 베드로라 내가 이 반석 위에 내 교회를 세우리니 음부의 권세가 이기지 못하리라 19 내가 천국 열쇠를 네게 주리니 네가 땅에서 무엇이든지 매면 하늘에서도 매일 것이요 네가 땅에서 무엇이든지 풀면 하늘에서도 풀리리라 하시고"(마 16:18-19).

예수님의 교회를 세우는 사람들에게 주님은 이러한 능력을 주십니다. 예수님의 교회에 헌신하시기 바랍니다. 하나님이 주시는 특별한 사도직을 계승하고, 사도적인 능력을 갖고 사시기 바랍니다.

여러분, 제자에게 필요한 영적 자세를 가르쳐 주신 예수님은 마태복음 10:40-42에서 "너희를 영접하는 자는 나를 영접하는 것이요"(40절)라고 하십니다. 그리고 예수님의 제자를 영접하는 자에게는 다음과 같은 상이 있다고 하십니다.

① 선지자의 상이 있습니다(41절).
② 의인의 상이 있습니다(41절).
③ 제자의 상이 있습니다(42절).

결론

여러분, 예수님께서 제자를 부르사 권능을 주셨습니다. 열두 명을 가리키는 명칭이 둘입니다. 첫째는 "제자"이고 둘째는 "사도"입니다.

첫째, "제자"(마데테스)라는 명칭입니다. 일반적으로 제자는 스승이 하던 일을 계승하는 자입니다. 제자는 어떤 의미에서 전문가에 속합니다. 즉, 신앙의 전문가입니다.

둘째, "사도"라는 명칭입니다. 2절에서 "제자"라고 부르는 대신 "사도"(아포스톨로스)라고 부르고 있습니다. 제자라는 말보다는 특별한 의미가 있는 말입니다. 사도란 "보냄을 받은 자"란 뜻입니다. 이 말은 옛날에 왕명을 받은 전권대사(全權大使)를 의미했습니다. 사도들은 예수님께 특명을 받아 파송된 전권대사들입니다. 그러므로 사도란 아무나 되는 것이 아닙니다. 특별한 자격이 있습니다. 이들은 예수 생애의 목격자들입니다. 특히 십자가 사건과 부활의 목격자들입니다(행 1:22; 고전 9:1; 요일 1:1, 3). 이들은 예수님이 직접 임명하셨고 성령께서 친히 임명하신 사람들입니다(마 10:1l; 고전 9:1). 자타가 인정하는 예수님의 교회 지도자들입니다. 성경은 열두 사도와 바울에게 사도란 명칭을 붙이고 있습니다.

여러분, 사도적 능력을 계승받아 예수님 제자의 사명을 감당하는 전권대사가 다 되시기 바랍니다. 할렐루야! 아멘!

적용과 나눔

오늘 가르침에서 새롭게 깨달은 것 중 개인적으로 적용하여 실천하고자 하는 것을 기록한 후 서로 나누어 봅시다.

기도

성령님의 능력으로 감당하도록 간절히 부르짖고 기도합시다.

제11장 | 마태복음 11장 강론

예수님이 오신 목적을 알아야 합니다

> 마태복음 11:1-30
> 새찬송가 31, 34, 200, 205, 285, 445장

■ **마태복음 11장 주제: 배척받으신 예수님**

■ **마태복음 11장의 구조와 내용**

마태복음 11장 구조와 내용은 세례 요한과 예수(1-19절), 회개치 않는 성읍에 대한 경고(20-24절)와 주님의 초청과 권면(25-30절)입니다. 복음서에서 세례 요한만큼 예수님의 사역과 밀접하게 관련된 인물도 드뭅니다. 그는 소위 주의 길을 예비하는 자(마 3:3)로서, 천국 복음을 선포하고 세례를 베풀었습니다. 주님께 직접 세례를 준 자도 그였습니다.

그러므로 세례 요한은 누구보다도 예수님의 사역과 메시아 되심에 대해 궁금해 했을 것입니다. 본문은 바로 이 같은 의문점에 대한 답변을 줍니다. 세례 요한은 예수님의 메시아 되심에 관해 질문했고(2, 3절), 주님은 병자의 치유 사건을 통해 구약에서 예언한 구속자가 자신임을 우회적으로 밝히셨습니다. 이어 세례 요한에 대한 칭찬과 평가(7-15절)로서 이 주제가 일단락되어 집니다. 본 장 후반부는 안식으로 초대하는 주님의 잔잔한 호소입니다(28-30절).

■ **마태복음 11장 주요 메시지**

마태복음 11:1-6은 예수님이 오신 목적을 가르쳐 줍니다.

세례 요한은 자신의 제자들을 예수님께 보내어 다음과 같이 묻습니다. "오실 그이가 당신이오니이까 우리가 다른 이를 기다리오리이까"(3절) 이 질문에 대하여 예수님께서 다음과 같이 대답하십니다. "맹인이 보며 못 걷는 사람이 걸으며 나병환자가 깨끗함을 받으며 못 듣는 자가 들으며 죽은 자가 살아나며 가난한 자에게 복음이 전파된다 하라"(5절). 여기서 예수님이 오신 목적은 다음과 같이 정리됩니다.

① 병든 인생을 구원하여 주시기 위해(5절).
② 죽은 자를 살리기 위해(5절).
③ 가난한 자에게 풍요를 주시기 위해(5절).
"도둑이 오는 것은 도둑질하고 죽이고 멸망시키려는 것뿐이요 내가 온 것은 양으로 생명을 얻게 하고 더 풍성히 얻게 하려는 것이라"(요 10:10).
"우리 주 예수 그리스도의 은혜를 너희가 알거니와 부요하신 이로서 너희를 위하여 가난하게 되심은 그의 가난함으로 말미암아 너희를 부요하게 하려 하심이라"(고후 8:9).
④ 복을 주시기 위해(6절).
"누구든지 나로 말미암아 실족하지 아니하는 자는 복이 있도다 하시니라"(6절).
"너희는 가서 내가 긍휼을 원하고 제사를 원하지 아니하노라 하신 뜻이 무엇인지 배우라 나는 의인을 부르러 온 것이 아니요 죄인을 부르러 왔노라 하시니라"(마 9:13).

예수님은 자신이 온 목적을 가르쳐 주시고 마태복음 11:12-24에서 "천국은 침노를 당하나니"라고 말씀하십니다. "세례 요한의 때부터 지금까지 천국은 침노를 당하나니 침노하는 자는 빼앗느니라"(12절). 예수님은 천국을 침노하는 방법을 다음과 같이 말씀하십니다.

① 말씀을 즐겨 받으라(14절).
② 이 세대를 본받지 말라(15-19절).

"16 이 세대를 무엇으로 비유할까 비유하건대 아이들이 장터에 앉아 제 동무를 불러 17 이르되 우리가 너희를 향하여 피리를 불어도 너희가 춤추지 않고 우리가 슬피 울어도 너희가 가슴을 치지 아니하였다 함과 같도다"(16-17절).

③ 회개하라(20-24절).

"20 예수께서 권능을 가장 많이 행하신 고을들이 회개하지 아니하므로 그 때에 책망하시되 21 화 있을진저 고라신아 화 있을진저 벳새다야 너희에게 행한 모든 권능을 두로와 시돈에서 행하였더라면 그들이 벌써 베옷을 입고 재에 앉아 회개하였으리라 22 내가 너희에게 이르노니 심판 날에 두로와 시돈이 너희보다 견디기 쉬우리라 23 가버나움아 네가 하늘에까지 높아지겠느냐 음부에까지 낮아지리라 네게 행한 모든 권능을 소돔에서 행하였더라면 그 성이 오늘까지 있었으리라 24 내가 너희에게 이르노니 심판 날에 소돔 땅이 너보다 견디기 쉬우리라"(20-24절).

예수님은 회개하지 않으면 다음과 같은 결과를 맞는다고 경고하십니다(20-24절).

① 책망을 받는다(20-21절).
② 심판 날을 맞이한다(22절).
③ 음부에까지 낮아진다(23절).

한 사회학자는 현대 사회의 특징을 세 가지로 요약했습니다.

첫째, 콘크리트 사회입니다. 현대 도시인들이 아파트, 빌딩 콘크리트 속에 갇혀 살다 보니 마음과 사고까지도 콘크리트처럼 굳어졌다는 것입니다. 너무나 쉽게 상처를 받고 너무나 깊이 상처를 안겨 줍니다. 굳어진 마음을 가지고는 이웃을 돌보고 섬길 기회가 주어져도 그 복을 놓치고 만다는 것입니다.

둘째, 스피드 시대입니다. 남보다 좀 더 빨리 움직여야 살아남을 수 있다고 생각합니다. 정신없이 움직이는 경쟁 대열에서 사람들은 한결같이 피곤에 지쳐 있습니다. 그래서 이어령 씨는 신세대 문화를 가마솥 문화라 할 수 있는 옛 시대에 비해 빨리빨리 세대, 라면 세대라고 일컬었습니다. 스피드

문화는 과정이 주는 행복을 빼앗아 갑니다.

셋째, 스트레스 시대입니다. 스트레스란 우리를 둘러싸고 있는 위험하고 불안한 환경에 적응하기 위한 일종의 방어기제입니다. 스트레스는 두려움, 불안과 공포심, 분노와 짜증을 증대시킵니다. 그 외 모든 질병, 즉 고혈압, 심장마비, 위궤양, 불면증, 당뇨, 간장 질환 등의 직접적인 원인이 됩니다. 스트레스가 필요하지만 지나친 스트레스를 잘 다스리지 못하면 건강한 삶을 살 수가 없습니다.

이러한 시대에 사는 우리에게 천국을 침노하라고 하신 예수님은 마태복음 11:25-30에서 내가 너희를 쉬게 하리라고 하십니다.

"수고하고 무거운 짐 진 자들아 다 내게로 오라 내가 너희를 쉬게 하리라"(28절).

쉼을 얻는 비결은 다음과 같습니다.

① 예수님의 소원대로 계시를 받는 것입니다(27절).
② 예수님에게로 나아가는 것입니다(28절).
③ 예수님의 마음, 온유하고 겸손한 마음을 배우는 것입니다(29-30절).
"29 나는 마음이 온유하고 겸손하니 나의 멍에를 메고 내게 배우라 그리하면 너희 마음이 쉼을 얻으리니 30 이는 내 멍에는 쉽고 내 짐은 가벼움이라 하시니라"(29-30절).

여러분, 복음이 무엇입니까?
예수 그리스도 그분입니다.
하나님 나라가 무엇입니까?
예수 그리스도 그분입니다.
쉼, 즉 참된 안식이 무엇입니까?
오직 예수 그리스도 그분입니다.
여러분, 교회에까지만 오지 말고 당신의 구세주, 당신의 무거운 짐을 맡아 주신 그분, 당신의 저주를 해결하신 그분, 당신의 영생복락을 준비해 준 그분, 예수 그리스도에게로 나아오십시오. 거기 복이 있습니다.

결론

여러분, 예수님이 오신 목적을 알아야 합니다.
예수님은 ① 병든 인생을 구원하여 주시기 위해, ② 죽은 자를 살리기 위해, ③ 가난한 자에게 풍요를 주시기 위해, ④ 복을 주시기 위해 오셨습니다. 예수님은 말씀하시기를, 구약은 세례 요한으로 막을 내렸고, 예수님이 오신 후 은혜의 시대가 도래 하였다고 하셨습니다. 구약 시대에는 율법을 지켜야만 인정을 받았고 특별한 사람들에게만 하나님의 은총이 임했습니다. 하지만 예수 그리스도께서 오신 뒤로는 누구든지 예수님을 통하여 하나님께로 나아갈 수 있는 만인 제사장 시대가 열렸습니다(벧전 2:9). 구약 시대에는 성령을 받는 것도 특별한 사람들에게만 한정되었습니다. 하지만 예수님을 통하여 이제 모든 사람들이 성령을 받고 하나님의 일을 할 수 있게 되었습니다.
"17 하나님이 가라사대 말세에 내가 내영으로 모든 육체에게 부어 주리니 너희의 자녀들은 예언할 것이요 너희의 젊은이들은 환상을 보고 너희의 늙은이들은 꿈을 꾸리라 18 그 때에 내가 내 영으로 내 남종과 여종에게 부어 주리니 저희가 예언 할 것이요"(행 2:17-18).
예수님께서 자신의 몸으로 지성소와 성소를 가린 휘장을 찢으시고 은혜의 문을 활짝 열어 놓으신 것입니다. 이제 누구든지 믿음으로 예수님께로 나아가기만 하면 은혜 받고 복을 얻게 되었습니다. 예수님은 천국을 침노하라고 하십니다. 내가 너희를 쉬게 하리라고 하십니다. 열려 있는 하늘의 능력과 복을 적극적으로 취하시길 바랍니다. 할렐루야! 아멘!

적용과 나눔

오늘 가르침에서 새롭게 깨달은 것 중 개인적으로 적용하여 실천하고자 하는 것을 기록한 후 서로 나누어 봅시다.

기도

성령님의 능력으로 감당하도록 간절히 부르짖고 기도합시다.

제12장 | 마태복음 12장 강론

인자는 안식일의 주인이니라

> 마태복음 12:1-50
> 새찬송가 200, 205, 285, 445장

■ **마태복음 12장 주제: 바리새인들의 배척**

　마태복음 12장의 구조와 내용은 안식일 논쟁(1-21절)과 바알세불 논쟁, 요나의 표적(22-45절)과 그리스도의 영적 가족(46-50절)을 통해 예수님의 사역이 항상 환대를 받은 것만은 아니었음을 본문은 여실히 보여 줍니다.
　귀신 축사 문제를 놓고 바리새인과 벌인 공박(22-45절) 등은 바야흐로 메시아를 적대하는 세력이 본격적으로 일어나고 있음을 나타냅니다. 주님의 선포는 형식보다는 내실을, 교조적인 율법 자체보다는 그 본의를 우선시하는 것이었습니다. 이러한 주님의 태도가 결국 당시의 종교 지도자들과 충돌을 일으켰습니다. 주님은 때로는 단호하게(25-37절), 또 한편으로는 유연하게 반대 세력에 대처하심으로써 고난 받는 종(18-21절; 사 42:1-3)으로서의 길을 재촉해 가셨습니다.

■ **마태복음 12장의 주요 메시지**

　마태복음 11장에서 오신 목적을 가르쳐 주신 예수님은 마태복음 12:1-8에서 "인자는 안식일의 주인이니라"고 하십니다. 안식일의 주인 되신 예수님은 우리에게 다음의 것들을 원하신다고 말씀하셨습니다.

　① 말씀을 귀중하게 여기시는 것입니다(3-5절).

② 예수님이 성전보다 더 큰 분이시라는 것을 아는 것입니다(6절).
③ 하나님이 제사보다 자비를 원하심을 아는 것입니다(7절).

　예수님의 가르침의 초점은 안식일이 그저 아무것도 안 하는 날이 아니라 하나님을 공경하는 날이라는 데에, 즉 하나님께서 기뻐하시는 선을 행하는 날이라는 데에 맞추어져 있습니다.
　안식일의 정신은 사람에게 필요한 것을 채워줌으로써 사람을 진정 안식하게 하는 데에 있는 것이지, 복잡한 규정을 지키느라고 어려움에 처한 사람들을 그대로 내버려두는 데에 있는 것이 아니라는 것입니다. 예수님은 안식일 준수를 중요하게 여기셨습니다.
　마태복음 12:9-21은 안식일의 주인이신 인자의 사역을 보여 주는데, 다음과 같습니다.

① 선을 행함(10-15절).
② 이방에 심판을 알게 함(16-20절).
③ 이방들이 예수님의 이름을 바라게 함(21절).

　마태복음 12:22-37에서 안식일의 주인이신 예수님이 안식일에 병자를 고쳐 주십니다. 예수님께 고침 받으려면 다음과 같이 해야 합니다.

① 병자를 예수님께 데리고 와야 합니다(22절).
② 성령을 모독하지 말아야 합니다(31-33절).
③ 선한 말을 해야 합니다(34-37절).

　말에 대한 예수님의 가르침은 다음과 같습니다.
　첫째, 악인에게는 악한 말이 나옵니다(34절).
　"독사의 자식들아 너희는 악하니 어떻게 선한 말을 할 수 있느냐 이는 마음에 가득한 것을 입으로 말함이라"(34절).
　둘째, 선한 사람은 선한 말을 합니다(35절).
　"선한 사람은 그 쌓은 선에서 선한 것을 내고 악한 사람은 그 쌓은 악에서 악한 것을 내느니라"(35절).

셋째, 말에는 반드시 그 책임성이 따릅니다(36-37절).

"네 말로 의롭다 함을 받고 네 말로 정죄함을 받으리라"(37절).

"그들에게 이르기를 여호와의 말씀에 내 삶을 두고 맹세하노라 너희 말이 내 귀에 들린 대로 내가 너희에게 행하리니"(민 14:28).

"입을 지키는 자는 자기의 생명을 보전하나 입술을 크게 벌리는 자에게는 멸망이 오느니라"(잠 13:3).

"선한 말은 꿀송이 같아서 마음에 달고 뼈에 양약이 되느니라"(잠 16:24).

마태복음 12:34-37에서 예수님은 심판 날에 말에 대하여 심문을 받을 것이라고 말씀하십니다. 심판을 받는 이유는 다음과 같습니다.

① 독사의 자식들은 선한 말을 할 수 없기 때문입니다(34절).
"독사의 자식들아 너희는 악하니 어떻게 선한 말을 할 수 있느냐 이는 마음에 가득한 것을 입으로 말함이라"(34절).
② 선한 사람은 그 쌓은 선에서 선한 것을 내기 때문입니다(35절).
"선한 사람은 그 쌓은 선에서 선한 것을 내고 악한 사람은 그 쌓은 악에서 악한 것을 내느니라"(35절).
③ 자신의 말로 의롭다 함 또는 정죄함을 받기 때문입니다(37절).

여러분, 안식일의 주인 되신 예수님은 안식일에 행하신 사역을 구체적으로 가르쳐 주셨습니다. 하나님은 하나님을 영화롭게 하는 사랑의 실천은 안식일에도 할 수 있고 또 해야 한다고 가르치신 것입니다. 예수의 제자들의 행위를 비난하고 예수님을 정죄한 서기관과 바리새인들은 율법의 진정한 뜻을 알지 못했고 율법 준수에 관한 형식적 규정들에만 매여 있었던 사람들입니다. 그들은 율법을 주신 하나님의 참 뜻인 사랑과 자비를 알지도 못했고 그것을 베풀 의지도 없었습니다.

예수님께서 분명하게 성전과 제사와 안식일에 관한 참된 가르침을 말과 행동으로 보여 주시고 마태복음 12:38-45에서 예수님의 가르침을 믿으라고 하십니다.

"38 그 때에 서기관과 바리새인 중 몇 사람이 말하되 선생님이여 우리에게 표적 보여 주시기를 원하나이다 39 예수께서 대답하여 이르시되 악하고 음란한 세대가 표적을 구하나 선지자 요나의 표적 밖에는 보일 표적이 없느니라"(38-39절).

예수님의 가르침을 믿으려면 다음과 같이 해야 합니다.

① 요나의 표적을 생각해야 합니다(39-40절).
"요나가 밤낮 사흘 동안 큰 물고기 뱃속에 있었던 것 같이 인자도 밤낮 사흘 동안 땅 속에 있으리라"(40절).
요나는 범죄한 결과, 물고기 밥이 되었기에, 하나님의 명령은 절대 순종해야한다는 말씀입니다.

② 믿지 않으면 반드시 정죄를 받음을 생각해야 합니다(41-42절).
"⁴¹ 심판 때에 니느웨 사람들이 일어나 이 세대 사람을 정죄하리니 이는 그들이 요나의 전도를 듣고 회개하였음이거니와 요나보다 더 큰 이가 여기 있으며 ⁴² 심판 때에 남방 여왕이 일어나 이 세대 사람을 정죄하리니 이는 그가 솔로몬의 지혜로운 말을 들으려고 땅 끝에서 왔음이거니와 솔로몬보다 더 큰 이가 여기 있느니라"(41-42절).

③ 믿지 않으면 더 악한 귀신에 의해 더욱 나쁘게 됨을 생각해야 합니다(43-45절).
"⁴³ 더러운 귀신이 사람에게서 나갔을 때에 물 없는 곳으로 다니며 쉬기를 구하되 쉴 곳을 얻지 못하고 ⁴⁴ 이에 이르되 내가 나온 내 집으로 돌아가리라 하고 와 보니 그 집이 비고 청소되고 수리되었거늘 ⁴⁵ 이에 가서 저보다 더 악한 귀신 일곱을 데리고 들어가서 거하니 그 사람의 나중 형편이 전보다 더욱 심하게 되느니라 이 악한 세대가 또한 이렇게 되리라"(43-45절).

결론

여러분, 예수님은 인자가 안식일의 주인이라고 말씀하십니다. 우리 살아 있는 동안에 어느 날보다도 중요한 날이 주일입니다. 오늘날 전 세계인이 다 같이 지키는 유일한 날은 바로 안식일, 즉 주일입니다. "일요일," "주일," "안식일"은 이름은 서로 다르지만 같은 날입니다. 한 주간은 7일 단위로 되어 있습니다. 그 7일 중의 하루는 쉬는 날입니다.
이것이 언제부터 시작된 것일까요?
이런 규칙은 창세 때 만들어졌습니다. 하나님께서 엿새 동안 천지를 창조하시고 하루를 구별하여 안식일로 정하셨습니다. 그러므로 안식일은 인간이 만든 제도가 아니라 하나님이 제정하신 제도입니다. 신약에 와서 예수님이 구속 사역을 다 이루시고 부활하심으로, 하나님이 제정하신 제도인 안식일이 주일로 바뀌었습니다.

여러분은 율법에 매이지 말고 예수님께 매이시기 바랍니다.

여러분, 마지못해 안식일을 지키는 성도가 아니라, 예수님의 날에 예수님과 만나는 것을 기대하고 지키시기 바랍니다.

나아가서 예수님이 예비하신 모든 복을 받기 위해 기쁨으로 주일예배에 참여하시기 바랍니다.

주일에 선한 일을 하십시오.

예수님을 사랑하고, 예수님의 날을 사랑하고, 안식일, 즉 주일의 복을 받게 되시기를 바랍니다. 할렐루야! 아멘!

적용과 나눔

오늘 가르침에서 새롭게 깨달은 것 중 개인적으로 적용하여 실천하고자 하는 것을 기록한 후 서로 나누어 봅시다.

기도

성령님의 능력으로 감당하도록 간절히 부르짖고 기도합시다.

제13장 | 마태복음 13장 강론

천국의 비밀을 알아야 합니다

> 마태복음 13:1-58
> 새찬송가 200, 205, 285, 445, 587장

■ **마태복음 13장 주제: 비유로 천국을 가르쳐 주시는 예수님**

■ **마태복음 13장의 구조와 내용**

　마태복음 13장 구조와 내용은 씨 뿌리는 자의 비유(1-23절)와 가라지, 겨자씨, 누룩의 비유(24-43절), 기타 여러 비유들 및 예수의 나사렛 귀향(44-58절)입니다. 본 장은 씨 뿌리는 비유(1-23절)와 여러 비유들을 말씀하고 있고 나아가 예수님의 나사렛 귀향(24-58절)에 대해 말합니다.

　"비유의 목적은 자연 질서를 인용하여 영적 진리를 설파하는 것이다"(트렌취).

　본 장은 본서에 나타난 예수님의 대강화(大講話) 중 세 번째에 해당하는 것으로서 천국 비유집이라 불리어집니다. 여기서 예수님은 우리에게 자연 사물(씨, 겨자씨, 누룩, 알곡과 가라지 등)을 빌어 천국의 속성을 가르치셨습니다. 일곱 가지 비유들은 각각 나름대로의 주제를 갖고 있는데 그 대표적인 것을 들면, 복음의 전파와 수용성(씨 뿌리는 비유), 천국의 점진성(누룩, 겨자씨 비유), 천국 시민의 참 기쁨(감추어진 보화와 진주 비유) 등입니다. 주님은 이같은 비유를 통해 영적으로 준비된 자에게는 진리를 드러내시고 불신자에게는 감추셨습니다.

　마태복음 13장은 일곱 가지의 비유를 담고 있는 한 편의 강화입니다.

다른 시기와 장소에서 하신 말씀을 저자가 모은 것이라고 생각할 수 없습니다. 본문은 "그 날"(in that day)이라는 말로 시작하여 53절에는 "예수께서 이 모든 비유를 마치신 후에 그 곳을 떠나서"라고 상황을 설명했기 때문입니다. 여기에 나오는 일곱 가지 비유는 모두 천국과 그 발전을 나타냅니다. 본문의 강화를 하시는 예수님의 처하신 상황은 앞서 공부한 마태복음 11-12장의 연속입니다. 예수님을 불신하고 죽이려고까지 대적하는 대적자들과 제자들이 함께 주님 앞에 있습니다.

■ 마태복음 13장 주요 메시지

많은 사람들이 모이자 주님은 해변에 매여 있는 배에 올라앉으시고 사람들이 해변에 둘러서 있습니다. 주님은 그들에게 비유로 말씀하셨습니다.

마태복음 13:1-23에서 예수님은 씨 뿌리는 비유를 들으라고 하십니다.

"18 그런즉 씨 뿌리는 비유를 들으라 19 아무나 천국 말씀을 듣고 깨닫지 못할 때는 악한 자가 와서 그 마음에 뿌려진 것을 빼앗나니 이는 곧 길 가에 뿌려진 자요"(18-19절).

이는 천국의 비밀을 알라는 말씀 비유입니다.

"10 제자들이 예수께 나아와 이르되 어찌하여 그들에게 비유로 말씀하시나이까 11 대답하여 이르시되 천국의 비밀을 아는 것이 너희에게는 허락되었으나 그들에게는 아니되었나니"(10-11절).

예수님께서 천국의 비밀은 4가지 특징이 있다고 가르쳐 주시는데, 다음과 같습니다.

① 천국 말씀을 들을 때 길 가와 같은 마음이 있습니다(4, 19절).
"4 뿌릴새 더러는 길 가에 떨어지매 새들이 와서 먹어버렸고 … 19 아무나 천국 말씀을 듣고 깨닫지 못할 때는 악한 자가 와서 그 마음에 뿌려진 것을 빼앗나니 이는 곧 길 가에 뿌려진 자요"(4, 19절).
② 돌밭과 같은 마음이 있습니다(5, 20-21절).
"5 더러는 흙이 얕은 돌밭에 떨어지매 흙이 깊지 아니하므로 곧 싹이 나오나 … 20 돌밭에 뿌려졌다는 것은 말씀을 듣고 즉시 기쁨으로 받되 21 그 속에 뿌리가 없어 잠시 견디다가 말씀으로 말미암아 환난이나 박해가 일어날 때에는 곧 넘어지는 자요"(5, 20-21절).

③ 가시떨기 위와 같은 마음이 있습니다(7, 22절).
"7 더러는 가시떨기 위에 떨어지매 가시가 자라서 기운을 막았고 … 22 가시떨기에 뿌려졌다는 것은 말씀을 들으나 세상의 염려와 재물의 유혹에 말씀이 막혀 결실하지 못하는 자요.'(7, 22절).
④ 좋은 땅과 같은 마음이 있습니다(8, 23절).
"8 더러는 좋은 땅에 떨어지매 어떤 것은 백 배, 어떤 것은 육십 배, 어떤 것은 삼십 배의 결실을 하였느니라 … 23 좋은 땅에 뿌려졌다는 것은 말씀을 듣고 깨닫는 자니 결실하여 어떤 것은 백 배, 어떤 것은 육십 배, 어떤 것은 삼십 배가 되느니라 하시더라"(8, 23절).

예수님이 이렇게 비유로 말씀하신 이유는 다음과 같습니다(13-23절).

① 하나님의 말씀을 듣는 신앙이 필요하기 때문입니다(18-19, 23절).
"좋은 땅에 뿌려졌다는 것은 말씀을 듣고 깨닫는 자니 결실하여 어떤 것은 백 배, 어떤 것은 육십 배, 어떤 것은 삼십 배가 되느니라 하시더라"(23절).
② 말씀을 깨닫는 신앙이 필요하기 때문입니다(19-23절).
"이 복음이 이미 너희에게 이르매 너희가 듣고 참으로 하나님의 은혜를 깨달은 날부터 너희 중에서와 같이 또한 온 천하에서도 열매를 맺어 자라는도다"(골 1:6).
③ 백 배, 육십 배, 삼십 배가 되는 신앙이 되어야 하기 때문입니다(23절).

마태복음 13:23에서 예수님은 백 배가 되는 방법을 가르쳐 주시는데, 그 방법은 다음과 같습니다.

① 말씀을 들어야 합니다(23절).
② 말씀을 깨달아야 합니다(23절).
③ 결실해야 합니다(23절).

마태복음 13:24-52에서 예수님은 비유를 들어 천국을 가르쳐 주셨습니다.
"예수께서 그들 앞에 또 비유를 들어 이르시되 천국은 좋은 씨를 제 밭에 뿌린 사람과 같으니"(24절).

예수님이 가르친 천국은 다음과 같습니다.

① 천국은 좋은 씨를 제 밭에 뿌린 사람과 같습니다(심판의 원리, 24-30, 36-43절).
② 천국은 마치 사람이 자기 밭에 심은 겨자씨 한 알과 같습니다(신앙의 성장, 외부적 성장, 31-32절).
③ 천국은 마치 여자가 가루 서 말 속에 갖다 넣어 전부 부풀게 한 누룩과 같습니다(신앙 내부적 성장, 33절).
④ 천국은 마치 밭에 감추인 보화와 같습니다(천국 얻는 과정, 44절).
⑤ 천국은 마치 좋은 진주를 구하는 장사와 같습니다(천국에 들어가려면 상인과 같이 극히 값진 것을 구분할 줄 알아야 함, 45-46절).
⑥ 천국은 마치 바다에 그물을 치고 각종 물고기를 모으는 것과 같습니다 (미래에 반드시 심판이 있음을 기억해야 함, 47-48절).

결론

여러분, 천국의 비밀을 알아야 합니다. 마태복음 13장 전체를 통하여 주님은 천국을 얻는 그 일은 현재에도 절실하는, 가장 중요한 문제임을 알게 하십니다. 여러분이 구원을 받았고 구원 받은 자로 하나님의 영광을 위하여 최선을 다하려고 한다면, 우리의 시대를 향하여 품으신 주님의 뜻에 동참해야 합니다.

그렇지 않고 주님이 기대하지 않으시는 어떤 완성을 향하여 열심을 내고 있다면 여러분은 머지않아 실패와 실망을 경험하게 될 것입니다. 그러나 반대로 주님의 계획에 동참하여 주님의 뜻을 이루려고 전념한다면, 오늘의 수고와 괴로움을 이기고 주님이 맡기신 그 일을 이루실 것입니다.

마태복음 13:11에 "천국의 비밀을 아는 것이 너희에게는 허락됐다"라고 하셨는데 여기에 '안다'라고 하는 말은 '깨닫고 가지다'라는 의미입니다. 하나님의 허락받은 비밀이라는 것입니다. 허락받은 비밀인데, 선지자들과 의인들이 마지막 이 비밀을 가져 보려고 기다리고 사모했으나 다 놓쳤다고, 이제 이것이 오늘 우리에게 와 있다는 말입니다. 그럼 이 비밀의 말씀은 우리에게 약속된 말씀입니다.

그래서 13:9에서 "귀 있는 자는 들으라"고 했는데, 요한계시록에도 "귀 있는 자는 성령이 교회들에게 하시는 말씀을 들을지어다"라고 했습니다. 그래서 천국의 비밀을 허락받은 자는 오늘 저와 여러분이 된 줄로 믿습니다. 그러나 사도와 선지자들이 약속을 못 받고 죽었다고 해서 구원을 못 받았다는 의미는 아닙니다.

오늘 이 말씀은 오늘날 천국의 비밀을 깨달은 저와 여러분에게 허락하신 복의 말씀인 줄로 믿습니다. 이 말씀을 듣는 여러분은 다시 오시는 예수님을 맞이하여 그 천국에 들어가는 주인공들이 다 되시기 바랍니다. 할렐루야! 아멘!

적용과 나눔

오늘 가르침에서 새롭게 깨달은 것 중 개인적으로 적용하여 실천하고자 하는 것을 기록한 후 서로 나누어 봅시다.

기도

성령님의 능력으로 감당하도록 간절히 부르짖고 기도합시다.

제14장 | 마태복음 14장 강론

오병이어의 기적

> 마태복음 14:1-36
> 새찬송가 200, 205, 285, 445, 545, 546장

■ 마태복음 14장 주제: 세례 요한의 순교와 예수님의 권능

■ 마태복음 14장의 구조와 내용

  마태복음 14장의 구조와 내용은 이적적 권능과 핍박이 중요 내용으로 세례 요한의 순교(1-12절)와 오병이어의 기적(13-21절), 물위를 걸으신 예수님(22-33절), 게네사렛 땅에서 신유기사(34-36절)를 담고 있습니다.

  전반부에는 세례 요한의 죽음이 사실적으로 기록되어 있습니다. 예수님으로부터 "여자가 낳은 자 중에 세례 요한보다 큰 이가 일어남이 없도다"(마 11:11)라는 평가를 받았던 그의 죽음은 아벨을 죽인 가인의 사악성이 인간 역사에 여전히 잔류하고 있음을 보여 줍니다.

  이 사건 뒤에 마태는 예수의 초자연적 이적 두 편(오병이어, 물 위로 걸으심)을 기록하여 분위기를 반전시킵니다. 이 두 이적은 만유에 대한 예수님의 절대주권을 여실히 드러낸 것으로서 예수님을 이성적으로 이해하려는 모든 시대의 나약한 신앙인들에게 용기와 담력을 심어 주기에 충분합니다.

  오늘 말씀의 기적은 예수님의 사역 가운데 가장 많이 알려진 사건입니다. 우리가 흔히 '오병이어'의 기적이라 부르는, 물고기 두 마리와 보리떡 다섯 개를 가지고 오천 명을 먹이신 일입니다.

  그런데 오늘 기적의 배후에 예수님의 마음 아파하심이 있었다는 것을

우리는 간과하는 것 같습니다. 이 기적 사건은 "예수께서 들으시고"(13절)라는 말씀으로 시작합니다. 바로 앞의 마태복음 14:1-12에서 자신의 사촌이고 자신의 길을 예비했던 선지자 세례 요한의 목이 잘렸다는 소식과 그의 제자들이 그의 몸을 장사 지냈다는 소식을 예수님께 전한 것입니다.

"예수께서 들으시고 배를 타고 떠나사 따로 빈 들에 가시니 무리가 듣고 여러 고을로부터 걸어서 따라간지라"(13절).

예수님이 한적한 곳으로 가신다는 이야기를 듣고는 사람들이 죽 걸어서 따라오자, 예수님은 그들을 바라보시며 긍휼히 여기는 마음이 드셨습니다.

"예수께서 나오사 큰 무리를 보시고 불쌍히 여기사 그 중에 있는 병자를 고쳐 주시니라"(14절).

여기에서 '불쌍히 여기다'라는 말을 영어 성경은 'compassion'이란 단어로 번역해 놓았습니다. 예수님을 따라오는 군중의 아픔을 공감하셨다는 의미입니다. 예수님의 기적을 보면 거기에 늘 '주님의 마음'이 있었던 것 같습니다. 아파하시는 마음 때문에 불쌍히 여기시고 기적을 행하십니다. 여기서 아주 중요한 것을 깨닫게 되는데, 그것은 다음과 같습니다.

"기적은 능력을 보여 주는 것이 아니라, 아파하는 마음과 사랑하는 마음을 보여 주는 것이다!"

그래서 기적이 일어나는 곳에는 '하나님의 마음'이 있고, 그 마음으로 인해 '하나님의 영광'이 나타납니다. 만일 기적을 행하는 사람, 기적을 요구하는 사람들의 마음 가운데 자신의 능력을 드러내거나 자랑하려는 마음이 있다면 '하나님의 기적'이 아닙니다.

예수님께서 공생애를 시작하시기 전 사탄의 시험을 받으실 때 '기적을 거부'하셨던 이유가 무엇일까요?

돌을 들어서 빵을 만들라는 것은 하나님을 시험하는 것이요, 높은 성전 꼭대기에서 뛰어내려 보라는 것은 하나님과 관계없는 능력을 자랑하는 것이요, 사탄에게 절하는 것은 하나님을 부인하는 행동이기 때문입니다. 이것은 기적을 이야기하고 기적을 구할 때마다 우리가 새겨야 할 것입니다.

'그곳에 하나님의 마음이 있는가?'

우리의 인생에서 곤란한 상황을 만나고, 그 상황을 우리의 힘으로 해결할 방법이 없고, 그 상황을 바라보시는 하나님의 안타까운 마음이 있다면 기적이 일어나는 최적의 조건이 형성된 것입니다.

"저녁이 되매 제자들이 나아와 이르되 이곳은 빈 들이요 때도 이미 저물었으니 무리를 보내어 마을에 들어가 먹을 것을 사 먹게 하소서"(15절).

예수님이 한적한 곳으로 사람들을 피해 왔던 그 장소로 사람들이 모여들었습니다. 그들은 말씀을 들었고, 예수님의 능력으로 병 고침을 받았습니다. 문제는 사람이 '떡으로만' 사는 것은 아닌데, 떡이 필요한 존재라는 것이지요. 그런데 이곳에서 현실적인 문제인 '떡'을 해결할 방법이 없습니다.

필요는 있는데 해결할 방법이 없는 것이 '곤란한 상황'이 아닐까요?

이러한 상황에서 해결할 수 있는 제일 좋은 방법은 '현실을 도피'하는 것입니다. 지금 이 상황에서 제자들이 제시한 방법은 '해결책'이 아니라 '도피책'입니다. 사람들을 다 보내어 마을에서 음식을 사 먹도록 하자는 것입니다. 문제는 이곳에서의 예수님의 사역이 끝나지 않았다는 것입니다. 마태복음에는 생략되어 있지만, 평행 본문인 요한복음 6장에는 예수께서 오병이어의 기적을 행하신 이유가 이어진 설교에서 명백하게 나와 있습니다. 예수님이 이 기적을 행하신 후에 바다 건너편으로 가셨고, 그곳에 사람들이 찾아왔습니다. 그러자 예수님께서 이렇게 말씀하십니다.

"26 예수께서 대답하여 이르시되 내가 진실로 진실로 너희에게 이르노니 너희가 나를 찾는 것은 표적을 본 까닭이 아니요 떡을 먹고 배부른 까닭이로다. 27 썩을 양식을 위하여 일하지 말고 영생하도록 있는 양식을 위하여 하라 이 양식은 인자가 너희에게 주리니 인자는 아버지 하나님께서 인치신 자니라"(요 6:26-27).

예수님이 떡을 만들어 주셨지만, 예수님이 이 땅에 오신 목적은 육신의 양식을 위해서가 아니라 영생하도록 있는 양식을 위하여 자신을 내어 준다는 말씀을 전하는 데 있습니다. 여기에 참 중요한 신앙적 태도가 있습니다. 우리의 인생에서 곤란한 상황을 만났을 때, 우리가 그 현실을 피해 가는 것이 아니라 해결해야 할 때, 그 상황을 바꾸시는 하나님의 뜻이 어디 있는지를 보아야 합니다.

■ 마태복음 14장 주요 메시지

마태복음 14:13-21에서 오병이어의 기적을 보여 줍니다. 오병이어의 기적이 일어날 수 있었던 이유는 다음과 같습니다.

① 예수님을 따라 갔기 때문입니다(13절).
② 오병이어를 예수님에게 가져갔기 때문입니다(17-18절).
③ 예수님의 말씀대로 순종했기 때문입니다(19절).
④ 예수님이 축사하셨기 때문입니다(19절).

"20 다 배불리 먹고 남은 조각을 열두 바구니에 차게 거두었으며 21 먹은 사람은 여자와 어린이 외에 오천 명이나 되었더라"(20-21절).

오병이어의 기적을 행하신 예수님은 마태복음 14:22-33에서 예수님이 오시는 때를 보여 주시고 가르쳐 주십니다.

언제 예수님이 오십니까?

① 고난당할 때입니다(24-25절).
② 무서워하여 소리 지를 때입니다(26-27절).
③ 위급할 때, 해결할 방법이 없는 '곤란한 상황'일 때입니다(28-33절).

결론

여러분, 주님이 오병이어의 기적을 보여 주십니다.
우리 인생의 클라이맥스가 언제일까요?
우리의 능력이 극대화되는 순간이 아니라, 우리의 가진 것을 가지고 하나님께 쓰임받기를 기대할 때입니다. 내가 할 수 있는 것을 다 하고, 이제 하나님이 하실 일을 기대하며 기다리는 순간입니다. 마치 중요한 순간을 기다리는 아이가 침을 '꼴딱' 삼키며 기다리는 순간입니다. 출애굽기 14:14를 보면, 홍해를 앞에 두고 바로의 군대들이 뒤를 쫓아오는 순간에 모세가 말합니다.
"너희는 가만히 있을지니라"(출 14:14).
왜냐하면 이제는 하나님께서 일하실 순간이기 때문입니다.
여호수아서에서 출애굽한 백성이 가나안에서 첫 번째 전투 상대인 여리고 성을 무너뜨리기 위해 7일 동안 성을 돌 때, 하나님께서 여호수아를 통해 백성들에게 명령한 것이 무엇입니까?
성을 돌 때 '아무 말도 내지 말라'는 것입니다. 매일 한 바퀴씩 성을 돌아도 아무 일도 일어나지 않는 순간에 불평하거나 소리 내지 말라는 것입니다. 아무 일도 일어나지 않는 순간에 하나님께서 일하고 계시기 때문입니다. 우리가 조용히 있어야 하는 것은 이제 하나님께서 일하시는 순간이 되었기 때문입니다. 나의 가진 것을 내어놓고, 내 능력을 하나님께 맡기고 기대하는 것이야말로 우리 인생 최고의 순간이 아닐 수 없습니다. 기적이 일어난다는 것은, 우리 인생에서 최고의 일이 일어난다는 것입니다. 할렐루야! 아멘!

적용과 나눔
오늘 가르침에서 새롭게 깨달은 것 중 개인적으로 적용하여 실천하고자 하는 것을 기록한 후 서로 나누어 봅시다.

기도
성령님의 능력으로 감당하도록 간절히 부르짖고 기도합시다.

제15장 | 마태복음 15장 강론

외식하는 자들의 특징

> 마태복음 15:1-39
> 새찬송가 200, 205, 285, 445장

■ **마태복음 15장 주제: 대적들의 핍박과 예수님의 권능**

■ **마태복음 15장의 구조와 내용**

　마태복음 15장은 소위 유전 논쟁으로 알려진 부분(1-20절)과 가나안 여자의 믿음과 예수님의 치유 이적(21-31절) 그리고 칠병이어의 기적(32-39절)으로 구성되어 있습니다. 당시 종교 지도자들이 예수님에 대한 인신공격에서 한 걸음 더 나아가 신학적인 문제를 들고 나와 주님을 힐난합니다. 그들과의 논쟁을 통하여 주님은 당시의 왜곡된 세속적 인본주의 율법보다는 계명의 본래 취지가 외형보다는 심령의 갱생과 청결에 우선됨을 설파하셨습니다. 한편 후반부에 기록된 수로보니게 여인의 치유 기사는 백부장 사건(마 8:5-13)과 관련되고, 칠병이어 기적은 앞 장의 오병이어 기사와 관련되는데, 전자는 복음의 우주적 확산을, 후자는 참된 영적 양식인 주님의 능력을 각각 나타냅니다.

　"당신의 제자들이 어찌하여 장로들의 전통을 범하나이까? 떡 먹을 때에 손을 씻지 아니하나이다"(2절).

　이 질문은 청결을 위한 질문이 아니라 의식적인 규례에 관한 질문이었습니다. 그들은 제자들이 왜 음식을 깨끗하게 먹지 않고 더러운 손으로 먹느냐고 힐책하는 질문을 하고 있는 것이 아니라, 왜 손을 씻고 먹으라는 규례를 지키지 않느냐는 질문을 하고 있는 것입니다. 바리새인들은 주님의 제자들이 의식적인 규례를 지키지 않고 소홀히 하는 것을 주님의 책임으로 만들고 싶어 했습니다.

당시의 유대교의 신앙생활은 이런 누더기 같은 규례들로 가득했습니다. 이것들이 사람의 생활 깊은 구석구석까지 파고 들어와 있었습니다. 이런 규례들은 하나님의 율법에 근거를 둔 것이 아니라, 사람들의 해석에 근거를 두고 있었습니다. 사람들은 하나님께서 계시하신 성경 위에 장로들의 전통을 첨가시켜 자기들 나름대로 해석 했습니다. 음식을 먹기 전에 손을 씻는 이 규례도 바로 장로들의 전통에서 나온 것입니다.

그 전통에 의하면 '쉬부타'라는 악마가 사람들이 밤에 잠을 자는 동안에 사람들의 손에 올라 앉기 때문에, 만약 사람이 손을 씻지 않고 음식을 먹으면 그 악마가 손을 통하여 음식에 들어가고 사람에게 옮겨져 사람을 악하게 한다는 것입니다. 현대인들은 코웃음을 치겠지만 이런 것들은 실제 랍비들의 가르침이었습니다.

이런 외적인 신앙을 가르치는 자들이 예수님께 당신의 제자들이 어찌하여 사람에게 구원에 이르게 하고 영생을 보장해 주는 이런 규례를 소홀히 하느냐고 묻고 있는 것입니다. 주님의 답변은 다음과 같습니다.

"3 … 너희는 어찌하여 너희의 전통으로 하나님의 계명을 범하느냐? 4 하나님이 이르셨으되 네 부모를 공경하라 하시고 또 아버지나 어머니를 비방하는 자는 반드시 죽임을 당하리라 하셨거늘, 5 너희는 이르되 누구든지 아버지에게나 어머니에게 말하기를 하나님께 드림이 되었다고 하기만 하면, 6 그 부모를 공경할 것이 없다 하여 너희의 전통으로 하나님의 말씀을 폐하는도다. 7 외식하는 자들아 이사야가 너희에게 대하여 잘 예언하였도다. 일렀으되 8 이 백성이 입술로는 나를 공경하되 마음은 내게서 멀도다. 9 사람의 계명으로 교훈을 삼아 가르치니, 나를 헛되이 경배하는도다. 하였느니라 하시고 10 무리를 불러 이르시되 듣고 깨달으라. 11 입으로 들어가는 것이 사람을 더럽게 하는 것이 아니라, 입에서 나오는 그것이 사람을 더럽게 하는 것이니라"(3-11절).

예수님은 제자들이 장로들의 전통을 범하였음을 부인하시는 것이 아니라 오히려 자신의 제자들을 옹호하셨습니다. 주님은 "너희들은 어찌하여"라고 하심으로 제자들이 식사 전에 손을 씻지 않은 것을 인정하셨습니다.

그것은 그들이 게으르기 때문이 아니라 서기관들이나 바리새인들이 그렇게 중요하게 여기는 그 규례들을 생활로부터 쓸어 내버리려는 의도적 행동을 하셨음을 말씀하신 것입니다. 주님의 대답은 한마디로 다음과 같습니다. "너희가 어찌하여 너희의 전통으로 하나님의 계명을 범하느냐?"(3절).

이 주님의 말씀 속에 바리새인들의 신앙과 예수 그리스도께서 가르치시는 신앙 사이의 차이를 보게 됩니다.

■ 마태복음 15장 주요 메시지

마태복음 15:1-20은 외식하는 자들의 특징을 가르쳐 주는데, 그것은 다음과 같습니다.

① 장로들의 전통으로 하나님의 계명을 범하고 하나님의 말씀을 폐합니다(2-6절).
② 입술로는 공경하되 마음은 예수님에게서 멉니다(8절).
③ 사람의 계명으로 교훈을 삼아 가르칩니다(9절).
④ 맹인이 되어 맹인을 인도하는 자입니다(14절).
⑤ 마음에서 나오는 것이 사람을 더럽게 합니다(18-20절).

"18 입에서 나오는 것들은 마음에서 나오나니 이것이야말로 사람을 더럽게 하느니라 19 마음에서 나오는 것은 악한 생각과 살인과 간음과 음란과 도둑질과 거짓 증언과 비방이니 20 이런 것들이 사람을 더럽게 하는 것이요 씻지 않은 손으로 먹는 것은 사람을 더럽게 하지 못하느니라"(18-20절).

우리는 어떻습니까?

예수를 믿는 사람은 모두 십자가를 자랑합니다. 우리의 죄와 사망의 본질적인 문제를 해결하는 방법이 십자가밖에 없고 주님의 십자가로 온 인류의 문제를 해결하셨기 때문에 십자가만 자랑하는 것입니다. 그러므로 이 자랑은 구원과 은혜와 사랑에 대한 감사의 자랑입니다. 그 속에는 결코 내가 자격이 있거나, 공로가 있거나, 실력이 있다는 교만의 자랑이 없습니다. 외식하는 자들의 특징을 가르치신 예수님은 소원이 이루어지는 큰 믿음을 가나안 여자와 병 고침과 칠병이어 기적으로 가르치십니다.

마태복음 15:21-28에서 예수님은 "네 믿음이 크도다 네 소원대로 되리라"라고 하시며 큰 믿음을 보여 가르치십니다. 소원이 이루어지는 큰 믿음은 다음과 같습니다.

① 소리 질러 기도하는 믿음입니다(22절).
"가나안 여자 하나가 그 지경에서 나와서 소리 질러 이르되 주 다윗의 자손이여 나를 불쌍히 여기소서 내 딸이 흉악하게 귀신 들렸나이다"(22절).
② 예수님께서 거절하셔도 절해서 도움을 청하는 믿음입니다(24-25절).
③ 개로 여김 받아도 도움을 청하는 믿음입니다(26-28절).
"26 대답하여 이르시되 자녀의 떡을 취하여 개들에게 던짐이 마땅하지 아니하니라 27 여자가 이르되 주여 옳소이다마는 개들도 제 주인의 상에서 떨어지는 부스러기를 먹나이다 하니"(26-27절).

그 큰 믿음의 결과는 다음과 같습니다.
"이에 예수께서 대답하여 이르시되 여자여 네 믿음이 크도다 네 소원대로 되리라 하시니 그 때로부터 그의 딸이 나으니라"(28절).
예수님의 기적을 체험하게 됩니다.

결론

여러분, 예수님은 외식하는 자들의 특징을 가르쳐 주셨습니다. 주님께서는 유대인들이 옛날부터 가지고 있는 선지자 이사야의 예언을 바리새인들에게 적용시킴으로 그들의 감추어진 죄악을 폭로하셨습니다.
"외식하는 자들아 이사야가 너희에게 관하여 잘 예언하였도다. 일렀으되, 이 백성이 입술로는 나를 공경하되 마음은 내게서 멀도다 사람의 계명으로 교훈을 삼아 가르치니 나를 헛되이 경배하는도다"(7-9절).
그들의 마음은 하나님으로부터 멀리 떠나 있으면서도 입술로 하나님을 존경하는 체한다는 것입니다.
여러분, 구원을 받은 자는 겸손의 마음을 가져야 합니다. 아직 구원 받지 못한 사람들 앞에서 잘난 체하거나 우월감을 가져서는 안 됩니다. 본문의 바리새인들이나 사두개인들이 주님께 나와 주님을 정죄하려는 것도 이 교만의 결과입니다. 우리는 마치 대해를 배를 타고 지나다가 난파하여 죽음에 이르렀던 사람이 지나는 배에 구조를 받은 것처럼 은혜를 입었을 뿐입니다.
바다에서 건져진 사람이 자기가 학식이 재물이 많고, 재주가 있어서 구원을 받았다고 자랑하면 말이 됩니까?
우리는 은혜로 구원받았고, 저 사람들은 아직 은혜를 받지 못했을 뿐입니다. 하나님과 이웃 앞에 겸손한 신자가 되어 하나님의 영광을 드러내시기 바랍니다. 할렐루야! 아멘!

적용과 나눔
오늘 가르침에서 새롭게 깨달은 것 중 개인적으로 적용하여 실천하고자 하는 것을 기록한 후 서로 나누어 봅시다.

기도
성령님의 능력으로 감당하도록 간절히 부르짖고 기도합시다.

제16장 | 마태복음 16장 강론

시몬 베드로의 신앙고백

> 마태복음 16:1-28
> 새찬송가 200, 205, 285, 445장

■ 마태복음 16장 주제: 예수님이 메시아이심을 가르쳐 주심

■ 마태복음 16장의 구조와 내용

마태복음 16장의 구조와 내용은 표적을 구하는 자와 떡을 구하는 자(1-12절), 신앙고백을 통한 자기 계시(13-20절)와 예수님의 첫 번째 수난 예고(21-28절)입니다. 1-12절은 사두개인들과 바리새인의 표적 요구를 거부하시고 참된 표적, 곧 메시아의 오심으로 말미암은 천국의 도래를 분별하라는 주님의 경고성 말씀이 기록되어 있습니다. 그리고 13-20절은 크게 보아서 마태복음의 또 다른 한 단락에 속하는데, 베드로의 신앙고백을 담겨 있습니다. 지금까지는(마 11:2-16:12) 점차 고조되는 메시아에 대한 배척을 다루었지만 이곳에서부터는 제자들에게 주시는 교훈이 주를 이루고 있기 때문입니다(마 16:13-20:28).

이 중에서 특히 눈여겨 볼 대목은 베드로의 신앙고백과 십자가의 죽음에 대한 예언입니다. 주의 메시아 되심(신성)과 인자 되심을 정확히 간파한 베드로의 고백은 시공을 초월하여 모든 그리스도인의 영원한 신앙고백 헌장이어야 할 것입니다.

바리새인과 사두개인은 서로 상반된 교리와 생활자세로 인하여 적대적 관계였습니다. 바리새인들은 교리에서 부활과 천사와 악령들을 인정하였

지만 사두개인은 이 모든 것을 부인했습니다. 또한 사두개인들은 이스라엘을 지배했던 로마와 협력하여 상당한 특권을 누리던 사람들이었던 반면에 바리새인들은 로마 지배를 반대하면서 회당에서 일반 백성들과 함께 생활하면서 율법을 가르치면서 살았던 사람들이었습니다.

이렇게 상반된 교리와 생활을 표방했던 바리새인과 사두개인은 예수님을 배척하는 데 온전히 연합했습니다. 이 바리새인과 사두개인은 예수님을 함정에 빠뜨리려고 '하늘에서 오는 표적을 보이라'고 요청했습니다. 그것은 예수님의 능력을 보여 달라는 말과 같은 것이었습니다.

그때 예수님은 요나의 표적밖에는 보여 줄 것이 없다고 말씀하셨습니다. 요나의 표적은 예수님의 십자가를 의미하는 것이었습니다. 요나가 고기 뱃속에 사흘을 있었던 것과 같이 예수님도 십자가에서 돌아가시고 사흘 동안 무덤에 계셔야 할 것을 말씀하신 것입니다.

하나님 외에, 예수 그리스도의 십자가 외에 그 어떤 것도 우리의 표적이 될 수 없고, 능력이 될 수 없습니다. 그러므로 하나님과 예수 그리스도의 십자가 외에 그 어떤 것도 우리의 신앙의 대상, 의존의 대상이 될 수 없습니다.

여러분, 십자가 외에 다른 표적을 구하는 것은 불신앙입니다. 그 불신앙의 결과는 실패와 멸망입니다.

■ 마태복음 16장 주요 메시지

마태복음 16:1-12에서 예수님은 악하고 음란한 세대에 주의할 것을 가르쳐 주시는데, 다음과 같습니다.

① 시대의 표적을 분별하고 주의해야 합니다(3-4절).
② 삼가 바리새인과 사두개인들의 누룩을 주의해야 합니다(6, 11절).
③ 믿음이 작은 것(불신앙)에 주의해야 합니다(8-12절).

여러분, 예수님께서 그들에게 '악하고 음란한 세대'라고 말씀하신 것은 육체적인 음란을 질책하신 것이 아니라 영적인 음란을 지적하셨습니다. 그들은 자기들이 하나님을 제일 잘 믿는다고 생각하면서 자기 나름대로 세운 규례나 전통은 물론 자기들의 체면이나 인간적인 이익들을 하나님의 말씀보다 더 중요시하고 섬겼기 때문에 예수님은 그들의 행위에서 영적인 음행으로 보셨습니다. 그들이 하나님을 진정으로 섬겼다면 예수님께서 이 세상에 오셨을 때에 이미 메시아로 받아들였을 것입니다.

우리 성도들도 입으로는 예수님을 섬긴다고 말하지만 언제나 자신에게 돌아오는 인간적인 유익이나 육체적인 욕심이나 세상적인 향락에 집중되어 있기 때문에 악하고 음란한 세대에 속할 수 있습니다.

예수님께서 '하늘로서 오는 표적'을 요구하였던 그들에게 "요나의 표적"을 말씀하셨습니다. 그것은 예전에 여호와께서 요나에게 이방인인 니느웨 백성들에게 하나님의 말씀을 전하라고 보냈지만 요나가 다시스로 도망하다가 뱃사람들에 의해서 바다에 던져져서 주야로 삼일 동안 큰 물고기 뱃속에 있다가 살아난 표적이었습니다. 예수님이 메시아이심을 보여 주는 가장 확실한 표적은 그의 십자가 죽음과 부활입니다. 그래서 누구든지 예수님의 십자가와 부활의 표적을 믿는 자가 구원함을 받습니다.

여러분, 예수님은 그들이 회개하고 예수님을 메시아로 영접하여 구원받기를 원하셨습니다. 예수님은 악하고 음란한 세대가 반드시 가져야 할 신앙고백인 시몬 베드로의 신앙고백을 칭찬하시며 복을 주셨습니다.

마태복음 16:13-20에서 예수님께서 칭찬하시고 복을 주신 시몬 베드로의 신앙고백을 볼 수 있습니다.

"시몬 베드로가 대답하여 이르되 주는 그리스도시요 살아 계신 하나님의 아들이시니이다"(16절).

그 내용은 다음과 같습니다.

① 예수님을 주(主)로 고백합니다(16절).
② 예수님을 그리스도로 고백합니다(16절).
③ 예수님을 하나님의 아들로 고백합니다(16절).

이러한 신앙고백의 결과는 하나님의 칭찬과 복입니다(17절).
"예수께서 대답하여 이르시되 바요나 시몬아 네가 복이 있도다 이를 네게 알게 한 이는 혈육이 아니오 하늘에 계신 내 아버지시니라"(17절).

이것은 어떤 복입니까?

① 반석이 되는 복입니다("너는 베드로라," 18절).
② 이 반석 위에 교회를 세우는 복입니다(18절).
③ 음부의 권세를 이기는 복입니다(18절).
"또 내가 네게 이르노니 너는 베드로라 내가 이 반석 위에 내 교회를 세우리니 음부의 권세가 이기지 못하리라"(18절).
④ 천국 열쇠를 얻는 복입니다(19절).
"내가 천국 열쇠를 네게 주리니 네가 땅에서 무엇이든지 매면 하늘에서도 매일 것이요 네가 땅에서 무엇이든지 풀면 하늘에서도 풀리리라"(19절).

여러분, 악하고 음란한 세대 가운데 시몬 베드로의 신앙고백을 칭찬하시며 복을 주신 예수님은 마태복음 16:21-28에서 예수님을 따라가는 자세를 가르쳐 주십니다.
"이에 예수께서 제자들에게 이르시되 누구든지 나를 따라오려거든 자기를 부인하고 자기 십자가를 지고 나를 따를 것이니라"(24절).
예수님을 따라가는 자세는 다음과 같습니다.

① 하나님의 일을 먼저 생각합니다(23절).
② 자기를 부인하고 자기 십자가를 집니다(24절).
③ 예수님을 위하여 자기 목숨을 잃을 각오를 가집니다(25-26절).
"25 누구든지 제 목숨을 구원하고자 하면 잃을 것이요 누구든지 나를 위하여 제 목숨을 잃으면 찾으리라 26 사람이 만일 온 천하를 얻고도 제 목숨을 잃으면 무엇이 유익하리요 사람이 무엇을 주고 제 목숨과 바꾸겠느냐"(25-26절).

결론

여러분, 시몬 베드로의 신앙고백을 살펴보았습니다. 예수님께서 악하고 음란한 세대 가운데 시몬 베드로의 신앙고백을 칭찬하시며 복을 주셨습니다.
여러분! 우리의 현재 신앙생활은 어떻습니까?
바리새인들처럼 세상일에는 똑똑하다고 생각하면서 아직도 예수 그리스도께서 메시아가 되심을 믿지 못합니까? 아니면 아직도 사두개인처럼 하나님보다 이 세상에 재물이나 명예나 권세를 더 우선시하고 있지는 않으십니까?

여러분, 악하고 음란한 세대에 사는 우리는 시몬 베드로의 신앙고백이 필요합니다. 예수님께서 십자가에서 우리의 죄와 허물을 지시고 죽으셨다가 사흘 만에 부활하셨다고 고백하는 그 신앙으로 구주 예수님을 따라가시기 바랍니다. 할렐루야! 아멘!

적용과 나눔

오늘 가르침에서 새롭게 깨달은 것 중 개인적으로 적용하여 실천하고자 하는 것을 기록한 후 서로 나누어 봅시다.

기도

성령님의 능력으로 감당하도록 간절히 부르짖고 기도합시다.

제17장 | 마태복음 17장 강론

큰 믿음이 필요합니다

> 마태복음 17:1-27
> 새찬송가 200, 205, 285, 445장

■ **마태복음 17장 주제: 예수님의 영화로운 변형**

■ **마태복음 17장의 구조와 내용**

　마태복음 17장의 구조와 내용은 변화산 사건(1-13절), 겨자씨 한 알 믿음(14-21절), 두 번째 예수님의 수난 예고(22-23절), 성전납세의 문제(24-27절)를 다루고 있습니다. 변화산 사건(1-13절)은 예수 생애의 5대 사건으로도 분류되는바 그것이 지니는 구속사적 의미가 크지 않을 수 없습니다. 그것은 주님의 탄생과 십자가 수난 사이에 위치하여 예수님의 메시아 되심과 현재 그리고 장차(재림) 그분이 입게 될 영광을 계시한 것입니다. 한편 이 사건 후에 치유와 믿음의 관계(14-21절), 십자가 수난에 관한 2차 예언(22-23절), 성전세 납부 문제 등에 관한 말씀이 언급됩니다. 성전 자체이신 예수님은 성전세를 낼 필요가 없으셨지만 스스로 세를 납부하는 모범을 보이셨습니다. 당시의 제도를 유연하게 인정하면서도 당신의 메시아 사역이 결정적으로 드러날 때를 기다리시는 주님의 신중한 처사가 돋보입니다.

　산상에서 예수님이 거룩한 형체로 변화되었습니다. 주님과 동행한 제자들은 눈앞에 펼쳐진 놀라운 광경에 어쩔 줄을 몰랐습니다. 베드로는 아예 '여기에 초막 셋을 짓고 살자'고 합니다.

　그렇게 신비한 체험을 했으니 누군들 산 아래로 내려가고 싶겠습니까?

그러나 하나님의 음성을 듣고 난 후 오직 예수님만 보입니다.
그런데 산 아래의 상황은 어떻습니까?
그야말로 난리법석입니다. 하지만 그런 산 아래의 현실을 향해 내려가야 합니다. 세상은 우리를 필요로 합니다.
본문에 귀신 들린 아들을 데려온 아버지가 있습니다. 그 아버지는 이 아이가 어릴 때부터 '귀신이 저를 죽이려고 불과 물에 자주 던졌다'(마 17:15) 고 말하고, '귀신이 어디서든지 저를 잡으면 거꾸러져 거품을 흘리며 이를 갈며 그리고 파리하여 간다'(막 9:18)고 말합니다.
'귀신 들림' 현상은 치료해서 낫는 병이 아닙니다. 정신병원에서 고칠 수 있는 것도 아닙니다. 물론 귀신 들린 병 외에도 나면서부터 소경되었던 자, 앉은뱅이, 나병 같은 것들은 기적이 일어나지 않고는 고칠 수 없는 병들입니다. 그러다가 예수님의 소문을 듣고 찾아온 겁니다. 그리고 예수님이 계시지 않자 제자들에게 아들의 병을 고쳐달라고 사정을 한 겁니다.
예수님이 산에서 내려오실 때쯤의 상황이 어떻습니까?
"저희가 이에 제자들에게 와서 보니 큰 무리가 둘렀고 서기관들이 더불어 변론하더니"(막 9:14).
평상시에 예수님에 대해 곱지 않은 시선으로 바라보던 서기관들이 간섭하기 시작합니다. 그래서 변론이 생긴 겁니다. 그럴 즈음에 예수님이 내려오셨고 무리들이 모여 있는 것을 보시고 어떻게 된 일이냐고 묻자 아이의 아버지가 '내 아이의 사정이 이러이러 해서 찾아왔는데 당신의 제자들은 고치지 못하더이다'(16-17절)라고 합니다. 이 말을 들으신 예수님이 하시는 다음과 같이 말씀하셨습니다.
"믿음이 없고 패역한 세대여 내가 얼마나 너희와 함께 있으며 얼마나 너희를 참으리요"(마 17:17).
이 말씀은 우리에게도 똑같이 적용되는 말씀입니다. 오늘 우리의 문제는 돈이 없는 게 아닙니다. 예배드릴 장소가 없는 것도 아닙니다. 오늘 우리의 문제는 '믿음이 없는 것'입니다.
성경은 믿음의 사람들에 대해 증거 합니다. 이스라엘 백성들이 출애굽하여 가데스바네아에 도착하였을 때 각 지파에서 한 명씩 12명을 차출하여 가나안 정탐꾼으로 보냈습니다. 그리고 돌아와 보고를 하는데 두 부류로 나누어집니다. 한 부류는 가나안은 점령할 수 없는 땅이라고 말합니다.

이렇게 부정적인 보고를 한 자들이 열 명이었습니다. 열두 명 중에 열 명이 부정적으로 보고를 하니까 백성 모두가 절망감에 빠졌습니다. 밤새 울며 다시 애굽으로 돌아가자고 소동을 벌입니다. 그때 여호수아가 일어나 그들에게 말합니다. 여호수아의 말의 핵심은 세 가지입니다.

첫째, 가나안은 심히 아름다운 땅이다.

둘째, 여호와께서 우리를 그곳으로 인도하실 것이다.

셋째, 그들은 우리의 밥이다.

믿음 없는 사람들의 특징은 모든 것을 인간적으로만 판단하는 것입니다. 내 눈으로 보니까 이길 수 없게 보이는 겁니다. 세상을 살아갈 때도 내 눈으로 보면 이 세상은 너무나 힘든 세상입니다. 내일에 대한 염려가 가득 쌓입니다. 하지만 여호수아는 이렇게 외칩니다.

"다만 여호와를 거역하지는 말라 또 그 땅 백성을 두려워하지 말라 그들은 우리의 먹이라 그들의 보호자는 그들에게서 떠났고 여호와는 우리와 함께 하시느니라"(민 14:9).

하나님이 함께 하시면 이길 수 있습니다. 이것이 믿음입니다. 이제는 영적인 눈으로 바라볼 수 있기를 원합니다.

아이의 아버지가 예수님을 향해 다음과 같이 말합니다.

"무엇을 하실 수 있거든 우리를 불쌍히 여기사 도와주옵소서"(막 9:22).

예수님이 그 아이의 아버지의 잘못된 시각을 고쳐 주십니다.

"할 수 있거든이 무슨 말이냐? 믿는 자에게는 능치 못할 일이 없느니라"(막 9:23).

여러분의 영적인 시각은 어떻습니까?

오늘 여러분의 시각이 바꾸어지길 원합니다. 오늘날 교회의 최대 문제는 영적 능력을 잃어버린 데 있습니다. 베드로가 '은과 금은 네게 없거니와 내게 있는 것으로 네게 주노니 곧 나사렛 예수 그리스도의 이름으로 걸으라'(행 3:6)라고 하면서 나면서 앉은뱅이 된 사람의 손을 잡아 일으키니 발과 발목이 힘을 얻고 걷고 뛰며 하나님을 찬송하는 사건이 있습니다. 교회는 은과 금으로 돕는 곳이 아닙니다. 우리에게 믿음의 능력만 있으면 세상은 우리를 필요로 하게 되어 있습니다.

세상은 교회에 대한 기대치가 있는데, 교회는 아무런 능력을 발휘하지 못하고 있지 않습니까?

그 이유가 무엇입니까?

제자들이 예수님께 질문합니다.

"우리는 어찌하여 쫓아내지 못하였나이까?"(마 17:19)

예수님의 대답은 다음과 같습니다.

"너희 믿음이 작은 까닭이니라"(마 17:19).

마가복음을 보면, 예수님이 제자들에게 마지막으로 이런 말씀을 하십니다.

"기도 외에 다른 것으로는 이런 유가 나갈 수 없느니라"(막 9:29).

기도는 내 힘으로 할 수 없으니까 하나님이 해 주시길 구하는 것입니다. 나는 할 수 없으나 하나님은 하실 수 있다는 것을 믿는다면 기도하지 않을 수 없습니다. 하나님이 나를 통해서 역사하시는 방법이 기도밖에 없기 때문입니다. 기도 외에 다른 것으로는 할 수 없습니다. 오직 예수를 믿는 믿음으로 기도하시기 바랍니다.

■ 마태복음 17장 주요 메시지

마태복음 17:1-8은 오직 예수님 외에는 아무도 보이지 아니하는 삶을 보여 주는데, 그것은 다음과 같은 삶입니다.

① 예수님이 원하시는 대로 사는 삶입니다(4절).
② 예수님의 말씀을 듣는 삶입니다(5절).
③ 엎드려 심히 두려워하는 삶입니다(오직 예수님 외에는 아무도 보이지 않는 믿음, 6절).

마태복음 17:14-21에서 예수님은 큰 믿음이 필요하다고 가르치시는데, 그 믿음은 오직 예수님 외에는 아무도 보이지 않는 믿음입니다. 그 믿음의 열매는 다음과 같습니다.

① 능히 고치게 됩니다(15-16절).
② 귀신을 꾸짖어 나가게 합니다(18절).
③ 못할 것이 없습니다(19-20절).

예수님은 겨자씨 믿음, 큰 믿음 얻는 방법을 가르쳐 주십니다.

겨자씨의 특징은 ① 생명이 있고 ② 장성하고 ③ 장성키 위해 희생이 필요하고 ④ 변화하여 새롭게 되는 것입니다.

믿음도 ① 생명이 있어야 하고 ② 장성해야 하고 ③ 장성하기 위해 희생해야 하며 ④ 새롭게 변화되어야 합니다.

결론

여러분, 큰 믿음이 필요합니다. 어떤 문제든 어떤 형편이든 상관이 없습니다. 내가 그 문제를 끓어 안고 있다고 해서 해결되는 것이 아니라 힘만 들뿐입니다. 그러나 해결의 길이 있습니다. 오직 예수님만이 문제 해결자이십니다. 할렐루야! 아멘!

적용과 나눔

오늘 가르침에서 새롭게 깨달은 것 중 개인적으로 적용하여 실천하고자 하는 것을 기록한 후 서로 나누어 봅시다.

기도

성령님의 능력으로 감당하도록 간절히 부르짖고 기도합시다.

제18장 | 마태복음 18장 강론

천국에서는 누가 크니이까?(어린이 주일 말씀)

> 마태복음 18:1-35
> 새찬송가 200, 205, 212, 285, 445, 564장

■ 마태복음 18장 주제: 천국 시민의 윤리관

■ 마태복음 18장의 구조와 내용

　마태복음 18장의 구조와 내용은 어린 아이를 통한 교훈(1-14절)과 범죄한 형제에 대한 조치(15-20절)와 끝없는 용서(21-35절)로 되어 있습니다.
　주님은 겸손과 용서에 대한 교훈을 통해서 천국 시민의 자질에 대해 말씀하셨습니다. 이것은 크게 보아서 산상보훈의 실천적 규례(마 6, 7장)와 그 맥을 같이 합니다. 주님은 자신의 임박한 죽음을 앞두고 앞으로 남겨질 제자들의 주의를 환기시키고, 제자도를 재무장시키기 위해서 이 같은 말씀을 주셨습니다. 제자들은 주님의 말씀처럼 서로의 권위를 인정하고 무조건적 관용을 베푸는 정신을 실천함으로써 상호 결속을 다지고 나아가 주변을 복음으로 정복하는 일에 솔선수범해야 했습니다.
　예수님은 공생애 마지막이 가까워 오고 있던 어느 날, 갈릴리 가버나움으로 오시던 중에 제자들 사이에서 '천국에서 누가 더 큰 자가 될 것인가'라는 논쟁이 벌어진 것을 아시고 제자들에게 천국 백성의 자격을 가르치기 위한 샘플로 어린 아이를 불러 앞에 세우고 어린 아이를 통한 천국 백성관을 깨닫게 하십니다. 천국에서 큰 자는 '돌이키는 자' 곧 '회개하는 자'라고 가르치셨습니다. 즉 잘못을 뉘우치고 돌아서는 자, 세속적 가치관에서

벗어나는 자가 천국에서 큰 자가 된다는 교훈도 동시에 가르치셨습니다. 성경학자인 윌리암 바클레이는 다음과 같이 말했습니다.

"우리가 나이가 들어감에 따라 하나님께 더 가까이 나아가는 것이 아니라 점점 멀어질 수도 있다."

즉 신앙 연조와 신앙의 질이 같다고 볼 수 없다는 말입니다. 처음 믿었던 마음이 훨씬 더 순수할 수 있습니다. 어린 아이처럼 순수하게 주님을 믿었던 마음이 훨씬 더 주님 앞에 인정받을 수 있다는 것입니다.

그런데 우리의 신앙 연조가 길어지고 직분이 점점 더 높아질수록 우리의 마음은 순수한 마음을 잃어버리고 점점 복잡해지고 생각하지 말아야 될 생각들을 하게 되는 것입니다. 처음 예수 믿고 교회생활을 시작했을 때는 그렇게 마음이 복잡하지 않았고 머리도 복잡하지 않았습니다. 그저 주님이 좋고 주님 앞에 예배드리는 것이 너무도 기뻤습니다. 하나님의 자녀가 된 감격이 우리 속에 언제나 있었습니다. 그런데 신앙의 연조가 길어지면서 서서히 우리의 마음과 머릿속이 조금씩 복잡해지기 시작합니다. 그때부터 우리의 관심은 다음과 같습니다.

'누가 교회에서 더 중요한가?'

'누가 더 영향력이 큰 가?'

'누가 더 똑똑한가?'

예수님을 삼 년이나 따라 다니며 제자훈련을 받았던 제자들도 역시 예외는 아니었습니다. 제자들의 마음속에는 언제나 '우리 가운데 누가 더 크냐?'라는 문제 때문에 다툼이 일어났습니다. 예수님으로부터 누군가 더 사랑을 받으면 못 견뎌 합니다. 누가 좀 더 예수님 가까이 앉으면 비위가 상해서 속이 불편해 집니다. 본문에도 제자들은 바로 이 문제를 가지고 예수님께 나아왔습니다.

'제자들이 예수께 나아와 가로되 천국에서는 누가 크니이까?'(1절)

'천국에도 과연 서열이 있는 것일까?

있다면 누가 과연 첫째가 될 것인가?'

이것이 제자들의 주된 관심이었습니다. 그런데 예수님은 제자들의 질문에 뜻밖의 대답을 하셨습니다.

■ **마태복음 18장 주요 메시지**

마태복음 18:1-14에서 "천국에서는 누가 크니이까?"라는 제자들의 질문에 예수님이 천국에 들어가는 비법을 가르치십니다.

① 어린 아이와 같이 자기를 낮추어야 합니다(3-4절).
"3 이르시되 진실로 너희에게 이르노니 너희가 돌이켜 어린 아이들과 같이 되지 아니하면 결단코 천국에 들어가지 못하리라 4 그러므로 누구든지 이 어린 아이와 같이 자기를 낮추는 사람이 천국에서 큰 자니라"(3-4절).

② 예수님을 믿는 작은 자를 실족하게 해서는 안 됩니다(5-7절).
"5 또 누구든지 내 이름으로 이런 어린 아이 하나를 영접하면 곧 나를 영접함이니 6 누구든지 나를 믿는 이 작은 자 중 하나를 실족하게 하면 차라리 연자 맷돌이 그 목에 달려서 깊은 바다에 빠뜨려지는 것이 나으니라 7 실족하게 하는 일들이 있음으로 말미암아 세상에 화가 있도다 실족하게 하는 일이 없을 수는 없으나 실족하게 하는 그 사람에게는 화가 있도다"(5-7절).

③ 범죄케 하는 지체를 버려야 합니다(8-9절).
"8 만일 네 손이나 네 발이 너를 범죄하게 하거든 찍어 내버리라 장애인이나 다리 저는 자로 영생에 들어가는 것이 두 손과 두 발을 가지고 영원한 불에 던져지는 것보다 나으니라 9 만일 네 눈이 너를 범죄하게 하거든 빼어 내버리라 한 눈으로 영생에 들어가는 것이 두 눈을 가지고 지옥 불에 던져지는 것보다 나으니라"(8-9절).

④ 작은 자를 업신여기지 말아야 합니다(10-14절).
"10 삼가 이 작은 자 중의 하나도 업신여기지 말라 너희에게 말하노니 그들의 천사들이 하늘에서 하늘에 계신 내 아버지의 얼굴을 항상 뵈옵느니라 12 너희 생각에는 어떠하냐 만일 어떤 사람이 양 백 마리가 있는데 그 중의 하나가 길을 잃었으면 그 아흔아홉 마리를 산에 두고 가서 길 잃은 양을 찾지 않겠느냐 13 진실로 너희에게 이르노니 만일 찾으면 길을 잃지 아니한 아흔아홉 마리보다 이것을 더 기뻐하리라 14 이와 같이 이 작은 자 중의 하나라도 잃는 것은 하늘에 계신 너희 아버지의 뜻이 아니니라"(10-14절).

예수님께서 천국에 들어가는 비법을 가르치신 후 천국을 소유하는 방법을 가르쳐 주십니다. 마태복음 18:15-20에서 형제가 죄를 범할 때, 그 죄를 해결하는 방법을 가르쳐 주십니다.

"네 형제가 죄를 범하거든 가서 너와 그 사람과만 상대하여 권고하라 만일 들으면 네가 네 형제를 얻은 것이요"(15절).

① 그 사람과만 상대하여 권고합니다(15절).
② 한두 사람을 데리고 가서 말마다 확증하게 합니다(16절).
③ 교회에 말해도 듣지 않으면 이방인과 세리같이 여깁니다(17절).

마태복음 18:21-35에서 예수님은 '주여 형제가 내게 죄를 범하면 몇 번이나 용서하여 주리이까 일곱 번까지 하오리이까'(21절)라고 질문에 다음과 같은 답변하십니다.

① 일곱 번만 제한해서 용서하지 않아야 합니다(21-22절).
② 일곱 번을 일흔 번까지라도 무한적으로 용서해야 합니다(22절).
③ 마음으로부터 형제를 용서해야 합니다(35절).
"너희가 각각 마음으로부터 형제를 용서하지 아니하면 나의 하늘 아버지께서도 너희에게 이와 같이 하시리라"(35절).

결론

여러분, "천국에서는 누가 크니이까?"는 제자들의 질문입니다. 천국에서 큰 자가 되기를 원하는 제자들에게 예수님은 5절에서 '누구든지 내 이름으로 이런 어린 아이 하나를 영접하면 곧 나를 영접함이니'라고 말씀하십니다. 천국에서 큰 자가 되기를 원하면 연약한 자를 주의 이름으로 영접하라고 말씀하십니다. 주의 이름으로 영접하라는 말씀은 예수님처럼 대하라는 말씀입니다. 바로 여기에 천국의 비밀이 숨겨져 있습니다.

자식들은 부모를 대할 때 하나님처럼 대해야 합니다. 하나님을 대신한 존재가 어버이기 때문에 그렇습니다. 부모는 자식을 천사처럼 대해야 합니다. 남편이 아내를 천사처럼 대해야 합니다. 아내는 남편을 주님처럼 섬겨야 합니다. 목사는 교인을 예수님처럼 섬겨야 합니다. 교인은 목사를 주님처럼 대해야 합니다. 이 비밀을 깨닫지 못하기 때문에 서로가 서로에게 실망하고 상처를 줍니다. 이러한 삶을 사는 방법은 죄를 해결하는 방법인 '용서'입니다. 천국을 소유하시길 바랍니다. 할렐루야! 아멘!

적용과 나눔
오늘 가르침에서 새롭게 깨달은 것 중 개인적으로 적용하여 실천하고자 하는 것을 기록한 후 서로 나누어 봅시다.

기도
성령님의 능력으로 감당하도록 간절히 부르짖고 기도합시다.

제19장 | 마태복음 19장 강론

사람이 그 아내를 버리는 것이 옳으니이까

> 마태복음 19:1-30
> 새찬송가 200, 205, 285, 445, 604, 605장

■ **마태복음 19장 주제: 천국 시민의 생활 규범과 영생의 조건**

■ **마태복음 19장의 구조와 내용**

마태복음 19장의 구조와 내용은 부부의 법적 관계에 관한 논쟁과 교훈(1-12절)과 어린 아이를 용납하심(13-15절)과 영생의 조건(16-22절), 그리고 부자와 천국(23-30절)입니다.

본 장에서 다루는 문제들은 모두 그때나 지금이나 만인이 관심을 기울이는 주제입니다. 그러면서도 자칫 잘못 해석하기 쉬운 문제이기도 합니다. 이에 대해 주님은 명쾌한 해석과 기준을 제시해 주셨습니다.

먼저 이혼은 배우자의 부정 이외의 경우에는 합리화될 수 없다고 단언함으로써 결혼 제도의 신성함을 주지시키셨습니다. 그리고 구원은 결코 물질적 소유의 많고 적음에 따라 좌우되지 않음을 교훈하심으로써 돈으로 하나님 나라를 사고자 했던 당시의 일부 그릇된 종교인들, 나아가 현대의 배금주의 풍조에 경종을 울리셨습니다.

여러분, 예수님이 가르친 결혼 제도는 하나님이 세상 만물과 인간을 창조하신 후 직접 세우신 제도입니다. 하나님은 사람을 남자와 여자로 만드시고 직접 주례하시어 그들을 결혼시키셨습니다. 그리고 그들을 축복하시어 "생육하고 번성하여 땅에 충만하라"(창 1:28)라고 말씀하셨습니다.

주 예수님도 이 땅에 오셔서 첫 번째 기적을 행하신 곳이 가나 혼인 잔치였습니다. 사도 바울은 결혼으로 예수 그리스도와 교회가 연합하는 관계를 설명하여 오묘한 진리를 깨우쳐 줍니다(엡 5:31-32). 부부 관계는 다름 아닌 교회와 예수 그리스도의 관계와 같다는 것입니다.

"아내들이여 자기 남편에게 복종하기를 주께 하듯 하라 이는 남편이 아내의 머리됨이 그리스도께서 교회의 머리됨과 같음이니"(엡 5:22-23).

우리 성도생활의 첫 번째 준칙은 하나님 말씀에 무조건 순종하는 것입니다. 예수님은 교회를 위하여 자기 몸을 주기까지 사랑하셨습니다. 그것은 남편이 어떻게 아내를 사랑해야 하는지를 가르쳐 줍니다.

"남편들아 아내 사랑하기를 그리스도께서 교회를 사랑하시고 위하여 자신을 주심 같이 하라"(엡 5:25).

결혼은 하나님이 만드셨습니다. 그러므로 결혼은 하나님의 복을 받아야 마땅합니다. 결혼의 열매는 자녀입니다. 예수님이 어린 아이들이 오는 것을 금하지 말라고 하시면서 아이들을 축복하신 것은 결혼을 인정하시고 복을 주신다는 뜻입니다. 그 결혼을 통해서 하나님은 자기 백성을 이 땅에 보내시고 번성케 하십니다. 그러므로 부모는 자녀들을 하나님의 신실한 백성으로 잘 양육해야 할 의무를 갖게 됩니다.

부모들은 자녀들을 통해서 자기 꿈을 이루려고 하는 경우가 많습니다. 또 사회에 나가 훌륭한 시민으로 성장하기를 원합니다. 부모로서 당연한 일입니다. 그러나 우리가 잊지 말아야 할 또 하나의 사실은 이 자녀들을 통해서 하나님의 꿈을 이루어드리도록 키워야 한다는 것입니다. 우리 자녀들이 성장해서 하나님 나라의 훌륭한 백성이 되도록 양육하는 것이 더 중요한 임무인 것입니다. 이처럼 가정생활에서도 자기를 부인하고 하나님의 말씀에 순종하는 것이 필요합니다. 가정은 하나님의 은총의 소산입니다.

오늘 본문에 바리새인들은 참으로 한심하기 짝이 없는 사람들이었습니다. 성경 어디를 보아도 그들은 예수님께 나올 때 예수님께 은혜 받기 위해 나왔다는 말이 없습니다. 그들이 예수님께 나온 동기는 예수님을 시험하기 위해서였다고 말합니다.

■ 마태복음 19장 주요 메시지

마태복음 19:3-12에서 "사람이 그 아내를 버리는 것이 옳으니이까"(3절)

에 예수님께서 다음과 같이 가르치십니다.

① 사람을 지으신 이가 본래 남자와 여자를 지으셨습니다(4절).
② 사람이 그 부모를 떠나서 아내에게 합할 때, 둘이 한 몸이 되었습니다(5절).
③ 둘이 아니요 한 몸이니 하나님이 짝 지어 주신 것을 사람이 나누지 못합니다(6절).

마태복음 19:13-15에서 예수님은 하나님이 짝 지어 주신 자들이 낳은, 결혼의 열매인 어린 아이들을 귀하게 여기시며, 어린 아이들에 대하여 다음과 같이 말씀하시고 대하셨습니다.

① 어린 아이들을 용납하고 금하지 말아야 합니다(14절).
② 천국은 이런 사람들의 것입니다(14절).
③ 어린 아이들을 안수해 주셨습니다(15절).

결혼 제도의 신성함으로 가정 행복을 가르치시는 예수님은 마태복음 19:16-30에서 "선생님이여 내가 무슨 선한 일을 하여야 영생을 얻으리이까"(16절)라는 질문에 천국 생명을 소유하여 영원한 행복을 누리는 비결을 가르쳐 주십니다.

① 계명들을 지켜야 합니다(17-19절).
"17 예수께서 이르시되 어찌하여 선한 일을 내게 묻느냐 선한 이는 오직 한 분이시니라 네가 생명에 들어가려면 계명들을 지키라 18 이르되 어느 계명이오니이까 예수께서 이르시되 살인하지 말라, 간음하지 말라, 도둑질하지 말라, 거짓 증언 하지 말라, 19 네 부모를 공경하라, 네 이웃을 네 자신과 같이 사랑하라 하신 것이니라'(17-19절).
② 하늘에서 자신의 보화가 있게 해야 합니다(20-21절).
"20 그 청년이 이르되 이 모든 것을 내가 지키었사온대 아직도 무엇이 부족하니이까 21 예수께서 이르시되 네가 온전하고자 할진대 가서 네 소유를 팔아 가난한 자들에게 주라 그리하면 하늘에서 보화가 네게 있으리라 그리고 와서 나를 따르라 하시니"(20-21절).

③ 하나님은 다 하실 수 있음을 믿고 예수님을 따라야 합니다(22-26절).
"22 그 청년이 재물이 많으므로 이 말씀을 듣고 근심하며 가니라 23 예수께서 제자들에게 이르시되 내가 진실로 너희에게 이르노니 부자는 천국에 들어가기가 어려우니라 24 다시 너희에게 말하노니 낙타가 바늘귀로 들어가는 것이 부자가 하나님의 나라에 들어가는 것보다 쉬우니라 하시니 25 제자들이 듣고 몹시 놀라 이르되 그렇다면 누가 구원을 얻을 수 있으리이까 26 예수께서 그들을 보시며 이르시되 사람으로는 할 수 없으나 하나님으로서는 다 하실 수 있느니라"(22-26절).

④ 예수님 이름을 위하여 집이나, 형제나, 자매나, 부모나, 자식이나 전토를 버려야 합니다(27-30절).
"27 이에 베드로가 대답하여 이르되 보소서 우리가 모든 것을 버리고 주를 따랐사온대 그런즉 우리가 무엇을 얻으리이까 28 예수께서 이르시되 내가 진실로 너희에게 이르노니 세상이 새롭게 되어 인자가 자기 영광의 보좌에 앉을 때에 나를 따르는 너희도 열두 보좌에 앉아 이스라엘 열두 지파를 심판하리라 29 또 내 이름을 위하여 집이나 형제나 자매나 부모나 자식이나전토를 버린 자마다 여러 배를 받고 또 영생을 상속하리라 30 그러나 먼저 된 자로서 나중 되고 나중 된 자로서 먼저 될 자가 많으니라"(27-30절).

이 말씀대로 가정 행복과 천국 행복을 누리시기 바랍니다.

결론

여러분, "사람이 그 아내를 버리는 것이 옳으니이까?"라는 바리새인들의 질문에 예수님은 성경의 원리대로 살라고 가르쳐 주십니다.
여러분, 펄 벅(Pearl S. Buck) 여사의 어머니가 아이들에게 자주 암송시킨 성경 말씀은 시편 84:5-6이었다고 합니다.
"5 주께 힘을 얻고 그 마음에 시온의 대로가 있는 자는 복이 있나이다 6 그들이 눈물 골짜기로 지나갈 때에 그 곳에 많은 샘이 있을 것이며 이른 비가 복을 채워 주나이다"(시 84:5-6).
과연, 그 어머니는 눈물의 골짜기 같은 그 환경에서도 시온의 대로 같은 믿음대로 그 가정을 다스린 결과, 선교의 큰 열매를 맺을 뿐 아니라,

보너스로 위대한 펄 벅 여사 같은 인물을 그 가정에서 배출하도록 하나님이 복을 주신 것입니다. 할렐루야! 아멘!

적용과 나눔
오늘 가르침에서 새롭게 깨달은 것 중 개인적으로 적용하여 실천하고자 하는 것을 기록한 후 서로 나누어 봅시다.

기도
성령님의 능력으로 감당하도록 간절히 부르짖고 기도합시다.

제20장 | 마태복음 20장 강론

천국은 마치 포도원 주인과 같습니다

> 마태복음 20:1-34
> 새찬송가 200, 205, 285, 445장

■ **마태복음 20장 주제: 천국의 실상에 관한 교훈**

■ **마태복음 20장의 구조와 내용**

　마태복음 20장의 구조와 포도원 품꾼의 비유(1-16절), 예수님의 세 번째 수난 예고(17-19절), 세베대의 두 아들 야심(20-28절), 두 소경을 치유하심(29-34절)으로 구성되었습니다.
　먼저 포도원 품꾼 비유는 13장에서 나타난 일곱 가지 천국 비유의 연장선상에서 이해될 수 있습니다. 그러나 그 의도나 주제는 앞의 비유들과 사뭇 다릅니다. 즉 여기서 주님은 제자들의 공로 지향적인 태도를 경계하시고 주의 나라의 상급은 우리가 헌신한 시간의 길이나 양에 의해 결정 나는 것이 아니라 하나님의 주권적인 결정에 의해 판가름 남을 역설하셨습니다. 한편 17-28절까지는 제3차 수난 예고와 이에 대한 제자들의 반응을 다루고 있습니다. 말미에 나오는 두 맹인 치유 사건은 수난을 목전에 둔 시점까지 인류의 질고를 담당하시는 주의 긍휼과 헌신을 뚜렷이 보여 줍니다.
　예수님은 천국의 원리를 설명하기 위해 비유로 말씀하십니다. 비유는 영적 진리를 보다 쉽게 설명하기 위해서 사용합니다. 포도원 주인은 청지기를 보내어 각기 다른 시간에 총 5회에 걸쳐서 한 데나리온의 일당을 계약하고 포도원 일꾼들을 고용합니다. 이른 아침, 오전 9시, 정오, 오후 3시 그리고 오후 5시까지도 장터에 나가서 품꾼을 구합니다.

일을 마치고 품삯을 지불하는데 주인은 청지기에게 나중에 온 품꾼의 순서대로 임금을 지급하라고 합니다. 오후 5시에 온 일꾼들이 품삯으로 한 데나리온을 받는 것을 보고 먼저 온 사람들은 더 많은 삯을 받을 줄 기대하고 있었습니다. 그러나 주인은 그들에게도 동일하게 한 데나리온을 지불합니다. 그래서 먼저 온 사람들은 늦게 들어와서 한 시간만 일한 사람들과 하루 종일 더위 속에서 수고한 자기들을 동일하게 취급한다면서 주인을 원망하며 불평합니다.

■ 마태복음 20장 주요 메시지

예수님은 천국은 하나님의 주권적인 결정에 의해 판가름남을 말씀하십니다. 마태복음 20:1-16에서 천국은 마치 포도원 주인과 같다고 가르쳐 주십니다.

"천국은 마치 품꾼을 얻어 포도원에 들여보내려고 이른 아침에 나간 집 주인과 같으니"(1절).

천국은 다음과 같은 곳입니다.

① 약속하여 들여보내는 곳입니다(2-7절).
② 약속한 대로 받는 곳입니다(8-13절).
③ 주인의 뜻대로 선하게 행하는 자가 가는 곳입니다(14-16절).

구원은 오직 하나님의 은혜로 말미암습니다.
본문의 이야기 속에서 보통 상식과 맞지 않는 부분이 무엇입니까?
맨 처음에 온 사람들은 무려 12시간이나 포도원에서 일했습니다. 맨 나중에 온 사람들은 겨우 1시간 일했습니다. 그런데 어떻게 모든 사람들을 일괄적으로 한 데나리온씩 줄 수 있습니까. 너무 불공평합니다. 그래서 그들은 불평합니다.

"나중 온 이 사람들은 한 시간만 일하였거늘 저희를 종일 수고와 더위를 견딘 우리와 같게 하였나이다"(12절).

여러분 한번 생각해 보세요.
상식적으로 일한 시간대로 쳐서 삯을 줘야 하지 않습니까?

먼저 온 사람들이 불평하며 볼멘소리를 하는 게 당연합니다. 우리도 그들의 입장이었다면 당연히 그랬을 것이라 생각됩니다.

그러나 주인은 정색을 하며 뭐라고 말합니까?

"13 친구여 내가 네게 잘못한 것이 없노라 네가 나와 한 데나리온의 약속을 하지 아니하였느냐 14 네 것이나 가지고 가라 나중 온 이 사람에게 너와 같이 주는 것이 내 뜻이니라 15 내 것을 가지고 내 뜻대로 할 것이 아니냐 내가 선하므로 네가 악하게 보느냐"(13-15절).

그렇게 하는 것은 주인의 '주권적 뜻'이라는 겁니다. 따지고 보면, 당시 상황으로 보건대 일찍 온 사람들이나 늦게 온 사람들이나 사실 주인이 품꾼으로 고용해 준 것 자체가 은혜입니다.

아무 공로 없이 단지 예수님의 십자가 대속을 믿음으로 죄와 사망에서 구원을 받았습니다. 영생을 얻었습니다. 당시에 이 말씀을 듣고 있던 제자들이나 유대인들은 '공로 구원 교리'에 찌들어 있었습니다. 그래서 무언가 선행을 하고, 무언가 공적을 세워야 구원을 받을 줄로 알았습니다. 이런 생각은 모든 인간이 공통적으로 갖고 있는 사상입니다. 불교도 유교도 세상의 모든 종교가 사실은 그런 사상을 담고 있습니다.

그러나 성경은 무엇을 말씀합니까?

인간은 죄인이라는 겁니다. 그러므로 인간이 제아무리 선을 행하려 해도 그것으로 구원 받을 수 없다는 겁니다. 따라서 인간끼리 비교하면 크고 작고 선하고 악하다고 구분이 될지 모르지만 하나님이 보시기에는 '그게 그거'라는 겁니다.

그러므로 우리는 예수님의 공로가 없으면 절대로 죄에서 구원 받을 수 없고, 천국에 들어갈 수 없습니다. 오직 우리는 십자가 대속의 공로를 믿음으로 구원 받아 천국에 들어갈 수 있습니다. 인간의 조건이나 공로는 아무것도 아닙니다. 이것이 곧 '은혜의 법칙'입니다.

"8 너희는 그 은혜에 의하여 믿음으로 말미암아 구원을 받았으니 이것은 너희에게서 난 것이 아니요 하나님의 선물이라 9 행위에서 난 것이 아니니 이는 누구든지 자랑하지 못하게 함이라"(엡 2:8-9).

여러분, 은혜의 법칙 때문입니다. 우리 인간이 구원을 위해서 할 수 있는 것은 오직 한 가지 '믿음'뿐입니다. 이런 은혜의 법칙을 가장 분명하게 보여 주는 예가 성경에 나옵니다. 십자가에 달린 한 강도의 이야기입니다.

그는 평생 죄만 짓다가 마지막 회개하고 예수님을 믿었습니다.

그러나 그가 어떻게 됩니까?

"42 이르되 예수여 당신의 나라에 임하실 때에 나를 기억하소서 하니 43 예수께서 이르시되 내가 진실로 네게 이르노니 오늘 네가 나와 함께 낙원에 있으리라 하시니라"(눅 23:42-43).

마지막 순간 믿었지만 예수님의 육성으로 직접 구원을 보장받았습니다. 그는 분명 천국에 들어간 것입니다. 아슬아슬한 구원입니다. 마감 시간 직전에 천국에 들어간 케이스입니다. 정말 너무 너무 감사한 일입니다.

그 강도가 천국에 들어가서 얼마나 감격스러웠을까요?

"하마터면 큰일 날 뻔했네~" 하면서 말입니다.

예수님이 제자들에게 죽음과 부활을 가르치실 때에 다음과 같은 일이 있었습니다.

"20 그 때에 세베대의 아들의 어머니가 그 아들들을 데리고 예수께 와서 절하며 무엇을 구하니 21 예수께서 이르시되 무엇을 원하느냐 이르되 나의 이 두 아들을 주의 나라에서 하나는 주의 우편에, 하나는 주의 좌편에 앉게 명하소서 22 예수께서 대답하여 이르시되 너희는 너희가 구하는 것을 알지 못하는도다 내가 마시려는 잔을 너희가 마실 수 있느냐 그들이 말하되 할 수 있나이다"(20-22절).

마태복음 20:20-28에서 예수님은 "아버지께서 예비하신 것을 얻을 것"에 대해 가르치십니다.

"이르시되 너희가 과연 내 잔을 마시려니와 내 좌우편에 앉는 것은 내가 주는 것이 아니라 내 아버지께서 누구를 위하여 예비하셨든지 그들이 얻을 것이니라"(23절).

천국에서 아버지께서 예비하신 것을 얻는 그 비결은 다음과 같습니다.

① 예수님께서 마시려는 잔을 마셔야 합니다(22절).
② 섬기는 자가 되고 종이 되어야 합니다(25-28절).
③ 예수님이 자기 목숨을 많은 사람의 대속물로 주셨으며, 그 대속을 받아야 함을 믿어야 합니다(28절).

결론

여러분, 천국은 마치 포도원 주인과 같습니다. 오늘 포도원 품꾼 비유를 통해서 오직 하나님의 은혜로 구원받은 것을 다시 한 번 기억하며 평생 뜨거운 감격으로 살아가기 바랍니다. 그리고 인생의 마감 시간이 올 때까지 최선을 다해 끝까지 충성을 다하시기 바랍니다. 그래서 이 땅에 사는 동안 복을 누리고, 이 세상 떠날 때 천국에서 아버지께서 예비하신 것을 얻어 영원한 상급을 얻는 여러분이 다 되시기를 바랍니다.
할렐루야! 아멘!

적용과 나눔

오늘 가르침에서 새롭게 깨달은 것 중 개인적으로 적용하여 실천하고자 하는 것을 기록한 후 서로 나누어 봅시다.

기도

성령님의 능력으로 감당하도록 간절히 부르짖고 기도합시다.

제21장 | 마태복음 21장 강론

예수님은 왕이십니다

> 마태복음 21:1-46
> 새찬송가 141, 142, 200, 205, 285, 445장

■ **마태복음 21장 주제: 예루살렘에 당도하신 예수님**

■ **마태복음 21장의 구조와 내용**

　마태복음 21장의 구조와 내용은 예루살렘 입성(1-11절)과 성전 숙정(肅正) 및 무화과나무에 대한 저주(12-22절)와 예수의 권위에 대한 논쟁과 두 아들의 비유(23-32절)와 악한 농부의 비유(33-46절)입니다.

　바야흐로 예수님은 예루살렘으로 입성하셨습니다(1-11절). 물론 이전에도 몇 차례 예루살렘을 방문하신 적이 있지만 이번의 방문은 그 의미와 중요성에 있어서 이전과 비할 바가 못 됩니다. 즉 본문의 예루살렘 입성은 대적자들의 본거지를 정면 돌파해 들어가시는 것으로서 만왕의 왕이신 주의 영광을 역력히 드러냅니다. 이것은 부활 후 취하실 영화의 전조이기도 합니다.

　마태는 이 사건 이후에 바로 예수님의 권위에 대한 종교 지도자들의 논박(23-27절)과 두 아들과 불의한 농부 비유(28-46절)를 배열하여 영광의 주를 죽이고자 하는 불의의 음모가 한층 더 치열해지고 있음을 암시했습니다.

　예수님께서 어린 나귀에 올라 타셨습니다. 그리고 천천히 앞으로 나아가셨습니다. 그러자 제자들은 스가랴 선지자의 예언이 생각났습니다.

　"시온의 딸아 크게 기뻐할지어다 예루살렘의 딸아 즐거이 부를지어다

보라 네 왕이 네게 임하시나니 그는 공의로우시며 구원을 베푸시며 겸손하여서 나귀를 타시나니 나귀의 작은 것 곧 나귀 새끼니라"(슥 9:9).

그러자 비로소 예수님이 이스라엘이 천 년 동안 기다리던, 하나님이 보내신 특별한 왕으로 보이기 시작했습니다. 언제나 남루한 옷차림으로 낮은 곳을 골라 낡은 샌들을 신고 발바닥에 굳은살이 박이도록 걸어 다니는 초라한 청년이 아닌 하나님의 아들 예수, 만왕의 왕 예수로 보이기 시작한 것입니다. 제자들은 누가 시킨 것도 아닌데 누가 먼저랄 것도 없이 예수님의 뒤를 따르며 외쳤습니다.

"호산나 다윗의 자손이여, 찬송하리로다 주의 이름으로 오시는 이여! 가장 높은 곳에서 호산나!"(9절).

그러자 수많은 무리들이 몰려들었습니다. 어떤 이는 겉옷을 벗어 예수께서 타신 나귀새끼가 지나는 길에 깔았습니다. 어떤 이는 종려나뭇가지를 꺾어 길에 깔았습니다. 어떤 이는 앞장을 서며 외쳤습니다.

"왕이 나가신다. 길을 열어라."

어떤 이는 뒤에서 따르며 외쳤습니다.

"호산나 찬송을 받으실 주의 이름으로 오시는 위대한 왕이시여!"

그렇게 예수님이 예루살렘에 입성을 하시자 온 성에 큰 소동이 일어났습니다. 사람들이 소란한 소리에 놀라 튀어 나왔습니다. 그리고 이상한 행렬을 보며 서로 물었습니다.

"아니 이게 무슨 일이냐?"

"도대체 나귀를 타신 저분은 누구냐?"

종려나뭇가지를 흔들며 예수님을 따르며 지나는 사람이 대답했습니다.

"갈릴리 나사렛에서 나온 선지자 예수랍니다."

"그런데 왜 나귀를 타고 갑니까?"

"당신은 스가랴 선지자를 통해 하나님이 말씀하신 예언을 모르시오? 저분은 하나님이 이스라엘에 오래 전부터 약속하신, 우리가 기다리던 다윗의 뒤를 이은 왕이랍니다. 그래서 나귀를 타신 것입니다."

그 말을 듣고 사람들이 고개를 끄덕였습니다. 그리고는 함께 왕이신 주님을 따르기 시작했습니다. 함께 환호하며 왕 되신 주님을 향해 종려나뭇가지를 흔들었습니다.

그렇다면, 예수님께서 왜 나귀를 타시고 예루살렘 성에 들어오셨을까요?

4-5절 말씀대로 예언의 성취를 위해서입니다. 왕 중의 왕이심을 만방에 알리기 위함이며, 왕이신 예수님이 멍에를 메기 위해 위함입니다. 종려주일의 가장 큰 의미는 예수님이 왕이라는 것입니다.

■ 마태복음 21장 주요 메시지

예수님은 완벽한 왕이십니다. 위대한 왕, 왕 중의 왕이십니다.
마태복음 21:1-11에서 예수님은 자신이 왕이라고 하십니다.
"시온 딸에게 이르기를 네 왕이 네게 임하나니 그는 겸손하여 나귀, 곧 멍에 메는 짐승의 새끼를 탔도다 하라 하였느니라"(5절).
예수님은 다음과 같은 왕이십니다.

① 겸손하신 왕(5-8절).
② 다윗의 왕으로 오신 왕(9절).
  "앞에서 가고 뒤에서 따르는 무리가 소리 높여 이르되 호산나 다윗의 자손이여 찬송하리로다 주의 이름으로 오시는 이여 가장 높은 곳에서 호산나 하더라"(9절).
③ 선지자가 되시는 왕(11절).
  "무리가 이르되 갈릴리 나사렛에서 나온 선지자 예수라 하니라"(11절).

왕이신 예수께서 성전에 들어 가사 성전 안에서 매매하는 모든 사람들을 내쫓으시며 돈 바꾸는 사람들의 상과 비둘기파는 사람들의 의자를 둘러엎으시고 그들에게 다음과 같이 말씀하셨습니다.
"기록된 바 내 집은 기도하는 집이라 일컬음을 받으리라 하였거늘 너희는 강도의 소굴을 만드는 도다"(13절).
왕이신 예수님은 마태복음 21:12-17에서 "내 집은 기도하는 집"이라고 하시는데, 그 기도하는 집은 다음과 같습니다.

① 고쳐 주시는 집입니다(14절).
  "맹인과 저는 자들이 성전에서 예수께 나아오매 고쳐 주시니"(14절).
② 예수님께서 일하시는 집입니다(15절).
③ 찬미하는 집입니다(15-16절).

기도하는 집을 가르쳐 주신, 왕이신 예수님이 이른 아침에 성으로 들어오실 때에 시장하실 때, 길 가에서 한 무화과나무를 보시고 그리로 가셨는데, 잎사귀 밖에 아무것도 찾지 못하시자 나무에게 다음과 같이 말씀하셨습니다.

"이제부터 영원토록 네가 열매를 맺지 못하리라"(19절).

그러자 무화과나무가 곧 말랐습니다. 제자들이 보고 이상히 여겨 다음과 같이 말했습니다.

"무화과나무가 어찌하여 곧 말랐나이까?"(20절)

그러자 예수께서 다음과 같이 말씀하셨습니다.

"21 내가 진실로 너희에게 이르노니 만일 너희가 믿음이 있고 의심하지 아니하면 이 무화과나무에게 된 이런 일만 할 뿐 아니라 이 산더러 들려 바다에 던져지라 하여도 될 것이요 22 너희가 기도할 때에 무엇이든지 믿고 구하는 것은 다 받으리라"(21-22절).

마태복음 21:18-23에서 예수님은 열매를 원하시며, 열매 맺는 방법을 가르쳐 주십니다. 열매 맺는 방법은 다음과 같습니다.

① 믿음이 있어야 합니다(21절).
② 믿고 의심하지 말아야 합니다(21절).
③ 기도할 때에 무엇이든지 믿고 구하는 것은 다 받으리라고 가르쳐 주십니다(22절).

예수님은 열매를 원하심을 보여 주시고 열매 맺는 방법을 가르쳐 주신 예수님은 마태복음 21:23-32에서 하나님의 나라에 들어가는 방법도 가르쳐 주시는데, 다음과 같습니다.

① 예수님의 가르치심을 믿어야 합니다(23-27절).
② 아버지의 뜻대로 행해야 합니다(28-31절).
③ 뉘우치고 믿어야 합니다(32절).
"요한이 의의 도로 너희에게 왔거늘 너희는 그를 믿지 아니하였으되 세리와 창녀는 믿었으며 너희는 이것을 보고도 끝내 뉘우쳐 믿지 아니하였도다"(32절).

왕이신 예수님은 열매를 원하심을 보여 주시고, 열매 맺는 방법을 가르쳐 주시며, 하나님의 나라에 들어가는 방법을 가르쳐 주시고, 마태복음 21:33-46에서 하나님 나라를 빼앗기지 말라고 하십니다. 하나님 나라를 빼앗기는 자들은 다음과 같습니다.

① 악한 자들입니다(33-41절).
② 제 때에 열매를 바치지 못한 자들입니다(41절).
③ 그 나라의 열매를 맺지 못한 백성입니다(43절).
 "그러므로 내가 너희에게 이르노니 하나님의 나라를 너희는 빼앗기고 그 나라의 열매 맺는 백성이 받으리라"(43절).

결론

여러분, 예수님은 왕이십니다. 우리가 예수님을 왕으로 인정한다면 우리는 그분의 백성이요 그분의 신하입니다. 따라서 그분께 충성을 다해야 합니다. 그분의 명령에 절대 복종해야 합니다. 왕의 유익을 나의 유익보다 앞세워야하며 왕을 위해서라면 목숨도 바칠 수 있어야 합니다. 그렇지 않으면 배신입니다. 만왕의 왕이신 예수님을 왕으로 모셔 천국 백성으로 사시기 바랍니다. 할렐루야! 아멘!

적용과 나눔

오늘 가르침에서 새롭게 깨달은 것 중 개인적으로 적용하여 실천하고자 하는 것을 기록한 후 서로 나누어 봅시다.

기도

성령님의 능력으로 감당하도록 간절히 부르짖고 기도합시다.

제22장 | 마태복음 22장 강론

천국 혼인 잔치를 베푸셨습니다

> 마태복음 22:1-46
> 새찬송가 200, 205, 285, 445장

■ 마태복음 22장 주제: 혼인 잔치 비유와 사두개인들과의 논쟁

■ 마태복음 22장의 구조와 내용

마태복음 22장의 구조와 내용은 혼인 잔치의 비유(1-14절)와 납세에 관한 질문(15-22절), 부활에 관한 질문(23-33절)과 가장 큰 계명(34-40절), 그리고 다윗의 주(主)이신 그리스도(41-46절)입니다.

혼인 잔치 비유는 지속적으로 하나님의 나라를 거부해 온 유대 민족의 역사와 당시의 유대인에 대한 경고를 담고 있습니다. 네 가지 논쟁은 당시의 종교 지도자들과 예수님 사이에 벌어진 것이며, 예수님은 각각의 질문에 대해 유연하고도 명확하게 대답하심으로 사악한 자들의 의도를 무력화시키셨습니다. 특히 맨 마지막의 논쟁은 예수님이 먼저 문제를 제기하여 자신의 선재성을 확증함으로써 그리스도를 한 인간으로 격하시키려는 시도를 차단하셨습니다.

예수께서 말씀하신 천국 잔치와 그 잔칫집에로의 초청은 하나님께서 죄인 된 인류에게 나타내는 구원 운동을 계시하는 비유입니다. 그것은 마치 왕자를 위한 왕의 잔칫집과 같은 것이라고 말씀하시고, 하나님이 죄인을 찾아 구원하시는 일임을 의미하셨습니다.

■ 마태복음 22장 주요 메시지

마태복음 22:1-14에서 예수님은 천국 혼인 잔치 베푸심을 가르쳐 주십니다. 천국 혼인 잔치에 초청할 때 4종류의 사람들이 초청을 받습니다.

① 오기를 싫어하는 자들이라고 이는 게으른 자입니다(3절).
② 돌아 보지 않는 자들입니다(무관심, 육신적 쾌락이나 생계에 연연하느라 가장 중요한 생명을 상실한 경우, 4-5절).
"4 다시 다른 종들을 보내며 이르되 청한 사람들에게 이르기를 내가 오찬을 준비하되 나의 소와 살진 짐승을 잡고 모든 것을 갖추었으니 혼인 잔치에 오소서 하라 하였더니 5 그들이 돌아 보지도 않고 한 사람은 자기 밭으로, 한 사람은 자기 사업하러 가고"(4-5절).
③ 초청한 자들을 모욕하고 죽이는 자들입니다(악으로 선을 갚고, 은혜를 원수로 갚는 악인의 삶, 6-7절).
"6 그 남은 자들은 종들을 잡아 모욕하고 죽이니 7 임금이 노하여 군대를 보내어 그 살인한 자들을 진멸하고 그 동네를 불사르고"(6-7절).
④ 예복을 입지 않고 들어오는 자들입니다(8-13절).
"11 임금이 손님들을 보러 들어올새 거기서 예복을 입지 않은 한 사람을 보고 12 이르되 친구여 어찌하여 예복을 입지 않고 여기 들어왔느냐 하니 그가 아무 말도 못하거늘 13 임금이 사환들에게 말하되 그 손발을 묶어 바깥 어두운 데에 내던지라 거기서 슬피 울며 이를 갈게 되리라 하니라"(11-13절).

이 말씀대로 신앙의 예복이 필요합니다. 신자를 가장하여 예수님과 상관없는 사이비 성도가 있습니다. 그 어떤 형태로든 거부하는 자들에게는 그 책임이 필연적으로 돌아가게 된다는 말씀입니다. 로마서 1:20에서 "그들이 핑계하지 못할지니라"라고 말씀합니다.
예수님께서 다음과 같이 말씀하셨습니다.
"청함을 받은 자는 많되 택함을 입은 자는 적으니라"(14절).
이에 바리새인들이 가서 어떻게 하면 예수를 말의 올무에 걸리게 할까 상의하고 자기 제자들을 헤롯 당원들과 함께 예수께 보내어 다음과 같이 말합니다.

"16 … 선생님이여 우리가 아노니 당신은 참되시고 진리로 하나님의 도를 가르치시며 아무도 꺼리는 일이 없으시니 이는 사람을 외모로 보지 아니하심이니이다 17 그러면 당신의 생각에는 어떠한지 우리에게 이르소서. 가이사에게 세금을 바치는 것이 옳으니이까? 옳지 아니하니이까?"(16-17)

예수께서 그들의 악함을 아시고 다음과 같이 대답하셨습니다.

"외식하는 자들아 어찌하여 나를 시험하느냐? 세금 낼 돈을 내게 보이라"(18-19절).

그러자 그들이 데나리온 하나를 가져왔습니다. 예수께서 다음과 같이 말씀하셨습니다.

"이 형상과 이 글이 누구의 것이냐?"(20절)

그러자 그들은 다음과 같이 대답했습니다.

"가이사의 것이니이다"(21절).

이에 예수님께서 다음과 같이 말씀하셨습니다.

"그런즉 가이사의 것은 가이사에게, 하나님의 것은 하나님께 바치라"(21절).

그들이 이 말씀을 듣고 놀랍게 여겨 예수님을 떠나갔습니다.

천국 혼인 잔치 베푸심을 가르쳐 주신 예수님은 마태복음 22:23-33에서 사두개인들이 오해하는 부분을 가르쳐 주십니다.

"23 부활이 없다 하는 사두개인들이 그 날 예수께 와서 물어 이르되 … 29 예수께서 대답하여 이르시되 너희가 성경도, 하나님의 능력도 알지 못하는 고로 오해하였도다"(23, 29절).

사두개인들이 오해한 이유는 다음과 같습니다.

① 성경을 알지 못하는 고로 오해했습니다(29절).
② 하나님의 능력을 알지 못하는 고로 오해했습니다(29절).
③ 부활 때를 알지 못하는 고로 오해했습니다(30-32절).

"30 부활 때에는 장가도 아니 가고 시집도 아니 가고 하늘에 있는 천사들과 같으니라 31 죽은 자의 부활을 논할진대 하나님이 너희에게 말씀하신 바 32 나는 아브라함의 하나님이요 이삭의 하나님이요 야곱의 하나님이로라 하신 것을 읽어 보지 못하였느냐 하나님은 죽은 자의 하나님이 아니요 살아 있는 자의 하나님이시니라 하시니"(31-32절).

무리가 이 말씀을 듣고 예수님의 가르치심에 놀랐습니다(33절). 사두개인들이 KO를 당한 것입니다. 예수님은 십자가에서 죽으시고 사흘 만에 부활하시겠다고 말씀하시던 차였습니다. 사두개인들이야 예수를 넘어뜨릴 소재로 부활을 선택하였고 부활은 없다고 주장했지만, 예수님으로서는 부활에 대해 분명하게 가르치실 기회가 되었습니다. 제자들에게는 예수님의 부활을 기대하고 준비하라는 메시지가 되었을 것입니다.

여러분, 우리의 육체는 늙고 병들기도 하고, 결국은 죽게 될 것입니다. 그러나 한 번 죽는 것은 사람에게 정해진 것이요 그 후에는 심판이 있습니다(히 9:27). 그래서 의인은 생명의 부활로, 악인은 심판의 부활로 나올 것입니다(요 5:29). 욥이 극심한 고통을 견딜 수 있었던 것도 부활의 신앙 때문이었습니다(욥 19:25-26). 예수님은 우리에게 이렇게 약속해 주셨습니다.

"25 나는 부활이요 생명이니 나를 믿는 자는 죽어도 살겠고 26 무릇 살아서 나를 믿는 자는 영원히 죽지 아니하리니 이것을 네가 믿느냐?"(요 11:25-26)

부활이요 생명이신 예수님 안에 있는 여러분에게 이 부활의 소망이 충만하시기 바랍니다.

예수께서 사두개인들로 대답할 수 없게 하셨다 함을 바리새인들이 듣고 모였는데 그중의 한 율법사가 예수를 시험하여 "선생님, 율법 중에서 어느 계명이 크니이까?"라는 묻는 내용이 마태복음 22:34-40에서 나옵니다.

그 질문에 대하여 예수님께서 다음과 같이 명쾌하고 분명하게 가르쳐 주십니다.

① 하나님을 사랑하는 것입니다(37-38절).
"37 예수께서 이르시되 네 마음을 다하고 목숨을 다하고 뜻을 다하여 주 너의 하나님을 사랑하라 하셨으니 38 이것이 크고 첫째 되는 계명이요"(37-38절).
② 이웃을 자신같이 사랑하는 것입니다(39-40절).
"39 둘째도 그와 같으니 네 이웃을 네 자신 같이 사랑하라 하셨으니 40 두 계명이 온 율법과 선지자의 강령이니라"(39-40절).

결론

여러분, 예수님께서 천국 혼인 잔치를 베푸셨습니다. 예수님께서 우리를 불러 주시고 천국의 소유권을 주시며 옛 생활을 벗어버리라고 하십니다. 즉 과거와 단절하라는 것입니다. 하나님의 옷을 입으라는 것입니다. 그렇지 아니하면 이와 같이 내어 쫓길 것입니다.

여러분, 천국은 공짜로 가는 곳이 아닙니다. 마땅한 대가를 지불해야 가는 곳입니다. 예수님께서 우리를 위해 대가를 지불하셨습니다. 독생자 예수 그리스도께서 십자가에 못 박혀 죽으신 것입니다. 예수님의 보혈로 우리의 모든 죄가 씻겨 주십니다. 그 은혜, 사랑을 깨닫는다면 우리가 예수님께 보답할 것은 주님의 말씀과 믿음으로 우리의 속사람을 날마다 새롭게 하는 것입니다.

천국 혼인 잔치를 비유로 가르치신 예수님은 사두개인들이 부활에 대하여 오해하고 있는 것을 교정하여 가르쳐 주시고 율법 중에서 가장 큰 계명을 가르쳐 주셨습니다. 여러분, 예수님으로 말미암아 천국과 부활의 복을 주신 하나님을 사랑하고 이웃을 사랑하시기 바랍니다.

할렐루야! 아멘!

적용과 나눔

오늘 가르침에서 새롭게 깨달은 것 중 개인적으로 적용하여 실천하고자 하는 것을 기록한 후 서로 나누어 봅시다.

기도

성령님의 능력으로 감당하도록 간절히 부르짖고 기도합시다.

제23장 | 마태복음 23장 강론

서기관들과 바리새인들이 하는 행위를 본받지 말라

> 마태복음 23:1-39
> 새찬송가 200, 205, 285, 445, 500, 515장

■ **마태복음 23장 주제: 종교 지도자들에 대한 경고**

■ **마태복음 23장의 구조와 내용**

  마태복음 23장의 구조와 내용은 예수님께서 종교 지도자들의 외식을 책망하신 일(1-12절)과 일곱 가지 화(13-36절)와 예루살렘에 대한 애도(37-39절)를 주 내용으로 합니다.
  주님은 때로 사랑과 연민으로 부드럽게 권면하셨습니다. 그러나 종종 불같은 노로 책망하고 경책하셨습니다. 본 장에서는 악과 타협하지 않는 주님의 모습이 잘 그려져 있습니다. 지금까지 우회적으로 적대자를 책망하시던 주님이 여기서는 직설적으로 그들의 죄를 질타하십니다. 서기관과 바리새인들의 그릇된 신앙 행태(1-12절)와 그들의 일곱 가지 죄(16-36절)를 조목조목 지적하여 위선자의 정체를 백일하에 드러내시고 그에 상응할 하나님의 심판을 선포하셨습니다.
  모름지기 악은 그 모든 형태까지도 버려야 한다는 것이 만고의 진리입니다(살전 5:22). 아브라함 링컨은 "어린애를 잘 인도하는 단 한 가지 길이 있다. 그것은 그대가 몸소 그 길로 가는 것이다"라며 모범과 모본의 중요성을 강조했습니다. 해마다 미국 시민들이 가장 존경하는 인물로 링컨을 꼽는 것은 그가 몸소 자신이 인도하고자 하는 그 길로 가며 본받을 만한 삶을

살았기 때문입니다.
　오늘 말씀 마태복음 23장 전체가 예수님께서 바리새인들의 외식과 위선을 지적하고 책망하신 내용입니다. 그 이유는 하나님의 말씀을 가르치는 그들이 마땅히 그 길로 가며 본을 보여 주여야 할 것인데 그러지 못했기 때문입니다. 그래서 예수님은 그들을 꾸짖으시며 무리와 제자들에게 그들을 본받지 말라고 경고하듯 말씀해 주십니다. 예수님의 말씀을 묵상하면서 마음에 새겨듣고, 그 교훈을 본받는 성도가 되어야 한다는 것입니다. 그리고 본받을 만한 성도가 되기 위해서 해야 할 일들을 자성하는 마음으로 되새기곤 해야 합니다.
　유대 역사가인 요세푸스에 의하면 '어떤 사람의 자리에 앉는다'는 것은 '어떤 사람의 권위를 계승한다'는 뜻으로 이해되었다고 합니다. 따라서 서기관들과 바리새인들이 모세의 자리에 앉았다는 것은 그들이 모세의 권위를 계승한 자들이라는 것입니다. 그러므로 예수님이 무리와 제자들에게 서기관들과 바리새인들이 말하는 바는 행하고 지키라고 명하신 것은 그들의 자리의 권위를 존중해야 한다는 것입니다. 아울러 본받을 말한 성도가 되려면 자신의 자리와 권위에 충실해야 한다는 것입니다.
　예수님이 서기관들과 바리새인들이 하는 행위를 본받지 말라고 이유는 다음과 같습니다.
　첫째, 그들은 말만 하고 말한 대로 행하지 않았다는 것입니다. 이를 환언하면 그들은 설교한 대로, 가르친 대로 살지 않았다는 것입니다.
　둘째, 그들은 자신들의 모든 행위를 사람에게 보이고자 하였을 뿐 하나님께 보이고자 하지 않았다는 것입니다. 곧 경문 띠를 넓게 하며 옷 술을 길게 하는 것은 중심을 보시는 하나님 앞에서가 아니라 외모를 보는 사람들에게 보이고자 한 외식과 위선이었을 뿐이라는 것입니다.
　셋째, 잔치의 윗자리와 회당의 높은 자리와 시장에서 문안 받는 것과 랍비라 칭함을 받는 것을 좋아함으로 교만하고 섬김을 받으려는 것을 좋아했다는 것입니다.
　그래서 예수님은 그들이 하는 행위는 본받지 말라고 하신 것입니다. 이는 본받을 만한 성도가 되려면 자신의 언행과 태도에 신실해야 한다는 것입니다.

■ 마태복음 23장 주요 메시지

마태복음 23:1-39에서 예수님은 서기관들과 바리새인들이 하는 행위를 본받지 말라고 하십니다. 본받지 말아야 할 내용은 다음과 같습니다.

① 말만 하고 행하지 않는 것입니다(3절).
② 모든 행위를 사람에게 보이려고 하는 것입니다(5절).
③ 잔치의 윗자리, 회당의 높은 자리, 시장에서 문안 받는 것, 사람에게 랍비라 칭함을 받는 것을 좋아하는 지나친 명예욕입니다(6-7절).

이러한 행위의 이유와 결과를 13절 이하에서 보여 주는데, 그것은 바로 "화 있을진저"입니다. 화가 임하는 이유는 다음과 같습니다.

① 남을 천국 문에 들어가지 못하게 하기 때문입니다(13절).
"화 있을진저 외식하는 서기관들과 바리새인들이여 너희는 천국 문을 사람들 앞에서 닫고 너희도 들어가지 않고 들어가려 하는 자도 들어가지 못하게 하는 도다"(13절).
② 교인을 지옥 자식 되게 하기 때문입니다(15절).
"화 있을진저 외식하는 서기관들과 바리새인들이여 너희는 교인 한 사람을 얻기 위하여 바다와 육지를 두루 다니다가 생기면 너희보다 배나 더 지옥 자식이 되게 하는도다"(15절).
③ 눈먼 인도자이기 때문입니다(16절).
"화 있을진저 눈 먼 인도자여 너희가 말하되 누구든지 성전으로 맹세하면 아무 일 없거니와 성전의 금으로 맹세하면 지킬지라 하는도다"(16절).
④ 정의와 긍휼과 믿음을 버렸기 때문입니다(23-24절).
"화 있을진저 외식하는 서기관들과 바리새인들이여 너희가 박하와 회향과 근채의 십일조는 드리되 율법의 더 중한 바 정의와 긍휼과 믿음은 버렸도다 그러나 이것도 행하고 저것도 버리지 말아야 할지니라"(23절).
⑤ 그 속이 탐욕과 방탕으로 가득하기 때문입니다(25절).
"화 있을진저 외식하는 서기관들과 바리새인들이여 잔과 대접의 겉은

깨끗이 하되 그 안에는 탐욕과 방탕으로 가득하게 하는도다"(25절).
⑥ 회칠한 무덤 같기 때문입니다(27절).
"화 있을진저 외식하는 서기관들과 바리새인들이여 회칠한 무덤 같으니 겉으로는 아름답게 보이나 그 안에는 죽은 사람의 뼈와 모든 더러운 것이 가득하도다"(27절).
⑦ 지옥 판결을 피할 수 없기 때문입니다(33절).
"뱀들아 독사의 새끼들아 너희가 어떻게 지옥의 판결을 피하겠느냐"(33절).
⑧ 의인의 피를 흘리게 한 자이기 때문입니다(35절).
"그러므로 의인 아벨의 피로부터 성전과 제단 사이에서 너희가 죽인 바라갸의 아들 사가랴의 피까지 땅 위에서 흘린 의로운 피가 다 너희에게 돌아가리라"(35절).

화가 임한 결과는 다음과 같습니다.
"37 예루살렘아 예루살렘아 선지자들을 죽이고 네게 파송된 자들을 돌로 치는 자여 암탉이 그 새끼를 날개 아래에 모음 같이 내가 네 자녀를 모으려 한 일이 몇 번이더냐 그러나 너희가 원하지 아니하였도다 38 보라 너희 집이 황폐하여 버려진 바 되리라"(37-38절).

결론

여러분, 예수님은 서기관들과 바리새인들이 하는 행위를 본받지 말라고 말씀하십니다. 예수님께서 다음과 같이 말씀하셨습니다.
"내가 주와 또는 선생이 되어 너희 발을 씻었으니 너희도 서로 발을 씻어 주는 것이 옳으니라 내가 너희에게 행한 것 같이 너희도 행하게 하려 하여 본을 보였노라"(요 13:14-15).
그렇습니다. 무릎 꿇고 앉아서, 또는 쭈그리고 앉아서 남의 더러운 발을 씻어 주는 사람은 교만하지 않고 겸손합니다. 그리고 섬김을 받으려 하지 않고 섬기는 사람입니다. 그런 사람은 랍비, 아버지, 지도자 칭함 받는 것을 좋아하지 않습니다. 겸손히 섬기는 사람은 다만 예수의 제자가 된 것을 기뻐하며 주님의 십자가만을 자랑할 것입니다. 앤 그레이엄 로츠는 다음과 같이 말했습니다.

"우리는 단지 그리스도의 모습을 흉내 내는 사람들이 아니라 그리스도를 구현하는 사람들이다."

실은 그리스도의 모습을 흉내 내는 것도 어렵습니다. 그리스도를 구현하는 사람이 된다는 것은 더더욱 어렵고 힘든 일입니다. 그런데 사도 바울은 다음과 같이 말씀합니다.

"내가 그리스도를 본받는 자가 된 것 같이 너희는 나를 본받는 자가 되라"(고전 11:1).

본받을 만한 성도는 하나님께 칭찬을 받습니다. 그리고 사람들로부터 존경을 받습니다. 여러분, 자신의 자리와 권위에 충실하고, 자신의 언행과 태도에 신실함으로써 본받을 만한 성도가 되시기 바랍니다.

할렐루야! 아멘!

적용과 나눔

오늘 가르침에서 새롭게 깨달은 것 중 개인적으로 적용하여 실천하고자 하는 것을 기록한 후 서로 나누어 봅시다.

기도

성령님의 능력으로 감당하도록 간절히 부르짖고 기도합시다.

제24장 | 마태복음 24장 강론

주의 임하심과 세상 끝 날에는 무슨 징조가 있사오리이까?

> 마태복음 24:1-51
> 새찬송가 179, 200, 205, 285, 445장

■ **마태복음 24장 주제: 세상 끝 날에 대한 예언**

■ **마태복음 24장의 구조와 내용**

마태복음 24장 구조와 내용은 종말의 징조(1-14절)와 예루살렘의 멸망에 대한 예언(15-28절), 인자의 재림에 관한 예언(29-31절)과 종말에 대한 성도의 자세(32-51절)입니다. 주님은 전장의 말미에서 예루살렘의 멸망을 잠깐 언급하셨는데(37-39절) 여기서는 그 내용이 확대 해석되고 있습니다.

본 장을 대함에 있어서 우리는 두 가지 사항에 유의해야 합니다.

첫째, 본 장의 내용을 어느 특정한 역사적 단계(시대)와 연결시키고자 해서는 안 됩니다. 왜냐하면 이 예언이 1차적으로는 예루살렘의 멸망을, 그리고 궁극적으로는 인류 종말의 상황을 그리고 있기 때문입니다(예언의 복합성취). 이 같은 원리는 자연스럽게 우리로 하여금 종말 그 자체의 징조나 시기에 주목하기보다는 하루하루 실존적 종말을 살아감으로써 궁극적으로 주의 강림을 예비하는 삶을 살 것을 촉구합니다.

둘째, 기독교의 역사관은 직선사관이며, 이 직선사관이란 곧 역사는 시작과 끝 또는 종말이 반드시 있음을 믿는 역사관입니다.

"1 범사에 기한이 있고 천하만사가 다 때가 있나니 2 날 때가 있고, 죽을 때가 있으며, 심을 때가 있고, 심은 것을 뽑을 때가 있으며"(전 3:1-2).

사람은 날 때가 있으면, 반드시 죽을 때가 있고, 곡식은 심을 때가 있으면, 또한 뽑고 거두어들일 때가 반드시 있는 것입니다. 기독교의 직선사관을 다른 말로 종말사관이라고도 합니다. 기독교에서 보는 종말이란 예수 그리스도의 초림 때부터 재림 때까지를 말합니다. 그런데 예수님께서 탄생하신 지 2천 년이 넘었고, 그래서 지금은 말세지말(末世之末)이라고도 합니다. 곧 말세 중에서도 끝자락에 와 있다는 것을 말합니다.

기독교에서뿐만 아니라 불신 세상 사람들까지도 이 시대를 가리켜 '말세다 말세야!' '말세야 말세!'라는 말들을 많이 하지요?

국어사전에 보면 '말세'란 "도덕, 풍속, 정치 등의 모든 사회 질서와 정신이 매우 타락하고 쇠퇴하여 끝판에 이른 세상"이라고 풀이합니다.

먼저 1절을 보면, "예수께서 성전에서 나와서 가실 때에"라고 합니다. 여기에 보면 예수께서 성전에서 밖으로 나가시는 것을 묘사하는 동사가 두 개나 나옵니다. 하나는 '나와서' 그리고 다른 하나는 '가실 때'입니다. 이 중 하나만 있어도 의미전달에는 이상이 없습니다. 그런데도 마태가 이처럼 떠나는 것을 의미하는 동사를 두 번이나 쓴 것은, 그만큼 성전을 떠나시는 예수님을 모습을 강조하기 위함입니다.

예수님은 그때 성전에서 나오신 후, 두 번 다시 성전을 방문하지 않으셨습니다. 그리고 성전을 나오신 직후에 예루살렘 성전 파괴를 구체적으로 예언하심으로써, 그곳이 더 이상 하나님이 계시지 않으며, 오히려 하나님의 심판을 피할 수 없는 장소로 전락해 버렸다는 사실을 암시하셨습니다.

제자들이 성전 건물들을 가리켜 보이려고 나아올 때, 예수님이 그들에게 다음과 같이 말씀하십니다.

"너희가 이 모든 것을 보지 못하느냐 내가 진실로 너희에게 이르노니 돌 하나도 돌 위에 남지 않고 다 무너뜨려지리라"(2절).

예수께서 감람산 위에 앉으셨을 때에 제자들이 질문합니다.

■ 마태복음 24장의 구조와 내용

마태복음 24:1-14에서 예수님은 "주의 임하심과 세상 끝 날에는 무슨 징조가 있사오리이까?"라는 제자들의 질문에 대답하신 내용은 다음과 같습니다.

① 많은 사람이 나는 그리스도라 하여 많은 사람을 미혹할 것입니다 (4-5절).
② 난리와 난리 소문을 들을 것입니다(6-8절).
③ "9 그 때에 사람들이 너희를 환난에 넘겨 주겠으며 너희를 죽이리니 너희가 내 이름 때문에 모든 민족에게 미움을 받으리라 10 그 때에 많은 사람이 실족하게 되어 서로 잡아 주고 서로 미워하겠으며"(9-10절).
④ "거짓 선지자가 많이 일어나 많은 사람을 미혹하겠으며"(11절).
⑤ "불법이 성하므로 많은 사람의 사랑이 식어지리라"(13절).
⑥ "이 천국 복음이 모든 민족에게 증언되기 위하여 온 세상에 전파되리니 그제야 끝이 오리라"(13절).

마태복음 24:15-28에서 예수님은 "멸망의 가증한 것이 거룩한 곳에 서거든 깨달으라"고 하시며, 그때 할 일을 말씀하십니다.

① "산으로 도망할지어다"(16절).
② "뒤로 돌이키지 말지어다"(17-18절).
③ "기도하라"(20절).
④ "그리스도가 여기 있다 혹은 저기 있다 하여 믿지 말라"(미혹 받지 말라, 23, 26절).

마태복음 24:23-28에서 예수님은 "거짓 그리스도들과 거짓 선지자들이 일어나 미혹하리라"라고 하시는데, 그 내용은 다음과 같습니다.

① 그리스도가 여기 있다 혹은 저기 있다 하여도 믿지 말아야 합니다(23절).
② 큰 표적과 기사를 보여 미혹할 것입니다(24절).
③ 그리스도가 광야에 있다 하여도 나가지 말고, 골방에 있다 하여도 믿지 말아야 합니다(26절).

마태복음 24:29-31에서 예수님의 자신의 재림 상황을 가르쳐 주시는데, 다음과 같습니다.

① 하늘의 권능들이 흔들릴 것입니다(29절).
② 인자의 징조가 하늘에서 보일 것입니다(30절).
③ 땅의 모든 족속들이 통곡할 것입니다(30절).
④ 인자가 구름타고 능력과 큰 영광으로 오는 것을 보게 될 것입니다(30절).
⑤ 큰 나팔소리와 함께 천사들을 보냄을 받아 택하신 자들을 사방에서 모을 것입니다(31절).

마태복음 24:29-31에서 예수님 재림 목적을 가르쳐 주십니다.

① 택하신 자들을 모으시기 위함입니다(31절).
② 신랑이 신부를 맞기 위함입니다(마 25:6).
③ 충성된 자에게 상을 주시기 위함입니다
④ 행한 대로 보상하기 위함입니다(마 25:35-36).
⑤ 마귀를 멸하기 위함입니다(계 20:10).
"또 그들을 미혹하는 마귀가 불과 유황 못에 던져지니 거기는 그 짐승과 거짓 선지자도 있어 세세토록 밤낮 괴로움을 받으리라"(계 20:10).

마태복음 24:32-41에서 예수님은 자신의 재림 시기에 대해 말씀하십니다.

① 그 날과 그 때는 아무도 모릅니다(36절).
② 오직 아버지만 아십니다(36절).
③ 노아의 때와 같이 그 날이 임합니다(37절).
④ 사람들이 평상시 일할 때 그 날이 임합니다(40-41절).
"40 그 때에 두 사람이 밭에 있으매 한 사람은 데려가고 한 사람은 버려둠을 당할 것이요 41 두 여자가 맷돌질을 하고 있으매 한 사람은 데려가고 한 사람은 버려둠을 당할 것이니라"(40-41절).

그러므로 예수님께서 다음과 같이 말씀하십니다.
"42 그러므로 깨어 있으라 어느 날에 너희 주가 임할는지 너희가 알지 못함이니라 43 너희도 아는 바니 만일 집 주인이 도둑이 어느 시각에 올 줄을 알았더라면 깨어 있어 그 집을 뚫지 못하게 하였으리라 44 이러므로 너희도 준비하고 있으라 생각하지 않은 때에 인자가 오리라'(42-44절).

마태복음 24:42-51에서 예수님은 충성되고 지혜 있는 종이 되라고 말씀하십니다.

"충성되고 지혜 있는 종이 되어 주인에게 그 집 사람들을 맡아 때를 따라 양식을 나눠 줄 자가 누구냐"(45절).

충성되고 지혜 있는 종은 다음과 같습니다.

① 항상 깨어 있는 종입니다(42-43절).
② 준비하는 종입니다(44절).
③ 주인이 올 때까지 외식하지 않는 종입니다(46-51절).
"46 주인이 올 때에 그 종이 이렇게 하는 것을 보면 그 종이 복이 있으리로다 47 내가 진실로 너희에게 이르노니 주인이 그의 모든 소유를 그에게 맡기리라 48 만일 그 악한 종이 마음에 생각하기를 주인이 더디 오리라 하여 49 동료들을 때리며 술친구들과 더불어 먹고 마시게 되면 50 생각하지 않은 날 알지 못하는 시각에 그 종의 주인이 이르러 51 엄히 때리고 외식하는 자가 받는 벌에 처하리니 거기서 슬피 울며 이를 갈리라"(46-51절).

충성되고 지혜 있는 종으로 사는 결과는 다음과 같습니다.

① "세상 나라가 우리 주와 그의 그리스도의 나라가 되어 그가 세세토록 왕 노릇 하시리로다"(계 11:15).
② 평화의 세상이 됩니다(사 11:1-9).
③ 신자의 구원이 성취되는데, 그 구원 성취 내용은 다음과 같습니다.
　첫째, 죽은 자 부활입니다(살전 4:16; 요 5:29).
　"주께서 호령과 천사장의 소리와 하나님의 나팔 소리로 친히 하늘로부터 강림하시리니 그리스도 안에서 죽은 자들이 먼저 일어나고"(살전 4:16).
　둘째, 살아 있는 신자가 변화됩니다(살전 4:17; 고전 15:51-52).
　셋째, 부활한 자와 변화된 자가 공중에서 주를 영접합니다(살전 4:17).
　"그 후에 우리 살아 남은 자들도 그들과 함께 구름 속으로 끌어 올려

공중에서 주를 영접하게 하시리니 그리하여 우리가 항상 주와 함께 있으리라"(살전 4:17).

넷째, 충성된 성도는 상을 받습니다(딤후 4:7-8; 마 19:26-29; 막 10:28-31). "7 나는 선한 싸움을 싸우고 나의 달려갈 길을 마치고 믿음을 지켰으니 8 이제 후로는 나를 위하여 의의 면류관이 예비되었으므로 주 곧 의로우신 재판장이 그 날에 내게 주실 것이며 내게만 아니라 주의 나타나심을 사모하는 모든 자에게도니라"(딤후 4:7-8).

결론

여러분, 주의 임하심과 세상 끝 날에는 무슨 징조가 있습니까?
예수님께서 말세의 징조를 우리에게 알려 주신 것은, 인간의 마음을 불안하게 하시려고 한 것이 아니라, 주님의 재림이 임박한 것을 깨닫고, 우리로 하여금 준비하게 하시기 위함입니다.
스코틀랜드의 복음 전도자요 찬송가 작시자로 살았던 호나티우스 보나르는, 아침에 해가 뜨면 창문을 열면서 "주여, 이 아침에 오시겠습니까?"라고 말하고, 밤에는 창문을 닫으며 "주여, 이 밤에 오시겠습니까?"라고 말하면서 주님의 재림을 기다리고 사모하며 경건하게 살았다고 합니다. 언제 세상의 종말이 오고, 언제 주님께서 재림하실지라도, 두려움 없이 맞이할 수 있는 성도가 지금 인생을 최고로 잘 살고 있는 성도인 줄로 믿습니다.
여러분, 그렇게 인생을 잘 사는 성도들이 되시기를, 다시 오실 구주 예수님의 이름으로 축원합니다. 할렐루야! 아멘!

적용과 나눔

오늘 가르침에서 새롭게 깨달은 것 중 개인적으로 적용하여 실천하고자 하는 것을 기록한 후 서로 나누어 봅시다.

기도

성령님의 능력으로 감당하도록 간절히 부르짖고 기도합시다.

제25장 | 마태복음 25장 강론

착하고 충성된 종과 악하고 게으른 종을 보여 주십니다

> 마태복음 25:1-46
> 새찬송가 175, 178, 180, 200, 205, 285, 445장

■ 마태복음 25장 주제: 세상 끝 날에 대한 예언

■ 마태복음 25장의 구조와 내용

　마태복음 25장의 구조와 내용은 열 처녀 비유(1-13절)와 달란트 비유(14-30절)와 양과 염소 비유(31-46절)로 전장이 종말에 관해 직설법으로 말한 데 반해 여기서는 비유를 통해 종말을 간접적으로 예언합니다. 세 가지 비유는 종말 그 자체보다는 그것을 대비하는 자의 자세에 초점을 맞추고 있다는 데 공통점이 있습니다. 그러나 그 강조점은 약간씩 다르다는 사실에 유의해야 합니다. 즉 열 처녀 비유는 항상 대비하는 자세를, 달란트 비유는 맡은 일에 충성해야 함을, 그리고 양과 염소의 비유는 종말론적 심판을 기억하면서 이웃에게 선을 베풀기에 힘써야 함을 역설합니다. 한편 본장에 이르러 23장부터 시작된 종말과 심판에 관한 강화가 마감되고 있음도 눈여겨봐야 합니다.

　주님의 재림은 우리가 보기에 더디다고 느껴질 수 있습니다. 더디 오신다는 생각 때문에 우리의 신앙이 형식주의에 빠질 수 있고, 신앙이 나태해질 수 있습니다. 그러나 슬기로운 다섯 처녀들은 기름을 준비했습니다. 성령의 교통하심 속에서 늘 살았습니다. 하나님과의 교제가 끊어지지 않았습니다. 반면에 미련한 다섯 처녀들은 등만 가지고 있었습니다. 단순한 교회

생활이 저들의 신앙생활의 전부였습니다. 구원의 감격도 없고, 기쁨도 없고, 자기만족을 위해서 신앙생활 하는 자들입니다.

주님은 다시 오십니다. 그러나 그 날과 그 시는 알지 못한다고 13절에서도 말합니다. 그러므로 깨어 있어야 한다고 말씀합니다. 깨어 있는 성도, 준비하는 성도, 슬기로운 성도들이 다 되도록 세상 끝 날을 예비해야 합니다.

■ 마태복음 25장 주요 메시지

마태복음 25:1-13에서 예수님은 "깨어 있으라"고 하십니다.
"그런즉 깨어 있으라 너희는 그 날과 그 때를 알지 못하느니라"(13절).
그 이유는 ① 기름을 가지지 아니하고(3절)에서 ② 졸거나 자면(5절) ③ 혼인 잔치에 들어가지도 못하고 문이 닫히기 때문입니다(10절). 그러므로 ④ 그 날과 그 때를 알지 못하기에 깨어 있어야 합니다(13절).

예수님 재림을 기다리는 성도는 깨어있으라고 하신 예수님은 마태복음 25:14-30에서 착하고 충성된 종과 악하고 게으른 종을 보여 주십니다.

착하고 충성된 종의 특징은 다음과 같습니다.
"그 주인이 이르되 잘하였도다 착하고 충성된 종아 네가 적은 일에 충성하였으매 내가 많은 것을 네게 맡기리니 네 주인의 즐거움에 참여할지어다 하고"(21절).

① 받은 달란트를 장사하여 남깁니다(16-17, 20-23절).
② 많은 것으로 맡게 됩니다(21, 23절).
③ 주인의 즐거움에 참여하게 됩니다(21, 23절).

악하고 게으른 종의 특징은 다음과 같습니다.
"그 주인이 대답하여 이르되 악하고 게으른 종아 나는 심지 않은데서 거두고 헤치지 않은 데서 모으는 줄로 네가 알았느냐"(26절).

① 받은 달란트를 땅에 감춥니다(18, 25절).
② 받은 달란트를 빼앗기게 됩니다(28절).
③ 무익한 종으로 심판을 받게 됩니다(30절).

여러분, 우리의 가진 모든 소유는 하나님의 것임을 알고, 하나님께서 각자 재능에 따라 맡겨 주신 달란트를 예수 그리스도의 재림 때까지 지혜롭고 충성되게 잘 활용하시기 바랍니다. 그리하여 심은 대로 거두게 하시는 하나님께로부터 "잘 하였도다. 착하고 충성된 종아"라는 칭찬과 하나님의 영광에 참예하는 상을 다 받으시길 바랍니다.

우리는 그리스도를 믿음으로 하나님 나라의 백성이 되었습니다. 그러나 완전한 하나님 나라에 있는 것은 아닙니다. 말씀과 성령을 통하여 경험하는 하나님 나라와 예수 그리스도의 재림으로 이루어지는 하나님 나라 사이에는 간격이 있습니다.

지금은 믿음으로 이 나라를 경험합니다. 하지만 주님이 재림하시면 우리 눈을 보게 될 것입니다. 주님이 처음 이 세상에 오실 때에는 겸손함으로 오셨지만, 재림 시에는 위엄과 영광 중에 심판 주로 오실 것입니다.

이 심판 주 앞에 우리는 어떤 모습으로 설 수 있겠습니까?

겸손히 하나님의 말씀에 순종하는 삶이 '저리로서 산 자와 죽은 자를 심판하러 오실 분'을 믿는 신자의 삶의 태도입니다.

마태복음 25:31-46에서 예수님은 세상 끝 날을 지혜롭게 예비할 자세로 선행을 가지라고 하시기 위해 인자가 올 때에 양과 염소를 분별할 것이라고 말씀하십니다(31-32절).

인자는 양과 염소를 다음과 같이 분별하십니다.

① 양은 오른편에 두십니다. 즉 지극히 작은 자에게 선을 행한 자에게 예비된 나라를 상속해 주십니다(33-40절).
② 염소는 왼편에 두십니다. 즉 악을 행한 자를 저주하십니다(33, 41-45절).
③ 영벌과 영생에 들어갈 자를 분별하십니다(46절).

지극히 작은 자의 특징은 다음과 같습니다(35, 36, 40, 45절).

"35 내가 주릴 때에 너희가 먹을 것을 주었고 목마를 때에 마시게 하였고 나그네 되었을 때에 영접하였고 36 헐벗었을 때에 옷을 입혔고 병들었을 때에 돌보았고 옥에 갇혔을 때에 와서 보았느니라 … 40 임금이 대답하여 이르시되 내가 진실로 너희에게 이르노니 너희가 여기 내 형제 중에 지극히 작은 자 하나에게 한 것이 곧 내게 한 것이니라"(35, 36, 40절).

① 주린 자입니다.
② 목마른 자입니다.
③ 나그네 된 자입니다.
④ 벗은 자입니다.
⑤ 병든 자입니다.
⑥ 갇힌 자입니다.

여러분, 최후에는 모든 인생이 오른편과 왼편으로 갈라서게 될 것입니다. 우리가 정말 오른편에 선 자들이라면 주님이 오실 때까지 선한 일에 힘을 써야 할 것입니다. 그 절박하고 어려운 현장에 주님이 계시다는 사실을 믿으시기 바랍니다. 천국을 대망하면서 성도로서의 참된 봉사생활을 통해 모든 이들에게 사랑을 공급할 수 있는, 능력 있는 일꾼들이 되시기 바랍니다.

마태복음 25:31-46에서 예수님은 마지막 날의 심판 상황을 가르쳐 주시는데, 다음과 같습니다.

① 심판의 주체는 인자이신 예수님이십니다(31절).
② 심판의 대상은 모든 인류입니다(32절).
③ 각 사람이 행한 것을 따라 심판하십니다(33-45절).
④ 영벌, 영생을 분별하십니다(46절).

여러분, 마지막 날에 주님은 우리가 세상에서 어떻게 살았느냐로 심판하신다는 것을 꼭 기억하십시오.

마태복음 25:1-46에서 예수님은 자신의 재림 때의 기뻐할 자와 슬퍼할 자를 가르쳐 주시는데, 그것은 다음과 같습니다.

① 깨어 준비한 자와 준비하지 못한 자(1-13절).
② 착하고 충성된 종과 악하고 게으른 종(14-30절).
③ 선행자와 악행 자(31-46절).

결론

여러분, 예수님이 착하고 충성된 종과 악하고 게으른 종을 보여 주셨습니다. 세상에서 제일 좋은 사람은 착한 사람입니다. 선한 일을 사모해야 하고 선한 일을 좇아야 하고 선한 일을 행하여야 합니다.

착한 사람이 마지막 날 주님으로부터 칭찬을 받게 된다고 예수님이 말씀하십니다. 착한 사람은 다른 사람들의 잘못을 들추어내어 비난하지 않습니다. 착한 사람은 다른 사람들에게 좋게 합니다. 착한 사람은 모든 사람들의 기쁨이 됩니다. 주님께서 우리들에게 착한 사람들이 되라고 분부했습니다.

"저희로 너희 착한 행실을 보고 하늘에 계신 너희 아버지께 영광을 돌리게 하라"(마 5:16).

여러분, 착한 사람들이 다 되십시다. 착한 성도들이 다 되십시다. 착한 목사님들, 착한 장로님들, 착한 권사님들, 착한 집사님들이 다 되십시다. 그래서 마지막 날 주님으로부터 "착하고 충성된 종"이라는 칭찬을 다 듣게 되시기를 바랍니다. 할렐루야! 아멘!

적용과 나눔

오늘 가르침에서 새롭게 깨달은 것 중 개인적으로 적용하여 실천하고자 하는 것을 기록한 후 서로 나누어 봅시다.

기도

성령님의 능력으로 감당하도록 간절히 부르짖고 기도합시다.

제26장 | 마태복음 26장 강론

예수님의 몸과 흘리신 피를 생각합시다

> 마태복음 26:1-75
> 새찬송가 200, 205, 227, 232, 285, 445장

■ **마태복음 26장 주제: 메시아의 최후 만찬**

■ **마태복음 26장의 구조와 내용**

마태복음 26장의 구조와 내용은 수난 예고와 향유 사건 및 유다의 배반(1-16절), 최후의 만찬 석상에서(17-35절)와 겟세마네 동산에서(36-56절), 그리고 산헤드린 공회에서(57-75절) 여러 차례에 걸친 예수님의 예언하신 대로(마 16:21-23) 예수님은 마침내 수난을 당하시는 일입니다. 수난기사는 다음 장까지 계속되는데 여기서는 체포 직전에 일어난 일련의 사건에서부터 베드로의 부인(否認)까지 언급합니다.

이 기사를 읽음에 있어서 유념할 사항은 본 장의 사건이 시간적 순서에 따라 기록되지 않았다는 점입니다. 즉 향유 사건(6-13절)은 예루살렘 입성(마 21:1-11) 전에, 유다의 배반은 종교 지도자들이 예수님을 죽일 계획을 세운(마 26:3-5) 이후에 일어났습니다. 마태는 자신의 독특한 관점에 의해 사건을 재구성함으로써 주의 수난이 구속사적 사건임을 부각시키고 있습니다.

예수님께서 세상 끝 날을 예비할 자세를 가르친 후 제자들에게 다음과 같이 말씀하십니다.

"너희가 아는 바와 같이 이틀이 지나면 유월절이라 인자가 십자가에 못 박히기 위하여 팔리리라"(2절).

그때에 대제사장들과 백성의 장로들이 가야바라 하는 대제사장의 관정에 모여 예수를 흉계로 잡아 죽이려고 의논합니다. 예수께서는 베다니 나병환자 시몬의 집에 계실 때에 한 여자가 매우 귀한 향유 한 옥합을 가지고 나아와서 식사하시는 예수의 머리에 부으니 제자들이 보고 분개합니다.

■ 마태복음 26장 주요 메시지

마태복음 26:6-13에서 예수님은 그 여자가 예수님께 좋은 일을 하였다고 칭찬하셨습니다. 예수님에게 좋은 일은 다음과 같습니다.

① 매우 귀한 향유 한 옥합을 드리는 일입니다(7-9절).
② 예수님 장례를 위하여 하는 일입니다(12절).
③ 복음이 전파되는 곳에 기념이 되시는 일입니다(13절).

마태복음 26:26-30에서 예수님은 십자가 수난을 당하시기에 전에 예수님의 몸과 흘리신 피를 생각하라고 하시며 최후 성만찬을 행하셨습니다(26-30절).

① 먹을 때에 축복이 되는 몸을 생각해야 합니다(26절).
"그들이 먹을 때에 예수께서 떡을 가지사 축복하시고 떼어 제자들에게 주시며 이르시되 받아서 먹으라 이것은 내 몸이니라 하시고"(26절).
② 마실 때에 죄 사함을 얻게 되는 언약의 피를 생각해야 합니다(27-28절).
"27 또 잔을 가지사 감사 기도 하시고 그들에게 주시며 이르시되 너희가 다 이것을 마시라 28 이것은 죄 사함을 얻게 하려고 많은 사람을 위하여 흘리는 바 나의 피 곧 언약의 피니라"(27-28절).
③ 하나님을 찬미하고 몸과 피를 생각해야 합니다(30절).

수난을 당하시기 전에 최후의 성만찬을 행하신 후 예수님은 다음과 같이 말씀하십니다.
"내가 포도나무에서 난 것을 이제부터 내 아버지의 나라에서 새것으로 너희와 함께 마시는 날까지 마시지 아니하리라"(29절).
예수님께서 제자들과 함께 찬미하고 감람산으로 나아가실 때에 제자들에게 다음과 같이 말씀하셨습니다.

"31 오늘 밤에 너희가 다 나를 버리리라 기록된 바 내가 목자를 치리니 양의 떼가 흩어지리라 하였느니라 32 그러나 내가 살아난 후에 너희보다 먼저 갈릴리로 가리라"(31-32절).

이에 베드로가 대답하여 다음과 같이 말했습니다.

"모두 주를 버릴지라도 나는 결코 버리지 않겠나이다"(33절).

이에 예수께서 다음과 같이 말씀하셨습니다.

"내가 진실로 네게 이르노니 오늘 밤 닭 울기 전에 네가 세 번 나를 부인하리라"(34절).

그러나 베드로는 "내가 주와 함께 죽을지언정 주를 부인하지 않겠나이다"라고 말하고 모든 제자도 그와 같이 말했습니다(35절).

마태복음 26:36-46에서 예수님께서 겟세마네에 가서 기도하심을 보여주십니다.

"이에 예수께서 제자들과 함께 겟세마네라 하는 곳에 이르러 제자들에게 이르시되 내가 저기 가서 기도할 동안에 너희는 여기 앉아 있으라 하시고"(36절).

예수님의 기도는 다음과 같습니다.

① 마음이 매우 고민하여 죽게 되셨습니다(38절).
② 얼굴을 땅에 대시고 엎드려 기도하셨습니다(39절).
③ 나의 원대로 마옵시고 아버지의 원대로 하옵소서(39절).

예수님의 이 기도가 십자가를 이기에 하셨습니다. 예수님이 기도하시자 천사가 동원되었습니다(눅 22:43).

예수님은 기도하신 후 제자들에게 오사 그 자는 것을 보시고 베드로에게 다음과 같이 말씀하셨습니다.

"너희가 나와 함께 한 시간도 이렇게 깨어 있을 수 없더냐 시험에 들지 않게 깨어 기도하라 마음에는 원이로되 육신이 약하도다"(40-41절).

예수님이 다시 두 번째 나아가 다음과 같이 기도하셨습니다.

"내 아버지여 만일 내가 마시지 않고는 이 잔이 내게서 지나갈 수 없거든 아버지의 원대로 되기를 원하나이다"(42절).

예수님이 다시 오사 보신즉 그들이 자니 이는 그들의 눈이 피곤했기 때문이었습니다. 예수님은 또 그들을 두시고 나아가 세 번째 같은 말씀으로 기도하신 후 이에 제자들에게 오사 다음과 같이 말씀하셨습니다.

"45 이제는 자고 쉬라 보라 때가 가까이 왔으니 인자가 죄인의 손에 팔리느니라 46 일어나라 함께 가자 보라 나를 파는 자가 가까이 왔느니라"(45-46절).

그때에 열두 제자 중의 하나인 가룟 유다가 왔는데 대제사장들과 백성의 장로들에게서 파송된 큰 무리가 칼과 몽치를 가지고 그와 함께 왔습니다(47절). 가룟 유다는 그들과 군호를 짜 이르되 "내가 입맞추는 자가 그이니 그를 잡으라" 한 후(48절) 곧 예수께 나아와 "랍비여 안녕하시옵니까" 하고 입을 맞추었습니다(49절). 그러자 예수님께서 다음과 같이 말씀하셨습니다.

"친구여 네가 무엇을 하려고 왔는지 행하라"(50절).

그러자 그들이 나아와 예수께 손을 대어 잡았습니다. 그때 예수와 함께 있던 자 중의 하나가 손을 펴 칼을 빼어 대제사장의 종을 쳐 그 귀를 떨어뜨렸습니다. 이에 예수님이 다음과 같이 말씀하셨습니다.

"52 ... 네 칼을 도로 칼집에 꽂으라 칼을 가지는 자는 다 칼로 망하느니라 53 너는 내가 내 아버지께 구하여 지금 열두 군단 더 되는 천사를 보내시게 할 수 없는 줄로 아느냐 54 내가 만일 그렇게 하면 이런 일이 있으리라 한 성경이 어떻게 이루어지겠느냐?"(52-54절).

그때에 예수님이 무리에게 다음과 같이 말씀하셨습니다.

"55 ... 너희가 강도를 잡는 것같이 칼과 몽치를 가지고 나를 잡으러 나왔느냐 내가 날마다 성전에 앉아 가르쳤으되 너희가 나를 잡지 아니하였도다 56 그러나 이렇게 된 것은 다 선지자들의 글을 이루려 함이니라"(55-56절).

이에 제자들이 다 예수를 버리고 도망했습니다.

마태복음 26:47-68에서 예수님은 선지자의 글인 성경이 이루어지게 하려고 자신이 체포되신다고 말씀하시며, 그것을 위해 다음과 같이 행하셨습니다.

① 예수님에게 온 가룟 유다에게 네가 하려고 하는 일을 하라고 하셨습니다(47-50절).
② 열두 군단(1군단:6,000명) 더 되는 천사를 동원하지 않으셨습니다(52-54절).
③ 예수님은 하나님의 아들로서 잠잠히 감당하셨습니다(63-64절).

"63 예수께서 침묵하시거늘 대제사장이 이르되 내가 너로 살아 계신 하나님께 맹세하게 하노니 네가 하나님의 아들 그리스도인지 우리에게 말하라 64 예수께서 이르시되 네가 말하였느니라 그러나 내가 너희에게 이르노니 이 후에 인자가 권능의 우편에 앉아 있는 것과 하늘 구름을 타고 오는 것을 너희가 보리라 하시니"(63-64절).

마태복음 26:69-75은 베드로가 예수님을 부인하는 모습을 보여 줍니다.

① 한 여종이 베드로에게 "너도 갈릴리 사람 예수님과 함께 있었도다"라고 했습니다(69절).
② 모든 사람 앞에서 베드로가 예수님을 부인했습니다(69-70절).
③ 베드로가 맹세하고 또 예수님을 부인했습니다(71-72절).
④ 베드로가 저주하고 맹세하여 "나는 그 사람을 알지 못하노라"고 예수님을 부인했습니다(73-74절).

결론

여러분, 예수님은 예수님 자신의 몸과 흘리신 피를 생각하라고 하시며 최후 성만찬을 행하셨습니다. 이는 우리 죄를 없애려고 행하신 예수님의 십자가를 기억하고 베드로와 같이 예수님을 부인하지 말라는 말씀입니다. 여러분, 예수님의 십자가를 붙잡으시기 바랍니다. 할렐루야! 아멘!

적용과 나눔

오늘 가르침에서 새롭게 깨달은 것 중 개인적으로 적용하여 실천하고자 하는 것을 기록한 후 서로 나누어 봅시다.

기도

성령님의 능력으로 감당하도록 간절히 부르짖고 기도합시다.

제27장 | 마태복음 27장 강론

예수님이 십자가에 못 박히실 때

> 마태복음 27:1-66
> 새찬송가 144, 145, 200, 205, 285, 445장

■ 마태복음 27장 주제: 예수님의 수난과 죽음

■ 마태복음 27장의 구조와 내용

마태복음 27장의 구조와 내용은 가룟 유다의 자살(1-10절)과 빌라도의 심문(11-26절), 그리고 예수님의 십자가의 수난과 죽음(27-66절)을 그 내용으로 하여 앞 장이 수난 기사의 예고편이라면 본 장은 그 본편이라 할 수 있습니다.

빌라도에게 심문을 받으면서도 예수님은 침묵으로(11절) 일관하사 구약의 예언을 성취하셨을 뿐 아니라(사 53:7), 불의한 세상 권력에 대해 일침을 가하셨습니다. 고린도전서 4:20 말씀을 행동으로 실증해 보이신 것입니다.

"하나님의 나라는 말에 있지 아니하고 오직 능력에 있음이라"(고전 4:20).

마침내 십자가에 못 박히고 무덤에까지 내려가신 예수님, 구세주를 죽음에 내어 주며 욕보이면서까지도 회개할 줄 모르는 민중, 이 양자는 인간 양심의 부패함과 그러한 인류까지도 끌어안고 구속(救贖)하시려는 주님의 크신 사랑을 잘 드러내 줍니다.

오늘 본문을 보면, 새벽에 모든 대제사장과 백성의 장로들이 예수를 죽이려고 함께 의논하고 결박하여 끌고 가서 총독 빌라도에게 넘겨줍니다. 그때에 예수를 판 유다가 그의 정죄됨을 보고 스스로 뉘우쳐 그 은 삼십을

대제사장들과 장로들에게 도로 갖다 주며 다음과 같이 말했습니다.
"내가 무죄한 피를 팔고 죄를 범하였도다"(4절).
그들이 다음과 같이 대답했습니다.
"그것이 우리에게 무슨 상관이냐 네가 당하라"(4절).
그러자 유다가 은을 성소에 던져 넣고 물러가서 스스로 목매어 죽었습니다. 대제사장들이 그 은을 거두며 다음과 같이 말했습니다.
"이것은 핏값이라 성전고에 넣어 둠이 옳지 않다"(6절).
그들은 의논한 후 이것으로 토기장이의 밭을 사서 나그네의 묘지를 삼았고, 그 밭은 피밭이라 일컬어지게 되었는데, 이는 선지자 예레미야를 통하여 하신 말씀이 이루어진 것입니다.
"9 이에 선지자 예레미야를 통하여 하신 말씀이 이루어졌나니 일렀으되 그들이 그 가격 매겨진 자 곧 이스라엘 자손 중에서 가격 매긴 자의 가격 곧 은 삼십을 가지고 10 토기장이의 밭 값으로 주었으니 이는 주께서 내게 명하신 바와 같으니라 하였더라"(9-10절).

■ 마태복음 27장 주요 메시지

마태복음 27:3-10에서 예수님을 판 유다의 모습은 다음과 같습니다.

① 스스로 뉘우쳤으나 받아들여지지 않았습니다(3-4절).
② 스스로 목매어 죽었습니다(5절).
③ 피 밭을 유산으로 남겼습니다(6-8절).

마태복음 27:11-26은 총독 빌라도가 예수님께 궤변을 일삼으며 사형 선고를 내리는 모습을 보여 줍니다. 그 심문 과정과 결과는 다음과 같습니다.

① 대제사장과 장로들이 예수님께 "그들이 너를 쳐서 얼마나 많은 것으로 증언하는지 듣지 못하느냐?"라고 했습니다(13절).
② 빌라도는 대제사장과 장로들이 시기로 예수님을 넘겨 주었음을 알았습니다(17-18절).
③ 빌라도는 민중들에게 "예수님이 무슨 악한 일을 하였느냐?"라고 물었습니다(23절).

④ 빌라도는 오히려 민란이 나려는 것을 보고 예수님을 십자가에 못 박도록 넘겨 줍니다(24-26절).

마태복음 27:27-31은 예수님이 십자가에 못 박히기 전 수난 당하심을 보여 주는데, 그 모습은 다음과 같습니다.

① 예수님의 옷을 벗기고 홍포를 입혔습니다(28절).
② 가시관을 엮어 그 머리에 씌웠습니다(29절).
③ 갈대를 오른손에 들려 주었습니다(29절).
④ 그 앞에서 무릎을 꿇고 희롱하였습니다(29절).
⑤ 침 뱉고 갈대를 빼앗아 머리를 쳤습니다(30절).
⑥ 희롱 후 십자가에 못 박으려고 끌고 나갔습니다(31절).
"희롱을 다 한 후 홍포를 벗기고 도로 그의 옷을 입혀 십자가에 못 박으려고 끌고 나가니라"(31절).

마태복음 27:32-44은 예수님이 십자가에 달리시는 중에 세 종류의 십자가의 모습을 보여 줍니다.

① 억지로 진 십자가입니다(32절).
"나가다가 시몬이란 구레네 사람을 만나매 그에게 예수의 십자가를 억지로 지워 가게 하였더라"(32절).
구레네 사람 시몬은 억지로 십자가를 졌습니다.
② 남의 죄를 위하여 지고 간 십자가입니다(35-37절).
"35 그들이 예수를 십자가에 못 박은 후에 그 옷을 제비 뽑아 나누고 36 거기 앉아 지키더라 37 그 머리 위에 이는 유대인의 왕 예수라 쓴 죄패를 붙였더라"(35-37절).
③ 강도 둘이 달린 십자가입니다(38절).
"이 때에 예수와 함께 강도 둘이 십자가에 못 박히니 하나는 우편에, 하나는 좌편에 있더라"(38절).

마태복음 27:45-56은 예수님이 십자가에 못 박히실 때에 일어난 일들을 보여 줍니다.

① 제 육시부터 제 구시까지 온 땅에 어둠이 임하였습니다(45절).
② 제 구시쯤 예수님께서 크게 소리 질러 기도하셨습니다(46절).
③ 예수님께서 다시 크게 소리 지르시고 영혼이 떠나셨습니다(50절).
④ 성소 휘장이 위로부터 아래로 찢어져 둘이 되었습니다(51절).
⑤ 땅이 진동하여 바위가 터졌습니다(51절).
 "이에 성소 휘장이 위로부터 아래까지 찢어져 둘이 되고 땅이 진동하며 바위가 터지고"(51절).
⑥ 무덤들이 열리며 자던 성도의 몸이 많이 일어났습니다(52-53절).
⑦ 백부장과 함께 예수님을 지키던 자들이 "진실로 하나님의 아들이었도다"라고 말했습니다(54절).

이때에 예수를 섬기며 갈릴리에서부터 따라온 많은 여자가 거기 있어 멀리서 바라보고 있으니 그중에는 막달라 마리아와 또 야고보와 요셉의 어머니 마리아와 또 세베대의 아들들의 어머니도 있었습니다.

저물었을 때에 아리마대의 부자 요셉이라 하는 사람이 왔으니 그도 예수의 제자였습니다. 그가 빌라도에게 가서 예수의 시체를 달라 하니 이에 빌라도가 내주라 명령하자 요셉이 시체를 가져다가 깨끗한 세마포로 싸서 바위 속에 판 자기 새 무덤에 넣어 두고 큰 돌을 굴려 무덤 문에 놓고 가니 거기 막달라 마리아와 다른 마리아가 있었습니다.

그 이튿날은 준비일 다음 날이었습니다. 대제사장들과 바리새인들이 함께 빌라도에게 모여 다음과 같이 말했습니다.

"63 주여 저 속이던 자가 살아 있을 때에 말하되 내가 사흘 후에 다시 살아나리라 한 것을 우리가 기억하노니 64 그러므로 명령하여 그 무덤을 사흘까지 굳게 지키게 하소서 그의 제자들이 와서 시체를 도둑질하여 가고 백성에게 말하되 그가 죽은 자 가운데서 살아났다 하면 후의 속임이 전보다 더 클까 하나이다"(63-64절).

빌라도가 다음과 같이 대답했습니다.

"너희에게 경비병이 있으니 가서 힘대로 굳게 지키라"(65절).

그러자 그들은 경비병과 함께 가서 돌을 인봉하고 무덤을 굳게 지켰습니다.

마태복음 27:57-66은 예수님의 시체가 장사되는 것을 보여 줍니다.

① 예수님의 시체를 바위 속에 판 무덤에 넣어 두었습니다(60절).
② 큰 돌을 굴려 무덤 문에 놓았습니다(60절).
③ 무덤을 사흘까지 굳게 지키게 하였습니다(64-65절).
④ 돌을 인봉하고 무덤을 굳게 지키었습니다(66절).

결론

여러분, 오늘 본문은 예수님이 십자가에 못 박히실 때를 보여 줍니다. 성경의 핵심은 예수 그리스도이며 성경을 간단하게 요약해 본다면 구약은 오실 메시아에 대한 예언의 말씀, 신약은 오신 메시아에 대한 말씀입니다. 신약 27권 중에서도 4복음서는 오신 예수님의 대해서 가장 자세히 기록합니다. 예수님의 탄생을 시작으로 기적과 표적, 하늘나라의 선포, 천국 백성으로서의 가르침입니다. 복음서의 초점은 수난 당하시는 예수님, 십자가를 지시는 주님을 초점을 맞춥니다. 그러므로 예수님 사역은 십자가입니다. 예수님의 고난과 십자가의 죽음은 예수님의 사역 중에서도 하이라이트입니다.

주님의 성탄절을 기쁨과 찬양의 절기로 지내고, 고난주간에는 고통과 죽음을 통해 이루신 구원과 부활의 감격이 있기를 바랍니다.

할렐루야! 아멘!

적용과 나눔

오늘 가르침에서 새롭게 깨달은 것 중 개인적으로 적용하여 실천하고자 하는 것을 기록한 후 서로 나누어 봅시다.

기도

성령님의 능력으로 감당하도록 간절히 부르짖고 기도합시다.

제28장 | 마태복음 28장 강론

예수님 말씀하시던 대로 살아나셨느니라

> 마태복음 28:1-20
> 새찬송가 160, 200, 205, 285, 445장

■ **마태복음 28장 주제: 부활하신 예수님**

■ **마태복음 28장의 구조와 내용**

　마태복음 28장의 구조와 내용은 그리스도의 부활(1-10절)과 부활 은폐 노력(11-15절), 그리고 지상 대명령(16-20절)으로서, 주의 수난이 어둠과 죽음의 장이라면 부활은 생명과 광명의 장입니다. 주님은 생전에 누누이 말씀하신 대로 사흘 만에 살아나셨습니다. 이로써 약속의 신실성이 확증되고, 인자의 메시아 되심이 온 천하에 증명되었습니다.

　부활은 성자의 구속 사역을 성부께서 온전히 인정하셨다는 의미도 담고 있습니다. 부활은 신자로 하여금 현세의 고난 속에서도 내세의 소망 가운데 역동적인 신앙생활을 하게 해 주는 원동력이라는 점에서 그 의미는 더욱 각별합니다. 부활을 증거 하는 일은 당시의 제자들이나 오늘의 신자들 모두에게 요구되는 삶의 최우선 순위입니다.

　기독교는 세 가지 특색이 있습니다.

　① 예수님은 남자 없이 성령으로 잉태하여, 동정녀 마리아에게서 탄생하셨습니다.
　② 예수님이 인류의 죄를 대속하시기 위하여, 십자가에 못 박혀 죽으셨

습니다.

③ 예수님은 죽어 장사 지낸 바 되었다가, 사흘 만에 사망의 권세를 깨트리시고 부활하셨습니다.

지구상에는 수많은 종교가 있지만, 이 세 가지 특징은 오직 기독교만이 가지고 있습니다.

프랑스의 불가지론자 '탈래랑'이 새로운 종교를 창시하려고 왕에게 조언을 청했을 때, 왕은 다음과 같이 말했다고 합니다.

"그대가 십자가에 못 박혀 죽었다가 사흘 만에 부활하라. 그러면 그대의 종교를 믿게 될 것이다."

참으로 기독교는 부활의 종교요 생명의 종교입니다.

예수님은 죽으신 후 아리마대 요셉의 무덤에 장사 지낸 바 되시고, 로마 군인들은 철통같이 그 무덤을 지키고 있었습니다. 예수님의 원수들은 그들에게 마치 눈의 가시와 같았던 예수 그리스도를, 성공적으로 죽였다고 박수를 치며 좋아했을 것입니다. 마귀와 지옥의 세력들은, 이제 하늘나라는 이 땅에 임할 수 없다고 고함을 치고 춤을 추며 기뻐했을 것입니다. 그리스도의 소문은 이제 사라진 듯 했습니다.

그러나 사흘 되던 날 안식일이 다 지나고 안식 후 첫날이 되려는 새벽에 막달라 마리아와 다른 마리아가 무덤을 보려고 갔습니다. 그때 큰 지진이 나며 주의 천사가 하늘로부터 내려와 돌을 굴려 내고 그 위에 앉았는데 그 형상이 번개 같고 그 옷은 눈같이 희었습니다. 지키던 자들이 그를 무서워하여 떨며 죽은 사람과 같았습니다. 천사가 여자들에게 다음과 같이 말했습니다.

"5 무서워하지 말라 십자가에 못 박히신 예수를 너희가 찾는 줄을 내가 아노라 6 그가 여기 계시지 않고 그가 말씀 하시던 대로 살아나셨느니라 와서 그가 누우셨던 곳을 보라 7 또 빨리 가서 그의 제자들에게 이르되 그가 죽은 자 가운데서 살아나셨고 너희보다 먼저 갈릴리로 가시나니 거기서 너희가 뵈오리라 하라 보라 내가 너희에게 일렀느니라"(5-7절).

그 여자들이 무서움과 큰 기쁨으로 빨리 무덤을 떠나 제자들에게 알리려고 달음질할 때 예수님께서 그들을 만나 "평안하냐"고 말씀하셨습니다. 여자들이 나아가 그 발을 붙잡고 경배하니 예수님께서 다음과 같이 말씀하셨습니다.
"무서워하지 말라 가서 내 형제들에게 갈릴리로 가라 하라 거기서 나를 보리라"(10절).
마태복음 28:1-10은 예수님이 말씀하시던 대로 살아 나셨음을 보여 주는데, 그 상황은 다음과 같습니다.

① 때는 안식 후 첫 날이 되려는 새벽이었습니다(1절).
② 천사가 돌을 굴러내고 그 위에 앉고 있었습니다(2-3절).
③ 지키던 자들이 무서워 떨며 죽은 사람과 같이 되었습니다(4절).
④ 천사가 예수님이 말씀하시던 대로 살아나셨습니다(5-7절).
⑤ 천사들이 여자들에게 빨리 가서 제자들에게 전했습니다(7절).
⑥ 무덤을 찾던 여자들이 살아나신 예수님을 만났습니다(8-9절).
⑦ 여자들이 다시 살아나신 예수님의 말씀을 들었습니다(10절).

마태복음 28:1-10은 부활하신 예수님을 만나는 방법과 자세를 가르쳐 주는데, 다음과 같습니다.

① 주님을 사모하는 마음을 가져야 합니다(1절).
② 무덤, 즉 죄악의 무덤, 두려움의 무덤, 사단의 무덤, 우상의 무덤을 떠나야 합니다(8절).
③ 빨리 복음을 전해야 합니다(8절).
④ 경배의 예배 생활을 일평생 지속해야 합니다(9절).

여러분, 예수님의 부활 현장을 보고 천사들의 말대로 여자들이 갈 때 경비병 중 몇이 성에 들어가 모든 된 일을 대제사장들에게 알리니 그들이 장로들과 함께 모여 의논하고 군인들에게 돈을 많이 주며 다음과 같이 말했습니다.
"13 너희는 말하기를 그의 제자들이 밤에 와서 우리가 잘 때에 그를 도둑질하여 갔다 하라 14 만일 이 말이 총독에게 들리면 우리가 권하여 너희로 근심하지 않게 하리라"(13-14절).
군인들이 돈을 받고 가르친 대로 하였으니 이 말이 오늘날까지 유대인 가운데 두루 퍼졌다고 하십니다.

열한 제자가 갈릴리에 가서 예수께서 지시하신 산에서 예수를 뵈옵고 경배하나 아직도 의심하는 사람들이 있었다고 합니다. 이때 예수께서 다음과 같이 말씀하셨습니다.

"18 하늘과 땅의 모든 권세를 내게 주셨으니 19 그러므로 너희는 가서 모든 민족을 제자로 삼아 아버지와 아들과 성령의 이름으로 세례를 베풀고 20 내가 너희에게 분부한 모든 것을 가르쳐 지키게 하라 볼지어다 내가 세상 끝날까지 너희와 항상 함께 있으리라"(18-20절).

마태복음 28:18-20에서 하늘과 땅의 모든 권세를 주신 예수님이 항상 함께 하는 사람이 할 일을 명령하셨습니다.

① 가서 모든 민족을 제자로 삼아야 합니다(19절).
② 아버지와 아들과 성령의 이름으로 세례를 베풀어야 합니다(19절).
③ 예수님이 분부한 모든 것을 가르쳐 지키게 해야 합니다(20절).

결론

여러분, 예수님 말씀하시던 대로 살아나셨습니다. 예수님은 영원한 생명의 주인이십니다. 이렇듯 그 자신이 생명이신 예수님이신지라, 죽은 자 가운데서 다시 부활하신 것입니다.

여러분, 우리 예수님의 부활이 사실이라면, 우리의 신앙이 견고하며 흔들리지 말아야 합니다. 사도 바울은 우리들에게도 부활 신앙이 있다면, 견고하게 서서 흔들리지 말라고 했습니다. 그러므로 우리들은 엠마오로 가던 두 제자같이, 실의에 빠져 공허한 삶을 살지 말고, 부활의 소망 속에 기쁨으로 살아야 할 것입니다. 또한 주의 일에 더욱 힘쓰는 자가 되어야 합니다. 예수님의 제자들과 초대교회 신자들은 두 가지 사건 때문에 힘을 얻고, 주님과 교회를 위해 힘써 일할 수 있었습니다. 하나는 부활하신 주님을 만났기 때문이고, 다른 하나는 성령을 받았기 때문이었습니다.

여러분, 우리가 정말 부활을 믿는다면, 우리가 할 일이 무엇입니까? 부활 신앙의 전파자가 되어야 합니다. 내가 만난 예수, 나를 변화시킨 예수, 내 삶을 바꿔 준 예수, 인생을 바꿔 준 예수, 이 예수님을 전하는 삶이 부활 신앙의 삶입니다.

부활하신 주님을 만난 사람들의 공통적인 반응이 무엇입니까?

그것은 부활의 기쁜 소식을 전하는 전도였습니다. 부활하신 예수님이 제자들에게 마지막 부탁하신 말씀도 "너희는 온 천하에 다니며, 만민에게 복음을 전파하라"였습니다. 천사들 역시 부활의 소식을 빨리 가서 전하라고 했습니다.

"빨리 가서 그의 제자들에게 이르되, 그가 죽은 자 가운데서 살아나셨고, 너희보다 먼저 갈릴리로 가시나니, 거기서 너희가 뵈오리라 하라"(7절). 그러므로 구원받은 여러분, 은혜 받은 여러분, 부활의 주님을 모시고 예수 십자가와 부활의 증인들이 꼭 되시기를 바랍니다. 할렐루야! 아멘!

적용과 나눔

오늘 가르침에서 새롭게 깨달은 것 중 개인적으로 적용하여 실천하고자 하는 것을 기록한 후 서로 나누어 봅시다.

기도

성령님의 능력으로 감당하도록 간절히 부르짖고 기도합시다.

제2부

마가복음

제29장 | 마가복음 1장 강론

세례 요한이 전파한 메시지

> 마가복음 1:1-45
> 새찬송가 200, 205, 285, 340, 396, 428, 505장

● 마가복음 전체 구조

　마가복음은 '종으로 오신 예수님'이라는 주제로 16장까지 기록되었는데 전반부는 1-10장은 봉사하시는 예수님을, 후반부 11-16장은 희생하시는 예수님을 주요 내용으로 기록되었습니다.

● 마가복음 1장 주제: 종의 출현

● 마가복음 1장의 구조와 내용

　마가복음 1장의 구조와 내용은 종의 사역 준비(1-13절), 제자를 부르심(14-20절), 종의 권능(21-45절)입니다.
　마가복음은 마가에 의해서 기록되었습니다. 그러나 마가복음 자체는 그 사실을 명시하지 않고 있습니다. 사실 마가라는 이름 자체가 마가복음에는 단 한 번도 등장하지를 않습니다. 이와 같은 사정은 다른 복음서라고 해서 다를 바가 없습니다. 마태복음에는 마태가 등장하지만, 그가 그 복음서를 기록했다고 기록하지 않습니다. 누가복음에는 누가라는 이름이 아예 나오지를 않습니다. 요한복음에도 요한이라는 이름은 등장하지 않고, 단지 "예수님의 사랑하는 제자" 등의 익명으로만 나올 뿐입니다.
　그럼에도 불구하고 초대교회 때부터 각 복음서의 사본 맨 위에는 언제나

마태복음, 마가복음, 누가복음, 요한복음이라는 책명이 붙어 있어 왔습니다. 그리고 모든 성도들도 그 책명에 있는 인물이 그 복음서를 기록했다는 사실을 조금도 믿어 의심치 않았습니다.

그러면 왜 복음서의 기자들은 자신들이 그 복음서를 기록했다는 것을 밝히지 않았을까요?

그들은 복음서를 기록만 했을 뿐, 모든 복음서의 원 저자는 하나님이시기 때문이었습니다. 그러기에 그들은 모든 영광을 오로지 하나님께만 돌리기를 바랐던 것입니다. 베드로후서 1:21은 다음과 같이 말씀합니다.

"예언은 언제든지 사람의 뜻으로 낸 것이 아니요 오직 성령의 감동하심을 받은 사람들이 하나님께 받아 말한 것임이라"(벧후 1:21).

여기서의 예언은 성경을 가리킵니다. 모든 성경은 성령의 감동하심을 받은 사람들이 하나님께 받아서 말한 것입니다. 모든 복음서의 원 저자는 하나님이십니다. 그러기에 자신들을 드러내지 않고, 하나님께 모든 영광을 돌렸던 것입니다.

마가는 예수님을 '인자'로 소개합니다. 이것은 마가복음 전체의 주제를 결정짓는 표제어라 할 수 있습니다. 즉 마가는 이방인(특히 로마인)을 주요 독자로 삼아 그들에게 하나님의 종으로서의 예수님의 사역을 설명하고자 했습니다.

마가복음은 흔히 '행동의 복음'으로 일컬어지는데, 이는 첫 장에서부터 서론을 생략하고 세례 요한의 사역과 그것에 연이은 예수님의 활동을 기록하고 있기 때문입니다. 특히 마가는 베드로의 장모와 나병환자에 대한 치유 사역을 통해서 인간의 모든 질고를 담당하기 위해 오신 종으로서의 예수님의 모습을 초반부터 강력히 부각시키고 있습니다.

● 마가복음 1장 주요 메시지

마가복음 1:1-8은 세례 요한이 전파한 메시지를 보여 주는데, 다음과 같습니다.

"그가 전파하여 이르되 나보다 능력 많으신 이가 내 뒤에 오시나니 나는 굽혀 그의 신발 끈을 풀기도 감당하지 못하겠노라"(7절).

① 세례 요한은 예수님이 자신보다 능력이 많으신 분이라고 했습니다(7절).

② 세례 요한은 굽혀 예수님의 신발 끈을 풀기도 감당하지 못하겠다고 했습니다(7절).
③ 세례 요한은 자신은 물로 세례를 베풀었으나 예수님은 성령으로 세례를 베푸실 것이라고 했습니다(8절).

마가복음 1:9-11은 세례 요한이 전파한 예수님이 세례를 받으심을 보여 주는데 다음과 같습니다.
"그 때에 예수께서 갈릴리 나사렛으로부터 와서 요단강에서 요한에게 세례를 받으시고"(9절)

① 하늘이 갈라짐이 보였습니다(10절).
② 성령이 비둘기같이 내려오심이 보였습니다(10절).
"곧 물에서 올라오실새 하늘이 갈라짐과 성령이 비둘기 같이 자기에게 내려오심을 보시더니"(10절).
③ 하늘로부터 소리가 나기를 "너는 내 사랑하는 아들이라 내가 너를 기뻐하노라"라고 했습니다(11절).

마가복음 1:14-34은 예수께서 갈릴리에 오셔서 하나님의 복음을 전파하심을 보여 줍니다.
"요한이 잡힌 후 예수께서 갈릴리에 오셔서 하나님의 복음을 전파하여"(14절).
예수께서 갈릴리에 오셔서 전파한 하나님의 복음과 사역 내용은 다음과 같습니다.

① "하나님 나라가 가까이 왔으니 회개하고 복음을 믿으라"(15절).
② "나를 따라오라 내가 너희를 사람을 낚는 어부가 되게 하리라"(17절).
③ 안식일에 회당에 들어가 가르치셨습니다(21-22절).
"21 그들이 가버나움에 들어가니라 예수께서 곧 안식일에 회당에 들어가 가르치시매 22 뭇 사람이 그의 교훈에 놀라니 이는 그가 가르치시는 것이 권위 있는 자와 같고 서기관들과 같지 아니함일러라"(21-22절).
④ 더러운 귀신을 꾸짖어 쫓아내셨습니다(23, 25-26절).

"²³ 마침 그들의 회당에 더러운 귀신 들린 사람이 있어 소리 질러 이르되 … ²⁵ 예수께서 꾸짖어 이르시되 잠잠하고 그 사람에게서 나오라 하시니 ²⁶ 더러운 귀신이 그 사람에게 경련을 일으키고 큰 소리를 지르며 나오는지라"(23, 25-26절).

⑤ 시몬의 장모의 열병 고쳐 주셨습니다(29-31절).

"²⁹ 회당에서 나와 곧 야고보와 요한과 함께 시몬과 안드레의 집에 들어가시니 ³⁰ 시몬의 장모가 열병으로 누워 있는지라 사람들이 곧 그 여자에 대하여 예수께 여짜온대 ³¹ 나아가사 그 손을 잡아 일으키시니 열병이 떠나고 여자가 그들에게 수종드니라"(29-31절).

마가복음 1:35-45을 보면, 갈릴리에 오셔서 하나님의 복음을 전파시고 사역하신 예수님은 새벽에 한적한 곳으로 가서 기도하셨습니다(35절).

"새벽 아직도 밝기 전에 예수께서 일어나 나가 한적한 곳으로 가사 거기서 기도하시더니"(35절).

예수님이 기도하신 이유는 다음과 같습니다.

① 전도하시기 위해서입니다(38절).
② 귀신들을 내쫓으시기 위해서입니다(39절).
③ 나병환자를 깨끗하게 하시기 위해서입니다(40-45절).

"⁴⁰ 한 나병환자가 예수께 와서 꿇어 엎드려 간구하여 이르되 원하시면 저를 깨끗하게 하실 수 있나이다 ⁴¹ 예수께서 불쌍히 여기사 손을 내밀어 그에게 대시며 이르시되 내가 원하노니 깨끗함을 받으라 하시니 ⁴² 곧 나병이 그 사람에게서 떠나가고 깨끗하여진지라"(40-42절).

결론

여러분, 본문은 세례 요한이 전파한 메시지를 보여 줍니다. 예수님은 세례 요한을 가리켜 '선지자보다 나은 자'(마 11:9)라고 말씀하셨고, '여자가 낳은 자 중에 세례 요한보다 큰 이가 없도다'(마 11:11)라고 하셨습니다. 실로 세례 요한은 구약의 말라기 선지자 이후 무려 사백 년이 지난 후 나타난 특출한 선지자였습니다. 그는 하나님께서 예수 그리스도 앞에 보내신 하나님의 사자로서 예수님의 선구자였습니다. 그리고 세례 요한의 설교는 선지자적인 설교였습니다.

"너희는 주의 길을 준비하라 그의 오실 길을 곧게 하라 너희는 회개하고 세례를 받으라."

존 칼빈은 "설교 없이는 구원도 없다"고 말하였으며, 존 스토트는 "하나님은 설교를 통해 사람을 만나시며 구원하신다"라고 했습니다. 광야에서 외친 세례 요한의 선지자적 설교, 이 이상으로 더 나은 설교는 없습니다. 광야에서 외치는 자의 소리 곧 광야에서 외치는 자의 선지자적 설교대로 주님의 오실 길을 준비하고 곧게 하며 회개하고 성령의 세례를 받음으로 예수 그리스도의 강림과 임재를 통해 하나님을 만나고 복음의 은혜를 체험하시기를 성령님으로 세례를 베푸시는 구주 예수님의 이름으로 축원합니다. 할렐루야! 아멘!

적용과 나눔

오늘 가르침에서 새롭게 깨달은 것 중 개인적으로 적용하여 실천하고자 하는 것을 기록한 후 서로 나누어 봅시다.

기도

성령님의 능력으로 감당하도록 간절히 부르짖고 기도합시다.

제30장 | 마가복음 2장 강론

예수님이 가지신 권세

> 마가복음 2:1-28
> 새찬송가 200, 205, 285, 340, 396, 428, 505장

● **마가복음 2장 주제: 종에 대한 핍박**

● **마가복음 2장의 구조와 내용**

    마가복음 2장의 구조와 내용은 중풍병자를 고치심(1-12절), 세리 마태를 부르심(13-17절), 금식과 안식일 논쟁(18-28절)입니다.

    유대인들의 전통적인 견해에 의하면 하나님만이 죄를 사하실 수 있었습니다. 그러나 주님은 중풍병자 치유 사건을 통해서 죄 사함의 권세가 자신에게 있음을 분명히 하셨습니다. 예수님은 단순한 의사가 아니라 인류의 근원적인 질병(죄)을 고치시는 구속자이십니다. 후반부에 나오는 금식과 안식일 논쟁은 의식과 전통보다는 인간과 그 내면 상태를 중시하는 주님의 태도를 나타냈습니다. 특히 주님께서 스스로를 안식일의 주인이라 천명하심(28절)은 인자의 권세가 성부와 하나(요 10:30)이며 자신이 모든 사물과 제도의 근원임을 나타내신 것입니다.

    예수님의 사역은 갈릴리 호수 주변을 중심으로 이루어졌습니다. 예수님은 가르치시고, 병자를 치유하시고, 귀신을 쫓아내시면서 하나님 나라를 선포하시고 복음을 알리셨습니다. 그리고 주님은 다시 가버나움으로 오십니다. 오늘 말씀은 중풍병자가 나은 사건을 소개합니다.

    가버나움은 성경의 나훔 선지자가 이곳에서 태어났기에 마을이라는

단어와 나훔 선지자의 이름이 합쳐 불려진 이름입니다. 가버나움은 매우 유명한 동네였습니다. 이곳은 갈릴리 호수에서 가장 번성했던 도시였습니다. 헬몬산의 물이 이곳을 통해 갈릴리로 들어오기 때문에 그 물에는 플랑크톤과 유기물이 함유되어 있어서 물고기들이 몰려드는 장소입니다.

   예수님의 권세와 능력을 경험한 사람들의 소문 때문에 사람들은 예수님이 계신 집 안으로 들어왔고 문 앞에 들어설 자리까지 부족했습니다. 예수님은 그 사람들을 대상으로 말씀을 가르치기 시작하셨습니다. 그때에 네 사람이 한 중풍병자를 데리고 옵니다. 그런데 사람이 너무 많아서 그들이 주님께 갈 수 없는 상황이었습니다.

   하지만, 그들은 아이디어를 생각해 내고 예수님께서 가르치고 계신 집 지붕을 뜯어내서 환자를 위에서부터 달아 내립니다. 지붕을 뚫고 중풍병자를 내렸기에 주님과 거기 모인 사람들은 불쾌했을 수도 있습니다. 설교하시는 데 진흙이 떨어지고, 먼지가 나고 설교가 방해될 수도 있습니다. 사람들도 당황했을 것입니다. 주인은 더욱 황당했겠지요. 하지만 예수님은 그들의 믿음을 보셨습니다. 그리고 "네 죄 사함을 받았느니라"라고 말씀하십니다.

   그곳에 이 장면을 목격한 서기관들 몇 명이 있었습니다. 그들은 속으로 "네 죄 사함을 받았느니라"라는 예수님의 말이 거슬렸습니다. 즉 신성모독이라는 것입니다. 예수님은 그들의 생각을 아시고 자신을 표현하십니다. 그리고 중풍병자를 치료해 주십니다. 중풍병자는 모든 사람이 보는 앞에서 자리를 걷고 나갑니다.

   오늘 말씀에서 하나님이신 예수님이 사역하시면서 나타내고자 한 것이 본격적으로 몇 가지가 드러납니다.

   첫째, 주님의 사역 속에서 믿음의 중요성을 나타내기 시작했습니다.

   둘째, 예수님의 정체가 점점 드러나기 시작했습니다.

   셋째, 그리하여 주님을 적극적으로 불신하는, 대적하는 사람들이 나타나기 시작합니다.

   오늘 말씀에서 주님이 우리에게 말씀하시고자 하시는 것, 가장 중요한 것은 믿음입니다. 믿음에 대해 몇 가지가 나타납니다.

   첫째, 친구들의 믿음의 소중함입니다(5절). 예수님은 병자를 데려온 친구들의 믿음을 보시고 고쳐 주셨습니다.

둘째, 믿음이란 예수님께 찾아오는 것입니다. 친구들은 소문을 듣고 중풍병자를 예수님께 데려옵니다.

친구들의 초점이 어디에 있었습니까?

예수님께 있었습니다. 주님께로 향하는 자체가 그들에게 귀중한 믿음이었습니다.

셋째, 믿음을 가진 사람은 장애물을 극복합니다. 믿음을 가진 사람에게는 꼭 닥쳐오는 것은 장애물입니다.

넷째, 믿음의 결과는 하나님께 영광을 돌리는 것으로 나타납니다. 결국, 믿음의 결과는 하나님의 역사로 나타납니다. 그리고 하나님께서 영광을 받으십니다.

"그가 일어나 곧 상을 가지고 모든 사람 앞에서 나가거늘 그들이 다 놀라 하나님께 영광을 돌리며 이르되 우리가 이런 일을 도무지 보지 못하였다 하더라"(12절).

중풍병자의 치유로 인해 모인 사람들이 모두 놀랍니다. 그리고 하나님께 영광을 돌립니다. 믿음의 궁극적인 모습은 하나님께 영광을 올려드리는 것입니다. 무엇보다 결과가 좋든 싫든 상관없이 하나님께서 영광을 받으시는 것입니다.

●마가복음 2장 주요 메시지

마가복음 2:1-12은 예수님이 가지신 권세를 보여 줍니다.

"그러나 인자가 땅에서 죄를 사하는 권세가 있는 줄을 너희로 알게 하려 하노라 하시고 중풍병자에게 말씀하시되"(10절).

예수님의 권세는 다음과 같습니다.

① 사람들의 믿음을 보시는 권세입니다(5절).
  "예수께서 그들의 믿음을 보시고 중풍병자에게 이르시되 작은 자야 네 죄 사함을 받았느니라 하시니"(5절).
② 사람의 중심을 아시는 권세입니다(8절).
  "그들이 속으로 이렇게 생각하는 줄을 예수께서 곧 중심에 아시고 이르시되 어찌하여 이것을 마음에 생각하느냐"(8절).
③ 죄를 사하는 권세입니다(10절).

"그러나 인자가 땅에서 죄를 사하는 권세가 있는 줄을 너희로 알게 하려 하노라 하시고 중풍병자에게 말씀하시되"(10절).
"예수께서 그들의 믿음을 보시고 중풍병자에게 이르시되 작은 자야 네 죄 사함을 받았느니라 하시니"(5절).

마가복음 2:13-17은 예수님이 오신 목적을 가르쳐 주는데, 다음과 같습니다.

① 천국을 가르치시기 위해서입니다(13절).
"예수께서 다시 바닷가에 나가시매 큰 무리가 나왔거늘 예수께서 그들을 가르치시니라"(13절).
② 병든 자를 고치기 위해서입니다(17절).
③ 죄인을 부르러 위해서입니다(17절).
"예수께서 들으시고 그들에게 이르시되 건강한 자에게는 의사가 쓸 데 없고 병든 자에게라야 쓸 데 있느니라 나는 의인을 부르러 온 것이 아니요 죄인을 부르러 왔노라 하시니라"(17절).

결론

여러분, 본문은 예수님이 가지신 권세를 보여 줍니다. 우리는 본문에서 중요한 질문 한 가지를 할 수 있습니다.
많은 신학지식, 성경지식이 중요한가?
하나님만을 바라보는 믿음이 중요한가?
우리는 오늘 말씀에서 우리를 위해 고난의 길을 걸어가신 인자이신 주님이 우리를 위해 사명을 따라 충실하게 삶을 사시는 모습을 봅니다. 주님은 우리의 믿음을 기다리고 계시며 역사를 준비하십니다. 또한 주님은 우리의 모든 생각과 마음을 읽고 계십니다. 주님은 높으신 권세로 우리의 모든 죄를 사하시며 우리의 모든 문제를 해결하시는 능력이 있으십니다.
주님을 믿으십니까?
주님이 우리에게 말씀하시는 것은 믿음의 행동입니다. 믿음의 행동을 가져야 합니다.
"진실로 너희에게 이르노니 너희가 만일 믿음이 한 겨자씨만큼만 있으면 이 산을 명하여 여기서 저기로 옮기라 하여도 옮길 것이요 또 너희가 못할 것이 없으리라"(마 17:20).

"주께서 가라사대 너희에게 겨자씨 한 알만한 믿음이 있었더면 이 뽕나무더러 뿌리가 뽑혀 바다에 심기우라 하였을 것이요 그것이 너희에게 순종하였으리라"(눅 17:6).

결과나 상황에 대해 따지기보다 순수한 믿음을 갖는 여러분 되시기를 바랍니다. 그리스도인이란 은혜로 사는 사람들입니다. 예수님은 치유하시고 회복시키시는 분이십니다. 믿음생활은 치유 받고, 회복되어 기쁨을 누리는 것입니다.

여러분을 가로막는 두터운 벽들을 깨뜨리고 지붕을 뚫는 믿음으로 헤쳐 나가 은혜의 주님을 만나는 복된 성도들이 되기를 축복합니다. 우리는 은혜로 사는 사람들이라는 믿음을 경험하시고 그 믿음을 가르치는 여러분 되시기 바랍니다. 할렐루야! 아멘!

적용과 나눔
오늘 가르침에서 새롭게 깨달은 것 중 개인적으로 적용하여 실천하고자 하는 것을 기록한 후 서로 나누어 봅시다.

기도
성령님의 능력으로 감당하도록 간절히 부르짖고 기도합시다.

제31장 | 마가복음 3장 강론

안식일의 주인 되신 예수님이 안식일에 할 일을 가르쳐 주셨습니다

> 마가복음 3:1-35
> 새찬송가 200, 205, 285, 340, 396, 428, 505장

● 마가복음 3장 주제: 종의 사역 확장과 핍박 받음

● 마가복음 3장의 구조와 내용

마가복음 3장의 구조와 내용은 안식일 논쟁(1-6절), 바다로 물러가심(7-12절), 열두 제자 세우심(13-19절), 바알세불의 논쟁(20-30절), 영적 가족(31-35절)입니다.

주의 치유 기사가 주를 이룬 가운데 열두 제자 선택 사건이 중간에 삽입되어 있습니다. 앞 장에서와 마찬가지로 주님의 치유 사역에는 당시 종교 지도자들과의 논쟁이 첨가되어 있습니다. 특이한 점은 주님의 치유 사역을 부인하는 자들뿐만 아니라 그것을 긍정적으로 판단하는 부류도 등장하고 있다는 사실입니다(7-11절).

여하튼 당시의 민중은 '주와 함께 할 것인가 아니면 반대할 것인가'(눅 9:50)를 결정해야 했습니다. 11절은 불의의 세력을 정복하려 오신 주님의 구속 목적과 주님의 메시아 되심에 대한 증언입니다.

"바리새인들이 나가서 곧 헤롯당과 함께 어떻게 하여 예수를 죽일까 의논하니라"(6절).

바리새인들과 헤롯당은 이미 예수님을 죽이기로 결정을 내렸습니다. 다만 그 방법만 남았을 뿐이었습니다.

도대체 예수님이 무엇을 잘못하셨습니까?

그동안 예수님은 많은 사람들의 병을 고쳐 주셨습니다. 예수님은 더러운 귀신들도 내쫓아 주셨습니다. 아울러 예수님은 사람들에게 구원의 기쁜 소식, 곧 복음을 전파하셨습니다.

그런데도 왜 그들은 예수님을 죽이려고 작정했습니까?

"유대인들이 이로 말미암아 더욱 예수를 죽이고자 하니 이는 안식일을 범할 뿐만 아니라 하나님을 자기의 친 아버지라 하여 자기를 하나님과 동등으로 삼으심이러라"(요 5:18).

여기에 예수님을 죽이고자 하는 유대인들이 나옵니다. 여기서 말하는 유대인들은 유대교를 신봉하는 자들을 일컫습니다. 그 대표적인 사람들이 바리새인들이었습니다. 바리새인들이 예수님을 죽이고자 하는 이유가 있습니다.

첫째, 예수님이 안식일을 범한다고 보았기 때문입니다.

둘째, 예수님이 신성모독을 한다고 보았기 때문입니다. 예수님은 공공연하게 하나님을 "내 아버지"라고 칭하셨습니다.

셋째, 예수님은 "나와 아버지는 하나이니라"(요 10:30)라고 하셨습니다. 바리새인들은 예수님이 감히 자기를 하나님과 동등으로 삼는다고 여겼습니다.

넷째, 예수님은 한 중풍병자에게, "네 죄 사함을 받았느니라"(막 2:5)고 말씀하셨습니다.

다섯째, 예수님은 "인자는 안식일에도 주인이니라"(막 2:28)고 하셨습니다. 이와 같은 말씀들을 통해서, 예수님은 자신이 하나님이심을 밝히셨습니다. 출애굽기 34:14에서 안식일을 더럽히는 자는 모두 죽이라 명령이 있습니다. 바리새인들은 예수님이 안식일을 범한다고 보았습니다. 게다가 바리새인들은 예수님이 명백하게 신성모독을 했다고 보았습니다. 그러기에 그들은 예수님을 죽여야 마땅하다고 생각했습니다.

이에 대해서 예수님은 어떠한 반응을 보이셨습니까?

물론 예수님은 바리새인들이 자기를 죽이려 한다는 것을 알고 계셨습니다. 그럼에도 불구하고 예수님은 그들과 타협을 하시거나, 그들을 달래기 위한 회유책을 쓰지 아니하셨습니다. 하나님은 거룩하시기에, 하나님에게는 거짓이 있을 수가 없습니다. 예수님은 진리 자체이십니다. 그러므로 언제나 예수님은 진리만을 말씀하시며, 진리만을 따라서 행하셨습니다.

그 어떠한 고통이 따르더라도, 예수님은 언제나 진리를 밝히 드러내셨습니다.

예수님을 따라서, 우리도 늘 진리 안에서 참되게 살아갑시다. 또한 도마의 고백처럼, "예수님은 나의 주님이시며, 나의 하나님이십니다"(요 20:28)라고 분명하게 고백합시다.

1절을 보면, 예수님께서 다시 갈릴리의 어느 회당에 들어가시니 한쪽 손 마른 사람이 거기 있는데, 때는 안식일이었습니다. 예수님은 손 마른 사람에게 "네 손을 내밀라"는 말씀만 하셨습니다. 그러자 모든 사람들이 지켜보는 가운데, 그의 마른 손이 즉시 성한 손, 정상적인 손, 건강한 손으로 회복되었습니다.

이때 지각이 있는 사람이라면, 어떠한 반응을 보여야 마땅하겠습니까? "예수님은 하나님이심이 분명하다. 하나님이 아니시고야, 어떻게 이와 같은 기적, 오직 하나님만이 행하시는 창조의 역사를 예수님이 행하실 수 있단 말인가?"

그리고 예수님께 엎드려 경배해야 옳았습니다. 아울러 다음과 같이 고백해야 마땅했습니다.

"예수님은 나의 주님이시며, 예수님은 나의 하나님이십니다."

그러나 오늘 본문을 보면, 바리새인들은 정반대의 반응을 보였습니다. 누가복음 6:11은 "그들은 노기가 가득하여"라고 했습니다. 그들의 마음은 그만큼 완악했습니다. 그들은 회당에서 나가 곧 헤롯당을 만났습니다. 그리고는 힘을 합려 어떻게 예수님을 죽일지를 의논했습니다.

여기에 나오는 헤롯당은 유대교의 종파가 아니었습니다. 당시의 유대교는 네 파로 나누어졌습니다. 바리새파, 사두개파, 에세네파, 그리고 열심당파였습니다. 헤롯당은 종교와는 아무런 상관이 없는 일종의 정치 세력이었습니다. 헤롯당은 로마를 등에 업고서, 정치권력을 즐기던 속물들이었습니다. 따라서 이들 둘은 결코 어울릴 수 없는 사이였습니다.

그렇지만 바리새인들이 헤롯당과 손을 잡을 수밖에 없는 이유가 있었습니다. 그 당시 바리새인들에게는 사람을 죽일 권한이 없었습니다. 사람을 죽일 수 있는 권한은 오로지 로마 정부에게만 있었습니다. 바리새인들은 당장이라도 예수님을 죽이고 싶었지만, 어쩔 수 없이 로마를 등에 업고 있는 헤롯당과 의논할 수밖에 없었습니다.

● 마가복음 3장 주요 메시지

마가복음 3:1-6에서 안식일의 주인 되신 예수님이 안식일에 할 일을 가르쳐 주시는데, 다음과 같습니다.

① 선행입니다(4절. 약 4:17은 선을 행하지 아니하면 죄라고 합니다).
② 생명을 구하는 일입니다(4절).
③ 회복하는 일입니다(5절).

마가복음 3:13-19을 보면, 안식일의 주인 되신 예수님이 안식일에 할 일을 가르치신 후에 열두 제자를 세우셨습니다.
"13 또 산에 오르사 자기가 원하는 자들을 부르시니 나아온지라 14 이에 열둘을 세우셨으니 이는 자기와 함께 있게 하시고 또 보내사 전도도 하며"(13, 14절).
열두 제자를 세우신 목적은 다음과 같습니다.

① 자기와 함께 있게 하시기 위함입니다(14절, 기도, 말씀 묵상).
② 보내사 전도를 하게 하시기 위함입니다(14절).
③ 귀신을 내쫓는 권능도 가지게 하시기 위함입니다(15절).
"귀신을 내쫓는 권능도 가지게 하려 하심이러라"(15절).

성령에게 이끌려 치유 사역을 하신 예수님은 마가복음 3:20-30에서 다음과 같이 말씀하십니다.
"누구든지 성령을 모독하는 자는 영원히 사하심을 얻지 못하고 영원한 죄가 되느니라"(29절).
예수님이 성령에 이끌려 치유 사역을 하시자 대적자들의 반응은 다음과 같습니다.

① 예수님을 미쳤다고 했습니다(21절).
② 예수님이 귀신의 왕을 힘입어 귀신을 쫓아낸다고 했습니다(22절).
③ 예수님이 더러운 귀신이 들렸다고 했습니다(30절).

결론

여러분, 안식일의 주인 되신 예수님이 안식일에 할 일을 가르쳐 주십니다. 안식일 주일은 육신의 고통에서, 죄와 죽음의 두려움에서 회복되는 날입니다. 가정의 회복도, 직장의 어려움도 하나님의 능력으로 회복되는 날입니다. 우리들의 허물을 주님 앞에 고백함으로 죄 사함의 선언이 이루어져야 합니다. 우리의 연약한 몸과 상한 마음이 참으로 회복되는 날이어야 합니다. 하나님을 믿지 못했던 자들이 하나님의 말씀을 듣고 마음이 활짝 열려져서 그 영혼이 회복되는 생명의 역사가 이루어 져야 합니다. 할렐루야! 아멘!

적용과 나눔

오늘 가르침에서 새롭게 깨달은 것 중 개인적으로 적용하여 실천하고자 하는 것을 기록한 후 서로 나누어 봅시다.

기도

성령님의 능력으로 감당하도록 간절히 부르짖고 기도합시다.

제32장 | 마가복음 4장 강론

예수께서 가르치시는 씨 뿌리는 비유

마가복음 4:1-41
새찬송가 200, 205, 285, 340, 396, 428, 505장

● 마가복음 4장 주제: 예수님의 비유, 하나님 나라를 가르치시는 능력의 예수님

● 마가복음 4장의 구조와 내용

　마가복음 4장의 구조와 내용은 씨 뿌리는 비유(1-20절), 등불의 비유(21-25절), 자라나는 씨앗 비유와 겨자씨 비유(26-34절), 바람을 꾸짖어 바다를 잔잔케 하심(35-41절)입니다.
　예수님은 사람들에게 영적 진리를 교훈하시기 위해 비유를 들어 설명하셨습니다. 이 경우 우리에게도 익숙한 자연 사물과 생활 관습을 그 소재로 사용하셨습니다. 특히 천국의 실상과 본질에 대해 말씀하실 때에는 거의 비유로만 하셨는데 본 장의 천국 비유도 예외가 아닙니다.
　여기에 나타나는 세 가지 비유는 마태복음 13장에 나타나는 천국 비유와 그 취지가 동일합니다. 다만 다른 점은 마태가 언급한 누룩, 그물, 진주, 보화 비유를 과감히 생략하는 대신 풍랑을 잠잠케 하신 기사를 기록하고 있다는 점입니다. 사건을 간결하게 처리하고, 신학적 주제보다 행동(이적)에 치중한 저자의 의도가 여기서도 드러납니다.
　복음서에서 예수님께서 우리에게 전해 주신 비유로 분류할 수 있는 말씀은 41개나 됩니다. 비유만큼 알아듣기 쉬우면서도 그 의미를 생생하게 전하는 것도 없습니다. 1만 달란트와 1백 데나리온 빚진 자의 비유는 우리가

다른 사람을 용서해야 한다는 사실을 선명하게 만듭니다. 부자와 거지 나사로의 비유는 이 땅에 사는 동안 물질을 선하게 사용하는 것의 중요성을 충분히 각성시킵니다. 돌아온 탕자의 비유는 하나님 아버지의 사랑이 어떠하심을 매우 실감나게 그리고 있습니다. 예수님은 어렵지 않게 가르치셨습니다.

삶에 지친 민중들에게 딱딱한 교리나 이론적인 사변은 오히려 말씀으로부터 멀어지게 했을 것입니다. 이는 당시 서기관이나 랍비들과는 전혀 다른 교육 방식이었습니다. 예수님의 가르침이 그들보다 더 권위가 있었던 이유 중 하나는 그 가르침이 쉬웠습니다. 예수님은 삶에서 발견할 수 있는 소재들을 가지고 하늘나라에 대해 쉽게 설명해 주셨습니다.

● 마가복음 4장 주요 메시지

마가복음 4:1-9에서 예수님은 씨 뿌리는 비유를 가르쳐 주십니다.

"1 예수께서 다시 바닷가에서 가르치시니 큰 무리가 모여들거늘 예수께서 바다에 떠 있는 배에 올라 앉으시고 온 무리는 바닷가 육지에 있더라 2 이에 예수께서 여러 가지를 비유로 가르치시니 그 가르치시는 중에 그들에게 이르시되"(1-2절).

씨 뿌리는 자에 의해서 뿌려진 씨의 결과는 다음과 같습니다.

① "더러는 길 가에 떨어지매 새들이 와서 먹어 버렸고"(4절).
② "더러는 흙이 얕은 돌밭에 떨어지매 흙이 깊지 아니하므로 곧 싹이 나오나 해가 돋은 후에 타서 뿌리가 없으므로 말랐고"(5-6절).
③ "더러는 가시떨기에 떨어지매 가시가 자라 기운을 막으므로 결실하지 못하였고"(7절).
④ "더러는 좋은 땅에 떨어지매 자라 무성하여 결실하였으니 삼십 배나 육십 배나 백 배가 되었느니라 하시고"(8절).

마가복음 4:13-20에서 예수님이 씨 뿌리는 비유를 가르치신 이유는 말씀을 듣고 받아 결실하게 하기 위함입니다.

"좋은 땅에 뿌려졌다는 것은 곧 말씀을 듣고 받아 삼십 배나 육십 배나 백 배의 결실을 하는 자니라"(20절).

예수님은 결실하지 못하는 마음에 대하여 다음과 같이 설명하십니다.

① 길 가와 같은 마음(14-15절).
"14 뿌리는 자는 말씀을 뿌리는 것이라 15 말씀이 길 가에 뿌려졌다는 것은 이들을 가리킴이니 곧 말씀을 들었을 때에 사탄이 즉시 와서 그들에게 뿌려진 말씀을 빼앗는 것이요"(14-15절).

② 돌밭과 같은 마음(16절).
"또 이와 같이 돌밭에 뿌려졌다는 것은 이들을 가리킴이니 곧 말씀을 들을 때에 즉시 기쁨으로 받으나"(16절).

③ 가시떨기와 같은 마음(18, 19절).
"18 또 어떤 이는 가시떨기에 뿌려진 자니 이들은 말씀을 듣기는 하되 19 세상의 염려와 재물의 유혹과 기타 욕심이 들어와 말씀을 막아 결실하지 못하게 되는 자요"(18-19절).

④ 좋은 땅과 좋은 마음이 필요합니다(20절).
"좋은 땅에 뿌려졌다는 것은 곧 말씀을 듣고 받아 삼십 배나 육십 배나 백 배의 결실을 하는 자니라"(20절).

마가복음 4:26-29에서 예수님은 하나님 나라는 사람이 씨를 땅에 뿌림과 같다고 가르쳐 주십니다. 하나님 나라는 4가지 과정이 있습니다.

① 씨를 땅에 뿌리기(26절).
"또 이르시되 하나님의 나라는 사람이 씨를 땅에 뿌림과 같으니"(26절).

② 씨가 나서 자라기(27절).
"그가 밤낮 자고 깨고 하는 중에 씨가 나서 자라되 어떻게 그리 되는지를 알지 못하느니라"(27절).

③ 땅이 스스로 열매를 맺기(28절).
"땅이 스스로 열매를 맺되 처음에는 싹이요 다음에는 이삭이요 그 다음에는 이삭에 충실한 곡식이라"(28절).

④ 열매가 익으면 추수하기(29절).
"열매가 익으면 곧 낫을 대나니 이는 추수 때가 이르렀음이라"(29절).

마가복음 4:30-32에서 예수님은 하나님 나라는 겨자씨 한 알과 같다고 말씀하십니다.

"30 또 이르시되 우리가 하나님의 나라를 어떻게 비교하며 또 무슨 비유로 나타낼까 31 겨자씨 한 알과 같으니 땅에 심길 때에는 땅 위의 모든 씨보다 작은 것이로되"(30-31절).

겨자씨의 특징은 다음과 같습니다.

① 땅에 심길 때에 땅 위의 모든 씨보다 작습니다(31절).
② 심긴 후에 자라서 모든 풀보다 커집니다(32절).
③ 큰 가지를 냅니다(32절).

씨를 뿌리는 비유를 가르치신 예수님은 마가복음 4:35-41에서 큰 광풍을 아주 잔잔케 하셨습니다.
"37 큰 광풍이 일어나며 물결이 배에 부딪쳐 들어와 배에 가득하게 되었더라 … 39 예수께서 깨어 바람을 꾸짖으시며 바다더러 이르시되 잠잠하라 고요하라 하시니 바람이 그치고 아주 잔잔하여지더라"(37-39절).

광풍을 잔잔케 하는 방법은 다음과 같습니다.

① 예수님을 모셔야 합니다(36절).
② 예수님을 불러야 합니다(38절).
③ 예수님의 말씀이 선포되어야 합니다(39절).
  "예수께서 깨어 바람을 꾸짖으시며 바다더러 이르시되 잠잠하라 고요하라 하시니 바람이 그치고 아주 잔잔하여지더라"(39절).
④ 예수님이 함께 하심을 믿어야 합니다(40절).
  "이에 제자들에게 이르시되 어찌하여 이렇게 무서워하느냐 너희가 어찌 믿음이 없느냐 하시니"(40절).

결론

여러분, 예수님께서 씨 뿌리는 비유를 가르쳐 주십니다. 많은 사람들이 오늘 본문을 제대로 이해하지 못하거나, 잘못 이해합니다. 오늘 본문에 이 비유를 가리켜 "씨 뿌리는 비유," 또는 "씨 뿌리는 자의 비유"라고 부릅니다. 그러나 이 비유에서 예수님은 씨, 또는 씨를 뿌리는 자에 대해서는 아무런 말씀을 하지 아니하셨습니다.

오히려 이 비유에서 예수님은 여러 종류의 땅에 대해서만 자세하게 말씀하셨습니다. 오늘 본문에는 세 종류의 좋지 못한 땅과 세 종류의 좋은 땅이 등장합니다. 그러니까 이 비유의 초점은 씨 또는 씨를 뿌리는 자에 있지 않고, 씨가 뿌려지는 땅에 있습니다. 따라서 우리가 굳이 이 비유에 명칭을 부여한다면, "씨 뿌리는 비유"나 "씨 뿌리는 자의 비유"가 아니라 "여러 땅의 비유"라고 해야 타당할 것입니다.

비유가 무엇입니까?

쉽게 말하면, 어떤 사실을 표현하기 위해서 그와 비슷한 다른 사실을 예로 드는 것입니다. 예수님의 비유도 마찬가지입니다. 예수님은 깊고도 오묘한 영적 진리를 표현하시기 위하여, 살아가면서 일상적으로 접하는 단순한 일들을 예로 드셨습니다. 구약성경에도 비유가 나옵니다. 예컨대 다윗이 우리야의 아내 밧세바를 범했을 때, 나단 선지자가 그를 찾아와서 비유로 말했습니다.

마가복음 3:23에서 예수님은 예루살렘에서 내려온 서기관들을 불러서 비유로 말씀하셨습니다. 예수님은 비유를 들어, 자신이 사탄을 힘입어 귀신을 쫓아내는 것이 아님을 밝히셨습니다. 또한 예수님은 비유를 들어, 자신이 사탄보다 강한 자 곧 하나님이심을 밝히 가르쳐 주셨습니다. 할렐루야! 아멘!

적용과 나눔

오늘 가르침에서 새롭게 깨달은 것 중 개인적으로 적용하여 실천하고자 하는 것을 기록한 후 서로 나누어 봅시다.

기도

성령님의 능력으로 감당하도록 간절히 부르짖고 기도합시다.

제33장 | 마가복음 5장 강론

예수님은 믿음대로 되게 하십니다

> 마가복음 5:1-43
> 새찬송가 200, 205, 285, 340, 396, 428, 471, 505장

● **마가복음 5장 주제: 종의 권능**

● **마가복음 5장의 구조와 내용**

마가복음 5장의 구조와 내용은 귀신 들린 광인을 치유하심(1-20절), 회당장 야이로의 딸 살리심과 12해 혈루증 앓는 여인 치유하심(21-43절)입니다.

본 장은 거라사 광인, 혈루증 여인, 야이로의 딸과 관련된 예수님의 이적 모음집입니다. 이 세 가지 사건은 공통적으로 인간의 불가항력적인 한계 상황을 전제합니다. 즉 사악한 영에 지배당하고(거라사 광인), 불치의 병에 고통당하며(혈루증 여인), 죽음에 굴복한(야이로의 딸) 비참한 인간상입니다.

그러나 주님은 이 모두를 정복하심으로 자신의 신적인 권능은 물론이고 '우리 연약함을 체휼하신'(히 4:15) 치료자의 모습을 유감없이 보여 주셨습니다. 한편 거라사 광인 치유 사건이 이방인 거주 지역인 데가볼리에서 발생하였음은 주의 복음 사역이 이방으로 확장될 것을 예견케 해 줍니다 (행 26:17-18).

오늘날 사람들에게 "세상에 귀신이 있다고 생각하십니까?"라고 물으면 엇갈린 대답들이 나올 것입니다. 그러나 학문이 높고, 과학 원리를 알고, 철학을 논할 줄 안다고 여기는 사람일수록 귀신이 없다고 대답할 것입니다. 그러나 귀신은 분명히 존재합니다. 이 세상에는 수많은 사탄 마귀의 무리

들이 존재합니다.

그러나 한 가지 오해는 죽은 사람이 귀신이 된다고 생각하는 점입니다. 죽은 사람은 귀신이 되지는 않습니다. 무지와 대중문화의 영향으로 죽은 사람의 혼령을 귀신으로 착각하는 사람들이 많이 있는데 이는 터무니없는 거짓말입니다.

오늘 본문에 보면 한 청년에게 귀신이 들어갔습니다. 2절에서 '더러운 귀신 들린 사람' 라고 표현합니다. 귀신이 그 사람 속으로 들어갔는데, 한 귀신만 들어간 것이 아니라 많은 귀신이 들어갔습니다. 그 결과 그는 집을 뛰쳐나갑니다. 부끄러움도 개의치 않고 옷을 홀랑 벗어버립니다. 귀신에게 장악당한 그 청년의 삶은 한 마디로 비참한 삶입니다. 자신은 그렇게 하고 싶지 않지만, 귀신의 세력이 너무 강해서 귀신이 시키는 대로 끌려 다니는 것입니다.

누가 이 청년을 귀신의 세력에서 건져내겠습니까?

주님의 사역은 이 세상에 귀신의 세력을 멸하시기 위함입니다. 귀신의 미혹으로 인하여 죄가 세상에 들어왔고, 그 죄로 인하여 모든 사람들이 비참하게 되었는데, 주님은 오셔서 그 모든 죄악의 올무를 거두어 버리시고 자기 백성들로 하여금 영광스러운 복음 안에서 귀신의 세력을 제압하면서 살도록 구속을 이루셨습니다.

우리 주님께서 귀신의 모든 세력을 쫓아내시고, 그 청년의 마음에 은혜를 베풀어 주셨습니다. 그 청년은 옷을 입고 정신이 온전해졌습니다. 주님은 그를 가족과 함께 살도록 가정으로 돌려보내십니다. 그리고 자신에게 행하신 큰일을 증거 하도록 명하십니다.

주님께서 그 심령에 큰일을 행하셨습니다. 그 결과 그의 삶은 아주 복된 삶이 되었습니다. 이 청년은 육체로 오신 주님을 직접 만나므로 이런 큰 은혜를 입었습니다.

예수 그리스도를 마음에 영접하여 믿기로 결심한 그 순간부터 주님은 우리의 마음에 모든 사단의 세력들을 물리치시고, 거룩한 하나님의 새 백성으로 살도록 일하십니다. 이는 우리 인생에 가장 큰 일이었습니다. 주님은 우리들의 마음을 계속해서 붙잡으실 것입니다. 그래서 우리들이 죄악 된 생각을 품으면 책망하시면서 의로운 길로 인도하실 것입니다. 우리 안에서 이렇게 귀하신 일을 행하신 주님을 찬양합시다.

●마가복음 5장 주요 메시지

마가복음 5:1-20에서 예수님은 더러운 귀신 들린 사람을 온전케 하십니다.

"1 예수께서 바다 건너편 거라사인의 지방에 이르러 2 배에서 나오시매 곧 더러운 귀신 들린 사람이 무덤 사이에서 나와 예수를 만나니라"(1-2절).

더러운 귀신 들린 사람의 상태는 다음과 같습니다.

① 무덤 사이에 거처했습니다(3절, 정상적인 사람과 같이 살기를 거부했습니다).
"그 사람은 무덤 사이에 거처하는데 이제는 아무도 그를 쇠사슬로도 맬 수 없게 되었으니"(3절).
② 아무도 그를 쇠사슬로도 맬 수 없었습니다(3-4절, 야생의 포악한 짐승과 같은 상태입니다).
"이는 여러 번 고랑과 쇠사슬에 매였어도 쇠사슬을 끊고 고랑을 깨뜨렸음이러라 그리하여 아무도 그를 제어할 힘이 없는지라"(4절).
③ 밤낮 무덤 사이에서나 산에서 소리를 지르며 자기의 몸을 해쳤습니다 (5절, 자기 파괴적인 성향입니다).
"밤낮 무덤 사이에서나 산에서나 늘 소리 지르며 돌로 자기의 몸을 해치고 있었더라"(5절).
④ 예수님을 완강히 거절했습니다(7절).
"큰 소리로 부르짖어 이르되 지극히 높으신 하나님의 아들 예수여 나와 당신이 무슨 상관이 있나이까 원하건대 하나님 앞에 맹세하고 나를 괴롭히지 마옵소서 하니"(7절).

더러운 귀신이 떠난 후 그 청년의 상태는 다음과 같습니다.

① 정신이 온전해졌습니다(15절, 건강한 마음 올바른 판단력 가졌습니다).
"예수께 이르러 그 귀신 들렸던 자 곧 군대 귀신 지폈던 자가 옷을 입고 정신이 온전하여 앉은 것을 보고 두려워하더라"(15절).
② 예수께서 큰 일 행하신 것 전파했습니다(20절, 데가볼리 전도자가 되었습니다).
"그가 가서 예수께서 자기에게 어떻게 큰 일 행하셨는지를 데가볼리에

전파하니 모든 사람이 놀랍게 여기더라"(20절).

더러운 귀신 들린 사람에게서 귀신을 쫓아내 온전케 하신 예수님은 마가복음 5:21-43에서 믿음대로 되게 하심을 보여 주십니다.
"34 예수께서 이르시되 딸아 네 믿음이 너를 구원하였으니 평안히 가라 네 병에서 놓여 건강할지어다 … 36 예수께서 그 하는 말을 곁에서 들으시고 회당장에게 이르시되 두려워하지 말고 믿기만 하라 하시고"(34-36절. 참조. 마 9:18-34).

① 회당장 중의 하나인 야이로의 믿음은 다음과 같습니다.
첫째, 예수님을 보고 발아래 엎드렸습니다(22절).
둘째, 간곡히 구하였습니다(23절).
② 열두 해 혈루 증으로 앓아온 한 여자 믿음은 다음과 같습니다.
첫째, 예수님의 옷에 손을 대어도 구원 받으리라 생각했습니다(28절).
"이는 내가 그의 옷에만 손을 대어도 구원을 받으리라 생각함일러라"(28절).
둘째, 예수님 앞에 엎드려 여쭈었습니다(33절).
"여자가 자기에게 이루어진 일을 알고 두려워하여 떨며 와서 그 앞에 엎드려 모든 사실을 여쭈니"(33절).
셋째, 두려워하지 않고 믿기만 하는 믿음이었습니다(36절).
"예수께서 그 하는 말을 곁에서 들으시고 회당장에게 이르시되 두려워하지 말고 믿기만 하라 하시고"(36절).

결론

여러분, 예수님은 믿음대로 되게 하심을 보여 주십니다.
"믿음의 주요 또 온전하게 하시는 이인 예수를 바라보자!"(히 12:2)
예수님은 우리가 믿어야 할 구주이실 뿐 아니라 우리의 믿음을 온전하게 하시는 주님이십니다. 가장 먼저 예수님이 나의 유일한 구주시요 주님이시요 하나님의 아들이심을 확실하게 믿고, 그분을 사랑하고 존경해야 합니다. 그리고 항상 성령님을 통해 예수님께 가까이 나아가 교제해야 합니다. 그러면 우리의 믿음이 아주 건강하게 성장할 뿐 아니라 우리의 가족들과 이웃들의 믿음까지도 건강하게 성장하도록 잘 도울 수 있습니다. 복음서를 보면 예수님께서 믿음이 큰 자들을 칭찬하신 반면에 믿음이 작은 자들을 책망하셨습니다. 즉 예수님은 우리의 믿음이 크게 성장하기를 바라십니다. 성장하는 믿음을 갈라디아서 5:6에서는 "사랑으로써 역사하는 믿음"이라고 했습니다. 믿음이 성장할수록 하나님을 향한 사랑도 커가고 이웃을 향한 사랑도 커갑니다. 그런 사람이 자기도 행복하고 남도 행복하게 하는 사람입니다. 우리의 행복은 믿음의 성장과 비례합니다. 믿음이 크게 성장하여 주님과 이웃을 기쁘게 하는 자들이 되기 바랍니다. 할렐루야! 아멘!

적용과 나눔

오늘 가르침에서 새롭게 깨달은 것 중 개인적으로 적용하여 실천하고자 하는 것을 기록한 후 서로 나누어 봅시다.

기도

성령님의 능력으로 감당하도록 간절히 부르짖고 기도합시다.

제34장 | 마가복음 6장 강론

열두 제자를 부르사 보내시며 권능과 전도지침을 주셨습니다

마가복음 6:1-56
새찬송가 200, 205, 285, 340, 341, 428, 471, 505장

● 마가복음 6장 주제: 핍박과 예수님의 사역

● 마가복음 6장의 구조와 내용

마가복음 6장의 구조와 내용은 고향에서 배척당하심(1-6절), 열두 제자 파송(11-13절), 세례 요한의 순교(14-29절), 오병이어의 이적(30-44절), 바다 위를 걸으시고 병 고치심(45-56절)입니다.

예수님이 두 번째로 고향(나사렛)을 방문하신 사건이 초두에 소개됩니다. 그러나 이번에도 배척당하심으로써 주님의 제2차 갈릴리 전도 사역이 종결되었습니다(6절). 여기서부터 9:50까지는 제3차 갈릴리 사역을 다루고 있는데 마가는 열두 제자 파송 기사로 그 서장을 열고 있습니다(7-13절).

다음으로 세례 요한의 죽음이 비교적 자세히 언급되고 있는데, 이는 당시 지배 계층의 타락과 부도덕성을 신랄히 입증하기 위한 목적이 있습니다. 두 가지 기적 사건(오병이어, 물 위를 걸으심)은 자연계에 대한 주의 지배권을, 마지막에 나타나는 일종의 삽화성 치유 기사인 '병든 자에게라야 쓸데 있나니'(눅 5:31)는 주의 말씀을 연상시킵니다.

마가복음 5장까지는 예수님 공생애의 제1기라고 볼 수 있습니다. 주로 가버나움을 중심으로 하여서 갈릴리 바다를 왕래하셨습니다. 이제 6장에 들어서면서는 예수님의 활동하신 무대가 달라집니다. 잠시 고향인 나사렛에 향하

셨다가 갈릴리 일대를 방문하시고 바다 건너 벳새다로 가셨다가(45절), 53절을 보면 다시 돌아와 마가복음 7:24에는 북쪽 해안 지대인 두로와 시돈 지경을 여행하셨습니다.

그 후 마가복음 8:22에 보면 예수님은 먼 거리를 여행하여 요단강 북동부 데가볼리를 거쳐서 다시 바다를 건너 달마누다 지경으로 가셨습니다. 그 후에는 벳새다를 다시 방문하시고 가이사랴 빌립보 여러 동네를 찾으셨고 변화산이라 불리는 높은 산에 오르셨다가 갈릴리 가버나움으로 다시 돌아오셨습니다.

이와 같은 사실이 마가복음 6-9장의 대강 줄거리입니다. 이 시기를 예수님 공생애의 제2기라 할 수 있겠습니다. 이 시기에는 주로 제자들을 훈육하시는 데 관심을 기울이신 것 같습니다.

1절에 "거기"라고 한 곳은 가버나움일 것이고, 고향은 물론 나사렛을 의미합니다. 공생애에 나서시기 전 30년간을 사셨던 곳입니다. 이 고향 나사렛에 들려서 냉대 받으신 것입니다. 그런데, 누가복음에 보면 이것을 광야에서 시험받으신 직후인 마가복음 4:15-30에 기록하였고, 마태복음에는 갈릴리 전도의 마지막 때인 마가복음 13:52-58에 기록했습니다. 예수님께서 고향인 나사렛을 방문하신 것은 단순히 그가 자란 낡은 집이나 고향 사람들을 만나려는 개인적인 방문은 아니었습니다. 예수님은 그의 제자들과 함께 이곳에 오셨습니다. 그것은 예수님이 하나의 선생으로, 랍비로 오신 것을 말하여 줍니다. 랍비는 혼자 다니지 아니하였고 보통 그의 제자들과 함께 다니는 것이 유대인 랍비의 통례였습니다. 그런 의미에서 예수님은 하나의 선생으로 그의 제자들과 함께 나사렛에 오시게 되었던 것입니다.

● 마가복음 6장 주요 메시지

마가복음 6:1-6은 고향에서 예수님을 배척당하셨음을 전해 줍니다(6절). 고향에서 사람들이 예수님을 배척한 이유는 다음과 같습니다.

① 가르침을 받을 때 믿음이 없었기 때문입니다(1-2절).
② 권능을 행함을 볼 때 믿음이 없었기 때문입니다(2절).

"1 예수께서 거기를 떠나사 고향으로 가시니 제자들도 따르니라 2 안식일이 되어 회당에서 가르치시니 많은 사람이 듣고 놀라 이르되 이 사람이 어디서 이런 것을 얻었느냐 이 사람이 받은 지혜와 그 손으로 이루어지는 이런 권능이 어찌됨이냐"(1-2절).
③ 안수하고 고쳐 주셔도, 믿음이 없었기 때문입니다(5-6절).
"5 거기서는 아무 권능도 행하실 수 없어 다만 소수의 병자에게 안수하여 고치실 뿐이었고 6 그들이 믿지 않음을 이상히 여기셨더라 이에 모든 촌에 두루 다니시며 가르치시더라"(5-6절).

예수님은 고향(나사렛)을 방문하셔서 권능을 행하신 후 마가복음 6:7-13에서 열두 제자를 부르사 보내시며 둘씩 보내며 권능과 전도지침을 주셨습니다.
"열두 제자를 부르사 둘씩 둘씩 보내시며 더러운 귀신을 제어하는 권능을 주시고"(7절).
전도지침의 내용은 다음과 같습니다.

① 지팡이 외에는 아무것도 가지지 말아야 합니다(8-9절).
"8 명하시되 여행을 위하여 지팡이 외에는 양식이나 배낭이나 전대의 돈이나 아무것도 가지지 말며 9 신만 신고 두 벌 옷도 입지 말라 하시고"(8-9절).
② 누구의 집에 들어가거든 그곳을 떠나기 까지 거기 유해야 합니다(10절).
"또 이르시되 어디서든지 누구의 집에 들어가거든 그 곳을 떠나기까지 거기 유하라"(10절).
③ 영접하지 아니하고 말을 듣지 아니하거든 발 아래 먼지를 떨어버려야 합니다(11절).
"어느 곳에서든지 너희를 영접하지 아니하고 너희 말을 듣지도 아니하거든 거기서 나갈 때에 발 아래 먼지를 떨어버려 그들에게 증거를 삼으라 하시니"(11절).

제자들이 3가지 능력을 행했는데, 다음과 같습니다(12-13절).
"12 제자들이 나가서 회개하라 전파하고 13 많은 귀신을 쫓아내며 많은 병자에게 기름을 발라 고치더라"(12-13절).

① 회개하라고 선포했습니다.
② 많은 귀신을 쫓아냈습니다.
③ 많은 병자 고쳤습니다.

본문은 당시 지배 계층의 타락과 부도덕성을 신랄히 입증합니다. 마가복음 6:14-29에서 헤롯 왕이 세례 요한을 죽인 이유는 다음과 같습니다.

① 헤롯이 동생 빌립의 아내 헤로디아에게 장가든 부도덕한 생활 때문입니다(17절).
② 신앙대로 살지 않았기 때문입니다(20절). 그는 요한을 의롭고 거룩한 사람으로 여겨 요한을 두려워하여 보호하였고, 요한의 말을 들을 때에 크게 번민하면서도 달갑게 듣기는 했습니다.
③ 어리석은 맹세를 했기 때문입니다(22-26절).

마가복음 6:30-34에서 예수님은 전도 사역을 하고 돌아온 제자들에게 쉬라고 하십니다.
"이르시되 너희는 따로 한적한 곳에 가서 잠깐 쉬어라 하시니 이는 오고 가는 사람이 많아 음식 먹을 겨를도 없음이라"(31절).

① 사역을 마친 후에 쉬었습니다(31절, 참조, 6:7-13).
② 따로 한적한 곳에 가서 잠깐 쉬었습니다(31절).
③ 예수님과 함께 쉬었습니다(34절).

전도 사역을 하고 돌아온 제자들에게 쉬라고 하신 예수님은 목자 없는 양을 불쌍히 여기시고 오병이어의 기적으로 그들을 만족케 하시고 물 위를 걸으시어 자연계에 대한 지배권을 보여 주십니다.
마가복음 6:34-44에서 예수께서 목자 없는 양을 불쌍히 여기셔서 다음과 같이 행하셨습니다.

① 여러 가지로 가르치셨습니다(34절).
"예수께서 나오사 큰 무리를 보시고 그 목자 없는 양 같음으로 인하여

불쌍히 여기사 이에 여러 가지로 가르치시더라"(34절).
② 오병이어로 먹을 것을 해결해 주셨습니다(38-41절).
③ 다 배불리 먹게 하셨습니다(42-44절, 만족하며 행복하게 하셨습니다).

결론

여러분, 예수님은 열두 제자를 부르사 보내시며 권능과 전도지침을 주셨습니다.
"11 자기 땅에 오매 자기 백성이 영접하지 아니하였으나 12 영접하는 자 곧 그 이름을 믿는 자들에게는 하나님의 자녀가 되는 권세를 주셨으니"(요 1:11-12).
오늘날 이 세상 사람들은 대부분 나사렛 사람들처럼 예수님을 등지고 살아가는 형편 속에서도, 예수를 영접하는 자 그리고 예수를 믿는 자는 하나님의 자녀가 될 것이고, 은혜를 받을 것이고, 기적을 체험할 것입니다.
여러분은 이 기적을 체험하는 소수 속에 사시겠습니까?
이것을 꼭 기억하십시오. 나사렛 땅에서는 기적이 없었고, 은혜가 없었고, 구원이 없었고, 복이 없었습니다.
여러분의 마음은 나사렛 땅입니까?
아니면 마음을 열고 예수님을 영접하던 소수의 은혜 속에 참여하시겠습니까?
마음을 열고 예수님을 영접하시길 바랍니다. 할렐루야! 아멘!

적용과 나눔

오늘 가르침에서 새롭게 깨달은 것 중 개인적으로 적용하여 실천하고자 하는 것을 기록한 후 서로 나누어 봅시다.

기도

성령님의 능력으로 감당하도록 간절히 부르짖고 기도합시다.

제35장 | 마가복음 7장 강론

사람 안에서 나오는 그것이 사람을 더럽게 하느니라

> 마가복음 7:1-37
> 새찬송가 200, 205, 285, 340, 341, 428, 445, 505장

● **마가복음 7장 주제: 핍박과 예수님의 사역**

● **마가복음 7장의 구조와 내용**

　마가복음 7장의 구조와 내용은 유전 논쟁(1-23절), 수로보니게 여인의 딸을 고치심(24-30절), 귀먹고 어눌한 자를 고치심(31-37절)입니다.
　새 포도주는 새 부대에(마 9:17)라는 말이 암시하듯 주님의 교훈과 행동은 그 형식과 내용에 있어서 획기적이었습니다. 당연히 당시의 종교 지도자들과 기득권층은 주님을 대적하기 위해 연합전선을 형성했습니다.
　여기서도 예루살렘으로부터 파견 받은 종교 조사단이 손 씻는 문제를 빌미삼아 주님과 논쟁하는 모습이 소개됩니다. 주님은 지금까지의 단답식에서 탈피하여, 보다 공세적인 자세로 그들의 사악한 의도를 질책하십니다. 그들이 제기하지 않은 문제(부모 공경)까지 들추어서 외식된 자들의 본성을 통렬히 공박하셨습니다. 주님이 원하시는 것은 제사(종교의식, 규례)가 아니라 긍휼이었습니다.
　우리에게 잘 알려진 수로보니게 여인의 믿음 기사는 겸손과 간절한 신앙 열정의 모습을 제시합니다. 우리 예수님이 공생애를 보내실 때에, 유대교의 최고 지도자들은 예수의 언행을 예의주시하고 있었습니다. 그래서 바리새인들과 서기관을 보내서 예수의 언행과 그의 활동에 대하여 자세히 조사

하라고 했습니다. 저 조사위원들이 갈릴리에 내려왔을 때에, 예수님의 제자들 중에 몇 사람이 부정한 손 곧 씻지 않은 손으로 떡 먹는 것을 보았습니다. 당시의 바리새인들과 모든 유대인들은 장로들의 전통을 잘 지키어 손을 깨끗하게 씻지 않고는 음식을 먹지 않았으며, 밖에서 나갔다 집에 돌아올 때는 몸을 정결하게 씻지 않고는 음식을 먹지 않았습니다. 잔이나 단지나 주발, 놋그릇 같은 것을 깨끗하게 씻어 보관하고 사용하는 습관이 있었습니다.

여기서 장로들의 전통, 즉 유전이란 어떤 성격의 것인지 알아야 합니다. 전통, 유전이라고 하는 말은 헬라어로 "파라도시스"라고 하는데, 이 말은 조상 때부터 전수되어 내려오는 교훈이나 관습법을 말합니다. 히브리인들은 "할라카"라고 하여 구전 율법이라고 부릅니다. 구전 율법은 모세의 율법에 포함되어 있지 않은 수많은 규칙을 담고 있습니다. 유대인들은 모세가 율법을 받은 것이 많은데, 문자로 알려 주신 것 외에 말로 전달해 준 것들이 더 많다고 보았습니다.

유명한 에스라 이후의 많은 랍비들이 모여서 모세의 율법이라는 정원을 잘 보호하기 위하여 율법 외에 명령과 규례라는 울타리를 치기 시작했습니다. 구전 율법을 집대성하면서 많은 세칙을 정하였는데, 613가지가 되었습니다. 그중에 안식일에 해서는 안 되는 일들이 39가지나 되었습니다.

식사를 하기 전에 손을 씻는 것은 모세의 율법에 따르면 제사장들에게 해당하는 것이었습니다. 제사장들은 회막에 들어가기 전에 반드시 손과 발을 씻고 들어갈 수 있었고, 봉사할 수 있었습니다. 그런데 유대 랍비들은 모든 사람이 음식을 먹기 전에 반드시 손을 씻어야 한다고 확대 해석했습니다. 그래서 바리새인들이 예수님에게 질문했습니다.

"어찌하여 당신의 제자들은 장로들의 전통을 준행하지 아니하고 부정한 손으로 떡을 먹나이까?"(막 7:5)

유대인들은 시장에 나가서 여러 사람을 만나고 악수를 하고, 물건을 사고팔면서 거래하고 활동하다가 집에 들어오면 전신 목욕을 하여, 부정 탄 것을 정결하게 씻고 그 후에 음식을 먹거나 식구들과 지낼 수 있었습니다. 그런데 예수님의 언행이나 선포하신 교훈으로는 흠을 잡지 못하고, 겨우 제자들이 손을 씻지 않고 식사하는 것을 가지고 문제를 삼고 있습니다. 주님은 탄식하시면서 말씀하셨습니다.

● 마가복음 7장 주요 메시지

사악한 자들을 질책하는 예수님은 마가복음 7:1-8에서 외식하는 자의 특성에 대해 가르쳐 주시는데, 다음과 같습니다.

① 입술로는 하나님을 공경하되 마음은 하나님으로부터 멉니다(6절, 참조, 사 29:13).
"이르시되 이사야가 너희 외식하는 자에 대하여 잘 예언하였도다 기록하였으되 이 백성이 입술로는 나를 공경하되 마음은 내게서 멀도다"(6절).
"주께서 이르시되 이 백성이 입으로는 나를 가까이 하며 입술로는 나를 공경하나 그들의 마음은 내게서 멀리 떠났나니 그들이 나를 경외함은 사람의 계명으로 가르침을 받았을 뿐이라"(사 29:13).
② 사람의 계명으로 교훈을 삼아 가르칩니다(7절, 구전 장로들의 유전).
"사람의 계명으로 교훈을 삼아 가르치니 나를 헛되이 경배하는도다 하였느니라"(7절).
③ 하나님의 계명을 버리고 사람의 전통을 지킵니다(8절).
"너희가 하나님의 계명은 버리고 사람의 전통을 지키느니라"(8절).

하나님의 계명은 하나님 사랑, 이웃 사랑입니다. 사람의 유전은 인간의 전통과 율법입니다.

외식하는 자의 특성을 가르치신 예수님은 마가복음 7:18-23에서 사람 안에서 나오는 그것이 사람을 더럽게 한다고 말씀하십니다.

"또 이르시되 사람에게서 나오는 그것이 사람을 더럽게 하느니라"(20절, 7계명에 해당함).

사람에게서 나와 사람을 더럽게 하는 것은 다음과 같습니다.

① 음란, 간음, 음탕(21-22절).
"21 속에서 곧 사람의 마음에서 나오는 것은 악한 생각 곧 음란과 도둑질과 살인과 22 간음과 탐욕과 악독과 속임과 음탕과 질투와 비방과 교만과 우매함이니"(21-22절).
음란은 부정한 성관계요, 간음은 기혼자와 관계되는 성범죄입니다.

음탕은 모든 사람이 갖는 성적 본능을 자제 없이 노출시키는 성범죄입니다.
② 도둑질(8계명), 속임(9계명), 탐욕(10계명)(21-22절).
③ 살인(6계명), 악독(질투) 비방, 교만, 우매(21-23절).
"이 모든 악한 것이 다 속에서 나와서 사람을 더럽게 하느니라"(23절).

마가복음 7:24-30은 겸손과 간절한 신앙 열정의 모습을 보여 주는데, 즉 귀신 들린 어린 딸을 고치는 수로보니게 여인의 믿음입니다.
"그 여자는 헬라인이요 수로보니게 족속이라 자기 딸에게서 귀신 쫓아내 주시기를 간구하거늘"(26절).
귀신 들린 어린 딸을 고치는 수로보니게 여인의 믿음은 다음과 같습니다.

① 예수의 발아래에 엎드리는 믿음입니다(25절).
"이에 더러운 귀신 들린 어린 딸을 둔 한 여자가 예수의 소문을 듣고 곧 와서 그 발 아래에 엎드리니"(25절).
② 귀신 쫓아 내주기를 간구하는 믿음입니다(26절).
③ 예수의 말씀의 능력을 믿는 믿음입니다(28절).
"여자가 대답하여 이르되 주여 옳소이다마는 상 아래 개들도 아이들이 먹던 부스러기를 먹나이다"(28절).

마가복음 7:31-37은 "에바다"(열려라)가 필요함을 알려 줍니다.
"하늘을 우러러 탄식하시며 그에게 이르시되 에바다 하시니 이는 열리라는 뜻이라"(34절).
에바다가 필요한 이유는 다음과 같습니다.

① 열리지 않는 상태가 있기 때문입니다.
첫째, 귀먹음(32절, 못 듣는 상태).
둘째, 말 더듬(32절, 신앙고백을 못하는 상태).
"사람들이 귀 먹고 말 더듬는 자를 데리고 예수께 나아와 안수하여 주시기를 간구하거늘"(32절).
② 예수님이 열어 주신 상태가 있습니다(에바다 기원 상태).

첫째, 귀가 열림(35절).

둘째, 혀가 맺힌 것이 곧 풀려진 상태(35절, 신앙고백 할 수 있는 상태). "그의 귀가 열리고 혀가 맺힌 것이 곧 풀려 말이 분명하여졌더라" (35절).

결론

여러분, 사람 안에서 나오는 그것이 사람을 더럽게 한다고 하십니다. 신앙의 본질은 우리의 마음에 달린 문제이지, 무엇을 먹었느냐, 무엇을 먹지 않느냐, 손을 씻느냐, 아니면 손을 씻지 아니하였느냐 하는 것은 본질이 아닙니다. 우리 하나님은 우리의 중심을 보신다고 하셨습니다(삼상 15:16). 할렐루야! 아멘!

적용과 나눔

오늘 가르침에서 새롭게 깨달은 것 중 개인적으로 적용하여 실천하고자 하는 것을 기록한 후 서로 나누어 봅시다.

기도

성령님의 능력으로 감당하도록 간절히 부르짖고 기도합시다.

제36장 | 마가복음 8장 강론

예수님의 사랑

> 마가복음 8:1-38
> 새찬송가 200, 205, 285, 340, 395, 428, 445, 505장

● **마가복음 8장 주제: 종의 신분과 사역 공개**

● **마가복음 8장의 구조와 내용**

  마가복음 8장의 구조와 내용은 칠병이어의 기적(1-10절), 바리새인과 헤롯의 누룩(11-21절), 소경치유와 메시아의 자기공개(22-38)입니다.
  6:35-44의 내용과 유사한 맥락에서 파악될 수 있는 칠병이어 기적 사건이 서두에 나옵니다. 앞의 사건과의 차이점은 그 기적의 대상이 데가볼리 지역의 이방인이었다는 데 있습니다. 바야흐로 이방인들이 천국 복음의 전파 대상에서 기적의 수혜자로 인정된 것입니다.
  이 사건의 연장선상에서 주님은 이적만을 구하는 세대를 책망하시고 제자들의 우둔함을 질책하셨습니다. 한편 베드로는 예수님을 메시아와 인자로 정확히 고백하는 믿음을 보였으나, 주님의 제1차 수난 예고에 직면하여 십자가 죽음을 만류하는 인간적인 정서를 드러냄으로써 주님으로부터 혹독한 책망을 받았습니다.
  예수님이 말씀을 전하시는 동안 사흘이 흘렀습니다. 그동안 가지고 온 음식도 사흘이면 다 떨어졌을 것이고 심지어 양식을 준비되지 못한 사람들은 굶기도 하였을 것입니다. 그럼에도 불구하고 먹을 양식이 없어서 기근이 아니라 하나님의 말씀이 없는 기근을 느끼고, 배고픔도 참아가면서 주님의

말씀을 듣고 있는 사람들을 바라볼 때, 예수님이 그들을 불쌍히 여겨 주신 것입니다. 그리고 이제 집으로 가야 하는데, 그들 중에는 멀리 갈 사람도 있었던 것입니다. 이런 모습을 다 생각해 보니까 예수님이 그들이 너무나 불쌍히 여겨 주신 것입니다. 그래서 그들을 먹여서 보내고 싶은 마음이 드셨던 것입니다. 그래서 7개의 떡과 2개의 물고기로 많은 사람을 먹여서 보냈습니다.

'불쌍히 여기다'는 말씀은 유대인들이 참으로 애끓는 아픔의 세월을 보낸 디아스포라 상태로 살아가기 시작했을 때 생겨난 말입니다. 불쌍히 여긴다는 말씀은 내장 혹은 심장 등 인간의 내부로부터 아픔을 느끼는 것을 말합니다. 히브리인들은 '내장'에 인간의 감정이 거하는 것으로 여겼기 때문입니다.

히브리인들하고 우리 민족하고는 많은 동질성이 있습니다. 우리도 아픔을 내장기관에 많이 연결하여 말합니다. 심장이 터질 것 같다고 하고, 억울한 일을 당하면 답답해서 애간장이 탄다고 하고, 어떤 일이 아슬아슬 하게 잘되지 않을 때, 창자가 끊어진다고 했습니다.

참으로 슬픈 일을 당할 때, 예수님이 그러셨던 것입니다. 병든 사람들을 보면, 가정에 문제가 있는 사람을 보면, 고난을 당하고 있는 사람들을 보면. 예수님의 심장이 터질 것 같고, 창자가 끊어지는 아픔을 함께 느끼셨다는 말씀입니다.

이런 예수님의 마음을 알았는지, 사람들에게 문제가 있을 때, 예수님에게 달려와서 예수님께 불쌍히 여겨달라고 부르짖었습니다.

● **마가복음 8장 주요 메시지**

마가복음 8:1-10에서 예수님의 사랑을 보여 주십니다.

"¹ 그 무렵에 또 큰 무리가 있어 먹을 것이 없는지라 예수께서 제자들을 불러 이르시되 ² 내가 무리를 불쌍히 여기노라 그들이 나와 함께 있은지 이미 사흘이 지났으나 먹을 것이 없도다"(1-2절).

예수님의 사랑은 다음과 같이 나타났습니다.

① 먹을 것이 없을 때 불쌍히 여기십니다(1-2절).
② 굶어 기진할까 불쌍히 여기십니다(3절).

③ 축사하시고, 축복하시고, 배불리 먹게 하셨습니다(6-8절).
"6 예수께서 무리를 명하여 땅에 앉게 하시고 떡 일곱 개를 가지사 축사하시고 떼어 제자들에게 주어 나누어 주게 하시니 제자들이 무리에게 나누어 주더라 7 또 작은 생선 두어 마리가 있는지라 이에 축복하시고 명하사 이것도 나누어 주게 하시니 8 배불리 먹고 남은 조각 일곱 광주리를 거두었으며"(6-8절).

마가복음 8:14-21에서 예수님은 자신의 사랑을 아직도 깨닫지 못하느냐라고 하십니다.
"이르시되 아직도 깨닫지 못하느냐 하시니라"(21절, 참조, 골 1:6 "하나님의 은혜를 깨달은 날부터").
깨닫는 방법 3가지가 있습니다.

① 예수님을 알아야 합니다(17절).
"예수께서 아시고 이르시되 너희가 어찌 떡이 없음으로 수군거리느냐 아직도 알지 못하며 깨닫지 못하느냐 너희 마음이 둔하냐"(17절).
② 말씀을 들어야 합니다(18절).
③ 예수님 행하신 일을 기억해야 합니다(18절).
"너희가 눈이 있어도 보지 못하며 귀가 있어도 듣지 못하느냐 또 기억하지 못하느냐"(18절).

마가복음 8:22-26에서 예수님은 자신의 사랑을 받으려면 나아와 손대시기를 구해야 한다고 하십니다.
"벳새다에 이르매 사람들이 맹인 한 사람을 데리고 예수께 나아와 손대시기를 구하거늘"(22절).
예수님은 자신에게 나아와 손대시기를 구하는 맹인에게 다음과 같이 행하십니다.

① 맹인의 손을 붙잡으셨습니다(23절).
② 안수하시고 무엇이 보이느냐 물으십니다(23절).
"예수께서 맹인의 손을 붙잡으시고 마을 밖으로 데리고 나가사 눈에

침을 뱉으시며 그에게 안수하시고 무엇이 보이느냐 물으시니"(23절).
③ 그 눈에 다시 안수하셔서 낫게 해 주셨습니다(25절).
"이에 그 눈에 다시 안수하시매 그가 주목하여 보더니 나아서 모든 것을 밝히 보는지라"(25절).

마가복음 8:27-38에서 예수님은 자신의 사랑을 받으려면 자신을 따라야 한다고 하십니다.
"무리와 제자들을 불러 이르시되 누구든지 나를 따라오려거든 자기를 부인하고 자기 십자가를 지고 나를 따를 것이니라"(34절).
예수님을 따르려면 다음과 같이 해야 합니다.

① 예수님을 주로, 그리스도로 믿어야 합니다(29절).
"또 물으시되 너희는 나를 누구라 하느냐 베드로가 대답하여 이르되 주는 그리스도시니이다 하매"(29절).
② 하나님의 일을 생각하고 사람의 일을 생각하지 말아야 합니다(33절).
"예수께서 돌이키사 제자들을 보시며 베드로를 꾸짖어 이르시되 사탄아 내 뒤로 물러가라 네가 하나님의 일을 생각하지 아니하고 도리어 사람의 일을 생각하는도다 하시고"(33절).
③ 자기를 부인하고 자기 십자가를 져야 합니다(34절).
④ 복음을 위하여 자기 목숨을 걸어야 합니다(35-36절).
"누구든지 자기 목숨을 구원하고자 하면 잃을 것이요 누구든지 나와 복음을 위하여 자기 목숨을 잃으면 구원하리라"(36절).

결론

여러분, 예수님은 사랑을 보여 주십니다. 예수님의 긍휼은 제한이 없습니다. 예수님은 유대인들도 불쌍히 여기시고 이방인들도 불쌍히 여기십니다. 따라서 누구든지 예수님에게 나아오면, 예수님은 그의 필요를 아시고 그를 불쌍히 여기십니다. 그리고는 그의 필요를 채워 주십니다.
예수님의 긍휼은 그 넓이도 무한하시지만, 그 깊이 또한 무한하십니다. 예수님은 두로 지방에서 한 이방 여인을 불쌍히 여기시고, 그를 구원해 주셨습니다. 이로써 예수님은 그 여자에게 영원한 생명을 주셨습니다.

아울러 예수님은 갈릴리 호숫가에서 사람들이 데리고 온 각종 장애자들을 불쌍히 여기시고, 그들의 장애를 전부 다 고쳐 주셨습니다. 이로써 예수님은 그들이 일생 동안 짊어지고 가야할 문제를 완전히 해결해 주셨습니다.

그뿐만 아니라 예수님은 오늘 본문에서 먹을 것이 없는 이방 사람들을 불쌍히 여기시고, 그들 모두를 배부르게 먹이셨습니다. 이로써 예수님은 그들 모두에게 그날 하루의 일용할 양식까지도 넉넉하게 공급해 주셨습니다. 이와 같이 크고도 영원한 것부터 일상의 사소한 것까지 모든 면에서 예수님은 우리를 불쌍히 여기십니다. 우리가 예수님께 나아가면, 예수님은 언제나 우리를 불쌍히 여기시며 우리의 문제를 다 해결해 주십니다. 예수님의 긍휼은 무궁하시기 때문입니다.

여러분! 예수님은 창조주 하나님이십니다. 예수님은 우리를 구원하시러 이 땅에 오신 그리스도이십니다. 예수님은 우리를 구원하시기 위하여, 자기 자신을 아낌없이 주셨습니다. 할렐루야! 아멘!

적용과 나눔

오늘 가르침에서 새롭게 깨달은 것 중 개인적으로 적용하여 실천하고자 하는 것을 기록한 후 서로 나누어 봅시다.

기도

성령님의 능력으로 감당하도록 간절히 부르짖고 기도합시다.

제37장 | 마가복음 9장 강론

믿음이 필요합니다

> 마가복음 9:1-50
> 새찬송가 200, 205, 285, 340, 395, 428, 445, 505장

● **마가복음 9장 주제: 변화산 사건의 예수님의 능력 행하심**

● **마가복음 9장의 구조와 내용**

　9장의 구조와 내용은 변화산 사건(1-13절), 귀신 쫓아내심(14-32절), 어린이를 통한 가르침(33-37절)입니다. 주님은 공생애 사역 직전의 세례를 통해서 자신의 신성을 성부로부터 인정받으셨습니다. 이제 수난을 앞둔 시점에서 변화산 사건을 통해 다시금 자신의 메시아 되심을 확증 받으셨습니다. 이는 당시 수난 예고에 직면하여 여러모로 심약해져 있었던 제자들에게 용기와 담력을 주는 고무적인 사건이 되었습니다.

　한편 14-29절의 기사는 마가복음에 나타나는 귀신 축사 사건 중 가장 마지막으로 등장합니다. 변화된 주님의 영광과 사악한 영을 제압하는 권능을 목도하면서도 내부적인 갈등을 청산하지 못하던 제자들에게 주님은 참제자도를 교훈하시면서(33-60절) 그들의 주의를 환기시키는 한편 연민의 정을 나타내 보이셨습니다.

　오늘 말씀이 '변화산'과 연결되어 있다는 것이 흥미롭습니다. 예수님이 제자들과 함께 내려오셨을 때 맞닥뜨렸던 '상황'이 우리의 삶입니다. 즉 율법학자들과 제자들이 서로가 토론하며 논쟁을 벌이는 일, 그리고 귀신 들린 아이를 데려와 고쳐달라고 하지만, 그럴 능력이 없어 당황스러워하는

일입니다. 바로 변화산에서 예수님의 모습이 변화되고 모세와 엘리야를 보면서 꿈같은 시간을 보냈는데, 그 산에서 내려오니 온갖 인생의 문제가 다 가온 것입니다. 이것이 인생입니다.

● 마가복음 9장 주요 메시지

마가복음 9:2-8에서 베드로가 예수님께 "랍비여 우리가 여기 있는 것이 좋사오니"라고 말씀합니다(5절).

"베드로가 예수께 고하되 랍비여 우리가 여기 있는 것이 좋사오니 우리가 초막 셋을 짓되 하나는 주를 위하여, 하나는 모세를 위하여, 하나는 엘리야를 위하여 하사이다 하니"(5절).

베드로가 말하는 곳은 다음과 같습니다.

① 주를 위하여 사는 곳(5절).
② 모세를 위하여 사는 곳(5절).
③ 엘리야를 위하여 사는 곳(5절).

그 결과는 다음과 같습니다.

"7 마침 구름이 와서 그들을 덮으며 구름 속에서 소리가 나되 이는 내 사랑하는 아들이니 너희는 그의 말을 들으라 하는지라 8 문득 둘러보니 아무도 보이지 아니하고 오직 예수와 자기들뿐이었더라"(7-8절).

예수님이 베드로와 요한과 야고보 세 제자를 데리고 산에 올라가신 뒤에 나머지 아홉 명의 제자들에게는 큰 사건이 생겼습니다. 바로 어떤 사람이 귀신들려 벙어리가 되고 간질 하는 아들을 데리고 와서 귀신을 내어 쫓아 달라고 부탁을 했습니다. 제자들은 즉시 귀신에게 명하여 나가라고 하였지만 귀신은 꿈쩍도 하지 않았습니다. 아홉 명의 제자들도 한때는 예수님으로부터 능력을 받아 전도하러 가서 귀신을 쫓아내기도 하였지만 이날은 웬일인지 귀신이 나가지 않습니다. 제자들은 초조해지기 시작하였고 이로 인하여 제자들과 사람들 사이에 변론이 일어났습니다.

예수님께서 제자들을 재촉하여 서둘러 하산하신 까닭이 여기 있었습니다. 산 아래에서는 예수님을 기다리는 삶이 있었습니다. 귀신에게 사로잡혀 많은 고통을 당하는 한 영혼이 예수님의 사랑의 손길, 기적의 손길을 애타게 기다리고 있었던 것입니다.

　산 위에서 신령한 은혜의 체험을 하고 돌아온 세 명의 제자들에게 할 일이 기다리고 있었던 것처럼 여러분들도 오늘 이 시간 은혜 받고 돌아가면 분명히 여러분의 가정에서 여러분의 손길을 기다리는 일들이 있습니다. 여러분의 도움을 기다리는 손길이 있습니다.

　변화산 사건을 통해 다시금 자신의 메시아 되심을 확증 받으신 예수님은 마가복음 9:17-29에서 믿음이 필요하다고 말씀하십니다(18-19절).

　"18 귀신이 어디서든지 그를 잡으면 거꾸러져 거품을 흘리며 이를 갈며 그리고 파리해지는지라 내가 선생님의 제자들에게 내쫓아 달라 하였으나 그들이 능히 하지 못하더이다 19 대답하여 이르시되 믿음이 없는 세대여 내가 얼마나 너희와 함께 있으며 얼마나 너희에게 참으리요 그를 내게로 데려오라 하시매"(18-19절).

　예수님은 다음과 같이 말씀하고 행하셨습니다.

① 믿는 자에게는 능히 하지 못할 일이 없다고 하셨습니다(23절).
　"예수께서 이르시되 할 수 있거든이 무슨 말이냐 믿는 자에게는 능히 하지 못할 일이 없느니라 하시니"(23절).
② 더러운 귀신을 꾸짖어 나가게 하셨습니다(25-27절).
　"25 예수께서 무리가 달려와 모이는 것을 보시고 그 더러운 귀신을 꾸짖어 이르시되 말 못하고 못 듣는 귀신아 내가 네게 명하노니 그 아이에게서 나오고 다시 들어가지 말라 하시매 26 귀신이 소리 지르며 아이로 심히 경련을 일으키게 하고 나가니 그 아이가 죽은 것 같이 되어 많은 사람이 말하기를 죽었다 하나 27 예수께서 그 손을 잡아 일으키시니 이에 일어서니라"(25-27절).
③ "기도 외에 다른 것으로는 이런 종류가 나갈 수 없느니라"라고 하셨습니다(29절, 기도가 필요합니다).

귀신이 하는 일은 다음과 같습니다.

① 건강을 해칩니다(18절).
　"귀신이 어디서든지 그를 잡으면 거꾸러져 거품을 흘리며 이를 갈며

그리고 파리해지는지라 내가 선생님의 제자들에게 내쫓아 달라 하였으나 그들이 능히 하지 못하더이다"(18절).
② 창피를 당하게 합니다(20절).
"이에 데리고 오니 귀신이 예수를 보고 곧 그 아이로 심히 경련을 일으키게 하는지라 그가 땅에 엎드러져 구르며 거품을 흘리더라"(20절).
③ 죽이려 합니다(22절).
"귀신이 그를 죽이려 불과 물에 자주 던졌나이다 그러나 무엇을 하실 수 있거든 우리를 불쌍히 여기사 도와 주옵소서"(22절).

마가복음 9:38-41에서 예수님은 자신을 진정으로 따르는 자에 대해서 가르쳐 주십니다.

① 예수님 이름, 예수님을 의탁하여 능한 일을 행한 자입니다(39절).
② 예수님 믿는 자들 반대하지 않는 자입니다(40절).
③ 그리스도께 속한 자를 대접하는 자입니다(41절).

예수님을 진정으로 따르는 방법을 가르쳐 주신 예수님은 마가복음 9:42-50에서 지옥에 가지 말라고 말씀하십니다(47절). 지옥은 다음과 같은 곳입니다.
"48 거기에서는 구더기도 죽지 않고 불도 꺼지지 아니하느니라 49 사람마다 불로써 소금 치듯 함을 받으리라"(48-49절).
지옥가지 않으려면 다음과 같이 해야 합니다.

① 믿는 자를 실족하게 하지 말아야 합니다(42절, 예수 믿는 것 방해하지 말아야 합니다. 참조, 마 18:6-7).
"6 누구든지 나를 믿는 이 작은 자 중 하나를 실족하게 하면 차라리 연자 맷돌이 그 목에 달려서 깊은 바다에 빠뜨려지는 것이 나으니라 7 실족하게 하는 일들이 있음으로 말미암아 세상에 화가 있도다 실족하게 하는 일이 없을 수는 없으나 실족하게 하는 그 사람에게는 화가 있도다"(마 18:6-7).
② 손, 발, 눈이 범죄하지 말아야 합니다(43-47절, 철저히 회개해야 합니다).

③ 소금을 두고 서로 화목해야 합니다(50절, 소금: 맛을 내는 도구로서 희생, 겸손, 사랑을 의미. 예수님 사랑을 소유해야 합니다).

결론

여러분, 예수님이 믿음이 필요하다고 말씀하셨습니다. 예수님은 이제 온 인류를 구원하실 십자가의 구원의 시기가 다가오고 있는데, 제자들의 믿음 없는 것을 보시고 '믿음이 없고 패역한 자들아'라고 책망을 하셨습니다. 그렇다면 오늘 우리들은 과연 주님으로부터 책망을 듣지 않을 수 있는지 이 시간 자신의 믿음을 점검해 보아야 하겠습니다. 그리고 믿음이 없으면 부르짖어 기도하여 믿음을 회복하여야 합니다. 우리 주님은 다음과 같이 말씀하셨습니다.
"그러므로 어디서 떨어졌는지를 생각하고 회개하여 처음 행위를 가지라 만일 그리하지 아니하고 회개하지 아니하면 내가 네게 가서 네 촛대를 그 자리에서 옮기리라"(계 2:5).
오늘 우리들은 "주여 내가 믿나이다. 나의 믿음 없는 것을 도와주소서"라고 솔직하게 고백을 하여 이 말세에 주님이 주시는 성령과 능력을 충만하게 받아 믿음이 충만한 사명을 감당하는 성도가 되시기 바랍니다. 할렐루야! 아멘!

적용과 나눔

오늘 가르침에서 새롭게 깨달은 것 중 개인적으로 적용하여 실천하고자 하는 것을 기록한 후 서로 나누어 봅시다.

기도

성령님의 능력으로 감당하도록 간절히 부르짖고 기도합시다.

제38장 | 마가복음 10장 강론

예수님은 어린이를 귀중히 여기십니다

> 마가복음 10:1-52
> 새찬송가 200, 205, 285, 341, 395, 428, 445, 537장

● 마가복음 10장 주제: 예수님의 유대 사역

● 마가복음 10장의 구조와 내용

　마가복음 10장의 구조와 내용은 이혼에 대한 교훈(1-12절), 천국에서 합당한 자(13-21절), 예수님의 수난 예고와 야고보와 요한의 야심(32-45절), 맹인 바디메오의 신앙(46-52절)입니다.
　본 장은 시간적 배경을 염두에 두고 읽어야 그 뜻을 올바로 알 수 있습니다. 즉, 본문은 제3차 갈릴리 전도가 끝나고 예루살렘 입성을 목전에 둔 상황 속에서 발생한 예수님의 행적입니다. 그러므로 여기에 등장하는 사건들(부자 청년에게 주신 교훈, 어린 아이 축복, 수난 예고, 제자들에 대한 교훈)은 다분히 종말론적, 구원론적인 취지를 내포합니다.
　천국(구원)은 세상적 기준에 따라 주어지는 것이 아니라 겸손히 구주를 받아들이는 자에게 임하는 하나님의 선물입니다. 맹인 바디메오 기사는 모든 난관을 뚫고 주님 앞에 나아가 결국 구원을 얻는 한 인간의 열정과 그리고 죽음을 앞두고서도 한 영혼에게 은혜 베풀기를 원하시는 주의 긍휼에 초점이 맞추어져 있습니다.
　오늘 우리의 가정들이 흔들리고 있습니다. 참 많은 가정들이 심각한 위기 앞에 놓여있습니다. 우리 가정을 행복한 가정으로 만드는 방법은 성경

에서 찾을 수 있습니다. 아니 오직 성경에서만 찾을 수 있습니다. 성경만이 가정의 기원, 가정의 본질, 그리고 참다운 가정의 행복을 제시해 주고 있기 때문입니다. 오늘 본문은 행복한 가정을 만들고자 할 때 지침이 되는 말씀입니다. 행복한 가정의 기초는 하나님께서 우리 가정을 친히 만드셨다는 믿음입니다. 이 믿음이 우리 가정을 행복한 가정으로 든든히 서게 하는 기초가 됩니다. 이 믿음만 든든히 세워지면 어떤 시련이나 위기가 닥쳐와도 흔들리지 않을 수 있습니다. 그런데 가정 때문에 더 큰 불행을 겪는 일이 있습니다.

도대체 그 이유가 무엇일까요?

우선 하나님께서 우리 가정을 만드셨다는 사실을 깨닫지 못하기 때문입니다. 바리새인들이 예수님을 시험하여 질문합니다.

● 마가복음 10장 주요 메시지

마가복음 10:1-12에서 바리새인들이 예수님께 "사람이 아내를 버리는 것이 옳으니이까?"라고 묻습니다(2절).

예수님께서 아내를 버리는 것이 옳지 않다고 하셨는데, 그 이유는 다음과 같습니다.

① 아내를 버림은 하나님 창조 사역에 도전하는 것입니다(6절).
② 아내를 버림은 하나님이 짝지어 주신 것을 나누는 것입니다(9절).
③ 아내를 버림은 간음을 야기합니다(11-12절).
"11 이르시되 누구든지 그 아내를 버리고 다른 데에 장가 드는 자는 본처에게 간음을 행함이요 12 또 아내가 남편을 버리고 다른 데로 시집가면 간음을 행함이니라"(11-12절).

가정의 행복을 원하시는 예수님은 어린이가 하나님 나라의 표준이 된다고 가르치셨습니다. 국가와 가정과 교회의 운명은 어린이들에 대한 바른 이해와 관심과 지도 여하에 달려 있습니다. 1856년, 미국 메사추세츠 주의 한 작은 마을의 목사였던 레오나드는 1년 중 가장 꽃이 만발한 6월 2째 주일을 '꽃주일'로 정하고 자녀들을 하나님의 말씀으로 가르치고 축복했습니다. 우리나라는 5월 첫 주를 꽃주일로 기념합니다.

본문에서 어린이를 품에 안고 축복하시는 예수님을 발견합니다. 마가복음 10:13-16에서 예수님은 어린이를 귀중히 여기십니다(13-14절).
"13 사람들이 예수께서 만져 주심을 바라고 어린 아이들을 데리고 오매 제자들이 꾸짖거늘 14 예수께서 보시고 노하시어 이르시되 어린 아이들이 내게 오는 것을 용납하고 금하지 말라 하나님의 나라가 이런 자의 것이니라"(13-14절).

① "어린 아이들이 내게 오는 것을 용납하고 금하지 말라"(14절).
② 어린 아이를 하나님 나라의 표준으로 가르치십니다(15절).
"내가 진실로 너희에게 이르노니 누구든지 하나님의 나라를 어린 아이와 같이 받들지 않는 자는 결단코 그 곳에 들어가지 못하리라 하시고"(15절).
③ 어린 아이들을 안고 안수하고 축복하셨습니다(16절).

하나님 나라 표준인 어린이를 예수님이 귀중히 여기시자, 마가복음 10:17-31에서 한 사람이 "내가 무엇을 하여야 영생을 얻으리이까"라고 물었고, 예수님이 그에게 영생 얻는 비결을 가르쳐 주셨습니다(17절).
"예수께서 길에 나가실새 한 사람이 달려와서 꿇어 앉아 묻자오되 선한 선생님이여 내가 무엇을 하여야 영생을 얻으리이까"(17절).
영생을 얻는 비결은 다음과 같습니다.

① 새 계명을 지켜야 합니다(19-20절, 참고, 요일 3:23-24).
"23 그의 계명은 이것이니 곧 그 아들 예수 그리스도의 이름을 믿고 그가 우리에게 주신 계명대로 서로 사랑할 것이니라 24 그의 계명을 지키는 자는 주 안에 거하고 주는 그의 안에 거하시나니 우리에게 주신 성령으로 말미암아 그가 우리 안에 거하시는 줄을 우리가 아느니라"(요일 3:23-24).
② 하늘에 보화가 있게 해야 합니다(21-28절).
첫째, 예수님은 소유를 다 팔아 가난한 자에게 주라고 말씀하셨습니다(21절).
둘째, 그 사람은 재물이 많아 근심했습니다(22절).

셋째, 예수님은 하나님이 다하실 수 있다고 말씀하셨습니다(27절).
③ 예수님과 복음을 위하여 모든 것을 버리라고 하십니다(29-30절). 버리고 얻는 것은 다음과 같습니다.
첫째, 현세에서 백 배를 얻습니다(30절).
둘째, 박해 겸하여 받습니다(30절).
셋째, 내세에 영생을 누립니다(31절).

하나님의 나라의 영생을 얻는 비결을 가르치신 예수님은 마가복음 10:35-45에서 "내가 마시는 잔을 너희가 마실 수 있으며 내가 받는 세례를 너희가 받을 수 있느냐"라고 말씀하십니다(38절).
예수님이 마시는 잔, 예수님이 받으시는 세례는 다음과 같습니다.

① 섬기는 자가 되는 것입니다(43절).
② 모든 사람이 종이 되는 것입니다(44절).
③ 자기 목숨을 많은 사람의 대속물로 주는 것입니다(45절).
  "인자가 온 것은 섬김을 받으려 함이 아니라 도리어 섬기려 하고 자기 목숨을 많은 사람의 대속물로 주려 함이니라"(45절).

마가복음 10:41-45에서 섬기는 자가 되라고 하십니다(45절). 그 이유는 다음과 같습니다.

① 예수님께서 섬김의 모범을 보여 주셨기 때문입니다(45절).
② 성도인 내가 세상과 다르게 살라고 하십니다(42-45절).

마가복음 10:46-52에서 맹인 바디메오는 예수님께 소리 질러 기도했습니다(46-48절). 맹인 바디메오의 경우 소리 질러 기도할 때 예수님께서 다음과 같이 반응하셨습니다.

① 예수님이 그를 불러주시고 만나 주셨습니다(49절).
② 내게 무엇을 하여 주기를 원하느냐고 말씀해 주셨습니다(51절).
③ 믿음을 칭찬하시고 구원해 주셨습니다(52절).

"예수께서 이르시되 가라 네 믿음이 너를 구원하였느니라 하시니 그가 곧 보게 되어 예수를 길에서 따르니라"(52절).

결론

여러분, 예수님은 어린이를 귀중히 여기셨습니다. 예수님은 '하나님의 나라가 이런 자의 것이니라'라고 하셨습니다. 이는 문자적으로 받을 것이 아니라, '어린이의 성품'이 곧 하나님의 나라의 시민의 성품임을 가르치십니다.

과연 어떤 성품입니까?

첫째, 순결과 천진함입니다.
둘째, 겸손과 순종심입니다.
셋째, 부모를 절대적으로 신뢰함입니다(마 18:3, 4).

영국의 계관시인 워즈워스는 '어린이는 어른의 아버지'라 했고, 스펜서는 '어린이는 부모의 행위를 비춰주는 거울'이라 했습니다. 그러므로 이 어린 생명의 참 가치를 바로 알고 귀하게 여기며, 그들을 통해 천국 백성의 성품을 본받아 가는 천국 백성들이 되어야 하겠습니다. 예수님은 어린 아이를 안고 환대해 주시고, 칭찬해 주시고, 품에 안아 주시고 머리에 손을 얹으시고 축복해 주셨습니다.

예수님은 예루살렘을 향해 올라가고 계셨습니다. 그 길은 십자가 고난의 길이요, 말로 다 표현할 수 없는 고통의 길이며, 만사가 귀찮고 짜증나며 고통스런 순간일 수 있었습니다. 그러나 예수님은 발길을 멈추시고, 양팔을 벌려 어린 아이를 품에 안으시며 축복 하셨습니다. 비록 십자가의 길을 가시면서도, 넓은 이해와 아량의 여유를 가지시고, 끝없는 복을 빌어 주신 것입니다. 할렐루야! 아멘!

적용과 나눔

오늘 가르침에서 새롭게 깨달은 것 중 개인적으로 적용하여 실천하고자 하는 것을 기록한 후 서로 나누어 봅시다.

기도

성령님의 능력으로 감당하도록 간절히 부르짖고 기도합시다.

제39장 | 마가복음 11장 강론

예수님은 열매를 원하십니다

> 마가복음 11:1-33
> 새찬송가 140, 200, 205, 285, 341, 395, 428, 445, 537장

● **마가복음 11장 주제: 예루살렘에 입성하신 예수님**

● **마가복음 11장의 구조와 내용**

　마가복음 11장의 구조와 내용은 예루살렘에 입성(1-10절), 무화과나무에 대한 저주와 성전정화(11-18절), 기도 응답 교훈(19-26절), 권세에 대한 논쟁(27-33절)입니다.
　고난 주간 첫날부터 셋째 날까지를 시간적 배경으로 이루고 있는 본 장은 승리의 예루살렘 입성과 이어지는 주님의 메시아적 행적에 초점을 맞추고 있습니다. 주님은 겸손히, 그러나 당당하게 예루살렘에 들어가심으로 자신을 적대하는 세력을 정면 돌파하셨습니다.
　특히 무화과나무 저주는 당시의 생명 없는 종교를, 성전 정화 사건은 하나님을 배제한 종교 시설의 무익함을 행동으로 나타내 보이신 것입니다. 바야흐로 형식이나 장소 중심이 아닌, 신령과 진정으로 만민이 예배드릴 수 있는 시대가 주님으로부터 도래했습니다. 이는 예수님 자신이 친히 성전이셨으므로 이 일이 가능했다고 볼 수 있습니다.
　오늘 말씀에서는 우리를 당혹케 하는 사건 두 가지가 언급됩니다.
　첫째, 예수님이 무화과나무를 저주하신 사건입니다. 무화과의 때가 아닌데도 열매를 구한 것도 그렇고, 열매가 없다고 하여 나무를 저주하신 것은

너무하다는 생각이 듭니다.

둘째, 성전에서 주님이 상이나 의자를 뒤엎으시며 폭력을 행사하신 사건입니다. 기독교를 싫어하는 사람들에게는 이런 예수의 행동이 비판의 빌미가 되었습니다.

무화과나무를 저주하신 사건은 단순히 예수님의 분노 조절 실패나 무화과나무 자체와 관련된 것이 아닙니다. 이것은 그 문맥을 보면 쉽게 파악할 수 있습니다. 무화과나무를 저주하신 내용의 12-14절과 예수님의 말씀대로 무화과나무가 말라버린 것을 보도하고 있는 20-21절 사이에 성전 정화 사건이 들어 있습니다. 무화과나무의 저주는 열매 없는 이스라엘에 대한 심판 선언을 의미하는 일종의 비유와 같은 성격을 가지고 있습니다.

예수님의 의도가 초점을 벗어나게 된 데는 13절의 "이는 무화과의 때가 아님이라"는 마가의 주석이 한 몫을 합니다. 먼저 알아두어야 할 것은 성경의 기자들이 예수님에게 반하는 기록을 남길 정도로 어리석거나 불신앙적이지 않다는 점입니다.

무화과는 이르면 5월 말경, 늦게는 8월 말경부터 열매를 먹을 수 있습니다. 무화과의 때가 아니라고 밝힌 이유는 이 사건이 유월절 무렵 대략 3, 4월 중에 일어났음을 밝히려는 데 있습니다. 학자들에 의하면 드물지만 봄철에 먹을 수 있는 무화과나무가 열리기도 하고, 혹은 덜 익은 열매가 열리기도 한답니다. 예수님은 시장하셨고, 잎이 무성한 것을 보고 혹시 무화과나무 열매가 있을지 다가가셨던 것입니다.

성경은 성령의 감동으로 기록된 말씀이기에 여기에서도 우리는 의미를 찾을 수 있다고 생각합니다. 무엇보다 우리에게 열매의 때가 언제냐 하는 것입니다. 주님이 원하시는 때가 바로 우리의 때입니다. 어떤 기회나 운명은 갑작스럽게 찾아옵니다. 성경에서는 주님의 갑작스런 방문에 대해서 자주 말씀하십니다.

"33 주의하라 깨어 있으라 그 때가 언제인지 알지 못함이니라 … 35 그러므로 깨어 있으라 집 주인이 언제 올는지 혹 저물 때일는지, 밤중일는지, 닭 울 때일는지, 새벽일는지 너희가 알지 못함이라"(막 13:33, 35).

내가 모든 것을 다 갖추고 있을 때 오는 것이 아니라 주님이 정하시는 때에 옵니다. 주님이 필요로 하실 때 그때가 바로 우리의 열매를 드려야 할 때입니다. 무화과나무는 그 기회를 놓쳤습니다. 주님에게 "잠깐 몇 달만 기다려 주십시오. 그때는 싱싱하고 맛있는 것을 내어 드리겠습니다"라고 해도 소용없습니다. 이제 다시는 주님을 만날 기회가 없습니다. 부족해도 있는 그대로 내어놓아야 합니다. 갑작스럽게 하나님께서 우리를 찾으실 때가 있습니다. 나는 준비되어 있지 않다며 그때를 연기할 수도 없습니다. 그렇게 하다가는 영영 기회를 놓칩니다.

그러므로 항상 깨어 있고 항상 준비하고 있어야 합니다. 마태복음의 슬기로운 다섯 처녀는 기름을 준비하고 있었지만 신랑이 도착했다는 소식이 들릴 때 잠들어 있었습니다. 그렇지만 예비한 기름이 있어 바로 불을 붙여 혼인 잔치에 참여할 수 있었습니다.

사도 바울은 주님이 도적같이 곧 예기치 않은 순간에 오실 것이라 경고하셨습니다. 그러면서도 다음과 같은 말을 덧붙이셨습니다.

"형제들아 너희는 어두움에 있지 아니하매 그 날이 도적같이 너희에게 임하지 못하리니"(살전 5:4).

준비되지 않은 자들에게는 급작스러운 일이 될 것이지만, 이미 준비되어 있는 자는 그렇지 않습니다. 당황하지 않습니다. 이미 준비되어 있기 때문입니다.

우리는 준비되어 있습니까?

언제든 예수님의 부르심에 아멘하고 순종할 수 있습니까?

감사함으로 그때를 맞을 수 있습니까?

주님이 원하시는 때가 바로 우리의 때입니다. 열매 없는 무화과나무는 잎이 무성하여 착각을 일으키게 만들었습니다. 무언가 있을 것 같았는데 실제 보니 아무것도 없었습니다.

우리 인생이 그런 공수표 인생이 아닙니까?

속빈 강정처럼 입에 대는 순간 그 허망함이 드러납니다. 겉으로는 허름할지 몰라도 속은 꽉 찰 수 있기를 바랍니다.

주님께서 무화과나무를 저주하신 것은 무화과가 미워서 그런 것이 아닙니다. 주님이 무화과에 대해서 기대하신 바가 컸기 때문입니다. 기대가 크면 실망도 큰 법입니다. 우리가 오늘 말씀을 잘못 읽어서 주님이 이처럼 혹독한 심판을 내릴 것이라는 두려움을 가져서는 안 됩니다. 예수님의 분노 이면에 있는 우리를 향한 주님의 기대나 사랑을 읽을 수 있기를 바랍니다.

● 마가복음 11장 주요 메시지

마가복음 11:20-26에서 예수님은 열매를 원하신다고 말씀하십니다(12-14절).

"12 이튿날 그들이 베다니에서 나왔을 때에 예수께서 시장하신지라 13 멀리서 잎사귀 있는 한 무화과나무를 보시고 혹 그 나무에 무엇이 있을까 하여 가셨더니 가서 보신즉 잎사귀 외에 아무것도 없더라 이는 무화과의 때가 아님이라 14 예수께서 나무에게 말씀하여 이르시되 이제부터 영원토록 사람이 네게서 열매를 따 먹지 못하리라 하시니 제자들이 이를 듣더라"(12-14절).

열매 맺는 방법은 다음과 같습니다.

① 하나님을 믿어야 합니다(22절).
"예수께서 그들에게 대답하여 이르시되 하나님을 믿으라"(22절)
② 마음에 의심하지 말아야 합니다(23절).
"내가 진실로 너희에게 이르노니 누구든지 이 산더러 들리어 바다에 던져지라 하며 그 말하는 것이 이루어질 줄 믿고 마음에 의심하지 아니하면 그대로 되리라"(23절).
③ 기도하고 받은 줄로 믿어야 합니다(24절).
"그러므로 내가 너희에게 말하노니 무엇이든지 기도하고 구하는 것은 받은 줄로 믿으라 그리하면 너희에게 그대로 되리라"(24절).
④ 용서해야 합니다(25절).
"서서 기도할 때에 아무에게나 혐의가 있거든 용서하라 그리하여야 하늘에 계신 너희 아버지께서도 너희 허물을 사하여 주시리라 하시니라"(25절).

결론

여러분, 예수님은 열매를 원하신다고 말씀하십니다. 예수님은 열매를 바라시는데 그 열매는 일이나 사역 이전에 바로 우리 자신입니다. 우리 자신을 행복하게 하고, 생명으로 충만하게 하는 것입니다. 우리 생각이 주님의 뜻과 말씀에 맞추어지고, 주님의 인격을 닮은 사람으로 되어 가는 것입니다. 우리는 무엇보다 본질에 힘써야 합니다.
성전이 필요한 이유가 무엇이고, 교회가 존속하는 이유가 무엇입니까?

주님은 말씀합니다.
"내 집은 만민의 기도하는 집이라"(17절).
성전은 기도하는 집이요 예배하는 집이지 우리 친목 모임의 장소가 아닙니다. 우리 탐욕과 야망을 실현하기 위한 곳이 아닙니다. 주님의 이름을 높이는 곳입니다. 그분을 찬양하며 그분의 이름으로 기도하는 곳입니다. 주님의 시간에 주님이 기뻐하시는 열매인, 우리 아름다운 인격을 드릴 수 있는 저와 여러분 되시기 바랍니다. 할렐루야! 아멘!

적용과 나눔
오늘 가르침에서 새롭게 깨달은 것 중 개인적으로 적용하여 실천하고자 하는 것을 기록한 후 서로 나누어 봅시다.

기도
성령님의 능력으로 감당하도록 간절히 부르짖고 기도합시다.

제40장 | 마가복음 12장 강론

악한 농부의 비유를 배워야 합니다

마가복음 12:1-44
새찬송가 140, 200, 205, 285, 341, 395, 428, 445, 537장

● 마가복음 12장 주제: 가열되는 음모와 종의 대응

● 마가복음 12장의 구조와 내용
　마가복음 12장의 구조와 내용은 악한 농부의 비유(1-12절), 납세와 부활에 관한 논쟁(13-27절), 예수님의 가장 큰 계명(28-34절), 다윗의 주이신 예수님(35-37절), 종교 지도자들의 위선과 과부의 두 렙돈(38-44절)입니다.
　악한 농부의 비유는 당시 이스라엘의 농경 풍습을 염두에 두어야 그 뜻을 잘 이해할 수 있습니다. 당시 이스라엘 지역의 상당수 농지가 외국인 소유로 되어 있었고, 유대인들은 그것을 차용하여 경작했습니다. 그런데 소작료를 사이에 두고 양자 간에 빈번한 마찰이 발생했습니다. 주님은 이 같은 당시 정황을 소재로 삼아서 상속자(예수님)를 죽이려는 유대인들의 사악한 음모와 그에 따른 심판을 경고하셨습니다.
　세금 문제(13-17절), 부활(18-27절), 계명의 우선순위(28-34절) 등 사사건건 적대자들은 예수님을 올무에 빠뜨리려 했으나 주님은 그때마다 명쾌한 진리를 제시하심으로 그들의 입을 봉하셨습니다.
　성경을 보면 하나님과 인간의 관계에 대한 여러 말씀들이 나옵니다. 그 핵심은 하나님과 인간 사이에 죄라는 문제가 있다는 것입니다. 그 죄는 하나님과 인간 사이의 관계를 단절시키고 말았습니다. 하나님의 형상대로

지음 받고, 이 땅에서 생육하고, 번성하고 충만하고 다스리라는 축복의 선언을 받았지만, 죄로 인하여 하나님과 단절된 인간은 그 축복을 잃어버린 존재가 되었습니다. 영생의 소망도 잃어버렸습니다.

바로 이 죄의 문제를 해결하고 하나님과 인간을 화목 시키기 위해서 하나님과 사람 사이에 화목자요, 중보자로 찾아오신 분이 바로 예수 그리스도이신 것입니다. 이것이 성경이 말씀하시는 진리의 핵심입니다. 오늘 본문에서도 우리는 예수님의 비유의 말씀을 통하여 이 진리를 발견할 수 있습니다.

포도원 주인은 하나님입니다. 한 사람이 포도원을 만듭니다. 땅을 파고 돌을 고르고, 정성을 다해서 포도원을 만들었습니다. 그리고 좋은 포도나무를 골라 거기 심고, 즙을 짜는 틀도 만들고, 울타리도 만들고, 망대도 세웠습니다. 이렇게 정성껏 포도원을 만든 후에 그것을 적은 세만 받고 농부들에게 주었습니다. 당시 농부들은 대개 자신의 땅을 가지지 못했습니다. 하루하루 연명해 가는 이들에게 이런 포도원이 맡겨진 것은 참으로 큰 은혜가 아니할 수 없습니다. 이 농부들은 주인의 은혜에 감사하며 열심히 일하고, 정한 세도 잘 바치겠다고 주인께 다짐하고 포도원을 가꾸었을 것입니다.

하나님은 이런 분이십니다. 우리의 삶에 온갖 필요를 준비하시고 채우시는 분입니다. 우리의 생명, 숨쉴만한 공기, 아 가을에 더 아름다워 보이는 하늘, 사랑하는 사람들, 아름다운 산천. 하나님이 세상을 창조하실 때에 사람을 여섯째 날에 지으셨습니다.

만약 하나님이 그 이전에 사람을 지으셨다면 어떠했을까요?

사람은 생존이 불가능했을 것입니다. 하나님은 모든 다른 만물들을 지어놓으시고 마지막에 사람을 창조하셨습니다. 아담과 하와가 에덴 동산에서 눈을 뜨고 기지개를 폈을 때 모든 것은 완벽하게 준비되어 있었습니다. 이렇듯 하나님은 우리 삶에 필요한 모든 좋은 것을 준비하시고, 그것을 선물로 우리에게 주셨습니다.

이 포도원에 시간이 흐르고 수확 때가 되자 주인은 포도원 소출의 얼마를 바치게 하려고 한 종을 그 농부들에게 보냈습니다. 하지만 이 농부들은 오히려 주인의 종을 심히 때리고 거저 보내고 맙니다. 주인이 몇 번을 더 종들을 보내었지만 그때마다 마찬가지였습니다. 이들은 참으로 선을 악으로 갚는 배은망덕한 자들이라고 말할 수밖에 없습니다. 그래도 여전히 바보같이 관대하기만 주인의 모습을 봅니다.

하나님은 또 이런 분입니다. 이런 하나님의 관대하신 사랑은 누가복음 15장의 탕자의 비유에서 분명히 알 수 있습니다.

오늘 우리가 하나님의 이런 관대하신 사랑이 아니라면 이 부끄러운 몸과 마음을 어디에 숨길 수가 있겠습니까?

본문을 가만히 생각해 보면 이 농부들만 유독 악해서가 아니고 모든 사람이 이와 같다는 것을 알 수 있습니다. 하나님은 탐욕에 가득 찬 죄 많은 인생들을 구원하기 위해 독생자 예수님을 보내셨습니다(요 3:16). 하나님은 하나님을 떠나 불순종하며, 불신앙하며 살아온 이전의 모든 죄를 이 땅에 보내신 독생자 예수를 영접하기만 하면 기억도 아니 하시겠다는 크신 은혜와 사랑을 약속하셨습니다.

그러나 이 농부들은 포도원 주인의 아들마저도 죽이고 맙니다. 이제 주인의 인내와 관대함은 사라지고 말았습니다. 주인의 진노와 심판만이 남은 것입니다.

오늘 말씀에서 악한 농부는 인간입니다. 인간은 너무나 이기적인 존재로 나타나고 있습니다. 포도원 주인의 아들은 예수 그리스도이십니다. 예수님은 악한 농부들에게 죽임을 당하듯이 건축자들의 버린 돌이 되셨지만, 모퉁이의 머릿돌이 되셨고, 길이요 진리요 생명이 되셨으며, 우리의 구원이 되셨습니다. 포도원은 풍성한 누림의 현장이어야 합니다. 그것이 진노의 현장이 된 것은 주인의 주권을 잊어버렸기 때문입니다. 예수님은 이 비유를 통해 자신이 하나님의 아들이심을 밝히셨고 자신을 거절하는 자들은 멸망 받을 것임을 말씀하셨습니다.

● 마가복음 12장 주요 메시지

마가복음 12:1-12에서 예수님은 악한 농부의 비유를 가르쳐 주셨습니다.

"예수께서 비유로 그들에게 말씀하시되 한 사람이 포도원을 만들어 산울 타리로 두르고 즙 짜는 틀을 만들고 망대를 지어서 농부들에게 세로 주고 타국에 갔더니"(1절).

악한 농부이 당할 일은 다음과 같습니다.

① 포도원 주인이 와서 그 농부들을 진멸합니다(9절).
② 포도원을 다른 사람들에게 주어집니다(9절).
③ 성경대로 심판받습니다(10-11절).

마가복음 12:18-27에서 예수님은 부활이 없다 하는 사두개인들의 오해를 지적하고 가르쳐 주십니다(18절). 부활이 없다 하는 사두개인들의 오해는 다음과 같습니다.

① 성경을 알지 못하므로 오해한 것입니다(24절).
② 하나님의 능력도 알지 못하므로 오해한 것입니다(24절).
③ 하나님은 죽은 자의 하나님이 아니요 산 자의 하나님이신 줄을 몰라 크게 오해한 것입니다(27절).

마가복음 12:28-34에서 서기관 중 한 사람이 모든 계명 중에 첫째가 무엇이냐고 질문합니다(28절). 서기관 중 한 사람의 질문에 예수님은 다음과 같이 대답하십니다.

① 첫째는 하나님을 사랑하는 것입니다(29-30절).
② 둘째는 네 이웃을 네 자신과 같이 사랑하는 것입니다(31절).

예수님의 가르치심에 서기관이 동의하자, 예수님은 "네가 하나님의 나라에서 멀지 않도다"라고 말씀하셨습니다(32-34절).

결론

여러분, 예수님은 악한 농부의 비유를 가르쳐 주셨습니다. 예수님이 말씀을 하신 시점은 십자가를 며칠 앞에 둔 때였습니다. 이 말씀을 말씀하시던 주님의 심정을 헤아려 보십시오.
이 비유를 말씀하면서 예수님은 무엇을 생각하고 계셨을까요?
8절에서 '이에 잡아서 그 아들을 죽여 포도원 밖에 버렸느니라'고 하십니다. 예수님은 틀림없이 이 말씀을 하시면서 자신이 며칠 후에 사람들의 손에 잡혀 포도원 밖 저 골고다의 언덕에서 십자가에 못 박혀 죽을 것을 보셨을 것입니다. 비유는 거기서 끝나지 않습니다.
"10 너희가 성경에 건축자들이 버린 돌이 모퉁이의 머릿돌이 되었나니 11 이것은 주로 말미암아 된 것이요 우리 눈에 기이하도다 함을 읽어보지도 못하였느냐"(10-11절).
무엇이 기이하겠습니까?
그것은 부활의 놀라움, 부활의 신비, 이것은 정말 기이한 것입니다. 그렇습니다. 예수님의 고난은 바로 우리를 위한 고난이었고, 예수님의 부활은 우리를 위한 부활이었습니다. 예수님이 사셨으므로 우리도 영원히 살 것입니다. 할렐루야! 아멘!

적용과 나눔
오늘 가르침에서 새롭게 깨달은 것 중 개인적으로 적용하여 실천하고자 하는 것을 기록한 후 서로 나누어 봅시다.

기도
성령님의 능력으로 감당하도록 간절히 부르짖고 기도합시다.

제41장 | 마가복음 13장 강론

종말에 무슨 징조가 있사 오리이까

> 마가복음 13:1-37
> 새찬송가 140, 200, 205, 285, 341, 395, 428, 445, 537장

● **마가복음 13장 주제: 세상 끝 날에 대한 예수님의 교훈**

● **마가복음 13장의 구조와 내용**

마가복음 13장의 구조와 내용은 종말의 징조와 성도의 인내(1-13절), 대환난과 재림에 관한 예언(14-27절), 경성에 관한 교훈(28-37절)입니다.

종말은 예나 지금이나 만인의 관심사입니다. 특히 종말의 시기와 종말 이후의 상태에 대해서는 갑론을박이 계속되어 왔습니다. 예수님 당시의 유대인들도 예외는 아니었습니다. 그들은 구약 선지자의 묵시가 끊어지자 종말이 임박했다고 생각했습니다. 특히 로마의 박해를 받던 시점에서는 정치적 해방과 더불어 악을 멸절시킬 메시아의 도래를 갈망하게 되었습니다.

주님은 이 같은 역사적 정황을 염두에 두고 종말에 관한 교훈을 하십니다. 이 교훈의 핵심은 종말의 시기와 상태를 밝히는 데 있지 않고 종말에 대한 성도의 자세를 설파하는 데 있습니다. 우리는 현실과 미래(종말)의 긴장 속에서 순간순간 최선의 삶을 살도록 힘써야 합니다.

오늘 말씀 마가복음 13장을 가리켜서, 흔히들 감람산 강화라고 부릅니다. 이는 감람산에서 예수님이 그의 제자들을 가르치신 말씀이기 때문입니다. 감람산 강화는 마태복음 24장과 25장, 그리고 누가복음 21장에도 기록되어 있습니다. 감람산 강화의 주제는 한 마디로 예수님의 재림입니다.

예수님의 초림에 대해서는 우리가 많은 것을 알고 있습니다. 그러나 예수님의 재림에 대해서는 우리가 잘 모릅니다. 감람산 강화는 예수님이 친히 자신의 재림에 대해서 말씀하신 놀라운 내용입니다.

예수님의 제자들은 하나님의 나라가 당장에 나타날 줄로 생각했습니다. 그들은 예수님이 곧 영광 중에 다시 오실 것이라고 여겼습니다. 그래서 그들은 기대하는 마음으로 예수님에게 그때가 언제이며, 그때에 무슨 징조가 있을 것인지를 물었습니다. 제자들의 질문은 두 가지였습니다. 그들은 예수님에게 '어느 때'와 '무슨 징조'에 대해서 물었습니다.

이에 따라 예수님은 먼저 5-31절에서 '무슨 징조'에 대해서 답하셨습니다. 그 후에 예수님은 32-37절에서 '어느 때'에 대해서 답하셨습니다. 말하자면 예수님은 제자들의 질문에 역순으로, 곧 거꾸로 된 순서로 대답하셨습니다. 그러면서 이번에 예수님은 제자들의 질문에 대해서 가장 길게 대답하셨습니다. 이는 그만큼 감람산 강화가 중요한 내용들을 담고 있다는 뜻입니다.

예수님은 자신이 다시 오실 때 나타날 징조 세 가지를 말씀하셨습니다. 미혹과 전쟁과 재앙입니다. 그러나 예수님이 말씀하신 바와 같이, 아직은 끝이 아닙니다. 이는 어디까지나 시작에 불과할 뿐입니다.

예수님의 의도는 분명합니다. 예수님은 반드시 다시 오실 것입니다. 그러나 예수님의 초림과 재림 사이에는 상당한 시간이 흘러야 합니다. 따라서 예수님은 제자들에게 조급하게 여기지 말고, 하루하루 각자의 삶과 사명에 충실하라고 당부하신 것입니다. 우리도 마찬가지입니다. 우리는 날마다 다시 오실 예수님을 소망 가운데 바라보면서, 우리 각자에게 주어진 삶에 늘 최선을 다해야 할 것입니다.

● **마가복음 13장 주요 메시지**

마가복음 13:3-13에서 제자들은 종말에 무슨 징조가 있는지 예수님께 물었습니다(4절).

"우리에게 이르소서 어느 때에 이런 일이 있겠사오며 이 모든 일이 이루어지려 할 때에 무슨 징조가 있사오리이까"(4절).

종말에 징조는 다음과 같습니다.

① 많은 사람이 예수님 이름으로 많은 사람을 미혹합니다(6절).
"많은 사람이 내 이름으로 와서 이르되 내가 그라 하여 많은 사람을 미혹하리라"(6절).

② 난리와 난리의 소문이 들릴 것입니다(7절).
"난리와 난리의 소문을 들을 때에 두려워하지 말라 이런 일이 있어야 하되 아직 끝은 아니니라"(7절).

③ 민족이 민족을, 나라가 나라를 대적하여 일어날 것입니다(8절).
"민족이 민족을, 나라가 나라를 대적하여 일어나겠고 곳곳에 지진이 있으며 기근이 있으리니 이는 재난의 시작이니라"(8절).

④ 곳곳에 지진이 있으며 기근이 있을 것입니다(8절).

⑤ 사람들이 신자들을 공회와 회당에서 매질하고 권력자들과 임금들 앞에 설 것입니다(9절).
"너희는 스스로 조심하라 사람들이 너희를 공회에 넘겨 주겠고 너희를 회당에서 매질하겠으며 나로 말미암아 너희가 권력자들과 임금들 앞에 서리니 이는 그들에게 증거가 되려 함이라"(9절).

⑥ 복음이 전파될 때 박해가 있을 것인데, 그때 성령의 도움 있을 것입니다(10-11절).
"10 또 복음이 먼저 만국에 전파되어야 할 것이니라 11 사람들이 너희를 끌어다가 넘겨 줄 때에 무슨 말을 할까 미리 염려하지 말고 무엇이든지 그 때에 너희에게 주시는 그 말을 하라 말하는 이는 너희가 아니요 성령이시니라"(10-11절).

⑦ 형제가 형제를 아버지가 자식을 죽는 데에 내주고, 자식들이 부모를 대적하여 죽게 합니다(12절).
"형제가 형제를, 아버지가 자식을 죽는 데에 내주며 자식들이 부모를 대적하여 죽게 하리라"(12절).

⑧ 예수님의 제자들이 예수 이름으로 말미암아 모든 사람에게 미움을 받습니다(13절).
"또 너희가 내 이름으로 말미암아 모든 사람에게 미움을 받을 것이나 끝까지 견디는 자는 구원을 받으리라"(13절).

마가복음 13:14-23에서 예수님은 종말의 징조가 나타날 때에 멸망의 가증한 것이 서지 못할 곳에 서게 된다고 말씀하십니다(14절).
"멸망의 가증한 것이 서지 못할 곳에 선 것을 보거든 (읽는 자는 깨달을진저) 그 때에 유대에 있는 자들은 산으로 도망할지어다"(14절).
신성모독 사건을 보거든 다음과 같이 해야 합니다.

① 산으로 도망해야 합니다(14절).
② 집으로 내려가지도 말고 들어가지도 말고 뒤로 돌이키지 말아야 합니다(15절).
"지붕 위에 있는 자는 내려가지도 말고 집에 있는 무엇을 가지러 들어가지도 말며"(15절).
③ 그때 아이 밴 자들과 젖먹이는 자들에게 화가 있습니다(17절).
④ 환난의 날이 겨울에 일어나지 않도록 기도해야 합니다(18-19절).
⑤ 그리스도가 여기 있다 저기 있다 하여도 믿지 말아야 합니다(21-22절).
⑥ 삼가 해야 합니다(23절).

마가복음 13:24-37에서 예수님은 재림하실 때를 가르쳐 주십니다(24절).
"그 때에 그 환난 후 해가 어두워지며 달이 빛을 내지 아니하며"(24절).
예수님이 재림하실 때 다음과 같은 일들이 있습니다.

① 하늘에 있는 권능들이 흔들릴 것입니다(24-25절).
② 인자가 구름을 타고 큰 권능과 영광으로 오는 것을 사람들이 볼 것입니다(26절).
③ 천사들을 보내어 택하신 자들을 사방에서 모을 것입니다(27절).

예수님은 무화과나무의 비유를 배우라고 말씀하십니다(28절).
"무화과나무의 비유를 배우라 그 가지가 연하여지고 잎사귀를 내면 여름이 가까운 줄 아나니"(28절).
그날과 그때는 아무도 모르고 오직 아버지만 아십니다(32절). 그러므로 주의하고 깨어있어야 합니다(33-37절).
"33 주의하라 깨어 있으라 그 때가 언제인지 알지 못함이라 34 가령 사람이 집을 떠나 타국으로 갈 때에 그 종들에게 권한을 주어 각각 사무를 맡기며 문지기에게 깨어 있으라 명함과 같으니 35 그러므로 깨어 있으라 집 주인이 언제 올는지 혹 저물 때일는지, 밤중일는지, 닭 울 때일는지, 새벽일는지 너희가 알지 못함이라 36 그가 홀연히 와서 너희가 자는 것을 보지 않도록 하라 37 깨어 있으라 내가 너희에게 하는 이 말은 모든 사람에게 하는 말이니라 하시니라"(33-37절).

결론

여러분, 제자들이 예수님께 종말에 무슨 징조가 있는지를 물었습니다. 예수님이 대답하시기를, 5절에서 "너희가 사람의 미혹을 받지 않도록 주의하라"라고 하셨고, 7절에서 "난리와 난리의 소문을 들을 때에 두려워하지 말라 이런 일이 있어야 하되 아직 끝은 아니니라"라고 하셨고, 8절에서 "곳곳에 지진이 있으며 기근이 있으리니 이는 재난의 시작이니"라고 하셨습니다. 사도행전 1:7 말씀과 같이, 때와 시기는 하나님이 자신의 권한에 두셨습니다. 사도행전 1:8 말씀처럼, 오직 성령에 충만하여 예수님의 증인으로 충성스럽게 살면 됩니다.

여러분, 무엇을 하든지, 또한 누구를 만나든지 예수님을 나타냅시다. 그리하여 예수님의 돌보심과 인도하심을 받으며, 더 풍성한 은혜 가운데 살아가는 우리 모두가 되기를 바랍니다. 할렐루야! 아멘!

적용과 나눔

오늘 가르침에서 새롭게 깨달은 것 중 개인적으로 적용하여 실천하고자 하는 것을 기록한 후 서로 나누어 봅시다.

기도

성령님의 능력으로 감당하도록 간절히 부르짖고 기도합시다.

제42장 | 마가복음 14장 강론

예수님에게 좋은 일을 해야 합니다

> 마가복음 14:1-72
> 새찬송가 140, 200, 205, 285, 341, 395, 428, 445, 537장

● 마가복음 14장 주제: 체포당하시는 종

● 마가복음 14장의 구조와 내용

　마가복음 14장의 구조와 내용은 향유 사건과 가룟 유다의 배반(1-7절)과 최후 만찬(12-31절)과 겟세마네 동산(32-52절)과 베드로의 부인(53-72절)입니다.
　이사야 53장에 그려진 '수난 받는 종'으로서의 예수님의 모습이 집중적으로 부각되어 있습니다. 시간적으로는 수난 주간 중 화요일(3-9절 사건 제외)에서 목요일 사이에 일어난 사건입니다. 주님은 생전에 누누이 말씀하신 대로 물욕의 노예가 된 한 인간의 배반에 의해 체포되어 모진 고난을 당하셨습니다. '도살(屠殺)할 양'(시 44:22) 같은 취급을 받으면서도 제자들의 안전을 먼저 생각하시고, 생사의 기로에서 자신의 의지를 하나님의 뜻에 복종시키신 예수님(겟세마네 기도)의 초상을 발견하게 됩니다. 이 모두는 "범죄자 중 하나로 헤아림을 입어"(사 53:12) '아사셀 양'(레 16:8)으로 대신 버림받고자 하신 주님의 자원하는 심령 때문에 가능했습니다.
　복음서에서 옥합을 깨드리는 사건이 두 번 나옵니다.
　첫째, 공생애를 시작할 때 막달라 마리아가 옥합을 깨드려 예수님의 발을 씻었습니다(눅 7:38).

둘째, 공생애 말기에 베다니의 마리아가 옥합을 깨뜨려서 예수님의 머리에 부었습니다(막 14:3).

예수님은 공생애 시작과 끝에 옥합을 깨뜨리는 사건을 통하여 자신의 몸이 십자가에서 깨뜨려질 것을 전했습니다. 그러므로 주님은 "내 장례를 미리 준비하였느니라"라고 하셨습니다(8절).

베다니의 마리아가 옥합을 깨드려서 예수님의 머리에 부었을 때 주변 사람들이 어떻게 반응했습니까?

첫째, 자신들의 감정으로 화를 냈습니다(4절). 여러 가지 감정들이 있겠지만 베다니 마리아가 자신들이 할 수 없는 사랑을 했기 때문입니다. 즉 그녀의 헌신에 질투가 나서 화를 낸 것입니다. 우리들도 다른 사람의 헌신을 보면서 질투가 나서 화를 낸 경험이 있을 수 있습니다. 신앙생활에서 어떤 이유를 막론하고 화내는 것은 자신의 감정이 앞선 것입니다.

둘째, 물질의 가치로 계산했습니다. 어떤 사람들은 마리아가 옥합을 깨뜨리는 것을 보면서 향유의 값을 삼백 데나리온으로 계산했습니다(5절). 그들은 주님과의 관계를 사랑이 아니라 물질적인 관계로 전락시켰습니다. 우리들도 주고받는 선물을 돈으로만 계산한다면 그것은 사랑이 아니고 뇌물이 되는 것입니다. 진정한 사랑의 선물은 물질의 가치로 계산할 수 없는 것입니다. 예수님이 우리에게 주신 십자가의 사랑은 세상의 어떠한 물질로도 갚을 수 없습니다. 그러므로 주님께 받은 사랑을 우리는 계산할 수 없어서 사랑으로만 갚을 수 있는 것입니다.

셋째, 일하는 것이 앞서고 있습니다. 어떤 사람들은 향유로 가난한 사람들을 도와주는 것이 더 좋은 일이라고 했습니다(5절). 그들은 구제하는 일을 먼저 생각했습니다. 이것은 틀리진 않았지만 문제가 있습니다. 주님은 가난한 자들에게 구제의 일을 아무 때에라도 할 수 있다고 말씀하십니다(7절). 그러나 지금은 예수님이 십자가에서 죽기 전에 사랑을 나눌 때라는 것입니다. 우리들이 일만 하다가 사랑의 때를 놓치고 후회하는 경우가 많습니다. 그러므로 사랑의 때를 놓치지 않으면서 일도 해야 합니다. 우리를 구원하신 주님과 또한 가족들과도 사랑의 때를 놓치지 않기를 소망합니다.

● **마가복음 14장 주요 메시지**

마가복음 14:3-9에서 예수님에게 행한 좋은 일이 소개됩니다(6절).

"예수께서 이르시되 가만 두라 너희가 어찌하여 그를 괴롭게 하느냐 그가 내게 좋은 일을 하였느니라"(6절, 마 26:6-13 참조).
예수님에게 행한 좋은 일은 다음과 같습니다.

① 매우 값진 향유 곧 순전한 나드 한 옥합을 깨뜨려 예수님의 머리에 부은 일입니다(3절).
② 예수님 장례를 미리 준비한 일입니다(8절).
③ 온 천하에 어디서든지 복음이 전파되는 곳에 기억되는 일입니다(9절).

예수님은 향유 사건 후 최후 만찬을 행하셨습니다. 마가복음 14:22-26에서 예수께서 떡을 가지사 축복하시고 떼어 주시며 또 잔을 가지사 감사 기도하시고 주셨습니다(22-23절).
"22 그들이 먹을 때에 예수께서 떡을 가지사 축복하시고 떼어 제자들에게 주시며 이르시되 받으라 이것은 내 몸이니라 하시고 23 또 잔을 가지사 감사 기도 하시고 그들에게 주시니 다 이를 마시매"(22-23절).
예수님은 최후 만찬에서 다음과 같이 하셨습니다.

① 축복하신 떡을 내 몸이라고 하셨습니다(22절). 예수님 몸을 받은 자는 누구든지 복을 받습니다. 그 복은 요한복음 10:10의 생명을 얻고, 더 풍성케 되는 복과 출애굽기 12:13의 재앙이 넘어가는 유월절 복을 받습니다.
② 감사 기도하시고 주신 잔은 많은 사람을 위하여 흘리는 언약이 된다고 하셨습니다(23-24절).
"23 또 잔을 가지사 감사 기도 하시고 그들에게 주시니 다 이를 마시매 24 이르시되 이것은 많은 사람을 위하여 흘리는 나의 피 곧 언약의 피니라"(23-24절).
예수 그리스도의 피는 히브리서 9:11-15에서 가르쳐 주신대로 영원한 속죄를 이룬 피, 우리 양심으로 죽은 행실에서 깨끗하게 되는 피, 살아 계신 하나님을 섬기게 하는 피, 부르심을 입은 자로 하여금 영원한 기업의 약속을 얻게 하는 피 입니다.
③ 찬미하고 감람산으로 가셨습니다(26절). 기도하고 찬미할 때 홀연히

하나님의 사역이 임합니다(행 16:19-34).
"이에 갑자기 큰 지진이 나서 옥터가 움직이고 문이 곧 다 열리며 모든 사람의 매인 것이 다 벗어진지라' 복음이 전해집니다"(행 16:26).
"이르되 주 예수를 믿으라 그리하면 너와 네 집이 구원을 받으리라 하고"(행 16:31).
기도하고 찬미할 때 위로를 받습니다(행 16:33-34).
"33 그 밤 그 시각에 간수가 그들을 데려다가 그 맞은 자리를 씻어 주고 자기와 그 온 가족이 다 세례를 받은 후 34 그들을 데리고 자기 집에 올라가서 음식을 차려 주고 그와 온 집안이 하나님을 믿으므로 크게 기뻐하니라"(행 16:33-34).

향유 사건 후 최후 만찬을 행하신 예수님은 마가복음 14:32-42에서 십자가를 위하여 겟세마네 동산에서 기도하셨습니다. 예수님의 겟세마네 동산 기도는 다음과 같습니다.

① 땅에 엎드리어 기도했습니다(35절). 자신을 낮추는 기도였습니다.
② 아버지께는 모든 것이 가능하심을 믿고 기도했습니다(36절).
③ "아버지의 원대로 하옵소서"(36절). 하나님의 능력을, 하나님의 뜻을 믿는 기도였습니다.

마가복음 14:66-72은 베드로가 예수님을 부인하는 모습을 보여 줍니다(68절).
"베드로가 예수를 멀찍이 따라 대제사장의 집 뜰 안까지 들어가서 아랫사람들과 함께 앉아 불을 쬐더라"(54절).
베드로가 예수님을 부인한 내용은 다음과 같습니다.

① 예수님을 알지도 깨닫지도 못한다고 했습니다(68절).
② 반복하여 부인했습니다(70절).
"또 부인하더라 조금 후에 곁에 서 있는 사람들이 다시 베드로에게 말하되 너도 갈릴리 사람이니 참으로 그 도당이니라"(70절).
③ 저주하여 맹세하되 이 사람을 알지 못한다고 부인했습니다(71절).

결론

여러분, 예수님께 향유 옥합을 깨뜨린 여인은 예수님에게 좋은 일을 한 것이었습니다. 좋은 일은 사랑하는 대상을 위해서 하게 됩니다. 그러므로 자신을 사랑하면 좋은 일을 자신을 위해서 하고, 예수님을 사랑하면 그분을 위해서 좋은 일을 하는 것입니다. 그 여인은 주님을 너무 사랑해서 그분을 위해서 좋은 일을 했습니다. 자신이 가장 사랑했던 것을 깨뜨리고 주님을 사랑하는 것입니다. 그녀에게 옥합의 향유는 시집가는 밑천으로 인생을 바꿀 수 있는 가장 소중한 보화였습니다. 예수님을 만난 후로는 옥합이 아니라 주님의 사랑에 행복이 있다는 것을 알고 그동안 사랑했던 보화를 깨뜨렸습니다.

믿음의 조상 아브라함에게 옥합은 무엇이었습니까?

백 세에 낳은 사랑하는 아들이었습니다. 하나님은 옥합처럼 여기는 아들을 깨뜨리라고 하십니다. 아브라함이 옥합과 같은 아들을 깨뜨릴 때 아들을 잃어버린 것이 아니라 하나님의 소유로 새롭게 변화되었습니다.

여러분, 옥합을 깨뜨리는 복 받으시기 바랍니다. 할렐루야! 아멘!

적용과 나눔

오늘 가르침에서 새롭게 깨달은 것 중 개인적으로 적용하여 실천하고자 하는 것을 기록한 후 서로 나누어 봅시다.

기도

성령님의 능력으로 감당하도록 간절히 부르짖고 기도합시다.

제43장 | 마가복음 15장 강론

예수님이 십자가에 달리실 때

> 마가복음 15:1-47
> 새찬송가 144, 200, 205, 285, 341, 395, 428, 445, 614장

● 마가복음 15장 주제: 십자가상의 종

● 마가복음 15장의 구조와 내용
  마가복음 15장의 구조와 내용은 빌라도의 심문(1-15절)과 십자가에 못 박히심(16-32절)입니다. 주님께서 빌라도에게 재판 받으시고 무덤에 장사되기까지의 장면입니다.
  빌라도는 여론에 편승하여 주님께 사형 선고를 내림으로써 기독교 역사에 영원히 지워지지 않을 오명을 남겼습니다. 그러나 당시 그 앞에 서서 재판을 받았던 초라하고 버림받은 한 청년은 오늘날 지구상의 가장 많은 사람들의 경배와 찬양의 대상이 되는 주(主)가 되셨습니다. 우리는 순간을 위해 영원을 팔아넘길 것인지, 아니면 주님처럼 현재의 형극을 침묵으로 받아들일 것인지를 결단하여 살아야 합니다. '해골의 골짜기'가 없으면 '영광의 면류관'도 없음을 본 장은 교훈합니다. 사복음서를 통해서 볼 때, 예수님은 십자가에 달려 돌아가시기 전, 모두 여섯 차례에 걸쳐서 심문을 당하셨습니다.
  처음 세 번은 유대인의 종교법에 의해서 당하신 심문이었습니다. 그리고 나중 세 번은 이방인의 사회법에 따라서 당하신 심문이었습니다.
  맨 먼저 예수님은 안나스 앞에서 심문을 당하셨습니다. 안나스는 그 해

의 대제사장인 가야바의 장인이었으며, 그 당시 유대인 사회에서는 최고의 권력자였습니다. 그런 다음 예수님은 대제사장 가야바와 온 공회 앞에서 심문을 당하셨습니다. 그때 공회 앞에서 여러 사람들이 예수님을 치는 거짓 증언을 했습니다. 그러나 그들의 증언은 서로 일치하지 않았습니다. 급기야 대제사장 가야바가 예수님에게 유도 신문을 했습니다.

"네가 찬송 받을 이의 아들 그리스도냐?"

이에 예수님은 자신이 하나님의 아들이시며 그리스도이심을 밝히셨습니다. 예수님은 사실대로 말씀하신 것이었습니다. 그럼에도 불구하고 공회는 예수님이 신성모독 하는 말을 했다고 주장하며, 예수님을 사형에 해당한 자로 정죄했습니다. 이제 공회 의원들에게 남은 문제는 두 가지였습니다.

첫째, 그들이 예수님에게 내린 판결이 합법적인 것처럼 보여야 했습니다. 이미 있었던 두 번의 심문은 모두 불법이었습니다. 두 번 다 밤중에, 그것도 개인의 집에서 행해졌기 때문입니다.

둘째, 예수님에게 내려진 판결을 집행하는 일이었습니다. 당시 유대인들에게는 사람을 죽일 권한이 없었습니다. 그들은 로마의 지배를 받고 있었기 때문에, 그들을 다스리는 로마의 총독에게만 사형을 집행할 권한이 있었습니다.

오늘 본문은 예수님이 심문을 당하신 세 번째 심문과 네 번째 심문에 관한 말씀입니다. 새벽에 곧 이른 아침에 공회는 다시 모였습니다. 물론 이번에는 성전 안에 있는 법정에서 모였을 것입니다. 그래야 그들의 판결이 합법적으로 보일 수 있었기 때문입니다. 그런 다음 그들은 로마의 총독 빌라도에게 예수님을 넘겨주었습니다. 그들이 예수님에게 내린 사형 판결을 그가 집행해 주기를 바랐던 것입니다. 이로써 예수님에 대한 유대인의 심문은 끝나고, 이방인에 의한 심문이 새롭게 시작되었습니다.

● **마가복음 15장 주요 메시지**

마가복음 15:6-15은 빌라도의 재판을 보여 줍니다(9절).

"빌라도가 대답하여 이르되 너희는 내가 유대인의 왕을 너희에게 놓아 주기를 원하느냐 하니"(9절).

① 빌라도는 대제사장들이 시기로 예수님을 넘겨준 줄 알았습니다(10절).

"이는 그가 대제사장들이 시기로 예수를 넘겨 준 줄 앎이러라"(10절).
② 빌라도는 예수님에게 죄가 없음을 알았습니다(14절).
"빌라도가 이르되 어찜이냐 무슨 악한 일을 하였느냐 하니 더욱 소리 지르되 십자가에 못 박게 하소서 하는지라"(14절).
③ 빌라도는 무리에게 만족을 주고자 예수님을 십자가에 못 박히게 넘겨 주었습니다(15절).
"빌라도가 무리에게 만족을 주고자 하여 바라바는 놓아 주고 예수는 채찍질하고 십자가에 못 박히게 넘겨 주니라"(15절).

마가복음 15:20-41은 예수님이 십자가에 달리실 때를 보여 줍니다(24-25절).
"²⁴ 십자가에 못 박고 그 옷을 나눌새 누가 어느 것을 가질까 하여 제비를 뽑더라 ²⁵ 때가 제삼시가 되어 십자가에 못 박으니라"(24-25절).
예수님이 십자가에 달리신 상황은 다음과 같습니다.

① 십자가 위에 유대인의 왕이라고 쓴 죄패가 붙여졌습니다(26절).
"그 위에 있는 죄패에 유대인의 왕이라 썼고"(26절)
② 강도 둘을 예수님과 함께 십자가에 못 박혔습니다(27절).
"강도 둘을 예수와 함께 십자가에 못 박으니 하나는 그의 우편에, 하나는 좌편에 있더라"(27절).
③ 모욕을 당하셨습니다(29-32절).
"²⁹ 지나가는 자들은 자기 머리를 흔들며 예수를 모욕하여 이르되 아하 성전을 헐고 사흘에 짓는다는 자여 ³⁰ 네가 너를 구원하여 십자가에서 내려오라 하고 ³¹ 그와 같이 대제사장들도 서기관들과 함께 희롱하며 서로 말하되 그가 남은 구원하였으되 자기는 구원할 수 없도다 ³² 이스라엘의 왕 그리스도가 지금 십자가에서 내려와 우리가 보고 믿게 할지어다 하며 함께 십자가에 못 박힌 자들도 예수를 욕하더라"(29-32절).
④ 온 땅에 어둠이 임하였습니다(33절).
"제육시가 되매 온 땅에 어둠이 임하여 제구시까지 계속하더니"(33절).
⑤ 예수께서 크게 소리 질러 기도하셨습니다(34절).
"제구시에 예수께서 크게 소리 지르시되 엘리 엘리 라마 사박다니

하시니 이를 번역하면 나의 하나님, 나의 하나님 어찌하여 나를 버리셨나이까 하는 뜻이라"(34절).

⑥ 예수님이 큰 소리를 지르고 숨지시자 성소 휘장이 위로부터 아래로 찢어졌습니다(37-38절).

"37 예수께서 큰 소리를 지르시고 숨지시니라 38 이에 성소 휘장이 위로부터 아래까지 찢어져 둘이 되니라"(37-38절).

⑦ 이 사람은 진실로 하나님의 아들이었도다라고 백부장이 고백했습니다(39절).

"예수를 향하여 섰던 백부장이 그렇게 숨지심을 보고 이르되 이 사람은 진실로 하나님의 아들이었도다 하더라"(39절).

예수님은 우리를 위하여 부끄러움도 개의치 아니하시고 묵묵히 십자가를 지셨습니다. 우리를 위해 십자가를 지신 예수님을 깊이 생각합시다. 그리해서 우리의 삶에 언제나 예수님이 가득하셔서, 갈라디아서 2:20에서 사도 바울이 했던 고백이 우리에게도 있기를 바랍니다.

"내가 그리스도와 함께 십자가에 못 박혔나니 그런즉 이제는 내가 사는 것이 아니요 오직 내 안에 그리스도께서 사시는 것이라 이제 내가 육체 가운데 사는 것은 나를 사랑하사 나를 위하여 자기 자신을 버리신 하나님의 아들을 믿는 믿음 안에서 사는 것이라"(갈 2:20).

내가 살면, 나는 넘어지고 맙니다. 그러나 내 안에 예수님이 가득하셔서 예수님이 사시면, 나는 승리합니다. 빌립보서 1:20 말씀과 같이, 내 마음이 언제나 예수님으로 가득해서 살든지 죽든지 내 몸에서 예수님이 존귀하게 되기를 바랍니다.

결론

여러분, 예수님이 십자가에 달리실 때를 보았습니다.
인생의 성공과 실패는 우리 선택에 따라 달라집니다. 선택을 잘하면 성공과 행복이 뒤따르지만, 선택을 잘못하면 실패와 불행이 따릅니다. 아담과 하와는 선악과를 따먹는 선택을 함으로써 그도 죽고 그의 후손인 모든 인류에게도 죽음이 찾아왔습니다. 롯은 요단 동편 물이 넉넉한 땅을 선택하였다가 나중에 소돔과 고모라 성이 멸망당할 때, 재산과 사위를 다 잃어버리고 아내는 소금기둥이 되어 하루아침에 홀아비가 되고 말았습니다. 에서는 배고픔을 해결하기 위해 장자의 명분보다 팥죽 한 그릇을 선택하였다가, 하나님으로부터 받아야 할 장자의 복을 동생 야곱에게 빼앗기고 말았습니다. 오늘 말씀에서 빌라도는 예수님 대신 바라바를 선택함으로 말미암아, 그 선택에 따른 벌을 이미 받았고 지금도 받고 있고, 세상 끝 날까지 계속해서 그의 이름은 저주스러운 이름으로 여겨질 것입니다. 이처럼 선택은 자유입니다.

예수 십자가를 선택하는 복을 받으시기 바랍니다. 할렐루야! 아멘!

적용과 나눔

오늘 가르침에서 새롭게 깨달은 것 중 개인적으로 적용하여 실천하고자 하는 것을 기록한 후 서로 나누어 봅시다.

기도

성령님의 능력으로 감당하도록 간절히 부르짖고 기도합시다.

제44장 | 마가복음 16장 강론

예수님의 무덤을 찾았던 여자들의 체험

> 마가복음 16:1-11
> 새찬송가 162, 200, 205, 285, 341, 395, 428, 445, 614장

● 마가복음 16장 주제: 예수님의 부활과 승천

● 마가복음 16장의 구조와 내용

    마가복음 16장의 구조와 내용은 예수 부활 소식(1-8절)과 부활하신 예수님의 현현과 승천(9-20절)입니다.
    엑스트라와 조연은 주연을 빛내고 영화의 한 장면을 돋보이게 하기 위해 동원됩니다. 지금까지의 사건은 바로 본 장의 부활 사건을 위해 존재했다고 해도 과언이 아닙니다. 그만큼 부활은 마가복음뿐만 아니라 전 복음서에 있어서 중요합니다. 주님은 무덤에 내려가셨으나 3일 만에 부활하심으로써 악이 진리를 제압할 수 없음을 실증해 보이셨습니다. 더불어 이것은 하나님 약속의 신실성과 예수님의 메시아 되심을 유감없이 드러낸 영광의 사건입니다. 마가는 마태와는 달리 제자들의 복음 증거 사역으로 복음서를 끝맺고 있으며, 향후 전개될 본격적인 성령의 역사를 암시합니다.
    "예수께서 안식후 첫 날 이른 아침에 살아나신 후 전에 일곱 귀신을 쫓아내어 주신 막달라 마리아에게 먼저 보이시니"(9절).
    여기에서 중요한 말은 '먼저 보이셨다'는 말입니다. 부활하신 예수님은 막달라 마리아라는 한 여인에게 먼저 보이셨습니다. 그리고 그의 친구 여인들이 부활의 첫 번째 증인이 됩니다.

이런 평범한 여인들을 예수님께서 신약 시대를 열어 가는 가장 위대한 부활의 첫 번째 증인으로 쓰셨던 이유는 어디에 있는 것일까요?

첫째, 그들은 예수님의 은혜를 체험했기 때문입니다. 증인이란, 사실 그대로를 말하는 사람입니다. 따라서 본 것이 없거나, 체험이 없는 사람은 증인이 될 수 없습니다. 그런데 이 여인들은 이미 예수님의 은혜를 체험했습니다.

누가복음 8장을 보면, 이 여인들이 본격적으로 예수님의 사역의 장에 뛰어들게 되는 동기를 찾아볼 수 있습니다. 이 여인들은 주님을 만나 귀신에게서 자유를 얻었고, 병 고침을 받았으며, 건강과 자유와 새로운 하나님의 은혜를 경험했던 여인들입니다. 예수님은 이 여자들과 함께 하시고, 그들을 사랑하시며, 그들을 훈련시키셨기에 창기와 세리의 친구라는 비난을 받으셨습니다. 그리고 이 일 때문에 예수님은 바리새인들과 적이 되기 시작했고, 마지막에는 그들에 의해 십자가에 못 박히셨습니다.

따라서 이 여인들은 자기들이 받은 은혜가 이렇게 주님의 값비싼 은혜요, 주님이 이 놀라운 대가를 지불하심으로써 얻은 자유요, 해방이었다는 사실을 알았기 때문에 자신들의 소유와 재물을 들여 사역을 함께 했던 것입니다.

둘째, 이 여인들은 예수의 부활을 믿었습니다. 이 여인들이 처음부터 예수님의 부활을 믿은 것은 아닙니다. 예수님이 묻혀 계시던 이 동산에 그 여인들이 올라왔던 이유는, 주님에 대한 단순한 애정, 단순한 감사, 단순한 충성심으로 인해 그의 시체에 향유를 발라 드리려고 싶었기 때문일 것입니다. 왜냐하면 성경에는 이 여인들이 예수님의 부활을 기대했다는 흔적이 없기 때문입니다.

"여자들이 심히 놀라 떨며 나와 무덤에서 도망하고 무서워하여 아무에게도 아무 말도 하지 못하더라"(8절).

셋째, 이들은 예수의 부활을 전하는 사람들이 되었습니다(6-7절).

"6 청년이 이르되 놀라지 말라 너희가 십자가에 못 박히신 나사렛 예수를 찾는구나 그가 살아나셨고 여기 계시지 아니하니라 보라 그를 두었던 곳이니라 7 가서 그의 제자들과 베드로에게 이르기를 예수께서 너희보다 먼저 갈릴리로 가시나니 전에 너희에게 말씀하신 대로 너희가 거기서 뵈오리라 하라 하는지라"(6-7절).

여기에 중요한 동사 둘이 나옵니다. 하나는 "가서," 다른 하나는 "말하라"는 것입니다. 한마디로 요약하면 "예수께서 살아나셨다. 그리고 갈릴리에 먼저 가서 기다리실 것이다. 이 사실을 어서 가서 전하라"는 것입니다. 이 명령을 받은 여인들은 기대하지 않았던 예수님의 부활 사건 앞에 황당해 할 수밖에 없었고, 겁에 질려 있었습니다.

그럼에도 불구하고 그들은 순종을 결단합니다.

순종하는 자들에게 예수님은 어떤 약속을 하셨습니까?

17-18절에서 그 약속을 보여 줍니다. 주님은 지금도 주의 말씀에 순종하는 자들에게 기적으로 함께 하십니다. 그러므로 오늘도 말씀에 순종하는 자들에게는 성령이 역사하셔서 표적과 기적과 능력이 나타날 것을 믿으시기 바랍니다.

●마가복음 16장 주요 메시지

마가복음 16:1-11에서 예수님의 무덤을 찾았던 여자들의 체험을 보여 주십니다(2-3절).

"2 안식 후 첫날 매우 일찍이 해 돋을 때에 그 무덤으로 가며 3 서로 말하되 누가 우리를 위하여 무덤 문에서 돌을 굴려 주리요 하더니"(2-3절).

예수님의 무덤을 찾았던 여자들은 다음의 일들을 경험합니다.

① 무덤 문에서 돌이 굴려져 있었습니다(3-4절).
"눈을 들어본즉 벌써 돌이 굴려져 있는데 그 돌이 심히 크더라"(4절).
② 무덤에서 흰 옷을 입은 한 청년이 예수님은 살아나셨다고 말했습니다(5-7절).
"5 무덤에 들어가서 흰 옷을 입은 한 청년이 우편에 앉은 것을 보고 놀라매 6 청년이 이르되 놀라지 말라 너희가 십자가에 못 박히신 나사렛 예수를 찾는구나 그가 살아나셨고 여기 계시지 아니하니라 보라 그를 두었던 곳이니라 7 가서 그의 제자들과 베드로에게 이르기를 예수께서 너희보다 먼저 갈릴리로 가시나니 전에 너희에게 말씀하신 대로 너희가 거기서 뵈오리라 하라 하는지라"(5-7절).
③ 여자들이 몹시 놀라 떨며 무덤에서 도망하고 무서워했습니다(8절).

부활하신 예수님은 마가복음 16:14-20에서 너희는 온 천하에 다니며 만민에게 복음을 전파하라고 명령하십니다(15절).
"또 이르시되 너희는 온 천하에 다니며 만민에게 복음을 전파하라"(15절).
복음 전파할 때 나타나는 결과는 다음과 같습니다.

① 믿고 세례를 받는 사람은 구원을 얻을 것입니다(16절).
② 믿지 않은 사람은 정죄를 받을 것입니다(16절).
③ 믿는 자들에게 표적이 따를 것입니다(17절).
"믿는 자들에게는 이런 표적이 따르리니 곧 그들이 내 이름으로 귀신을 쫓아내며 새 방언을 말하며"(17절).
그 표적은 다음과 같습니다.
첫째, 귀신을 쫓아냅니다(17절).
둘째, 새 방언을 말합니다(17절).
셋째, 해를 받지 않습니다(18절).
"뱀을 집어올리며 무슨 독을 마실지라도 해를 받지 아니하며 병든 사람에게 손을 얹은즉 나으리라 하시더라"(18절).
넷째, 병든 사람에게 손을 얹은 즉 낫습니다(18절).
④ 복음을 전파할 때 주께서 함께 역사하십니다(20절).

결론

여러분, 예수님의 무덤을 찾았던 여자들의 체험을 보았습니다.
이 여인은 주님의 말씀을 순종하고 받아들일 줄 아는 여인이었습니다. 본문에서 보면 여인들은 예수님의 부활 사건 앞에서 매우 당황하고 놀라했다고 묘사되어 있습니다. 그러나 이 막달라 마리아는 동굴 속의 청년의 이야기를 듣습니다.
"주님은 여기 계시지 않고 그 말씀대로 살아나셨습니다."
이에 막달라 마리아는 주님이 말씀하신 대로 살아나셨다는 사실을 깨닫게 되었습니다. 그래서 그는 말씀하신 것을 그대로 제자들에게 전하는 일을 했던 것입니다. 자기 임의로 해석하지 않았습니다. 주님의 말씀대로 이루어질 것을 굳게 믿고 순종했던 것입니다. 10-11절을 보십시오.
"마리아가 가서 예수와 함께 하던 사람들이 슬퍼하며 울고 있는 중에 이 일을 고하매 그들은 예수의 살으셨다는 것과 마리아에게 보이셨다는 것을 듣고도 믿지 아니하니라"(10-11절).
물론 이해할 수 있습니다. 사실 부활이란 주제는 믿기 어려운 것입니다.
오늘 우리들은 어떻습니까?
부활에 대하여 확신하고 계십니까?
아직까지 부활 신앙을 갖지 못하신 분들은 부활 신앙을 갖기 바랍니다. 제자들도 부활 신앙을 갖기 전에는 하나님의 일을 할 수 없었습니다. 부활 신앙으로 무장하기 전에는 알면서도 증거 하지 못했습니다. 아는 것도 실천하지 못했습니다. 오히려 불안해하고 두려워 떨었습니다. 그러나 부활 신앙을 갖게 되자 저들은 완전히 달라졌습니다. 능력 있고 담대한 부활의 증인들이 되었습니다. 할렐루야! 아멘!

적용과 나눔
오늘 가르침에서 새롭게 깨달은 것 중 개인적으로 적용하여 실천하고자 하는 것을 기록한 후 서로 나누어 봅시다.

기도
성령님의 능력으로 감당하도록 간절히 부르짖고 기도합시다.

제3부

누가복음

제45장 | 누가복음 1장 강론

처녀 마리아가 은혜를 받았습니다

> 누가복음 1:1-80
> 새찬송가 98, 100, 105, 200, 205, 285, 445, 615장

❖ 누가복음 전체 구조

　누가복음은 '인자로 오신 예수님'이라는 주제로 24장까지 기록되었는데 전반부는 1-18장은 가르치시는 예수님을, 후반부 19-24장은 희생하시는 예수님을 주요 내용으로 기록되었습니다.

❖ 누가복음 1장 주제: 인자의 탄생 전에 있었던 일들

❖ 누가복음 1장의 구조와 내용

　누가복음 1장 구조와 내용은 세례 요한과 예수님 탄생 예언(1-38절)과 마리아의 엘리사벳 방문(39-56절)과 세례 요한의 출생과 사가랴의 축가(57-80절)입니다.

　누가는 본서의 기록 목적과 독자, 그리고 저자인 자기 자신에 대한 간략한 소개를 통해 복음의 서두를 열고 있습니다. 그는 이방, 특히 로마에 산재해 있던 그리스도인들에게 예수를 전파하고 이교도들에게 그분을 변증하고자 했습니다. 한편 세례 요한과 메시아의 탄생 예언이 병행되어 있는데, 그것은 두 사람의 출생 과정과 역할이 비슷했기 때문입니다. 즉 두 사람 모두 천사의 계시를 통해 출생이 예고되었고, 또 옛 시대를 마감하고 새로운 구속 역사를 여는 임무를 수행했다는 데 공통점이 있습니다. 사가랴

와 마리아의 찬양에서는 자녀(요한/예수)의 출생을 구속사적 관점에서 바라보는 부모의 신앙적 탁견이 돋보입니다.

우리가 예수님을 인격적으로 알며, 제자로서의 삶을 살기 위해서는 성경에 기록된 예수님의 삶과 사역이 무엇이었으며, 그 의미가 무엇인지 알아야 합니다. 그러려면, 우리는 성경을 공부하고 상고하면 할수록 예수님을 만나게 될 것입니다.

❖ 누가복음 1장 주요 메시지

누가복음 1:1-4은 알고 있는 바를 더 확실하게 하려 한다고 말합니다. 그 내용은 다음과 같습니다.

① "우리 중에 이루어진 사실에 대하여"(1절).
② "처음부터 목격자와 말씀의 일꾼 된 자들이 전하여 준 그대로 내력을 저술하려고 붓을 든 사람이 많은지라"(2절).
③ "그 모든 일을 근원부터 자세히 미루어 살핀 나도 데오빌로 각하에게 차례대로 써 보내는 것이 좋은 줄 알았노니"(3절).

세례 요한의 출생 예고로 사가랴와 엘리사벳을 소개하는 내용이 누가복음 1:5-25입니다. 제사장(사가랴)이 분향하는 시간에 있었던 일입니다(9-10절). "9 제사장의 전례를 따라 제비를 뽑아 주의 성전에 들어가 분향하고 10 모든 백성은 그 분향하는 시간에 밖에서 기도하더니"(9-10절).

사가랴가 분향하는 시간에 다음과 같은 일이 일어났습니다.

① 주의 사자가 나타났습니다(11절).
  "주의 사자가 그에게 나타나 향단 우편에 선지라"(11절).
  주의 사자가 사가랴에게 나타난 이유는 다음과 같습니다.
  첫째, 사가랴가 하나님 앞에 의인이었습니다(6절).
  둘째, 규례대로 흠이 없이 행하였습니다(6절).
② 분향하는 시간에 천사가 사가랴에게 "너의 간구함이 들린지라"라고 말했습니다(13절).
  "천사가 그에게 이르되 사가랴여 무서워하지 말라 너의 간구함이 들린

지라 네 아내 엘리사벳이 네게 아들을 낳아 주리니 그 이름을 요한이
라 하라"(13절).
③ 천사가 "너도 기뻐하고 즐거워할 것이요"라고 했습니다(14-17절).
④ 사가랴는 말씀을 믿지 아니함으로 "네가 말 못하는 자가 되어 능히 말
을 못하리니"라는 말을 듣습니다(18-22절).

메시아의 탄생 과정이 소개됩니다. 누가복음 1:26-38에서 처녀 마리아
가 은혜를 받았다고 하십니다(27절).
"다윗의 자손 요셉이라 하는 사람과 약혼한 처녀에게 이르니 그 처녀의
이름은 마리아라"(27절).
처녀 마리아가 받은 3대 복은 다음과 같습니다.

① 주께서 함께 해 주시는 은혜를 받았습니다(28절).
"그에게 들어가 이르되 은혜를 받은 자여 평안할지어다 주께서 너와
함께 하시도다 하니"(28절).
② 성령이 임하시고 지극히 높으신 이의 능력이 덮으셨습니다(35절).
"천사가 대답하여 이르되 성령이 네게 임하시고 지극히 높으신 이의
능력이 너를 덮으시리니 이러므로 나실 바 거룩한 이는 하나님의 아들
이라 일컬어지리라"(35절).
③ 능하지 못하심이 없으신 하나님의 모든 말씀을 믿음으로 받았습니다
(37-38절).
"37 대저 하나님의 모든 말씀은 능하지 못하심이 없느니라 38 마리아가
이르되 주의 여종이오니 말씀대로 내게 이루어지이다 하매 천사가 떠
나가니라"(37-38절).

누가복음 1:26-56에서 성탄을 맞이하는 마리아의 자세는 다음과 같습니다.

① 말씀을 듣고 놀라는 경외하는 자세입니다(26-29절).
② 알지 못한다고 하는 겸손한 자세입니다(30-34절).
③ 말씀대로 이루질 것을 믿는 종으로서 겸손히 헌신하는 자세입니다(35-38절).

④ 말씀을 주신 하나님을 찬양하는 자세입니다(46-56절).

마리아도 우리와 같이 연약한 죄인입니다. 마리아가 아들 예수님이 십자가에 달려 괴로워하는 모습을 보고 있을 때, 예수님은 마리아에게 "여자여 보소서 아들입니다!"라고 하면서 사도 요한에게 자기의 어머니를 부탁했습니다(요 19:27). 이것은 마리아도 구원과 공궤와 사람의 도움을 받아야 살아가는 한 사람의 연약한 죄인임을 보여 주고 있는 것입니다. 그런데 천주교에서는 마리아가 예수를 낳은 후에 성결하고 무흠하다라고 해서 그를 성모(聖母)라고 부릅니다. 그뿐만 아니라 예수와 동등으로 신봉할 뿐만 아니라 우리의 중보가 되어 우리의 죄를 사유하여 주시기를 구하여 준다고 하니 이것은 비성경적이요, 큰 이단입니다. 우리의 중보는 오직 예수 한 분뿐이시고, 다른 중보는 절대로 필요하지 않습니다.

그런데도 마리아는 예수를 낳은 후에 종신토록 동정녀로 지냈다고 말하고 있는데 성경은 분명히 예수님의 형제가 있다고 말씀합니다. 그 이름은 마태복음 13:55 이하에 보면 "이는 목수의 아들이 아니냐, 그 모친은 마리아 그 형제들은 야고보와 요셉, 시몬, 유다라 하지 아니하느냐"라고 했으며, 또 "그 누이들도 우리와 함께 있지 아니하냐"라고 기록했으니 그 형제가 상당히 많은 것으로 나타나 있는 것입니다(마 12:46-50; 행 1:14).

마리아는 섬김 대상도 아니요, 기도의 대상도, 우리의 중보도 아니요, 다만 한 사람의 성도로서 성결하고 깨끗하고 겸손할 뿐만 아니라 하나님께 은혜를 받고 말씀이 떨어질 때마다 죽을 각오를 가지고 순종하는 아름다운 영성을 가지고 있었기에 메시아를 태에 담는 일에 하나님의 도구로 귀하게 쓰임 받은 여인입니다.

누가복음 1:46-56에서 마리아가 찬양하는 내용은 다음과 같습니다(46-47절).

① "내 마음이 하나님 내 구주를 기뻐하였음은"(47절).
② "그의 여종의 비천함을 돌보셨음이라"(48절).
③ "능하신 이가 큰 일을 내게 행하셨으니 그 이름이 거룩하시며"(49절).
④ "그의 팔로 힘을 보이사 마음의 생각이 교만한 자들을 흩으셨고"(51-52절).
⑤ "주리는 자를 좋은 것으로 배불리셨으며 … 긍휼히 여기시고 기억하

시되"(53-54절).
⑥ "우리 조상에게 말씀하신 것과 같이 아브라함과 그 자손에게 영원히 하시리로다"(55절).

세례 요한의 출생한 후, 누가복음 1:67-80에서 세례 요한의 부친 사가랴가 성령의 충만함을 받아 예언 말씀을 선포했습니다. 예언한 내용은 다음과 같습니다.

① "찬송하리로다 주 이스라엘의 하나님이여 그 백성을 돌보사 속량하시며"(68절).
② "우리를 위하여 구원의 뿔을 그 종 다윗의 집에 일으키셨으니"(69절).
③ "종신토록 주의 앞에서 성결과 의로 두려움이 없이 섬기게 하리라"(75절).
④ 주의 백성에게 그 죄 사함으로 말미암는 구원을 알게 하리니(77절).
⑤ 어둠과 죽음의 그늘이 앉은 자에게 비치고 평강의 길로 인도하시리로다"(79절).

결론

여러분, 처녀 마리아가 은혜를 받았습니다. 은혜 받고 찬송했습니다. 여러분, 복을 받은 처녀 마리아가 찬송한대로, 제사장 사가랴가 선포한 말씀대로 다 성취되었습니다. 우리가 찬송한대로 선포한 말씀대로 반드시 다 이루어집니다. 메시아의 탄생을 맞이하는 마리아의 자세로 찬송하며, 사가랴의 자세로 말씀을 선포하는 사역자가 되어 주님교회의 부흥에 주역이 되시기 바랍니다. 할렐루야! 아멘!

적용과 나눔

오늘 가르침에서 새롭게 깨달은 것 중 개인적으로 적용하여 실천하고자 하는 것을 기록한 후 서로 나누어 봅시다.

기도

성령님의 능력으로 감당하도록 간절히 부르짖고 기도합시다.

제46장 | 누가복음 2장 강론

예수님을 모시고 찬송합시다

> 누가복음 2:1-52
> 새찬송가 80, 94, 108, 114, 118, 123, 124, 128, 285, 445장

❖ **누가복음 2장 주제: 인자의 탄생과 유년 시절**

❖ **누가복음 2장의 구조와 내용**

　누가복음 2장의 구조와 내용은 인자이신 예수님 탄생(1-20절)과 예수님 가족의 예루살렘 여행(21-40절)과 성전에서의 예수님(41-52절)이라는 구조로 앞 장에 나타난 예수님의 탄생 예언이 여기서 성취되고 있습니다.

　예수의 탄생을 축하하고 경배한 사람들은 대체로 가난한 부류의 사람들이었음을 주목할 필요가 있습니다. 특히 본 장의 중반에 언급되는 시므온(25절)과 안나(36절)라는 인물은 우리에게 잘 알려져 있지 않으나 아기 예수 탄생의 비밀과 메시아 되심을 정확히 인식한 자들입니다. 주님은 헤롯을 위시한 권력자들에게 거부당하시고, 낮고 겸손한 자에게서 영접 받으셨습니다. 그러므로 천국은 "심령이 가난한 자들"(마 5:3)이 볼 수 있으며, 메시아는 기꺼이 창기와 세리의 친구가 되어 주셨습니다.

　성탄절은 하나님께서 죄인인 우리들을 구원하시기 위하여 이 세상에 인간의 몸을 입으시고 어린 아기로 탄생하신 날입니다. 성탄절은 우리를 살리시기 위해 죽으러 오신 예수님의 사랑을 깨닫는 날이 되었으면 합니다.

　가이사 아구스도는 로마의 가장 위대한 황제였습니다. 그는 병력과 과세를 위하여 인구조사령을 내렸습니다. 당시 로마의 식민지였던 유대 땅에

주민들은 선조들이 살던 곳에 가서 행정적 신고를 해야 했습니다. 요셉과 마리아는 자신의 조상들이 살던 베들레헴으로 갔습니다. 호적을 하기 위해서입니다. 두 사람은 이미 약혼 상태였고, 마리아는 임신 막달이었습니다. 걸음걸이가 둔했던 임신부는 다른 사람들보다 늦게 그곳에 도착하였고, 이미 여관은 만원이었습니다. 할 수 없이 그들은 허름한 마굿간을 빌려 잠을 자게 되었는데 그날 밤에 출산한 것입니다. 마리아는 마굿간에서 아기를 낳았습니다.

한편 성탄은 하나님의 아들이 인간으로 오신 사건이었기 때문에 그분이 하나님의 아들이라는 증거가 되는 수많은 징조와 현상들이 주변에 일어났습니다. 마태복음 2장에 보면 동방의 박사들이 이상한 별의 움직임을 따라 베들레헴에 찾아와 예물을 드렸고, 본문에는 들에서 양을 치던 목자들이 천사들의 내방을 받고 마굿간에 찾아와 경배하였으며, 천사들의 노래가 온 하늘과 땅에 울려 퍼졌습니다. 또한 22-39절에는 예수의 부모가 아기를 안고 성전에 올라가 8일 만에 할례를 받았으며, 이때 두 예언자 시므온과 안나가 예수님을 메시아라고 하며 감사하고 찬송하며 기도를 드리게 됩니다. 이와 같은 일련의 사건들의 주는 의미와 복을 함께 생각하며 은혜 받는 성탄절이 되어야 겠습니다.

성탄은 어떤 복을 우리들에게 주었습니까?

❖누가복음 2장 주요 메시지

첫째, 홀연히 하나님을 찬송하는 복입니다(8-14절). 누가복음 2:8-20에서 양떼를 지키는 목자들이 복을 받는 모습이 소개됩니다. 그 복은 다음과 같습니다.

① 주의 영광을 비추임 받는 복입니다(9절).
② 온 백성에게 미칠 큰 기쁨의 좋은 소식을 먼저 들은 복입니다(10절).
③ 홀연히 수많은 천군이 천사들과 함께 하나님을 찬송하는 소리를 들은 복입니다(13-14절).
④ 예수님을 최초로 찾아 하나님께 영광을 돌리고 찬송하는 복입니다(16-20절).

여러분, 양떼를 지키는 목자들이 받은 복 중에 주의 영광이 두루 비추어 주는 복이 필요합니다. 주의 영광이 두루 비출 때 다음과 같은 일이 있게 되었습니다.

① 온 백성에게 미칠 큰 기쁨의 좋은 소식을 듣게 되었습니다(10-11절).
② 강보에 싸여 구유에 뉘어 있는 아기를 볼 것이라는 말씀대로 예수님을 만나는 표적을 체험했습니다(12절).
③ 천군 천사들과 함께 하나님을 찬송하게 됩니다(13-14절).
"13 홀연히 수많은 천군이 그 천사들과 함께 하나님을 찬송하여 이르되 14 지극히 높은 곳에서는 하나님께 영광이요 땅에서는 하나님이 기뻐하신 사람들 중에 평화로다 하니라"(13-14절).

둘째, 메시아를 기다리며 찬송하는 복입니다(눅 2:22-39).
누가복음 1-2장에는 예수님의 탄생과 구세주 되심에 대한 네 편의 찬송이 있습니다. 마리아의 찬양(눅 1:46-48), 사가랴의 찬송(눅 1:68-79), 천사들의 찬송(눅 2:13), 시므온의 찬송(눅 2:28-32)입니다.
여기 시므온은 유대 랍비 힐렐의 아들이요 가말리엘의 아버지입니다. 그는 AD 13년 산헤드린의 의장이 이었다고 추측합니다. 시므온은 평생토록 경건하고 의롭게 산 사람입니다. 그는 이스라엘의 위로를 기다리고 있었습니다. 그는 그리스도를 보기 전에는 죽지 않을 것이라는 성령의 지시를 받을 정도로 깊은 영성을 지닌 인물입니다. 그가 성전에 들어가서 마리아와 요셉이 할례를 행하러 데리고 온 어린 아기 예수님을 보는 순간 성령께서 그 아기가 예수님, 즉 그리스도라고 알려 주셨습니다. 그는 아기 예수 그리스도를 품에 안고 마음껏 하나님을 찬송했습니다. 누가복음 2:22-27에서 시므온의 신앙을 보여지는 데, 그 특징은 다음과 같습니다.

① 의롭습니다(25절).
② 경건합니다(25절).
③ 이스라엘의 위로를 기다립니다(25절).
④ 성령이 그 위에 계십니다(25절).
⑤ 성령의 지시를 받습니다(26절).

⑥ 성령의 감동으로 성전에 들어갑니다(27절).
⑦ 아기 예수님을 안고 하나님을 찬송합니다(28-35절).

누가복음 2:28-35에서 시므온의 신앙은 예수님을 모시고 찬송하는 신앙입니다. 시므온의 찬송의 내용은 다음과 같습니다.

① 시므온은 해방자로 오신 예수님을 찬송했습니다(28-29절).
② 시므온은 구원자로 오신 예수님을 찬송했습니다(30절).
③ 시므온은 이방을 비추는 빛이시라고 예수님을 찬송했습니다(32절).
④ 시므온은 주의 백성 이스라엘의 영광이라고 예수님을 찬송했습니다 (32절).

누가복음 2:36-39은 안나의 신앙을 보여 줍니다(36절). 안나의 신앙 특징은 다음과 같습니다.

① 성전을 떠나지 아니하고 섬기는 신앙입니다(37절).
② 주야로 금식하며 기도함으로 섬기는 신앙입니다(37절).
③ 하나님께 감사하는 신앙입니다(38절).
④ 예루살렘의 속량을 바라는 모든 사람에게 예수님에 대하여 말하는 신앙입니다(38절).

누가복음 2:40-52은 우리의 죄를 속량하시기 위해 오신 예수님이 성장하시는 모습을 보여 줍니다.십니다. 예수님의 자라시는 모습은 인생이 성공하려면, 반드시 갖추어야할 4가지 요소를 가르쳐 주시는 말씀이기도합니다(40, 52절).
"40 아기가 자라며 강하여지고 지혜가 충만하며 하나님의 은혜가 그의 위에 있더라 … 52 예수는 지혜와 키가 자라가며 하나님과 사람에게 더욱 사랑스러워 가시더라"(40-52절).
예수님이 자라시는 모습의 특징은 4가지입니다.

① 육체적으로 자라며 강해지셨습니다(40절).

② 정신적으로 지혜가 충만하셨습니다(40절).
③ 영적, 신앙적으로 하나님의 은혜가 그 위에 있었습니다(40절).
④ 사회적으로 하나님과 사람에게 더 사랑스러워 가셨습니다(52절).

결론

여러분, 예수님을 모시고 찬송합시다. 시므온이 예수님을 모시고 찬송하는 31-32절에서 "³¹ 이는 만민 앞에 예비하신 것이요 ³² 이방을 비추는 빛이요 주의 백성 이스라엘의 영광이니이다"라는 말씀대로 예수 그리스도는 만민을 위하여 이 땅에 오셨고, 이방을 비추는 빛으로 오셨으며, 열방을 구원하러 오신 하나님의 아들 메시아입니다.
2,000년 전에 이 땅에 오신 메시아 예수님은 홀연히 임한 복이십니다. 메시아를 기다리는 자들에게 임한 복이십니다. 우리는 메시아 강림의 복을 통하여 구원을 얻었고, 온갖 풍성한 은혜 안에서 살게 되었습니다. 이 복음을 안 믿는 자들과 열방에 전하는 일을 게을리 하지 않는 교회가 되시기 바랍니다. 할렐루야! 아멘!

적용과 나눔

오늘 가르침에서 새롭게 깨달은 것 중 개인적으로 적용하여 실천하고자 하는 것을 기록한 후 서로 나누어 봅시다.

기도

성령님의 능력으로 감당하도록 간절히 부르짖고 기도합시다.

제47장 | 누가복음 3장 강론

세례 요한의 메시지

> 누가복음 3:1-38
> 새찬송가 80, 94, 108, 114, 128, 200, 205, 285, 445장

✣ **누가복음 3장 주제: 세례 요한과 인자이신 예수님**

✣ **누가복음 3장의 구조와 내용**

　누가복음 3장의 구조와 내용은 세례 요한의 활동(1-20절)과 세례 요한에게 세례 받으심과 하나님의 족보(21-38절)입니다. 두 인물, 즉 세례 요한과 예수님의 초기 사역이 중점적으로 언급되고 있습니다.
　세례 요한의 전도 사역은 구원사적 측면에서 그 의미가 중요하거니와 여기서는 그의 설교와 세례가 주로 다루어집니다. 그의 사역은 한마디로 외식 종교를 거부하고 마음의 회개와 실천적 생활의 변화를 요구한 것이었습니다. 주님은 요한에게 세례를 받으심으로써 요한의 사역을 인정하셨을 뿐 아니라 인간 구원을 위해 하나님의 뜻에 복종하고자 하는 자신의 의지를 나타내 보이셨습니다.
　한편 말미에 나타나는 족보는 이른바 하향식 서술 기법을 사용하여 예수님의 혈통을 역추적합니다. 4복음서 중에서 예수님의 탄생에 대해서 소개하는 책은 마태복음과 누가복음 두 책뿐입니다. 하지만 예수님의 오심을 준비했던 세례 요한에 대해서는 4복음서 모두가 이야기합니다.
　세례 요한의 출현은 먼저 그 시대의 상황을 설명하는 것으로 시작합니다. 1절과 2절 전반부를 보면 세례 요한이 출현할 당시의 정치 종교 지도자

일곱 명의 이름이 차례로 등장합니다. 제일 먼저 그 당시 로마 황제, 즉 세계를 주름잡고 있던 최고의 권력자 디베료 황제에 대해서 언급합니다. 유대를 통치하던 로마 총독 본디오 빌라도, 로마가 세운 허수아비 분봉왕이었던 헤롯과 빌립과 루사니아에 대한 언급도 나옵니다. 이렇게 그 당시 유대 지역을 중심으로 최고의 권세를 휘두르던 다섯 명의 권력자들을 언급한 뒤 맨 마지막으로 예루살렘 성전을 지키고 있던 유대교 최고지도자인 안나스와 가야바, 두 사람의 대제사장을 소개합니다. 여기 이 일곱 명의 정치 종교 지도자는 예수님이 태어나던 그 당시 나는 새도 떨어뜨릴 만큼 엄청난 권력을 한 손에 쥐고 있었던 사람들입니다.

이제 이렇게 그 당시 정황을 언급한 뒤 누가는 세례 요한의 사역을 소개합니다. 2절 후반부를 보십시오.

"하나님의 말씀이 빈들에서 사가랴의 아들 요한에게 임한지라"(2절).

바로 앞에서 로마 황제 디베료를 비롯해서 모든 권세를 한 손에 쥐고 있었던 정치 종교 지도자들의 리스트를 소개한 다음에 하나님의 말씀이 세례 요한에게 임했다는 것입니다. 일곱 명의 정치 종교 지도자들에 비하면 세례 요한은 전혀 알려지지 않은 촌사람입니다. 로마 황제가 있는 궁궐도 아니요, 빌라도 총독이 집무하는 총독관저도 아니요, 대제자장이 시무하는 예루살렘 성전도 아닌 빈들, 광야에서 초라한 생활을 하는 야인입니다. 낮에는 뜨겁고 밤에는 춥고 하늘만 뻥 뚫린 고독한 광야, 빈들에서 한 시골뜨기에게 하나님의 말씀이 들려왔습니다. 전혀 예상하지 못한 돌발 상태가 일어난 것입니다.

오늘도 마찬가지입니다. 우리를 죄와 죽음에서 구원하시는 하나님의 말씀은 전혀 예기치 못한 곳에서 들려옵니다. 예수님의 오심을 통하여 증거되는 희망의 메시지는 화려하고 힘 있는 곳이 아닌 빈들, 그늘진 곳에서 들려옵니다. 소음 가득한 곳이 아닌 조용한 곳에서 들려옵니다. 그러므로 오늘 여러분이 어떤 처지에 있든지 우리에게 용기와 소망을 주시는 하나님의 말씀을 들으시기 바랍니다. 하나님의 말씀은 이 세상이 아무리 암울해도 우리에게 희망을 줍니다. 이 세상이 아무리 어두워도 한 줄기 빛을 줍니다. 이 시간 세례 요한의 귓전을 울렸던 그 하나님의 말씀이 여러분의 귀에도 들려오기를 바랍니다. 그래서 세상의 그 어떤 위력 앞에도 주눅 들지 말고 일어나 머리를 들고 당당하게 주님을 맞을 채비를 하시기 바랍니다.

❖ 누가복음 3장 주요 메시지

누가복음 3장은 외식을 거부하고 마음의 회개와 실천적 생활의 변화를 요구합니다. 누가복음 3:7-14에서 세례 요한의 메시지는 장차 올 진노를 피하라는 것입니다(7절).

"요한이 세례 받으러 나아오는 무리에게 이르되 독사의 자식들아 누가 너희에게 일러 장차 올 진노를 피하라 하더냐"(7절).

세례 요한의 메시지 장차 올 진노를 피하는 방법은 다음과 같습니다.

① 회개에 합당한 열매를 맺어야 합니다(8절).
"그러므로 회개에 합당한 열매를 맺고 속으로 아브라함이 우리 조상이라 말하지 말라 내가 너희에게 이르노니 하나님이 능히 이 돌들로도 아브라함의 자손이 되게 하시리라"(8절).

② 좋은 열매를 맺어야 합니다(9절).
"이미 도끼가 나무뿌리에 놓였으니 좋은 열매 맺지 아니하는 나무마다 찍혀 불에 던져지리라"(9절).

③ 나눠주는 삶을 살아야 합니다(11절).
"대답하여 이르되 옷 두 벌 있는 자는 옷 없는 자에게 나눠 줄 것이요 먹을 것이 있는 자도 그렇게 할 것이니라 하고"(11절).
"예수께서 이르시되 네가 온전하고자 할진대 가서 네 소유를 팔아 가난한 자들에게 주라 그리하면 하늘에서 보화가 네게 있으리라 그리고 와서 나를 따르라 하시니"(마 19:21).

누가복음 3:15-17에서 요한이 가르치는 예수님의 세례를 가르쳐 주십니다(16절).

"요한이 모든 사람에게 대답하여 이르되 나는 물로 너희에게 세례를 베풀거니와 나보다 능력이 많으신 이가 오시나니 나는 그의 신발끈을 풀기도 감당하지 못하겠노라 그는 성령과 불로 너희에게 세례를 베푸실 것이요"(16절).

세례 요한이 말하는 예수님은 다음과 같은 분이십니다.

① 능력이 많으신 이(16절).
② 성령과 불로 세례를 주시는 분(16절).

③ 알곡은 모아 곳간에 들이고 쭉정이는 꺼지지 않는 불에 태우시는 분 (17절).

"손에 키를 들고 자기의 타작 마당을 정하게 하사 알곡은 모아 곳간에 들이고 쭉정이는 꺼지지 않는 불에 태우시리라"(17절).

누가복음 3:21-22에서 예수님이 요한에게 세례를 받으시고 기도하실 때 다음과 같은 일이 있었습니다.

① 하늘이 열렸습니다(21절).
② 성령이 그의 위에 강림하셨습니다(22절).
③ 하늘로부터 소리가 났습니다(22절).
"성령이 비둘기 같은 형체로 그의 위에 강림하시더니 하늘로부터 소리가 나기를 너는 내 사랑하는 아들이라 내가 너를 기뻐하노라 하시니라"(22절).

결론

여러분, 세례 요한의 메시지는 장차 올 진노를 피하라는 것입니다.
예수님이 오심으로 모든 사람이 하나님의 구원을 보게 될 것이기 때문에 우리는 대대적으로 준비해야 합니다. 우리 마음의 길을 닦고 준비해야 합니다. 우리 마음의 모든 굴곡을 평탄케 해야 합니다. 미움, 시기, 질투, 탐욕 등으로 일그러지고 골이 패인 우리의 마음을 믿음과 사랑과 자비로 메워야 합니다.
우리 마음의 길을 닦기 위하여 먼저 선행되어야 할 것이 '하나님의 말씀'이요, '회개와 죄 사함'입니다. 세례 요한 위에 먼저 하나님의 말씀이 임했으며, 그 다음에 죄 사함을 받게 하는 회개의 세례를 선포했던 것처럼, 우리 위에도 하나님의 말씀이 임해야 하며, 회개를 통하여 우리의 모든 죄가 용서함을 받아야 합니다.
그리할 때 우리는 굽어진 우리의 마음을 곧게 펴고 깊게 패인 마음의 골짜기를 메우고 평탄하게 만들 수 있을 것입니다.
이제 분명해진 것은 ① "하나님의 말씀이 세례 요한 위에 임해서," ② "죄 사함을 받게 하는 회개의 세례를 전파하고," ③ "주님 오실 길을 준비하게 될 때," ④ 결국 "모든 육체가 하나님의 구원하심을 보게 될 것"이라는 사실입니다. 우리의 궁극적인 목적은 인간을 비롯한 온 피조 세계가 구원을 얻게 하는 데 있습니다. 예수께서 이 땅 위에 오신 최고의 목적이 바로 온 피조 세계를 구원하기 위한 것임을 잊지 말아야 합니다. 할렐루야! 아멘!

적용과 나눔

오늘 가르침에서 새롭게 깨달은 것 중 개인적으로 적용하여 실천하고자 하는 것을 기록한 후 서로 나누어 봅시다.

기도

성령님의 능력으로 감당하도록 간절히 부르짖고 기도합시다.

제48장 | 누가복음 4장 강론

성령에게 이끌리어야 합니다

> 누가복음 4:1-44
> 새찬송가 80, 94, 108, 114, 128, 200, 205, 285, 357, 358, 445장

❖ **누가복음 4장 주제: 공생애를 시작하신 예수님**

❖ **누가복음 4장의 구조와 내용**

 누가복음 4장의 구조와 내용은 광야에서의 시험(1-13절)과 고향에서 배척당하심(14-30절)과 가버나움에서 치유 사역(31-44절)의 내용으로 13장까지는 3장 후반부와 이어지는 내용을 담고 있습니다.
 주님은 사단으로부터 세 번에 걸친 시험을 받으셨습니다. 그분이 메시아로서 시험을 받으셨기 때문에 이 사건을 우리에게 그대로 적응하기는 곤란합니다. 그러나 그 영적 투쟁의 원리는 오늘의 신자들에게도 유효합니다. 즉 사단의 시험은 궁극적으로 하나님의 주권에 대한 불순종에 초점이 맞춰져 있고, 따라서 그것을 이기는 방법은 주님에 대한 전적 신뢰와 믿음이 없이는 불가능하다는 점입니다. 14절부터는 예수님의 갈릴리 전도 사역이 언급되는데, 이는 마귀 시험 후 약 1년의 시간이 경과한 시점에서 일어난 일입니다. 병자 치유 사건은 18-19절의 성취입니다. 인간으로 이 땅에 태어나신 예수님은 본질상 하나님과 동등하신 분이십니다.
 "너희 안에 이 마음을 품으라 곧 그리스도 예수의 마음이니 그는 근본 하나님의 본체시나 하나님과 동등 됨을 취할 것으로 여기지 아니하시고"(빌 2:5-6).

이런 예수님이 처녀인 마리아의 몸을 빌어 사람의 몸을 입고 이 땅에 태어나셨습니다. 완전한 사람의 모습이었습니다. 먹지 않으면 배고프고, 자지 않으면 졸려서 견디지 못하는 우리 약한 사람의 모습을 그대로 가지고 태어나셨습니다.

이런 예수님이 30세가 되셨을 때, 사람을 구원하는 구원자로서 사역을 시작하셨습니다. 30년 동안 준비하셨던 사역을 시작하신 것입니다. 누가는 예수님이 구원자로서 사역을 시작하실 때의 상황을 다음과 같이 말합니다.

"예수께서 성령의 충만함을 입어 요단강에서 돌아 오사 광야에서 사십일 동안 성령에게 이끌리시며"(1절).

예수님이 먼저 요단강에서 세례 요한에게 세례를 받으셨습니다. 그리고 물에서 올라오실 때, 성령 하나님이 예수님의 위에 강림하셨습니다. 예수님은 성령의 충만함을 입으신 채로 요단강에서 올라와 광야로 가셨습니다.

여기서 성령의 충만함을 받으셨다는 말씀은 무슨 뜻인가?

"하나님이 나사렛 예수에게 성령과 능력을 기름 붓듯 하셨으매 저가 두루 다니시며 착한 일을 행하시고 마귀에게 눌린 모든 자를 고치셨으니 이는 하나님이 함께 하셨음이라"(행 10:38).

누가는 성령으로 충만하신 예수님은 하나님이 원하시는 대로 착한 일을 행하시며, 마귀에게 눌린 자에게서 마귀를 쫓아 내셨다는 것을 말씀하고 있는 것입니다. 그러므로 예수님이 성령의 충만함을 입으셨다는 말씀은 성령 하나님께서 하자고 하시는 대로 온전히 따라 하셨다고 이해할 수 있을 것같습니다. 1절 후반부에서는 '성령에게 이끌리셨다'고 말하고 있는데 같은 뜻입니다. 예수님은 성령 하나님이 이끄시는 대로 광야로 가셨으며, 또한 광야에 있는 40일 동안 성령 하나님에게 이끌리셨던 것입니다.

예수님이 이렇게 성령 하나님에게 이끌려서 일하신 것은 사역 초기만 아닙니다. 예수님이 십자가에 달리기 위하여 잡히시기 전 날 밤이었습니다. 예수님의 마음에는 갈등이 있었습니다. 그래서 하나님에게 기도하셨습니다.

"이르시되 아버지여 만일 아버지의 뜻이거든 이 잔을 내게서 옮기시옵소서"(눅 22:42).

예수님은 구원자로서 십자가의 죽음이라는 사명을 감당해야 했습니다.

그것은 예수님을 향한 하나님의 소원이었습니다. 하지만 예수님은 인간으로서 막상 그 상황 앞에서 번민을 하신 것입니다.

그러나 결국 예수님은 그 번민을 떨쳐 버리기로 결정을 하셨습니다. "내 원대로 마옵시고 아버지의 원대로 되기를 원하나이다" 하시고 마침내 십자가의 죽음을 감당하신 것입니다. 이처럼 예수님은 처음부터 마지막 순간까지 성령 하나님에게 이끌려서 일을 하셨습니다. 그래서 인간 구원이라는 대 사명을 감당하실 수 있었던 것입니다.

여러분, 예수님을 이끄셨던 성령 하나님께서는 오늘 우리 그리스도인들을 이끌려고 하십니다.

"술 취하지 말라 이는 방탕한 것이니 오직 성령의 충만을 받으라"(엡 5:18).

술에 취하여 술이 하자는 대로 행동하지 말고 성령 하나님에게 사로잡혀서 성령 하나님이 하자는 대로 행하며 살라는 말씀입니다. 입술이 성령으로 충만하면 그 입술은 은혜가 되고 덕이 되는 말을 쏟아 놓게 될 것입니다. 손에 성령의 충만을 받으면 그 손은 싸우는 일보다는 좋은 일을 하기에 바쁠 것입니다. 그러므로 우리는 우리 몸의 모든 지체가 성령으로 충만하도록 힘써야 할 것입니다.

예수님이 성령 하나님에게 이끌려서 구원자로서 사역을 시작하셨으며, 성령 하나님에게 이끌려 사역을 마무리 하셨다면, 오늘 우리도 성령 하나님에게 이끌려서 살아갈 때 그리스도인으로서 본분을 다 하게 될 것입니다.

❖ 누가복음 4장 주요 메시지

누가복음 4:1-44은 성령에게 이끌리어야 함을 말씀합니다(1절).

"예수께서 성령의 충만함을 입어 요단 강에서 돌아오사 광야에서 사십 일 동안 성령에게 이끌리시며"(1절).

예수님께서 성령의 충만함을 입어 성령에게 이끌리실 때 다음의 일들이 있었습니다.

① 마귀의 시험을 이기셨습니다(2-13절).
② 뭇 사람에게 칭송을 받으셨습니다(14-15절).
③ 성경을 읽고 복음을 전파하셨습니다(16-20절).
④ 은혜로운 말을 하셨습니다(21-22절).
⑤ 크게 화를 낸 사람들이 방해를 못했습니다(28-30절).
⑥ 가르치는 말씀에 권세가 있었습니다(31-32절).

⑦ 귀신을 꾸짖어 쫓아내셨습니다(33-37절).
⑧ 질병을 꾸짖어 고치셨습니다(38-39절).
⑨ 사명감으로 하나님의 나라 복음을 전하셨습니다(43-44절).

누가복음 4:18-19은 성령이 임하면 복음을 전파하게 됨을 가르쳐 줍니다(18절). 복음의 열매는 다음과 같습니다.

① 가난한 자는 부자가 됩니다(18절).
② 포로 된 자에게 자유를 얻게 합니다(18절).
③ 눈 먼 자로 다시 보게 합니다(18절).
④ 눌린 자를 자유롭게 합니다(18절).
"18 주의 성령이 내게 임하셨으니 이는 가난한 자에게 복음을 전하게 하시려고 내게 기름을 부으시고 나를 보내사 포로 된 자에게 자유를, 눈 먼 자에게 다시 보게 함을 전파하며 눌린 자를 자유롭게 하고 19 주의 은혜의 해를 전파하게 하려 하심이라 하였더라"(18-19절).

결론

여러분, 성령에게 이끌리어야 합니다.
오늘 말씀은 예수님을 이끄는 두 가지 세력이 있음을 알립니다.
첫째, 마귀입니다.
"마귀가 또 예수를 이끌고 올라가서"(5절).
예수님은 광야에서 마귀에게 시험받으시면서 이끌렸습니다.
둘째, 그러나 무엇보다도 예수님은 성령에게 이끌리시어 광야로 가셨습니다(1절).
우리 인생에도 마찬가지로 두 가지의 이끌림이 있습니다. 하나는 마귀요, 또 하나는 성령입니다. 마귀는 당연히 성령이 아닌 자기에게 이끌리라고 요구합니다. 적당하게 마귀에게 이끌리면, 좋은 것도 차지하고 이름도 날릴 것이라고 하면서 그렇게 꼬드기는 것입니다.
마귀의 요구와 성령의 요구를 다른 말로 표현하면 영의 요구에 이끌려 사는 것과 육의 요구에 이끌려 사는 것을 말합니다.
유혹이 없는 사람은 없습니다. 주님도 유혹을 받으셨는데 하물며 오늘의 우리들이야 얼마나 유혹의 한 가운데 놓여 있겠습니까?
마귀의 유혹에 이끌리면 나오기가 어렵습니다. 한번 올무가 걸리게 되면 끝없이 이끌리게 됩니다. 조직 폭력단에 한번 들어가면 조직의 힘에 밀려서 도저히 헤어나고 싶어도 헤어나기가 힘들다고 합니다. 마찬가지입니다. 믿음의 사람은 성령의 인도하심에 자신을 맡기는 사람입니다. 아무리 어려운 일이 닥쳐도 성령에 이끌려 살아야 한다는 것을 잊지 마시기 바랍니다. 할렐루야! 아멘!

적용과 나눔

오늘 가르침에서 새롭게 깨달은 것 중 개인적으로 적용하여 실천하고자 하는 것을 기록한 후 서로 나누어 봅시다.

기도

성령님의 능력으로 감당하도록 간절히 부르짖고 기도합시다.

제49장 | 누가복음 5장 강론

시몬 베드로의 신앙이 필요합니다

> 누가복음 5:1-39
> 새찬송가 80, 94, 108, 114, 128, 200, 205, 285, 357, 358, 445장

❖ **누가복음 5장 주제: 제자들을 부르시는 예수님**

❖ **누가복음 5장의 구조와 내용**

  누가복음 5장의 구조와 내용은 세 제자를 부르심(1-11절), 병자를 치유하신 예수님(12-26절), 세 제자를 부르심(27-39절)입니다. 베드로를 위시한 여러 지체들을 선택하시는 장면입니다.

  병행 구절인 마가복음 1:16-20과의 차이점은 제자를 부르시기 전에 이적을 먼저 보여 주셨다는 데 있습니다. 예수님의 신적 권능을 목도한 제자들이 지금까지의 생업을 청산하고 곧바로 주님을 따르는 모습은 제자도의 본질이 무엇인지를 되새기게 합니다.

  한편 주님은 천형(天刑)이라 할 수 있는 나병과 중풍병을 고치셨는데, 이 치유 기사가 주님의 사죄권과 연결되고 있음을 주목해야 합니다. 주님은 단순히 육체적 병을 치유하러 오신 것이 아니고 인간의 근원적 질병이라고 할 수 있는 죄를 도말하시기 위해 오셨습니다(34절). 신앙생활은 예수 그리스도를 만나는 생활입니다.

  우리 곁에 계시지 않은 예수님을 우리가 어떻게 만날 수 있습니까?

  만남은 두 종류의 만남이 있습니다.

  첫째, 일상적인 만남입니다. 생활 주변에서 그저 얼굴과 얼굴이 만나는

만남입니다.

둘째, 인격적인 만남입니다. 변화의 만남이요, 영혼의 만남입니다. 이런 만남 속에는 감격이 있습니다. 감격으로부터 오는 나의 변화가 있습니다. 이런 만남은 시간과 공간을 뛰어 넘는 만남입니다. 현재 얼굴과 얼굴을 마주 보아야만 만남이 되는 것이 아닙니다. 이것은 때로는 책 속에서, 이야기 속에서도 일어날 수 있기 때문입니다. 바로 이런 인격적인 만남에서 우리는 예수 그리스도를 만나는 것입니다.

오늘 본문은 베드로가 예수님을 만나는 장면이 기록되어 있습니다. 변화와 영혼의 만남 그래서 인격적인 만남을 이룬 베드로를 보면서 우리의 만남을 생각하게 됩니다.

베드로는 밤새도록 허리가 휘도록 그물을 이곳저곳에 던져 보았지만 모두가 헛수고였습니다. 결국은 한 마리의 고기도 못 잡은 채 포구에 나와 그물을 씻고 있었습니다. 베드로가 이렇게 헛 그물을 씻고 있을 때 예수님이 그에게 오셨습니다. 그리고 그 배를 잠시 빌려 쓰셨습니다. 예수님은 그 배 위를 강단으로 해서 사람들에게 말씀을 전하셨습니다. 아마도 베드로는 그물을 씻으면서 자연스럽게 그 말씀을 옆에서 들었을 것입니다.

베드로가 그럭저럭 그물을 다 정리하고 있을 때, 말씀을 마치신 예수님께서 느닷없이 베드로에게 말씀하십니다.

"깊은 데로 가서 그물을 내리라"(눅 5:4).

이러한 예수님의 말씀은 베드로로서는 수긍할 수 없는 말씀이었습니다.

고기 잡는 일이라면 평생 어부인 내가 더 잘하는 일이요, 그나마 밤새도록 헛 그물질 하다가 지쳐 들어와서 지금 그물을 다 씻고 내일을 위해 다 정리를 해 가는 중인데 어부도 아닌 이 분이 이 무슨 엉뚱한 말씀인가!

그러나 왠지 베드로의 마음은 이 낯선 분의 말씀에 끌릴 수밖에 없었습니다. 그래서 이렇게 대답했습니다.

"선생님, 제가 지난밤에 밤새도록 그물질을 하였지만 한 마리도 건지지 못했습니다. 그러나 선생님께서 그렇게 말씀하시니 제가 순종하겠습니다."

이 베드로의 순종이 베드로가 예수님을 만나게 되는 첫 관문이 되었습니다. 웬만하면 이렇게 대답했을 것입니다.

"말씀은 좋지만 밤새도록 헛 그물질 하느라 지쳤고, 지금 그물도 다 씻어 정리했으니 할 수 없습니다. 내일 한 번쯤 해 보겠습니다."

여러분, 믿음은 무엇입니까?

말씀에 순종하는 것입니다.

"말씀이 그러하다 하시니 나도 그렇게 믿습니다."

이것이 믿음입니다. 믿음은 "내 생각에는"이 아니라 주님 생각이 그러하시니, "말씀이 그러하시니"입니다. 그럴 때에 능력은 역사하고, 기적이 나타나는 것입니다. 하나님은 이 믿음을 통해서 역사하십니다. 베드로는 예수님의 의외의 말씀에 대해서 자신의 경험이나, 경력이나, 지금의 피곤한 상황을 이유로 "내 생각에는"이라고 말하지 아니하고, "선생님께서 그렇게 말씀하시니 그 말씀을 의지하여 그물을 내리리이다"라고 했습니다.

믿음은 이성적 판단이 아닙니다. 이성적 판단 속에 있는 것은 지식이지 믿음이 아닙니다. 믿음은 지식과 경험을 뛰어 넘어 살아 계신 하나님 앞에 무릎 꿇는 것입니다. 내 지식과 경험으로 하나님을 판단하는 것이 아니라, 오히려 믿음으로 내 지식과 경험을 판단하는 것이 믿음이요, 능력이요, 힘이요, 생명입니다. 베드로는 "내 생각에는"이 아니라 "예수님의 말씀에 의지하여"(5절) 예수님의 말씀에 순종했습니다.

그것이 어찌 쉬운 일이었겠습니까?

피곤한 몸, 다 정리된 그물, 잘 알지도 못하는 분의 말 한마디에 움직이는 것이 쉬운 일이 아니었을 것입니다. 그러나 베드로는 우직하게 예수님의 말씀을 따랐습니다. 아마도 그물을 정리하면서 말씀을 듣는 중에 깊은 감동을 받았기 때문이었을 것입니다. 베드로는 다 씻은 그물을 다시 챙겨 가지고 호수 한 가운데로 나아가서 그물을 던졌습니다.

이것이 어찌된 일인가!

밤새도록 던지고 또 던져도 빈 그물만 올라오던 이 그물 속에 도저히 혼자서는 끌어올릴 수 없는 고기들이 담긴 것입니다. 그물이 찢어지고 있었습니다. 급해진 베드로가 옆으로 지나가는 다른 배에 손짓해서 도와주기를 청하니 달려와서 함께 건져 올리게 되었습니다. 이렇게 많은 고기를 잡아보기는 평생에 처음이었습니다. 모두들 왁자지껄하며 어획량에 놀라고 기뻐하고 있는 동안 베드로는 가슴이 저려왔습니다.

이것은 보통 일이 아니다!

이것은 사람의 일이 아니다!

이것은 고기의 문제가 아니다!

이것은 내 영혼의 문제이다!

이런 생각이 베드로의 가슴을 두드리고 있었습니다. 물질의 풍성함 속에서 영혼을 들여다보게 된 것입니다. 베드로가 다시 해변으로 나왔을 때 예수님께 엎드렸습니다. 그리고 이렇게 말했습니다.

"주여, 나를 떠나소서. 나는 죄인이로소이다"(8절).

베드로는 그 많은 물고기 속에서 돈이나 기적을 본 것이 아니라 예수님의 참 모습을 보았습니다. 그 앞에 감히 마주 설 수 없는, 작고 작은 자기 자신을 보았습니다. 그래서 그는 "나는 죄인입니다"라고 고백했습니다.

베드로가 처음 주님을 만났을 때에 예수님을 무엇이라고 불렀습니까?

"선생님!"이라고 불렀습니다. 그러나 고기를 잡은 후 그의 말투가 바뀌었습니다.

"주여, 나를 떠나소서. 나는 죄인이로소이다"(8절).

선생님이 주님으로 바뀌는 순간입니다.

❖ 누가복음 5장 주요 메시지

누가복음 5:1-11은 시몬 베드로의 신앙을 보여 줍니다(5절).

"시몬이 대답하여 이르되 선생님 우리들이 밤이 새도록 수고하였으되 잡은 것이 없지마는 말씀에 의지하여 내가 그물을 내리리이다 하고"(5절).

시몬 베드로의 신앙은 다음의 언행에서 나타납니다.

① "말씀에 의지하여 내가 그물을 내리리이다"(5절).
② "주여 나는 죄인이로소이다(8절).
③ 모든 것을 버려두고 예수님을 따르니라(11절).
"그들이 배들을 육지에 대고 모든 것을 버려두고 예수를 따르니라"(11절).

누가복음 5:17-26을 보면, 신앙을 고백한 베드로가 만났던 예수님은 권세가 있으십니다(24절).

"그러나 인자가 땅에서 죄를 사하는 권세가 있는 줄을 너희로 알게 하리라 하시고 중풍병자에게 말씀하시되 내가 네게 이르노니 일어나 네 침상을 가지고 집으로 가라 하시매"(24절).

예수님의 권세는 다음과 같습니다.

① 사람들의 믿음을 보는 권세입니다(20절).
② 사람의 생각을 아시는 권세입니다(22절).
 "예수께서 그 생각을 아시고 대답하여 이르시되 너희 마음에 무슨 생각을 하느냐"(22절).
③ 죄를 사하시는 권세입니다(24절).

결론

여러분, 시몬 베드로의 신앙을 보았습니다. 베드로는 말씀에 순종하다가 물질적인 복을 받았습니다. 베드로는 물질에서 영혼으로 옮겨졌습니다. 그때 베드로는 또 다른 주님의 말씀을 듣게 됩니다.
"이제 후로는 네가 사람을 취하리라 하시니"(10절).
베드로의 그 우직함과 열정과 순종의 믿음을 보신 예수님께서 그를 초대 교회를 이끌고 나갈 기둥감으로 세우시는 순간이었습니다.
할렐루야! 아멘!

적용과 나눔

오늘 가르침에서 새롭게 깨달은 것 중 개인적으로 적용하여 실천하고자 하는 것을 기록한 후 서로 나누어 봅시다.

기도

성령님의 능력으로 감당하도록 간절히 부르짖고 기도합시다.

제50장 | 누가복음 6장 강론

지극히 높으신 이의 아들이 되리니

> 누가복음 6:1-49
> 새찬송가 80, 94, 108, 114, 128, 200, 205, 285, 357, 358, 445장

✣ **누가복음 6장 주제: 예수님의 새로운 교훈**

✣ **누가복음 6장의 구조와 내용**

누가복음 6장의 구조와 내용은 안식일 논쟁(1-11절), 제자를 세우심(12-16절), 평지설교(17-49절)입니다.

예수님과 당시 종교 지도자들 간의 첨예한 논쟁거리 중의 하나는 안식일 문제였습니다. 부패한 종교인은 안식일 제도를 하나의 계율로만 파악하여 인간의 인간다운 삶을 억압하는 도구로 전락시켰습니다. 반면 주님은 인간 생명과 행복이 안식일 규례의 본뜻임을 자신의 행동(6-11절)을 통해 증명해 보이셨습니다. 20-49절은 마태복음의 산상수훈과 병행 구절인데, 누가는 마태의 기록을 압축하여 짧게 언급합니다. 소위 '평지설교'로 알려진 이 메시지의 핵심은 '사랑'과 '믿음과 행함의 일치'라는 말로 요약됩니다. 사랑 없는 종교는 공허하며 행함 없는 믿음은 죽은 것입니다(약 2:17).

그리스도인의 삶은 '하나님 앞에서 나의 삶'입니다. 그러므로 진실한 그리스도인들은 항상 다음과 같은 생각을 가져야 합니다.

'하나님 앞에서 나는 어떠한가?'
'나는 어떤 그리스도인이 되어야 하나?'
'하나님 앞에 설 때 부끄러움 없어야지'

이런 생각을 갖는 것이 참 그리스도인의 믿음이요, 마음입니다. 그것을 '코람 데오'(coram Deo, 하나님 앞에서)라고 합니다.

우리 그리스도인들은 어떤 사람들이 되어야 할까?

이 질문에 대한 답은 성경에서 찾아야 할 것이고, 예수님의 모습과 가르침에서 찾아야 할 것입니다. 당시의 종교인들이 신본주의라는 것을 가지고 엄격하고 숨막히는 규정들로 사람을 압박할 때, 예수님은 아주 따스한 눈길과 긍휼히 여기는 가슴으로 사람을 바라보시고, 사람들을 일으켜 세워 주셨습니다. 예수님과 바리새인들이 자주 충돌하는 이유는 바로 이런 모습 때문이었습니다. 유대인들은 차가운 눈으로 법과 규칙에 눈을 돌릴 때, 예수님은 사람에게 따스한 눈길을 보내셨습니다. 예수님은 법과 규칙보다 사람을 사랑하셨습니다.

어떤 안식일에 제자들이 밀밭 사이로 지나가면서 밀 이삭을 잘라서 먹었습니다(1-5절). 이것을 본 바리새인들이 예수님께 거칠게 항의했습니다.

"왜 당신의 제자들은 안식일에 하지 못할 일을 합니까?"

예수께서 회당에 들어가셨을 때에 한편 손이 마비가 된 사람을 보시고 공개적으로 고쳐 주셨습니다(6-11절). 예수님은 거침이 없으셨습니다. 사람의 고통을 해결해 주시고, 사람에게 생명을 부여해 주는 일에 망설임이 없으셨습니다. 예수님의 사랑에서 뿜어져 나오는 자연스런 행동이었습니다. 믿음은 하나님을 향한 것입니다. 그러나 생활은 사람을 향하여 하는 것입니다. 예배와 기도 외에 모든 신앙의 행위는 거의 모두 사람을 향한 행위들입니다.

여러분, 모두 어떤 그리스도인이고자 하십니까?

우리는 모두 말씀이 중심이 된 믿음의 휴머니스트(humanist)가 되어야 합니다. 사람 사랑을 잃어버린 하나님 사랑이란 있을 수 없습니다.

✣ 누가복음 6장 주요 메시지

누가복음 6:6-11은 안식일에 할 일을 가르쳐 주십니다(9절).

"예수께서 그들에게 이르시되 내가 너희에게 묻노니 안식일에 선을 행하는 것과 악을 행하는 것, 생명을 구하는 것과 죽이는 것, 어느 것이 옳으냐 하시며"(9절).

안식일의 주인 되신 예수님이 안식일에 할 일을 가르쳐 주셨습니다.

① 선을 행하기(9절).
② 생명을 구하기(9절).
③ 회복시키기(10절).

누가복음 6:12-16은 예수님의 제자, 하나님을 배우는 자에 대해 가르쳐 줍니다(12-13절).

"12 이 때에 예수께서 기도하시러 산으로 가사 밤이 새도록 하나님께 기도하시고 13 밝으매 그 제자들을 부르사 그 중에서 열둘을 택하여 사도라 칭하셨으니"(12-13절).

예수님의 제자, 하나님을 배우는 자는 예수님께서 하나님께 기도하신 후 ① 부르시고(12-13절), ② 택하신 자들이며(13절), ③ 예수님께서 사도라 칭한 자들입니다(13절).

누가복음 6:20-26은 복이 있는 자에 대해 가르쳐 줍니다(20절).

"예수께서 눈을 들어 제자들을 보시고 이르시되 너희 가난한 자는 복이 있나니 하나님의 나라가 너희 것임이요"(20절).

복이 있는 자는 다음과 같은 사람입니다.

① 가난한 자입니다(20절).
"예수께서 눈을 들어 제자들을 보시고 이르시되 너희 가난한 자는 복이 있나니 하나님의 나라가 너희 것임이요"(20절).
② 주린 자입니다(21절).
"지금 주린 자는 복이 있나니 너희가 배부름을 얻을 것임이요 지금 우는 자는 복이 있나니 너희가 웃을 것임이요"(21절).
③ 우는 자입니다(21절).
④ 인자로 말미암아 버림받은 자입니다(22절).
"인자로 말미암아 사람들이 너희를 미워하며 멀리하고 욕하고 너희 이름을 악하다 하여 버릴 때에는 너희에게 복이 있도다"(22절).

누가복음 6:27-38은 지극히 높으신 이의 아들이 되는 비결을 가르쳐 줍니다(35절).

"오직 너희는 원수를 사랑하고 선대하며 아무것도 바라지 말고 꾸어 주라 그리하면 너희 상이 클 것이요 또 지극히 높으신 이의 아들이 되리니 그는 은혜를 모르는 자와 악한 자에게도 인자하시니라"(35절).

하나님 아들의 특징은 다음과 같습니다.

① 원수를 사랑합니다(27절).
② 미워하는 자를 선대합니다(27절).
③ 저주하는 자를 위하여 축복합니다(28절).
④ 모욕하는 자를 위하여 기도합니다(28절).
⑤ 남을 대접합니다(31절).
⑥ 아무것도 바라지 말고 꾸어줍니다(35절).
⑦ 은혜를 모르는 자와 악한 자에게도 인자합니다(35절).
⑧ 자비로운 자입니다(36절).
"너희 아버지의 자비로우심 같이 너희도 자비로운 자가 되라"(36절).
⑨ 비판하지 않습니다(37절).
⑩ 정죄하지 않습니다(37절).
⑪ 용서합니다(37절).
"비판하지 말라 그리하면 너희가 비판을 받지 않을 것이요 정죄하지 말라 그리하면 너희가 정죄를 받지 않을 것이요 용서하라 그리하면 너희가 용서를 받을 것이요"(37절).
⑫ 줍니다(38절).
"주라 그리하면 너희에게 줄 것이니 곧 후히 되어 누르고 흔들어 넘치도록 하여 너희에게 안겨 주리라 너희가 헤아리는 그 헤아림으로 너희도 헤아림을 도로 받을 것이니라"(38절).

누가복음 6:39-45은 선한 사람의 의미를 가르쳐 줍니다(45절).
"선한 사람은 마음에 쌓은 선에서 선을 내고 악한 자는 그 쌓은 악에서 악을 내나니 이는 마음에 가득한 것을 입으로 말함이니라"(45절).

선한 사람은 다음과 같습니다.

① 외식하지 않습니다(42절).
② 좋은 열매를 맺습니다(43절).

③ 마음에 선을 쌓습니다(45절).

누가복음 6:46-49에서 예수님은 "어찌하여 내가 말하는 것을 행하지 아니하느냐"라고 말씀하십니다(46절). 듣고 행하는 자는 다음과 같은 사람입니다.

① 주추를 반석 위에 놓은 사람입니다(48절).
② 요동하지 않게 됩니다(48절).
③ 무너져 파괴되지 않습니다(49절).

결론

여러분, 지극히 높으신 이의 아들이 되는 비결에 대해 배웠습니다. 예수님은 법이 아니라 사람을 사랑하시고, 규칙이 아니라 사랑으로 행하셨습니다. 너도 가서 이와 같이 하라고 말씀하셨습니다. 규칙을 잘 알고, 법을 잘 지키는 것도 중요한 것이기는 하지만 그것에만 머무른다면 그것은 종교인이 되는 것입니다. 그리스도인 되는 것은 법이나 문자로써가 아니라, 사랑의 인품으로써 되는 것입니다.
지극히 높으신 이의 아들이 되시기 바랍니다. 할렐루야! 아멘!

적용과 나눔

오늘 가르침에서 새롭게 깨달은 것 중 개인적으로 적용하여 실천하고자 하는 것을 기록한 후 서로 나누어 봅시다.

기도

성령님의 능력으로 감당하도록 간절히 부르짖고 기도합시다.

제51장 | 누가복음 7장 강론

예수님께서 놀랍게 여기는 백부장의 믿음

> 누가복음 7:1-50
> 새찬송가 80, 94, 108, 114, 128, 200, 205, 285, 357, 358, 445장

❖ **누가복음 7장 주제: 인자의 복된 소식**

❖ **누가복음 7장의 구조와 내용**

　누가복음 7장의 구조와 내용은 백부장 종의 치유(1-10절)와 나인성 과부의 아들 살림(11-17절)과 세례 요한과 예수님(18-35절), 그리고 예수님 발에 향유를 부으신 사건(36-40절)입니다.
　백부장 하인의 치료 기사는 주님의 구원 사역이 이방인들에게까지 확대될 것을 암시합니다. 실제 이 같은 일은 오순절 성령 강림 후 제자들의 전도 활동을 통해 성취되었습니다. 본 장의 두 번째 이적인 나인 성 과부의 아들을 다시 살리신 사건은 주님의 은혜로우신 방문(Grace Coming)이 부각되어 있습니다. 주의 탄생 기사에서처럼 주님의 오심은 가난하고 병든 자들에게 기쁨의 소식이었습니다.
　한편, 누가는 세례 요한의 질문과 예수님의 반응을 본 장 중간에 언급한 다음 '향유 사건'으로 넘어가고 있습니다. 여기서 시몬은 자기 의(義)에 도취된 자를 상징하고, 여인은 용서받은 죄인을 상징합니다. 누구든 스스로 죄 없다 하는 자는 거짓말하는 것입니다.
　예수님께서 모든 백성에게 들려주신 '평지설교'(눅 6:20-49)를 마치신 뒤에 가버나움으로 가셨습니다. '가버나움'은 '나훔의 동리(洞里)' 또는 '위로

의 촌'을 뜻하는 갈릴리 서북 해안의 큰 성읍으로서 예수님의 생애와 사역의 중심지였습니다. 오늘의 말씀 중에 가버나움에 사는 어떤 백부장의 병들어 죽게 된 종을 살려 주신 이야기입니다. 예수님과 백부장은 직접 만나지 않았습니다. 예수님은 다만 백부장이 예수님께 보낸 유대인의 장로들의 백부장에 대한 평판과 백부장의 벗들을 통해 백부장이 예수님께 전한 말만 들으셨을 뿐입니다. 그런데 예수님께서 그들의 말을 들으시고 백부장을 놀랍게 여기셨습니다. 예수님이 그를 놀랍게 여기셨다(에다우마센)는 것은 그를 기이히 여겨 경탄하고 탄복하셨다는 것을 의미합니다.

여러분, 이왕에 신앙생활을 하면서 예수님이 경탄하고 탄복하실 정도로 놀랍게 여기실 만한 사람이 된다면 얼마나 좋겠습니까!

그런 기대와 소망을 품고 말씀을 상고하면서 예수님이 놀랍게 여기신 사람의 모습을 마음에 새겨 보시기 바랍니다.

어떤 백부장의 사랑하는 종이 병들어 죽게 되었습니다. 백부장은 예수님의 소문을 듣고 유대인의 장로 몇 사람을 예수님께 보내어 오셔서 그 종을 구해 주시기를 청했습니다. 당시 '종'(둘로스, servant)은 '노예'(slave)를 가리키는 말로 생명의 결정권이 주인의 뜻에 달려 있었습니다. 종, 곧 노예는 인격적인 사랑의 대상이 아니었고 비인격적인 이용의 수단에 불과했습니다. 그런데 백부장은 그 종을 가리켜 '내 하인'(7절)이라고 했습니다. 여기서 '하인'(파이스)이란 '아이,' '아들'을 지칭하는 표현입니다. 이는 백부장이 그 종을 노예로 취급하지 않고 아들과 같이 사랑으로 대하였음을 말해 줍니다. 사실 병들어 죽어 가는 종은 더 이상 이용 가치가 없는 무익한 자에 불과했습니다.

그렇지만 백부장은 그 죽어 가는 종을 살리기 위해 유대인의 장로들과 자기 벗들까지 동원했습니다. 그리고 유대인의 장로들은 예수님께 백부장이 유대 민족을 사랑하였다고 칭찬했습니다. 그들의 칭찬은 자발적이고 자연스러운 반응이었습니다. 백부장의 사랑은 유대인을 감동시킨 사랑이었습니다. 그리고 그의 사랑은 결국 병들어 죽어 가는 비천한 자까지도 치유받게 하고 구원받게 하는 남 다른 사랑이었습니다. 예수님이 백부장을 놀랍게 여기신 것은 바로 그의 남 다른 사랑에서부터 비롯된 것입니다.

백부장이 보낸 유대인의 장로들이 예수님께 나아와 이 일을 하시는 것이 이 사람에게는 합당하다고 하며 간절히 구했습니다. 그 이유로 그들은 그가 우리 민족을 사랑하고 또한 우리를 위하여 회당을 지어 주었다고 했습니다. 그래서 예수님이 장로들과 함께 그 집이 멀지 않은 곳까지 오셨습니다. 그때 백부장은 자기 벗들을 보내어 다음과 같이 말했습니다.

"주여 수고하시지 마옵소서 내 집에 들어오심을 나는 감당하지 못하겠나이다 그러므로 내가 주께 나아가기도 감당하지 못할 줄을 알았나이다 말씀만 하사 내 하인을 낫게 하소서"(눅 7:6-7).

사실 유대인의 장로들이 칭찬을 아끼지 않을 정도로 백부장은 자기가 지배하는 유대인을 사랑하고 위하여 회당도 지어 주었습니다. 세상적으로 볼 때 그는 로마 시민권에 백부장이라는 권세를 가지고 있는 사람이었습니다. 그렇지만 그는 예수님께 "주여 수고하시지 마옵소서"라고 했습니다. 왜냐하면 주님을 알고 자신의 죄인 됨을 안 그는 주님이 자기 집에 들어오심도 감당할 수 없고, 자기가 주님께 나아가기도 감당할 수 없다고 보았기 때문입니다.

요약컨대 장로들은 백부장이 예수님께 은혜를 받을 만한 자격이 충분한 사람이라고 칭찬했습니다만, 백부장 자신은 감히 주님 앞에 나설 자격도 없는 사람이라며 겸손의 겸손을 보였습니다. 예수님이 백부장을 놀랍게 여기신 것은 그의 남 다른 겸손으로 말미암은 믿음입니다.

❖ 누가복음 7장 주요 메시지

누가복음 7:2-10은 예수님께서 놀랍게 여기는 백부장의 믿음을 보여 줍니다(9절).

"예수께서 들으시고 그를 놀랍게 여겨 돌이키사 따르는 무리에게 이르시되 내가 너희에게 이르노니 이스라엘 중에서도 이만한 믿음은 만나보지 못하였노라 하시더라"(9절).

예수님께서 놀랍게 여기는 백부장의 믿음은 다음과 같습니다.

① 사랑하는 믿음입니다(2, 5절).
"2 어떤 백부장의 사랑하는 종이 병들어 죽게 되었더니 … 5 그가 우리 민족을 사랑하고 또한 우리를 위하여 회당을 지었나이다 하니"(2, 5절).
② 자신의 부족을 아는 믿음입니다(6-7절).
③ 예수님이 말씀 하시면 낫게 된다는 믿음입니다(7절).

"6 예수께서 함께 가실새 이에 그 집이 멀지 아니하여 백부장이 벗들을 보내어 이르되 주여 수고하시지 마옵소서 내 집에 들어오심을 나는 감당하지 못하겠나이다 7 그러므로 내가 주께 나아가기도 감당하지 못할 줄을 알았나이다 말씀만 하사 내 하인을 낫게 하소서"(6-7절).

누가복음 7:11-17은 예수님께서 하나님께 영광을 돌리는 모습을 보여 줍니다(16절).
"모든 사람이 두려워하며 하나님께 영광을 돌려 이르되 큰 선지자가 우리 가운데 일어나셨다 하고 또 하나님께서 자기 백성을 돌보셨다 하더라"(16절).
예수님께서 하나님께 영광을 돌리는 모습은 다음과 같습니다.

① "주께서 과부를 보시고 불쌍히 여기사 울지 말라 하시고"(13절).
② 죽었던 자를 살리셨습니다(14-15절).
"14 가까이 가서 그 관에 손을 대시니 멘 자들이 서는지라 예수께서 이르시되 청년아 내가 네게 말하노니 일어나라 하시매 15 죽었던 자가 일어나 앉고 말도 하거늘 예수께서 그를 어머니에게 주시니"(14-15절).
③ 자기 백성을 돌보셨습니다(16절).

누가복음 7:36-50은 죄를 지은 한 여자의 헌신을 보여 줍니다(37-38절).
"37 그 동네에 죄를 지은 한 여자가 있어 예수께서 바리새인의 집에 앉아 계심을 알고 향유 담은 옥합을 가지고 와서 38 예수의 뒤로 그 발 곁에 서서 울며 눈물로 그 발을 적시고 자기 머리털로 닦고 그 발에 입맞추고 향유를 부으니"(37-38절).
죄를 지은 한 여자의 헌신의 모습은 다음과 같습니다.

① 예수님의 뒤로 그 발 곁에 섰습니다(38절).
② 울며 눈물로 그 발을 적셨습니다(38절).
③ 자기 머리털로 예수님의 발을 닦았습니다(38절).
④ 그 발에 입 맞추었습니다(38절).
⑤ 그 발에 향유를 부었습니다(38절).

결론

여러분, 예수님께서 놀랍게 여기는 백부장의 믿음을 보았습니다. 백부장이 보내었던 사람들이 집으로 돌아가 보니 종이 이미 나아 있었습니다. 마태복음에는 예수님께서 백부장에게 "가라 네 믿음대로 될지어다"(마 8:13)라고 말씀하셨습니다. 치료가 즉각적으로 이루어짐으로 말미암아 죽음의 문턱에까지 이르렀던 종이 치료되었습니다.

이는 예수님의 메시아성은 밝히 드러났으며, 아울러 예수님의 사역은 유대인 중심에서 이방인을 향하는 데까지 이르렀음을 보여 줍니다. 예수님이 놀랍게 여기신 믿음을 가지시길 바랍니다. 할렐루야! 아멘!

적용과 나눔

오늘 가르침에서 새롭게 깨달은 것 중 개인적으로 적용하여 실천하고자 하는 것을 기록한 후 서로 나누어 봅시다.

기도

성령님의 능력으로 감당하도록 간절히 부르짖고 기도합시다.

제52장 | 누가복음 8장 강론

백 배의 결실

> 누가복음 8:1-56
> 새찬송가 80, 94, 108, 114, 128, 200, 205, 285, 357, 358, 445장

∻ **누가복음 8장 주제: 구세주이신 예수님**

∻ **누가복음 8장의 구조와 내용**
 누가복음 8장의 구조와 내용은 비유를 통한 교훈(1-21절), 4가지 이적 사건(22-56절)입니다. 내용상 두 단락으로 나눕니다. 먼저 18절까지는 우리에게 잘 알려진 씨 뿌리는 비유입니다. 예수님은 비유로 교훈을 상당수 가르치셨는데, 이는 이중적 효과를 거두기 위해서였습니다.
 겸허한 자에게는 천국 지혜를 얻는 복을 주시고, 강퍅한 자에게는 도리어 감추어 버리시는 것입니다. 두 번째 단락은 이적 모음집이라 할 수 있습니다. 귀신 들린 광인과 혈루 증 여인을 치유하신 사건은 인간의 절망적인 정황에 진정한 관심을 가지고 그것을 해결해 주시는 주님의 사랑을 밝히 드러냅니다. 그리고 풍랑을 잠잠케 하고 죽은 자를 살리신 이적은 메시아의 초자연적 권능을 드러내 줍니다.
 씨앗은 뿌릴 때는 하나이지만, 추수할 때는 몇십 배, 몇백 배, 몇천 배가 됩니다. 하나님의 말씀은 씨앗과 같습니다. 누가복음 8:11에서 씨는 하나님의 말씀이라고 했습니다. 8절에서 하나님의 말씀이 뿌려져 열매를 맺을 때는 백 배의 결실을 맺는다고 했습니다. 백 배라는 것은 무한대의 열매라는 것입니다. 하나님의 말씀을 읽고 듣고 지킬 때 복이 된다는 것은 백 배

의 열매가 있기 때문에 그렇습니다.

씨가 땅에 떨어져 백 배의 결실을 보려면 좋은 땅에 떨어져야 합니다. 길가, 돌밭, 가시떨기에 떨어져서는 열매를 맺지 못합니다. 길 가에 떨어지면 새가 와서 쪼아 먹습니다. 돌밭에 떨어지면 흙이 얕아 해가 비치면 싹이 나지만 타 버리고 맙니다. 가시떨기에 떨어지면 가시의 기운이 막아 열매를 맺지 못합니다. 그러나 좋은 땅에 떨어지면, 30배, 60배, 100배의 결실을 맺습니다. 마찬가지입니다. 하나님의 말씀이 마음에 떨어져 씨앗처럼 심겨질 때 좋은 마음 밭에 떨어져야 백 배의 결실을 맺습니다.

좋은 땅의 마음 밭은 무엇입니까?

"좋은 땅에 있다는 것은 착하고 좋은 마음으로 말씀을 듣고 지키어 인내로 결실하는 자니라"(15절).

좋은 땅이란 착하고 좋은 마음, 순종의 마음, 인내의 마음 밭입니다. 여기에 반드시 말씀의 풍성한 열매가 맺어 질 것입니다. 처음부터 좋은 땅이 되는 것이 아닙니다. 묵은 땅을 기경해야 합니다. 씨앗을 뿌리기 전에 먼저 기경해야 합니다. 길 가 밭, 돌짝 밭, 가시 밭을 기경해야 합니다. 갈아엎어야 합니다. 그래야 열매를 맺을 수 있습니다.

"너희 묵은 땅을 기경하라"(호 10:12).

백 배의 결실을 맺기 위해 묵은 땅을 기경합니다. 내 마음을 기경해야 합니다. 유대인들의 마음속에는 예수의 말씀이 있을 곳이 없어서 오히려 예수를 죽이려 한다고 했습니다.

"나도 너희가 아브라함의 자손인 줄 아노라 그러나 내 말이 너희 속에 있을 곳이 없으므로 나를 죽이려 하는도다"(요 8:37).

마음의 밭을 가꾸어야 합니다.

❖ 누가복음 8장 주요 메시지

누가복음 8:4-15은 백 배의 결실을 가르쳐 줍니다(8, 15절).
백 배의 결실을 맺기 위해서는 다음과 같아야 합니다.

① 길 가에 떨어지지 말아야 합니다(5, 12절).
② 바위 위에 떨어지지 말아야 합니다(6, 13절).
  "6 더러는 바위 위에 떨어지매 싹이 났다가 습기가 없으므로 말랐고 …

13 바위 위에 있다는 것은 말씀을 들을 때에 기쁨으로 받으나 뿌리가 없어 잠깐 믿다가시련을 당할 때에 배반하는 자요"(6, 13절).
③ 가시떨기 속에 떨어지지 말아야 합니다(7, 14절).
④ 좋은 땅에 떨어져야 합니다(8, 15절).
"8 더러는 좋은 땅에 떨어지매 나서 백 배의 결실을 하였느니라 이 말씀을 하시고 외치시되 들을 귀 있는 자는 들을지어다 … 15 좋은 땅에 있다는 것은 착하고 좋은 마음으로 말씀을 듣고 지키어 인내로 결실하는 자니라"(8, 15절).

첫째, 좋은 마음을 가져야 합니다(15절).
둘째, 말씀을 듣고 지켜야 합니다(15절).
셋째, 인내해야한다고 하십니다(15절).

누가복음 8:16-18에서 예수님은 등불을 켜서 등경 위에 두라고 말씀하십니다(16절). 그 이유는 다음과 같습니다.

① 빛을 보게 해야 되기 때문입니다(16절, 빛이신 예수님을 만나기 위해).
"누구든지 등불을 켜서 그릇으로 덮거나 평상 아래에 두지 아니하고 등경 위에 두나니 이는 들어가는 자들로 그 빛을 보게 하려 함이라"(16절).
② 숨은 것을 드러나게 하기 위해서입니다(17절).
③ 감추인 것이 알려지게 하기 위해서입니다(17절).
"숨은 것이 장차 드러나지 아니할 것이 없고 감추인 것이 장차 알려지고 나타나지 않을 것이 없느니라"(17절).
진리를 보여 주기 위해서, 더러운 것 회개하기 위해서입니다.

누가복음 8:20-25에서 예수님은 믿음을 가지라고 말씀하십니다(25절).
"제자들에게 이르시되 너희 믿음이 어디 있느냐 하시니 그들이 두려워하고 놀랍게 여겨 서로 말하되 그가 누구이기에 바람과 물을 명하매 순종하는가 하더라"(25절).

① 위태할 때 믿음이 필요합니다(23절).
② 죽을 것 같을 때 믿음이 필요합니다(24절).

③ 바람과 물결을 꾸짖으신 예수님을 믿는 믿음이 필요합니다(24절).

누가복음 8:26-39에서 귀신 들린 자 하나가 예수님을 만나는 모습을 보여 줍니다(27절).
"예수께서 육지에 내리시매 그 도시 사람으로서 귀신 들린 자 하나가 예수를 만나니 그 사람은 오래 옷을 입지 아니하며 집에 거하지도 아니하고 무덤 사이에 거하는 자라"(27절).
귀신 들린 자가 예수님을 만나기 전 상태는 다음과 같습니다.

① 오래 옷을 입지 않았습니다(27절).
② 집에 거하지도 않았습니다(27절).
③ 무덤 사이에 거했습니다(27절).

귀신 들린 자가 예수님을 만난 결과는 다음과 같습니다.

① 옷을 입고 정신이 온전해졌습니다(35절).
② 하나님이 큰 일을 행하신 것을 전파합니다(39절).

누가복음 8:26-39에서 예수님은 믿기만 하라, 즉 믿음이 필요하다고 말씀하십니다(50절).
"예수께서 들으시고 이르시되 두려워하지 말고 믿기만 하라 그리하면 딸이 구원을 얻으리라 하시고"(50절).
어떤 믿음입니까?

① 회당장 야이로와 같은 믿음입니다(41-42절).
② 열두 해를 혈루증으로 앓는 여인과 같은 믿음입니다(43-44절).
③ 두려워하지 않는 믿음입니다(49-50절).

결론

여러분, 예수님이 백 배의 결실을 가르쳐 주셨습니다. 예수님이 말씀하신 네 종류의 마음 밭에 관한 비유는 마태복음과 마가복음에도 나옵니다. 그런데 누가복음에만 나오는 기사가 있습니다. 그것은 이 말씀 전에 예수님을 따르던 여인들에 관한 기사입니다.

1-3절에서 마귀를 대적한 여인, 즉 막달라 마리아가 나옵니다. 일곱 귀신들린 것에서 해방 받아 백 배의 열매를 맺어 부활의 첫 증인이 됩니다. 환난을 극복한 여인, 즉 - 요안나가 나옵니다. 헤롯의 청지기 구사가 그의 남편입니다. 헤롯의 정권에 붙어 사는 자로서 예수를 믿는 다는 것이 쉽지가 않았을 것입니다. 환난과 핍박을 이겨내고 구원의 열매를 맺었습니다.

염려를 물리친 여인, 즉 수산나 외의 여자들이 나옵니다. 이들은 자기의 소유로 예수님과 제자들을 섬겼습니다. 이들을 자기의 소유를 하나님 나라를 위해 내어 놓을 정도로 물질의 욕심이 없었던 자들이었습니다. 이들은 최소한 물질 때문에 염려하는 자들이 아니었습니다. 세상 가치관을 가지고 산 것이 아니었습니다.

이들이야말로 마음의 묵은 땅을 기경하고 옥토 밭에 말씀의 씨앗을 받아 백 배의 결실을 맺은 자들입니다. 말씀의 씨앗이 내 마음의 옥토 밭에 뿌려져 백 배의 결실을 맺어야 합니다. 구원의 열매, 사랑의 열매, 선교의 열매, 구령의 열매가 하나님 나라를 위해 백 배가 되어야 합니다. 마귀를 대적합시다. 환난을 극복합시다. 염려를 물리칩시다.

누가복음 8:8 말씀처럼 들을 귀가 있어야 백 배의 결실을 맺습니다. 할렐루야! 아멘!

적용과 나눔

오늘 가르침에서 새롭게 깨달은 것 중 개인적으로 적용하여 실천하고자 하는 것을 기록한 후 서로 나누어 봅시다.

기도

성령님의 능력으로 감당하도록 간절히 부르짖고 기도합시다.

제53장 | 누가복음 9장 강론

하나님의 나라를 전파하라

누가복음 9:1-62
새찬송가 80, 94, 108, 114, 128, 200, 205, 285, 357, 358, 445장

❖ **누가복음 9장 주제: 인자의 신분과 사역**

❖ **누가복음 9장의 구조와 내용**

 누가복음 9장의 구조와 내용은 열두 제자 파송(1-6절)과 헤롯이 들은 예수님의 소문(7-9절)과 예수님의 비밀 공개(18-50절)와 예루살렘으로 가는 길(51-62절)입니다.
 고지에 접어든 예수님의 갈릴리 사역을 기록합니다. 지금까지와는 달리 예수님은 본격적으로 제자들과의 협동사역(Team Ministry)을 펼치고 있습니다. 이것은 향후 전개될 복음 사역이 제자들을 중심으로 이루어질 것을 예고합니다. 이 기간 동안 주님은 오병이어 기적과 변화산 사건, 축사 사건 등을 통해 또 한 번 메시아적 능력을 나타내셨습니다. 본 장 50절로써 예수님의 3차에 걸친 갈릴리 사역이 종결되고 51절부터는 갈릴리에서 예루살렘으로 가는 행로에 일어난 행적이 집중적으로 소개됩니다.
 예수님은 하나님 나라의 복음전도와 세상 치유의 사역을 혼자서만 행하신 것이 아닙니다. 그의 제자들에게도 같은 사명을 주셨습니다. 오늘 본문이 그 사실을 전합니다. 예수님은 제자들에게 "모든 귀신을 제어하며 병을 고치는 능력과 권위를 주시고 하나님의 나라를 전파하며 앓는 자를 고치게 하려고" 그들을 내보내셨습니다(1-2절). 그리고 제자들은 예수님의 말씀

대로 나가 각 마을에 두루 다니며 곳곳에 복음을 전하고 병을 고쳤습니다 (6절). 그들에게 귀신들이 항복하는 역사가 일어났습니다(눅 10:17, 20). 제자들이 예수님께서 행하신 전도와 치유의 사역을 이어받은 것입니다.

예수님께서 제자들에게 단지 병을 고치는 능력과 권위만을 주신 것이 아니라 "모든 귀신을 제어하는" 능력과 권위를 주신 이유가 무엇이겠습니까? 겉으로 나타난 병들을 낫게 하실 뿐 아니라 병의 근원을 제거하게 하시기 위해서였다고 말할 수 있습니다. 또한 귀신들은 신체적인 병들의 원인일 수도 있지만 심리적인 병이나 정신적인 질환이나 영적인 병의 원인이기도 하기에 그 모든 병을 고칠 수 있도록 모든 귀신을 제어하는 능력과 권위를 제자들에게 부여하셨다고 보아야 할 것입니다.

주님이 주시는 능력의 기본적인 조건은 선택 받고, 부름을 받아야 합니다. 그리고 말씀에 순종하여 죄를 회개해야 합니다. 주님은 등불을 켜서 말 아래 두지 않습니다. 준비된 사람, 부름 받은 사람을 하나님은 사용하십니다. 열두 제자를 귀하게 사용하심같이 하나님은 우리를 거룩한 도구로 선용하시기를 원하십니다.

"예수께서 그 열두 제자를 부르사 더러운 귀신을 쫓아내며 모든 병과 모든 약한 것을 고치는 권능을 주시니라"(마 10:1).

하나님이 전도자로 보낼 때는 마귀를 이기는 권세를 주셨습니다. 영혼이 죽은 자를 복음과 믿음으로 영혼을 구원하는 능력을 주신 것입니다. 이 사회가 바르게 되려면 영적 대각성 운동이 일어나야 합니다. 교회와 크리스천이 하나님의 의도대로 빛과 소금의 운동을 해야 합니다. 그러나 이것을 하기 위해서 준비할 것이 있습니다. 그것은 하나님은 말씀입니다. 세속의 방법이 아닙니다.

세상 가장 무서운 생물이 무엇인지 아십니까?

먼저, 열 번째 무서운 생물이 빨간 독개구리라고 합니다. 아홉 번째가 버팔로입니다. 여덟 번째는 백곰입니다. 일곱 번째는 코끼리입니다. 여섯 번째는 악어입니다. 다섯 번째는 아프리카 사자입니다. 네 번째는 백상어입니다. 세 번째는 해파리입니다. 두 번째는 코브라입니다. 그리고 제일 무서운 것은 예상 외로 모기라고 합니다.

왜 모기가 가장 무서울까요?

연간 말라리아 등으로 200만 명이 죽습니다. 매년 7,000만 명이 모기의 피해를 입습니다. 작지만 온갖 더럽고 위험한 것을 전파합니다. 전염시키고 다니기 때문에 가장 무섭습니다. 모기는 작지만 온갖 병을 전염시키고 다닙니다.

종교를 아편이라고도 하고, 전염병이라고도 합니다. 그리스도인들이 가장 작고 힘이 없어 보이지만 독실한 영적 힘을 가진 신앙인이기에 가장 무서워합니다. 영적 기운을 가지고 있고, 힘이 있고, 전파력이 있고, 변질되지 않습니다.

우리가 세상일보다 하나님의 나라의 일을 우선적으로 해야 하는 이유가 무엇인지 아십니까?

세상일은 기껏해야 60-70년 갑니다. 세상일은 아무리 잘 해도 나를 60-70년 기쁘게 해 줍니다. 그러나 하나님의 나라의 일은 영원합니다. 영원히 우리를 기쁘게 하는 것입니다. 우리 모두가 하나님의 나라를 전파하는 열정을 가집시다. 하나님의 나라를 최우선으로 합시다. 그래서 하나님 나라에 합당한 성도, 하나님의 나라에 합당한 여러분이 되기를 바랍니다.

❖ 누가복음 9장 주요 메시지

누가복음 9:1-6에서 예수님은 하나님의 나라를 전파하라고 말씀하십니다(2절).

"하나님의 나라를 전파하며 앓는 자를 고치게 하려고 내보내시며"(2절). 하나님의 나라를 전파하기 위해 다음과 같은 말씀과 능력을 주셨습니다.

① 모든 귀신을 제어하게 하셨습니다(1절).
② 병을 고치는 능력과 권위를 주셨습니다(1절).
③ 여행을 위하여 아무것도 가지지 말라고 하셨습니다(3절).
④ 어느 집에 들어가든지 거기서 머물다가 떠나라고 하셨습니다(4절).
⑤ 누구든지 영접하지 아니하면 떠날 때에 자신의 발에서 먼지를 떨어 버려 증거를 삼으라고 하셨습니다(5절).

누가복음 9:23에서 예수님을 따르는 3대 요인을 가르쳐 주십니다.

① 자기를 부인해야 합니다(23절).

② 날마다 자기 십자가를 져야 합니다(23절).
③ 예수님을 따라야 합니다(23절).

예수님이 변화 산에서 가장 좋은 삶을 보여 체험케 해 주시자 누가복음 9:28-36에서 베드로는 "우리가 여기 있는 것이 좋사오니"라고 말합니다(33절).
"두 사람이 떠날 때에 베드로가 예수께 여짜오되 주여 우리가 여기 있는 것이 좋사오니 우리가 초막 셋을 짓되 하나는 주를 위하여, 하나는 모세를 위하여, 하나는 엘리야를 위하여 하사이다 하되 자기가 하는 말을 자기도 알지 못하더라"(33절).
가장 좋은 삶은 다음과 같습니다.

① 주를 위하여(33절, 주님이 원하시는 삶).
② 모세를 위하여(33절, 하나님 말씀 듣고 지켜 행하는 삶).
③ 엘리야를 위하여(33절, 하나님 영광을 위하여 기도하는 삶).

믿음의 능력을 가르쳐 주신 예수님은 누가복음 9:37-43에서 믿음이 필요하다고 하십니다(41절).
"예수께서 대답하여 이르시되 믿음이 없고 패역한 세대여 내가 얼마나 너희와 함께 있으며 너희에게 참으리요 네 아들을 이리로 데리고 오라 하시니"(43절).
믿음의 능력은 다음과 같습니다.

① 더러운 귀신을 꾸짖어 나가게 합니다(42절).
② 낫게 하는 능력이 있습니다(42절).
③ 하나님의 위엄을 나타냅니다(43절).

누가복음 9:57-62은 예수님을 따르는 각오를 가르쳐 줍니다.

① 고난 받을 각오(58절).
② 복음이 먼저라는 각오(59-60절).

"59 또 다른 사람에게 나를 따르라 하시니 그가 이르되 나로 먼저 가서 내 아버지를 장사하게 허락하옵소서 60 이르시되 죽은 자들로 자기의 죽은 자들을 장사하게 하고 너는 가서 하나님의 나라를 전파하라 하시고"(59-60절).
③ 인정을 초월하는 각오(61절).
④ 뒤를 돌아보지 않는 각오(62절).
"예수께서 이르시되 손에 쟁기를 잡고 뒤를 돌아보는 자는 하나님의 나라에 합당하지 아니하니라 하시니라"(62절).

결론
여러분, 예수님은 하나님의 나라를 전파하라고 말씀하십니다. "죽은 자들로 자기의 죽은 자들을 장사하게 하고 너는 가서 하나님의 나라를 전파하라"(60절). "하나님의 나라를 전파하라"라는 이 문구는 누가만의 것입니다. 누가는 회개의 긴박성으로부터 전도의 긴박성으로 바꾸어 갑니다. 신앙인의 최고의 의무가 하나님의 나라를 전파하는 것입니다. 하나님의 나라에 합당하기 위한 핵심이 하나님의 나라 전파입니다. 할렐루야! 아멘!

적용과 나눔
오늘 가르침에서 새롭게 깨달은 것 중 개인적으로 적용하여 실천하고자 하는 것을 기록한 후 서로 나누어 봅시다.

기도
성령님의 능력으로 감당하도록 간절히 부르짖고 기도합시다.

제54장 | 누가복음 10장 강론

주께서 칠십 인을 세우사 친히 보냈습니다

> 누가복음 10:1-42
> 새찬송가 80, 94, 108, 114, 128, 200, 205, 285, 357, 358, 445장

❖ 누가복음 10장 주제: 확장되는 인자의 사역

❖ 누가복음 10장의 구조와 내용

　누가복음 10장의 구조와 내용은 70제자의 파송(1-24절)과 율법자의 질문(25-37절)과 마리아와 마르다(38-42절)입니다.
　칠십 인의 전도대를 세우신 일로 12사도를 파견한 사건의 후속 작업이라 할 수 있습니다. 주님은 이제 사도들만이 아닌 다른 제자들까지 복음 전도자로 세우심으로 천국 사업을 점차로 확대시키셨습니다.
　선한 사마리아인 비유와 마르다와 마리아 영접 기사는 오직 누가복음에만 등장하는데, 그 의미가 결코 적지 않습니다. 전자는 참된 이웃 사랑의 본질을, 후자는 주님을 섬기는 자가 견지해야 할 태도에 대해 교훈해 줍니다. 사물의 껍데기가 아닌 그 알맹이를 보고 실천하는 혜안이 필요함을 본문은 가르쳐 줍니다.
　예수님은 열두 명을 짝지어 전도 현장에 내보냈지만 그들로는 부족할 정도로 추수할 곡식이 너무 많다고 느끼셨습니다. 그래서 이번에는 70명을 두 명씩 짝을 지어 35조를 구성하여 주님이 가고자 하는 마을들로 내보냈습니다. 그들을 전도 현장에 내보냈습니다. 그러면서 "양을 이리 가운데 보냄과 같다"(3절)고 하셨고, 전도자가 갖추어야 할 원칙과 방법들을 잘 훈련

시킨 후 현장에 투입했습니다. 17절 이하에 보면 그들의 전도는 성공적이었고, 큰 열매를 맺었습니다. 귀신들이 주의 이름에 항복하고, 사탄이 하늘에서 떨어지는 것을 보았습니다(17-18절).

예수님은 그들에게 "원수의 모든 능력을 제어할 권능을 주었으니 너희를 해칠 자가 결코 없을 것이라"(19절)고 말씀하시면서 "하늘에 너희 이름이 기록된 것으로 기뻐하라"(20절)라고 하셨습니다. 주님은 70명의 전도대원들을 어떻게 파송하였는지를 통하여 우리는 어떻게 전도해야 할지 그 방법을 가르쳐 주십니다.

예수님의 전도에는 전략이 있었습니다(1절). 예수님의 전도 방법은 언제나 전략이 먼저였습니다. 자신이 가시려는 각 지역과 마을에 둘씩 짝을 지어 35조의 전도대를 파송하셨습니다. 주님의 이런 전도전략과 방법은 지난 2,000년 동안 전 세계 교회들이 활용하는 아주 좋은 전도 전략입니다. 혼자 전도하러 나가면 두렵습니다. 사람을 만날 때 겁이 납니다. 자신감이 없어집니다. 누가복음 10:1-20에 있는 내용은 마태복음 11:20-24에 있는 내용과 같습니다. 종합해 보면 다음과 같습니다.

① 둘씩 팀을 이루라.
② 전도에 합당한 대상을 찾으라.
③ 문을 열어 주는 집으로 들어가라(축호전도와 노방전도).
④ 하나님 나라와 화평을 전하라.
⑤ 씨를 뿌리면서 익은 곡식은 먼저 추수하라.
⑥ 보물을 찾을 때까지 방문하라.
⑦ 전도는 복음의 내용이 한다.
⑧ 영적 권세와 권능을 사용하라.

이런 전략이 전도에 성공하게 한 것입니다. 사도 바울 역시 전략적 전도를 했습니다.

① 1, 2, 3차 전도를 전략적 차원에서 실행했습니다.
② 도시 거점형 전도였습니다.
③ 팀 전도였습니다.

④ 양육과 전도를 병행했습니다.
⑤ 교회를 세우는 전도였습니다.

그의 전도는 성공적이었습니다.

❖ 누가복음 10장 주요 메시지

누가복음 10:1-11에서 예수님은 칠십 인을 세우사 친히 보내셨습니다(1절).

"그 후에 주께서 따로 칠십 인을 세우사 친히 가시려는 각 동네와 각 지역으로 둘씩 앞서 보내시며"(1절).

제자들의 행동지침은 다음과 같습니다.

① 기도입니다(1-2절).
② 생활지침에 따라야 합니다(3-8절).
"4 전대나 배낭이나 신발을 가지지 말며 길에서 아무에게도 문안하지 말며 5 어느 집에 들어가든지 먼저 말하되 이 집이 평안할지어다 하라 6 만일 평안을 받을 사람이 거기 있으면 너희의 평안이 그에게 머물 것이요 그렇지 않으면 너희에게로 돌아오리라 7 그 집에 유하며 주는 것을 먹고 마시라 일꾼이 그 삯을 받는 것이 마땅하니라 이 집에서 저 집으로 옮기지 말라 8 어느 동네에 들어가든지 너희를 영접하거든 너희 앞에 차려놓는 것을 먹고"(4-8절).
③ 제자들이 해야 할 사명을 따라야 합니다(9-11절).
"9 거기 있는 병자들을 고치고 또 말하기를 하나님의 나라가 너희에게 가까이 왔다 하라 10 어느 동네에 들어가든지 너희를 영접하지 아니하거든 그 거리로 나와서 말하되 11 너희 동네에서 우리 발에 묻은 먼지도 너희에게 떨어버리노라 그러나 하나님의 나라가 가까이 온 줄을 알라 하라"(9-11절).

누가복음 10:12-16에서 예수님은 화가 임하는 이유를 가르쳐 주십니다(13절).

"화 있을진저 고라신아, 화 있을진저 벳새다야, 너희에게 행한 모든 권능을 두로와 시돈에서 행하였더라면 그들이 벌써 베옷을 입고 재에 앉아 회개하였으리라"(13절).

① 하나님의 모든 권능을 보고 회개하지 않을 때(12-14절).
② 교만할 때(15절).
③ 하나님의 말씀을 듣지 않고 하나님을 저버릴 때(16절).

누가복음 10:17-20에서 칠십 인이 기뻐하며 돌아왔습니다(17절).

① 칠십 인이 기뻐하며 돌아와 보고한 내용은 주의 이름이면 귀신들도 항복하였다는 것입니다(17절).
② 칠십 인이 기뻐하며 돌아와 보고하자 예수님은 그들에게 다음과 같이 말씀하셨습니다.
  첫째, "해칠 자가 결코 없으리라"(19절).
  둘째, "너희 이름이 하늘에 기록된 것으로 기뻐하라"(20절).

누가복음 10:25-37에서 "무엇을 하여야 영생을 얻으리이까?"라고 묻는 어떤 율법사의 질문에 예수님이 답하십니다(25절). 어떤 율법교사의 질문에 예수님의 답은 다음과 같습니다.

① "네 마음을 다하며 목숨을 다하며 힘을 다하며 뜻을 다하여," 즉 전인격적으로 하나님을 사랑하라(27절).
  "너는 마음을 다하고 뜻을 다하고 힘을 다하여 네 하나님 여호와를 사랑하라"(신 6:5).
② 이웃을 자신같이 사랑하라(27절).
  그 방법은 다음과 같습니다.
  첫째, 불쌍히 여기라(32-33절).
  둘째, 돌봐주라(34절).
  셋째, 물질을 초월하라(35절, "비용이 더 들면 갚으리라").

예수님은 "가서 너희도 이와 같이 하라"라고 하십니다(37절).

누가복음 10:38-42에서 좋은 편을 택하는 방법을 가르쳐 주십니다(42절).
"몇 가지만 하든지 혹은 한 가지만이라도 족하니라 마리아는 이 좋은 편을 택하였으니 빼앗기지 아니하리라 하시니라"(42절).
좋은 편은 ① 예수님을 영접하는 일(38절)이고, ② 예수님의 말씀을 듣는 일(39절)입니다. ③ 많은 일로 염려하고 근심하지 말고 믿음을 가져야 합니다(41절).

결론

여러분, 주께서 칠십 인을 세우사 친히 보내셨습니다.
주님께서 칠십 인을 파송할 때 둘 씩 짝을 지어 보내셨습니다.
왜 둘씩 짝을 지어 보내셨을까요?
먼저 전도하는 사람들끼리 서로 돕고 격려하기 위해서입니다. 서로 격려하고 서로 도와야 할 필요가 있기 때문입니다. 성도들은 그리스도인으로 특히 보내심을 받은 사람들로 살아가면서 이 세상에서 많은 어려움을 겪게 됩니다. 이때 서로 격려하는 일은 참 중요합니다. 다음으로 복음의 확실성을 강조하기 위해서입니다. 유대 사회에서는 믿을 만한 증거가 되기 위해서는 최소한 두 사람의 증인이 필요했습니다. 그래서 유대인들에게 복음을 전할 때는 늘 두 사람이 짝을 이루어 다녔습니다.
베드로와 요한, 바울과 바나바, 나중에는 바울과 실라, 바나바와 마가처럼 늘 둘이 다녔습니다. 누군가가 복음을 전하고 있으면 곁에서 도와야 합니다. 그 열매가 내 이름으로 귀결되느냐, 그렇지 않느냐는 별로 중요치 않습니다. 정말 중요한 것은 그 영혼이 구원받는 것입니다. 주님만 의지하는 증인이 되시기 바랍니다. 할렐루야! 아멘!

적용과 나눔

오늘 가르침에서 새롭게 깨달은 것 중 개인적으로 적용하여 실천하고자 하는 것을 기록한 후 서로 나누어 봅시다.

기도

성령님의 능력으로 감당하도록 간절히 부르짖고 기도합시다.

제55장 | 누가복음 11장 강론

주여 기도를 가르쳐 주옵소서

> 누가복음 11:1-54
> 새찬송가 195, 197, 200, 205, 285, 365, 368, 369, 370장

❖ **누가복음 11장 주제: 기도를 가르쳐 주신 예수님**

❖ **누가복음 11장의 구조와 내용**

누가복음 11장의 구조와 내용은 기도에 대한 가르침(1-13절)과 바알세불 논쟁(14-28절)과 온전한 표적(29-36절), 그리고 여섯 가지 화(37-54절)입니다.

마태복음에도 언급된 바 있는(마 6:9-13) 주기도문이 여기에 수록되어 있습니다. 마태복음에서와 다른 점은 기도문을 가르치신 동기가 밝혀져 있다는 것입니다. 이어지는 기사(5-13절)는 기도의 원리, 특히 믿음으로 말미암은 끈기 있는 간구를 역설합니다.

한편 바알세불 논쟁이 누가에 있어서 독특하게 언급되고 있음에 유의해야 합니다. 즉 누가는 이 논쟁을 유대인에 대한 예수님의 책망 기사 직전에 수록합니다. 그 이유는 예수님의 신적 능력에 대한 유대인의 배척이 곧 그들의 불신앙과 외식의 근원임을 논박하기 위해서였습니다. 주를 거부한 자는 필경 부패한 길로 나아가기 마련입니다.

복음이란 하나님께서 죄와 저주와 허물 가운데 있는 인간을 그의 아들 독생 하신 아들 예수님을 통해서 구원하신다는 말씀입니다. 복음은 인간의 수고와 노력과 공로를 통해서 얻어지는 것이 아니라 하나님께서 우리에게 그냥 주시는 선물입니다. 우리는 믿기만 하면, 하나님을 만나고 믿기만

하면 하나님이 우리와 함께 하십니다. 예수를 믿기만 하면 하늘의 소망을 주시고 이 땅에 함께 하는 약속을 주셨습니다. 그래서 예수님을 믿음으로 모든 복을 다 받은 것을 복음이라 합니다.

그런데 기도는 무엇인가?

하나님께서 우리에게 주신 모든 복을 우리의 삶에 현장에서 누리는 것입니다. 삶의 현장에서 응답을 받는 것입니다.

본문 속에서 우리가 무엇을 구해야 될 것이며 기도는 어떤 중심으로 해야 될 것임을 자세하게 말씀해 줍니다. 주기도문 안에는 우리의 주님 예수 그리스도의 마음이 담겨 있습니다. 그 안에는 주님을 믿는 사람들의 마음에 담겨 있기를 바라시는 것들이 담겨 있습니다. 그래서 이 기도문이 우리에게 소중합니다. 예수께서 가르치시려는 모든 말씀이 이 기도문 안에 수정처럼 농축되어 있습니다.

만일 우리가 성경을 읽을 수 없는 상황에 처한다면, 주기도문 하나만 암송하고 있어도 예수 그리스도의 참 제자가 될 수 있습니다. 다만, 그냥 기계적으로 암송하는 것이 아니라, 기도문의 내용과 정신을 알아야 합니다. 그렇게 꾸준히 기도하고, 기도하는 것처럼 살면, 우리는 예수님을 점점 닮아갈 것이며, 하나님의 성품에 참여하게 될 것입니다.

✣ 누가복음 11장 주요 메시지

누가복음 11:1-13에서 제자들이 "주여 기도를 가르쳐 주옵소서"라고 말합니다(1절).

"예수께서 한 곳에서 기도하시고 마치시매 제자 중 하나가 여짜오되 주여 요한이 자기 제자들에게 기도를 가르친 것과 같이 우리에게도 가르쳐 주옵소서"(1절).

예수님이 가르쳐 주신 기도 내용은 다음과 같습니다.

① "아버지의 이름이 거룩히 여김을 받으시오며"(2절).
② "나라가 임하시오며"(2절).
③ "우리에게 날마다 일용한 양식을 주시옵고"(3절).
④ 우리 죄도 사하여 주옵시고(4절).
⑤ 시험에 들게 하지 마시옵소서(4절).

예수님이 가르쳐 주신 기도 방법은 다음과 같습니다.

① 간청합니다(5-10절).
② 좋은 것을 주실 것을 믿습니다(11-13절).

기도를 가르쳐 주신 예수님은 하나님의 손과 예수님의 능력과 하나님의 말씀으로 기도가 응답되어 복 받음을 가르쳐 주십니다.
누가복음 11:14-28에서 예수님께서 말 못하게 하는 귀신을 쫓아내시었습니다(14절). 예수님께서 귀신을 쫓아내시는 것은 다음에 의한 것입니다.

① 하나님의 손을 힘입어(20절)
② 예수님의 능력으로(23-24절).
③ 하나님의 말씀으로(28절).

기도를 가르쳐 주신 예수님은 하나님의 손과 예수님의 능력과 하나님의 말씀과는 전혀 상관없는 것의 특징을 7가지로 가르쳐 주십니다. 누가복음 11:37-54에서 예수님은 "화 있을 진저 너희 바리새인이여"라고 말씀하십니다(42절). 바리새인에게 화가 임하는 이유는 다음과 같습니다.

① 그 속에 탐욕과 악독이 가득합니다(39절).
② 공의와 하나님께 대한 사랑은 버렸습니다(42절).
③ 회당의 높은 자리와 시장에서 문안 받는 것을 기뻐합니다(43절).
④ 평토장한 무덤 같습니다(44절).
 "화 있을진저 너희여 너희는 평토장한 무덤 같아서 그 위를 밟는 사람이 알지 못하느니라"(44절).
⑤ 지기 어려운 것을 사람에게 지우고 자기는 한 손가락도 이 짐에 대지 않습니다(46절).
⑥ 선지자들의 무덤을 만듭니다(47절).
⑦ 구원의 길을 막습니다(52절).
 "화 있을진저 너희 율법교사여 너희가 지식의 열쇠를 가져가서 너희도 들어가지 않고 또 들어가고자 하는 자도 막았느니라 하시니라"(52절).

책망에 잘 반응하시기 바랍니다. 말씀으로 책망을 받았다면 하나님이 사랑하시는 사람입니다. 하나님은 책망 받을 일이 없는 완벽한 사람을 쓰시는 것이 아닙니다. 모자람을 받아들이며 책망을 들을 때 감사로 여기는 사람을 들어 쓰십니다. 예수께서 말씀하십니다.

"어찌하여 네 속에 악독이 가득하느냐?

어찌하여 네 속에 사랑이 없느냐?

어찌하여 네 속에 교만이 가득하느냐?"

예수 그리스도의 책망을 통해 참된 제자로 거듭나 기도 응답으로 하나님의 뜻을 이루어가시기 바랍니다. 믿음 없이 사는 사람들은 기도하는 것을 볼 때 이상하게 여깁니다.

그렇게 한다고 무슨 일이 이루어질 수 있을까?

의심하기도 하고, 아예 그런 행위를 부정해 버리려고 합니다. 기도가 없기 때문에 저들은 그 대신 걱정을 하면서 살아갑니다. 걱정 안하고 사는 사람은 없을 것입니다. 걱정거리는 누구에나 다 있습니다. 일이 잘 안될 때, 무슨 일이 꼬여서 해결을 볼 수 없을 때, 자신의 뜻대로 되어 지지 않을 때 사람들은 모두 걱정을 합니다. 사람은 이렇게 걱정을 하면서 살기에 바로 기도가 필요하다는 것입니다. 걱정이 있다는 것은 문제가 있다는 것이고, 문제가 있다는 것은 인간은 모두 제한된 존재들이란 뜻입니다.

결론

여러분, 예수님 제자 중 하나가 "주여 기도를 가르쳐 주옵소서"라고 했습니다. 우리가 예배 때마다 드리는 '주기도문'이 교회에서 너무 자주 사용되다 보니, 마치 '주문'(spell)처럼 취급되는 경우가 없지 않습니다. '주문'은 '주기도문'의 약자가 아닙니다.

예수께서 이 기도문을 가르쳐 주신 이유는 주문처럼 외우라는 것이 아닙니다. 하나님과 사귐 안에 들어가려면 어떤 자세로 기도해야 하는지 그리고 무엇을 구해야 하는지를 가르쳐 주시기 위한 것입니다.

그러므로 우리는 이 기도문을 암송하는 것으로 그쳐서는 안 됩니다. 그 기도를 통해 참된 기도가 어떤 것인지를 배워야 합니다. 우리가 드리는 모든 기도가 주께서 가르치신 기도와 맥을 같이 해야 합니다. 그래야만 우리가 예수님을 닮아갈 수 있고, 하나님의 성품에 참여할 수 있고,

참된 인간이 될 수 있습니다.

이 기도문은 오늘 읽은 누가복음 11:2-4에 나오고, 마태복음 6:9-13에도 나옵니다. 우리가 보통 암송하는 주기도문은 마태복음에 나오는 것을 따른 것입니다. 그것이 좀 더 예전(liturgy)에 맞기 때문입니다. 누가복음 11장에 나오는 기도문은 우리가 알고 있는 기도문보다 짧은데, 이것은 이방인 독자들을 위해서 쓰여 졌기 때문입니다.

기도 안에 그 사람이 담겨 있습니다. 기도하는 사람의 마음에 있는 것이 기도 안에 담기기 때문입니다. 그렇기 때문에 기도를 보면 그 사람이 보입니다. 영적 상태가 어떠한지를 파악할 수 있을 것입니다.

진정한 영적 성장은 기도를 달라지게 만듭니다. 할렐루야! 아멘!

적용과 나눔

오늘 가르침에서 새롭게 깨달은 것 중 개인적으로 적용하여 실천하고자 하는 것을 기록한 후 서로 나누어 봅시다.

기도

성령님의 능력으로 감당하도록 간절히 부르짖고 기도합시다.

제56장 | 누가복음 12장 강론

예수님께서 먼저 제자들에게 주신 말씀

> 누가복음 12:1-59
> 새찬송가 195, 197, 200, 205, 285, 336, 368, 369, 370장

❖ **누가복음 12장 주제: 제자들을 향한 예수님의 권고**

❖ **누가복음 12장의 구조와 내용**

　누가복음 12장의 구조와 내용은 제자를 향한 예수님의 가르침(1-12절)과 제자들의 일반적 생활 원리(13-34절)와 제자들의 영적 생활 원리와 경계(35-59절)입니다.
　본 장을 대함에 있어서 우선 앞 장의 정황을 다시 한 번 상기해야 합니다. 전장에서 주님은 바리새인들의 외식에 대해 강경한 질책을 가하셨는데 이로 말미암아 예수님에 대한 반대자들의 적대감이 고조되었습니다. 이것은 자연히 제자들에게도 위협적인 상황으로 적용했습니다. 그러므로 주님께서는 여기서 제자도의 본질과 성부(聖父)의 보호를 분명히 상기시키시고 그들을 위로하셨습니다. 어리석은 부자 비유(13-21절)와 종의 비유도 결국은 다가오는 재난에 대비하는 제자로서의 삶을 살 것을 촉구하는 내용입니다. 시대를 분별하는 자(54-59절)는 인생의 목적을 하나님께 두는 자입니다(고전 10:31).
　예수께서 어느 바리새인의 저녁 식사에 초대되어 가셨습니다. 바리새인은 예수께서 식사 전 관습에 따라 손을 씻지 않은 것을 보고 몹시 불쾌하게 생각했습니다. 당시 손을 씻는다는 것은 손을 물그릇에 담그는 것을 의미

했습니다. 이러한 행위는 당시 하나의 예의요 관습이었고, 단순히 위생상의 문제뿐만 아니라, 죄 많은 세상과 접촉함으로 인해서 생기는 불결을 제거하기 위한 장로들의 전통에 따른 정결례(淨潔禮)였습니다. 아무튼 이 제의적(祭儀的) 식사 관습은 바리새인뿐 아니라 일반 유대인들도 철저히 지켰던 규범이었습니다(막 7:3-4). 따라서 이 전통을 무시한 예수님의 파격적인 행위를 보게 된 그 바리새인은 심히 놀라지 않을 수 없었던 것입니다.

예수님의 이러한 행위는 유대인들의 유전에 대한 무지에서 나온 것이 아니라, 형식적이고 외식적인 악습을 질책하는 의도였습니다. 그래서 예수께서 이렇게 말씀하셨습니다.

"39 주께서 이르시되 너희 바리새인은 지금 잔과 대접의 겉은 깨끗이 하나 너희 속에는 탐욕과 악독이 가득하도다 40 어리석은 자들아 겉을 만드신 이가 속도 만들지 아니하셨느냐 41 그러나 그 안에 있는 것으로 구제하라 그리하면 모든 것이 너희에게 깨끗하리라"(눅 11:39-41).

이러한 말씀을 듣고 바리새인들이 격분하며, 예수님의 말씀을 책잡아 함정에 빠뜨릴 모의를 하게 되었습니다(눅 11:53-54). 그러는 사이 수만 명이 모여 서로 밟힐 정도가 되었습니다.

이때 예수께서 먼저 제자들에게 오늘 본문의 말씀을 하셨습니다. 그 무리들과 바리새인들은 자신이 욕망이 채워지지 않으면 장차 예수를 십자가에 못 박으라고 소리칠 사람들이었던 것입니다. 그래서 예수께서 그 무리들을 제쳐두고 "먼저" 제자들에게 말씀하신 것입니다. 예수께서 십자가에 못박혀 죽으실지라도 제자들은 그 믿음이 흔들리지 말고 굳게 지키라는 것입니다. 때가 되면 반드시 모든 진실들이 밝혀지게 되리라는 것입니다. 저 무리들이 골방에서 은밀하게 예수 그리스도를 죽이기 위해 모략을 꾸밀지라도 그 모든 사실들이 드러나게 되리라는 것입니다. 바리새인들이 자신들의 외식 행위를 아무리 감추고자 할지라도 그 추악한 음모는 반드시 드러나게 될 것입니다. 전지전능하신 하나님 앞에 끝까지 숨겨진 비밀은 없습니다.

예수께서 이처럼 바리새인들과 모인 무리들이 예수님을 십자가에 죽일 음모를 꾸미고 있지만 그 모든 것이 드러나게 될 것이라며, 제자들에게 이렇게 말씀하십니다.

"4 내가 내 친구 너희에게 말하노니 몸을 죽이고 그 후에는 능히 더 못하는 자들을 두려워하지 말라 5 마땅히 두려워할 자를 내가 너희에게 보이리니 곧 죽인 후에 또한 지옥에 던져 넣는 권세 있는 그를 두려워하라 내가 참으로 너희에게 이르노니 그를 두려워하라"(눅 12:4-5).

예수께서 제자들을 두고 "친구"라고 부르셨습니다. 그만큼 예수님의 뜻을 따르는 사람들을 가까이 하시며 친밀한 관계를 맺고 계시다는 뜻입니다. 누구보다 하나님을 잘 안다며 외식적인 행위, 속은 시커멓게 더러운 이익을 탐내며 하나님의 아들로 세상에 오신 예수 그리스도를 죽이려는 그들 앞에, 진정한 하나님의 친구는 제자들이라는 것입니다. 예수께서 이렇게 말씀하셨습니다.

"14 너희는 내가 명하는 대로 행하면 곧 나의 친구라 15 이제부터는 너희를 종이라 하지 아니하리니 종은 주인이 하는 것을 알지 못함이라. 너희를 친구라 하였노니 내가 내 아버지께 들은 것을 다 너희에게 알게 하였음이라"(요 15:14-15).

제자들은 예수께서 말씀하시는 대로 행하였기 때문에 "친구"라 부르셨던 것입니다. 그리고 가장 가까운 "친구"이기 때문에, 아버지 하나님께서 하시는 말씀들을 그들에게 그대로 알리셨던 것입니다.

여러분, 항상 하나님 말씀대로 행하시어 "하나님의 친구"로 불리시는 복된 삶이 되시기 바랍니다.

✣ 누가복음 12장 주요 메시지

누가복음 12:1-12에서 예수님께서 먼저 제자들에게 주신 말씀이 있습니다.

"그 동안에 무리 수만 명이 모여 서로 밟힐 만큼 되었더니 예수께서 먼저 제자들에게 말씀하여 이르시되 바리새인들의 누룩 곧 외식을 주의하라"(1절).

제자들이 먼저 기억할 말씀은 다음과 같습니다.

① 바리새인들의 누룩 곧 외식을 주의해야 합니다(1-3절).
② 마땅히 두려워할 자를 두려워해야 합니다(4-7절).
③ 사람 앞에서 예수님을 시인해야 합니다(8-9절).
④ 성령을 모독하는 자는 사하심을 받지 못합니다(10-12절).

누가복음 12:13-21은 하나님이 인정하는 어리석은 자가 있다고 가르쳐 줍니다(20절).

"하나님은 이르시되 어리석은 자여 오늘 밤에 네 영혼을 도로 찾으리니 그러면 네 준비한 것이 누구의 것이 되겠느냐 하셨으니"(20절).

가장 어리석은 자는 다음과 같습니다.

① 모든 탐심을 물리치지 못한 자입니다(15절).
② 소출이 풍성할 때 쌓아둘 곳을 염려한 자입니다(16-18절).
③ 물질을 영혼의 양식으로 여기는 자입니다(19-20절).
④ 자기를 위하여 재물을 쌓아두고 하나님께 대하여 부요하지 못한 자입니다(21절).

"자기를 위하여 재물을 쌓아 두고 하나님께 대하여 부요하지 못한 자가 이와 같으니라"(21절).

누가복음 12:22-34에서 예수님은 제자들에게 목숨과 몸을 위하여 염려하지 말라고 말씀하십니다(22절).

"또 제자들에게 이르시되 그러므로 내가 너희에게 이르노니 너희 목숨을 위하여 무엇을 먹을까 몸을 위하여 무엇을 입을까 염려하지 말라"(22절).

이를 위해서 예수님은 다음과 같이 행하라고 말씀하십니다.

① 깨어 있으라(35-40절).
"주인이 와서 깨어 있는 것을 보면 그 종들은 복이 있으리로다 내가 진실로 너희에게 이르노니 주인이 띠를 띠고 그 종들을 자리에 앉히고 나아와 수종들리라"(35절).
② 지혜 있고 진실한 청지기가 되라(42-48절).
③ 시대를 분간하라(54-57절).
④ 화해하기를 힘쓰라(58-59절).

결론

여러분, 예수님께서 먼저 제자들에게 주신 말씀이 있습니다.
예수께서 제자들을 "친구"로 부르시며 "몸을 죽이고 그 후에는 능히 더 못하는 자들을 두려워하지 말라. 마땅히 두려워할 자를 내가 너희에게 보이리니 곧 죽인 후에 또한 지옥에 던져 넣는 권세 있는 그를 두려워하라. 내가 참으로 너희에게 이르노니 그를 두려워하라"라고 말씀하셨습니다. 참으로 두려워해야 할 것은 육신의 죽음이 아니라, 영혼의 죽음이라는 것입니다. 바리새인들처럼 세상적인 지위가 아무리 높아도, 그리고 아무리 돈이 많아도 영적인 문제, 즉 예수를 거부하고 지옥에 들어간다면 가장 불행하다는 것입니다.
따라서 우리는 눈앞에 보이는 세상 권력이나 악인의 위세에 움츠러들 필요가 없다는 것입니다. 인간의 생사화복을 주관하시는 분이 오직 한 분 하나님뿐이시며, 또한 그 하나님은 우리의 일거수일투족(一擧手一投足)을 감찰하시는 분임을 믿는 믿음을 가지고 사는 것이 가장, 그리고 영원히 행복한 삶이라는 것입니다. 예수 믿고 하나님을 두려워하는 믿음으로 하나님 말씀대로 사는 예수님의 "친구"들에게 예수께서 말씀하십니다. 예수님의 친구가 되시길 바랍니다. 할렐루야! 아멘!

적용과 나눔

오늘 가르침에서 새롭게 깨달은 것 중 개인적으로 적용하여 실천하고자 하는 것을 기록한 후 서로 나누어 봅시다.

기도

성령님의 능력으로 감당하도록 간절히 부르짖고 기도합시다.

제57장 | 누가복음 13장 강론

회개가 필요합니다

> 누가복음 13:1-35
> 새찬송가 195, 197, 200, 205, 285, 336, 368, 369, 370, 428장

❖ **누가복음 13장 주제: 회개를 촉구하는 인자 예수**

❖ **누가복음 13장의 구조와 내용**

누가복음 13장의 구조와 내용은 회개 촉구(1-9절)와 안식일 논쟁과 겨자씨 및 누룩 비유(10-21절)와 구원에 이르는 길(22-30절), 그리고 예루살렘을 위한 연가(31-35절)입니다.

죄는 그것의 크고 적음으로써만 따질 수 있는 성질이 아닙니다. 회개치 않는 모든 죄는 하나님의 심판 아래 있을 뿐입니다(1-5절). 이 주제가 무화과나무의 저주까지 연속되고 있습니다.

한편 병자 치유 사건이 일어난 시점이 안식일이었다는 데 주목해야 합니다. 주님께서 유대인들의 반대를 예상했음에도 불구하고 굳이 이 날을 택하신 것은 이제 그들과의 결전을 더 이상 미룰 수 없는 시점까지 이르렀다는 것을 암시합니다. 그리고 인간 해방이야말로 가장 시급한 일임을 나타내기 위해서였습니다.

거듭되는 메시아의 권능과 경고를 무시하는 자에게는 엄청난 파멸이 뒤따를 뿐입니다(31-35절). 하나님은 의로운 분이십니다. 하나님의 의(義)는 모든 의의 절대 기준입니다. 그러므로 하나님의 의와 반대되는 생각과 행동은 환경과 처지와 상황이 어떠하든지 모두 죄입니다. 하나님 의의 기준

은 하나님 말씀이요, 죄의 기준은 하나님 말씀과 반대되는 것입니다. 하나님의 의와 반대되는 어떤 언행심사도 하나님과 함께할 수 없으니 곧 하나님과 반대되는 언행심사를 하는 자는 곧 죄인이요, 마귀의 자식입니다. 죄인은 마지막 날에 심판을 받게 되니 곧 죄인은 영원한 형벌에, 하나님과 함께한 의인은 영생에 들어갑니다.

"45 이에 임금이 대답하여 이르시되 내가 진실로 너희에게 이르노니 이 지극히 작은 자 하나에게 하지 아니한 것이 곧 내게 하지 아니한 것이니라 하시리니 46 그들은 영벌에, 의인들은 영생에 들어가리라 하시니라"(마 25:45-46).

의는 하나님에게서 오고, 죄는 마귀에게서 옵니다. 하나님의 의와 마귀 역사인 죄는 영원히 분리됩니다. 곧 천국과 지옥입니다. 그러므로 인간이 마귀로 말미암아 죄를 지으면 마귀와 함께 지옥에 가서 영원히 살아야 합니다.

"죄를 짓는 자는 마귀에게 속하나니 마귀는 처음부터 범죄함이니라 하나님의 아들이 나타나신 것은 마귀의 일을 멸하려 하심이니라"(요일 3:8).

아담 때부터 인간은 누구나 죄 아래 있습니다. 그러므로 죄 아래서 마귀와 함께 영원히 멸망할 자들입니다.

"또 왼편에 있는 자들에게 이르시되 저주를 받은 자들아 나를 떠나 마귀와 그 사자들을 위하여 예비된 영영한 불에 들어가라"(마 25:41).

그러나 하나님께서 인간을 사랑하셔서 독생자를 세상에 보내시고 인간의 죗값을 대신 지고 십자가에서 피 흘리게 하셨습니다. 인간의 죗값을 갚아 주셨습니다. 이 큰 은혜는 자신이 죄인이라는 사실을 깨닫고, 예수 그리스도를 구주로 믿고 회개하는 자만 소유할 수 있습니다. 이처럼 하나님께서 예수 그리스도를 보내셔서 인간의 죄를 대신 짊어지고 십자가에 못 박혀 피 흘려 죽게 하신 까닭은 죄로 영원히 멸망할 인간을 살리시려는 것입니다. 예수 그리스도께서 흘리신 십자가 피 공로가 있어도 이를 믿지도 않고 회개치도 않아 죄 사함을 받지 못하는 자는 영원히 불타는 지옥에서 쉼 없는 고통을 당하면서 자신의 죗값을 지불해야 합니다. 예수 그리스도께서 십자가에서 흘리신 피 공로는 누구든지 회개하는 자가 받아 누릴 몫입니다.

'나는 죄로 당할 멸망에서 벗어나 살고 싶어요' 하는 사람들이 자기 죄를 들고 회개하면 그 순간 예수 그리스도의 피 공로로 말미암아 멸망할 죄가 무효하고 깨끗해집니다.

"만일 우리가 우리 죄를 자백하면 저는 미쁘시고 의로우사 우리 죄를 사하시며 모든 불의에서 우리를 깨끗케 하실 것이요"(요일 1:9).

누구든지 회개하지 아니하면 죗값으로 확실하게 멸망할 최후를 소유할 뿐입니다.

여러분, 회개는 원수에서 해방되는 절대 의지입니다. 성경 말씀은 하나님의 사랑의 통촉입니다. 의로운 하나님께서 율법으로 인간의 죄를 깨닫게 하시고 사랑의 하나님께서 독생자 예수 그리스도를 세상에 보내셔서 멸망할 인간의 죗값을 해결해 주셨습니다. 이 사실을 믿고 회개하여 멸망할 죄에서 구원받아 지옥 신세를 면하라고 말씀을 선포하십시오. 우리의 회개가 예수 그리스도의 피 공로를 만나는 순간에 하나님께서도 우리의 죄악을 기억조차 하지 않으십니다. 회개로 죄를 씻고 자유로워야 합니다.

세상이 다 망해도 의는 망하지 않습니다. 노아의 홍수 때와 소돔과 고모라 때와 니느웨 성의 역사가 그러했습니다. 인류 역사는 시대를 막론하고 다 죄로 멸망합니다. 또 시대를 막론하고 회개와 함께 죄가 사라지는 순간, 절대 망하지 않습니다. 왜냐하면 멸망을 야기할 죄가 사라졌기 때문입니다. 회개로 자유를 누립시다. 예수 그리스도의 십자가 피 공로로 영원한 행복을 누립시다.

✣ 누가복음 13장 주요 메시지

누가복음 13:1-9에서 예수님은 회개가 필요하다고 말씀하십니다(3-5절).

"3 너희에게 이르노니 아니라 너희도 만일 회개하지 아니하면 다 이와 같이 망하리라 4 또 실로암에서 망대가 무너져 치어 죽은 열여덟 사람이 예루살렘에 거한 다른 모든 사람보다 죄가 더 있는 줄 아느냐 5 너희에게 이르노니 아니라 너희도 만일 회개하지 아니하면 다 이와 같이 망하리라"(3-5절).

회개가 필요한 이유는 다음과 같습니다.

① 모든 사람은 다 죄인이 때문입니다(2, 4절).
② 회개하지 아니하면 망하기 때문입니다(3, 5절).
③ 회개하면 살려주시기 때문입니다(6-9절).

누가복음 13:10-17은 하나님께 영광을 돌릴 것을 말씀합니다(13절).

"안수하시니 여자가 곧 펴고 하나님께 영광을 돌리는지라"(13절).
하나님께 영광을 돌리려면 다음과 같이 해야 합니다.

① 병에서 놓여야 합니다(12절).
② 외식하지 말아야 합니다(15절).
③ 사탄에게 매인 바 된 것에서 풀려야 합니다(16절).

누가복음 13:18-21에서 예수님은 하나님의 나라를 가르쳐 주십니다(18절).
"그러므로 예수께서 이르시되 하나님의 나라가 무엇과 같을까 내가 무엇으로 비교할까"(18절).
하나님의 나라는 다음과 같습니다.

① 채소밭에 갖다 심은 겨자씨 한 알 같습니다(19절).
 "마치 사람이 자기 채소밭에 갖다 심은 겨자씨 한 알 같으니 자라 나무가 되어 공중의 새들이 그 가지에 깃들였느니라"(19절).
 첫째, 천국은 심는 것입니다.
 둘째, 천국은 자라는 것입니다.
 셋째, 천국은 깃들이게 하는 것입니다.
② 하나님의 여자가 가루 서 말 속에 갖다 넣어 전부 부풀게 한 누룩과 같으니라고 하십니다(21절).

누가복음 13:22-30에서 예수님은 구원의 문에 들어가는 방법을 가르쳐 주십니다(23절).
"어떤 사람이 여짜오되 주여 구원을 받는 자가 적으니이까 그들에게 이르시되"(23절).
구원의 문에 들어가려면 다음과 같이 해야 합니다.

① 좁은 문으로 들어가기를 힘써야 합니다(24절).
 "좁은 문으로 들어가기를 힘쓰라 내가 너희에게 이르노니 들어가기를 구하여도 못하는 자가 많으리라"(24절).
② 주인이신 주님의 허락이 있어야 합니다(25절).

③ 행악하지 말아야 합니다(27절).

결론

여러분, 예수님은 회개가 필요하다고 말씀하십니다. 시대를 막론하고 하나님의 진노를 사는 까닭은 죄 때문입니다. 죄는 그 값이 사망이요(롬 6:23), 그 죄로 말미암아 저주와 온갖 고통이 오고 가난과 온갖 질병이 옵니다. 종국에는 영원한 지옥 형벌에 처해집니다. 이 모든 것이 하나님의 원수요, 인간의 원수인 죄에서 옵니다.

그러므로 죄를 죄로 여기지 못하는 것이 가장 큰 불행이라는 사실을 알아야 합니다. 죄 문제는 오직 예수 그리스도의 십자가 피 공로로만 해결할 수 있습니다.

인간은 언제나 육신의 소욕으로 말미암은 죄의 환경에서 살고 있기 때문에 성경은 죄가 왕 노릇하지 못하도록 예수 그리스도의 은혜 가운데 항상 머물라고 말합니다.

"이는 죄가 사망 안에서 왕노릇 한 것 같이 은혜도 또한 의로 말미암아 왕노릇 하여 우리 주 예수 그리스도로 말미암아 영생에 이르게 하려 함이니라"(롬5:21).

할렐루야! 아멘!

적용과 나눔

오늘 가르침에서 새롭게 깨달은 것 중 개인적으로 적용하여 실천하고자 하는 것을 기록한 후 서로 나누어 봅시다.

기도

성령님의 능력으로 감당하도록 간절히 부르짖고 기도합시다.

제58장 | 누가복음 14장 강론

혼인 잔치에 청함을 받았을 때

> 누가복음 14:1-35
> 새찬송가 195, 197, 200, 205, 285, 336, 368, 369, 370, 428장

❖ **누가복음 14장 주제: 천국 시민 교육**

❖ **누가복음 14장의 구조와 내용**

    누가복음 14장의 구조와 내용은 안식일 논쟁(1-6절)과 겸손과 자비에 대한 교훈(7-14절)과 하나님 나라의 잔치와 청함을 받은 자(15-24절), 그리고 제자 될 자의 조건(25-35절)입니다.

    앞 장에 나타났던 안식일 논쟁이 또 다시 전개되는데, 인간의 참 행복을 우선시하시는 주님의 단 한 마디의 반문(5절)이 적대자들의 공박을 무력화시켜 버렸습니다. 잔치(혼인) 비유는 신자가 갖추어야 할 겸손(7-11절)과 참된 자선의 원리를 교훈합니다. 한편 '큰 잔치 비유'는 당시 복음(천국)의 초청을 거부한 유대인들의 불신앙과 천한 자신들의 신분에도 불구하고 믿음으로 그것을 받아들인 자(이방인)에 대한 복을 대조시키고 있습니다. 제자의 조건을 설파한 마지막 부분(25-35절)에서는 철저한 준비성과 자기 부인이 강조되어 있습니다. 제자직이 한낱 영광과 자기 성취의 수단으로까지 전락한 오늘날 음미해 보아야 할 대목입니다.

    오늘 누가복음 14장은 신분질서나 위계질서와 관련된 말씀입니다. 먼저 1절은 이 말씀이 어떤 맥락에서 나온 말씀인지 그 배경을 밝히고 있습니다. 어느 안식일에 예수께서 한 바리새인 지도자의 집에 음식을 잡수시러

들어가셨습니다. 바리새인의 잔치 자리에 식사 초대를 받으셨던 것이지요. 바리새인은 예수님 시대의 저명인사입니다. 종교적 열심이 워낙 유별나서 "바리새"라는 말 자체가 "보통 사람과 구별된다"는 뜻입니다. 그야말로 바리새인은 예수님 시대의 유대 사회의 지배층 중에서도 맨 꼭대기에 있었고, 사람을 사귈 때에도 가난한 사람들, 죄인들, 장애인들과 상종하지 않는, 유난히 사람을 가려서 사귀는 사회-종교적인 특권층이었지요. 높은 신분 질서를 자랑하고, 사람들을 가려 사귀는 바리새인의 집에 예수께서 식사 초대를 받아 가셨습니다.

그 식사 현장에서 예수님은 그 당시 유대 사회에서 흔히 벌어지는 풍경을 보셨습니다. 초청을 받은 사람들이 높은 자리를 골라잡는 것을 보셨던 것이지요. 예수님 시대에 큰 잔치를 열고 손님을 초대할 때에는 자기 집안의 체면이 걸려 있기 때문에, 대개 사회적으로 인정받고 존경받는 사람들을 주로 초대했습니다. 초청 명단에 어떤 사람들이 있는지에 따라서 자기 신분도 덩달아 올라가고 내려갈 수 있기 때문에 주로 VIP들을 우선해서 초대했던 것이지요. 그러므로 바리새인 집에 초대받은 사람들은 다 내로라하는 특권층 인사들이기에 상석부터 골라잡았다는 말입니다. 전혀 이상할 것이 없이 흔히 일어나는 풍경이지요. 그런데 예수님은 이 광경을 보시고 주인인 바리새인은 물론이고 잔치에 초대된 모든 사람들이 듣도록 두 가지를 말씀하십니다.

첫째, 7-11절에서 초대받은 손님들이 어떤 처신을 해야 하는지에 대해서 말씀하십니다.

둘째, 12-14절에서 손님을 초대하는 주인이 어떤 자세로 손님을 초대할 것인지에 대해서 말씀하십니다. 이 말씀에서 우리 교회가 항상 조심해야 된다는 것을 가르쳐 주십니다. 유명한 사람, 잘난 사람, 깨끗한 사람, 건강한 사람, 그런 이들만 찾아오는 교회가 아닌, 무명한 사람, 못난 사람, 더러운 사람, 마음과 몸에 장애가 있고 상처가 있는 사람을 불문하고 누구나 다 올 수 있는 교회, 그런 천국 잔치 자리가 되어야 합니다.

✢ 누가복음 14장 주요 메시지

누가복음 14:7-11에서 예수님은 신자가 갖추어야 할 겸손(7-11절)과 참된 자선의 원리로서 혼인 잔치에 청함을 받았을 때의 자세를 가르쳐 주십니다(8, 10절).

"8 네가 누구에게나 혼인 잔치에 청함을 받았을 때에 높은 자리에 앉지 말라 그렇지 않으면 너보다 더 높은 사람이 청함을 받은 경우에 … 10 청함을 받았을 때에 차라리 가서 끝자리에 앉으라 그러면 너를 청한 자가 와서 너더러 벗이여 올라앉으라 하리니 그 때에야 함께 앉은 모든 사람 앞에서 영광이 있으리라"(8, 10절).

혼인 잔치에 청함을 받았을 때의 자세는 다음과 같습니다.

① 높은 자리에 앉지 말아야 합니다(8-9절).
② 끝자리에 앉아야 합니다(10절).
③ 자기를 높이는 자는 낮아지고 자기를 낮추는 자는 높아지는 것을 기억해야 합니다(11절).
"무릇 자기를 높이는 자는 낮아지고 자기를 낮추는 자는 높아지리라"(11절).

누가복음 14:12-14에서 예수님은 복이 되는 잔치를 가르쳐 주십니다(13-14절).

"13 잔치를 베풀거든 차라리 가난한 자들과 몸 불편한 자들과 저는 자들과 맹인들을 청하라 14 그리하면 그들이 갚을 것이 없으므로 네게 복이 되리니 이는 의인들의 부활 시에 네가 갚음을 받겠음이라 하시더라"(13-14절).

복이 되는 잔치는 다음과 같습니다.

① 가난한 자들을 청합니다(13절).
② 몸 불편한 자들을 청합니다(13절).
③ 맹인들을 청합니다(13절).

불신앙의 유대인들이 복음(천국)의 초청을 거부했기에 예수님은 누가복음 14:15-24에서 사람을 강권하여 데려다가 내 집을 채우라고 하십니다(23절).

"주인이 종에게 이르되 길과 산울타리 가로 나가서 사람을 강권하여 데려다가 내 집을 채우라"(23절).

사람을 강권하여 데려다가 내 집을 채우라고 하신 이유는 다음과 같습니다.

① 큰 잔치를 베풀었기 때문입니다(16절).
"이르시되 어떤 사람이 큰 잔치를 베풀고 많은 사람을 청하였더니(16절).
② 모든 것이 준비되었기 때문입니다(17절).
③ 다 일치하게 사양하였기 때문입니다(18-24절).

누가복음 14:25-35에서 예수님은 자신의 제자가 되는 조건을 가르쳐 주십니다(26-27, 33절).

"26 무릇 내게 오는 자가 자기 부모와 처자와 형제와 자매와 더욱이 자기 목숨까지 미워하지 아니하면 능히 내 제자가 되지 못하고 27 누구든지 자기 십자가를 지고 나를 따르지 않는 자도 능히 내 제자가 되지 못하리라 … 33 이와 같이 너희 중의 누구든지 자기의 모든 소유를 버리지 아니하면 능히 내 제자가 되지 못하리라"(26-27, 33절).

예수님의 제자가 되는 조건은 다음과 같습니다.

① 자기 목숨까지 미워해야 합니다(26절).
② 자기 십자가를 지고 예수님을 따라야 합니다(27절).
③ 자기의 모든 소유를 버려야 합니다(33절).
④ 소금의 기능을 발휘해야 합니다(34절).

결론

여러분, 예수님이 혼인 잔치에 청함을 받았을 때의 자세를 가르쳐 주십니다. 오늘 본문에 들어 있는 이 몇 가지 이야기들 사이에는 별다른 공통점이나 상호연관성이 없어 보입니다. 예수님께서 안식일에 병 고치신 일과, 사람이 많은 잔치 자리에 가면 낮은 자리에 앉는 것이 지혜로운 처신이라는 말씀과, 잔치를 베풀고 사람들을 먹이려거든 가난하거나 몸 불편한 이들을 부르는 것이 칭찬 받을 일이라는 교훈과, 본래 청함을 받은 자들은 오지 않고 뒤늦게 다른 모든 이들이 부르심을 받았다는 하나님 나라에 관한 비유 말씀들은 각각 독립적인 이야기들로 여겨질 수 있습니다.

그러나 이 이야기들은 같은 날, 같은 자리에서 예수님께서 잇달아 하신 말씀들입니다. 우리는 예수님께서 아무 생각 없이 이 말 하셨다 저 말 하셨다 하신 것이 아니리라 생각합니다.

주님께서 원하시는 공동체, 예수님의 이름 아래 모인 공동체, 예수 그리스도를 따르는 무리들의 공동체는 어떤 모습을 지녀야 할지에 관하여 오늘 본문의 모든 이야기는 각각 귀한 가르침을 담고 있다고 여겨집니다. 예수 그리스도를 주로 고백하는 믿음이 있고, 주님의 마음을 품고 살기를 원하며, 하나님의 나라와 그의 의를 삶의 궁극 목적으로 삼기만 하면 그 누구든 다 진정한 주님의 공동체에 들어올 수 있고 모든 사람과 어울려 주님의 잔치 자리에서 즐길 수 있습니다.

어디에서 왔건, 신체적 여건이 어떠하건, 소유한 것이 많든 적든 잔치 자리에 나아온 이들은 모두 주인의 부름을 받은 사람들이라는 사실에 유의해야 합니다. 주님의 공동체에서는 그 구성원들의 출신 지역이나 삶의 환경이나 학력의 고하나 능력의 다소에 상관없이 하나님의 택하심을 받은 백성이라는 사실 하나로 모두가 동등한 한 식구가 될 수 있어야 합니다. 할렐루야! 아멘!

적용과 나눔

오늘 가르침에서 새롭게 깨달은 것 중 개인적으로 적용하여 실천하고자 하는 것을 기록한 후 서로 나누어 봅시다.

기도

성령님의 능력으로 감당하도록 간절히 부르짖고 기도합시다.

제59장 | 누가복음 15장 강론

일어나서 아버지께로 돌아가야 합니다

> 누가복음 15:1-32
> 새찬송가 195, 197, 200, 205, 273, 297, 285, 370, 428장

❖ **누가복음 15장 주제: 죄인의 회개를 기뻐하시는 예수님**

❖ **누가복음 15장의 구조와 내용**

누가복음 15장의 구조와 내용은 잃어버린 양의 비유(1-7절)와 잃은 드라크마 비유(8-10절)와 탕자의 비유(11-32절)입니다.

잃어버린 양, 잃어버린 드라크마, 잃어버린 탕자의 비유가 등장하고 있는데 크게 보아서 동일한 주제를 다루고 있습니다. 즉, 죄인을 찾으시는 주님의 사랑과 그 일이 성공했을 때의 기쁨입니다. 죄인 된 아담을 먼저 찾으시고(창 3:9), 끊임없이 반역했던 이스라엘을 어루만지사 구원시키신 주님의 사랑이 여기서도 엿보입니다. 참으로 우리가 하나님을 먼저 사랑한 것이 아니라 하나님이 우리를 먼저 사랑하셨습니다(요일 4:19). 그것도 무조건적으로!

한편, 돌아온 탕자에 대해 시기와 불만을 일삼는 장자의 모습은 영적 자만과 선민의식에 사로잡힌 당시의 유대인들, 나아가 자기 몫(상급)만 지키기에 급급한 우리의 편협한 자아상을 꼬집고 있습니다.

사람들은 스스로를 군중 속에 묻고 그중에 하나로 생각하지만 하나님은 우리를 전체로 대하시지 않습니다. 한 사람씩 일대일로 대하십니다. 하나님은 나 한 사람에 집중하셔서 나 한 사람의 죄를 해결하기 위해 예수 그리스도를 보내 주셨습니다. 그리고 예수님은 나 한 사람을 위해 십자가에

달리심으로 구원해 주셨습니다.

　그럼에도 불구하고 사람들은 무리 속으로 숨으려고 합니다. 하나님 앞에 일대일도 마주치려고 하지 않습니다. 다른 사람의 신앙고백에 묻어서 가려는 이들이 많습니다. 그래서인지 다른 사람의 예배에 묻어서 가려는 이들이 많습니다. 그래서 하나님께서 나 한 사람을 얼마나 소중하게 여기시는지 알지 못합니다. 우리를 위해 십자가에서 죽으신 그리스도는 믿지만 나를 위해 십자가에서 죽으신 그리스도는 믿지 못합니다. 우리를 사랑하시는 하나님은 믿지만 나를 일대일로 사랑하시는 하나님의 사랑은 잘 믿지 못합니다. 어거스틴은 다음과 같이 말했습니다.

　"하나님께서는 마치 단 한 사람만을 사랑하시는 것같이 우리 모두를 사랑하신다."

　예수님은 비록 3년여의 짧은 공생애 동안에도 바쁘다는 이유로 어떤 한 개인에게 소홀히 하신 적이 결코 한 번도 없으셨습니다. 예수님께서 유대 군중에게 강론하고, 갈릴리 바닷가에 모인 5,000명을 먹이며, 가버나움에 모인 큰 무리를 대상으로 사역하셨던 것은 사실입니다. 그러나 예수님은 단지 한 영혼일지라도 그 가치를 결코 등한시하지 않으셨습니다. 주님께서 어느 날 밤 니고데모라는 한 청년과 나눈 깊은 대화의 장면을 요한복음 3장에서 볼 수 있습니다. 예수님은 성경에서 가장 유명하고 고귀한 말씀을 수만 명이 모인 자리에서 하지 않으시고 단 한 사람 니고데모를 앞에 놓고 가르쳐 주셨습니다.

　요한복음 4장에서 예수님은 사마리아 지방 우물가에서 한 여인을 만나 복음을 전하시고 구원하십니다. 유대인들은 사마리아 사람과 상종하지 않으려고 먼 길로 돌아다녔습니다. 그러나 예수님은 사마리아에 사는 한 여인, 그것도 사람들에게 따돌림을 받는 한 여인을 구원하시려고 일부러 그 동네를 찾아 들어가셨습니다.

　누가복음 19장에서는 뽕나무에 올라가 예수님을 더 잘 보려 했던 삭개오라는 이름의 한 사람에게 예수님이 관심을 가지고 개인적인 배려를 해 주셨습니다. 예수님은 수많은 군중 가운데 한 사람을 골라 "삭개오야, 속히 내려오라. 내가 오늘 네 집에 유하여야 하겠다"라고 말씀하셨습니다. 삭개오는 분명히 온몸에 사무치는 전율을 느꼈을 것입니다.

마가복음 5장에서는 거라사 지방에 귀신들려 무덤 사이에서 소리를 지르고 돌아다니는 한 남자를 구원하려고 예수님이 찾아 가시는 장면이 그려져 있습니다. 그런데 거라사 지방에서는 다른 사역은 전혀 안하시고 오직 귀신 들린 한 사람만을 회복시키시고 떠나십니다. 전날 밤에 갈릴리 호수를 배를 타고서 무서운 광풍을 지나 오셨는데 군중들에게 말씀을 가르치지도 않으셨습니다. 다른 병든 자들을 치료하시지도 않으셨습니다. 오직 귀신 들린 한 사람만을 만나시고 귀신을 쫓아 정상인으로 회복시키셨습니다. 예수님이 한 사람을 얼마나 중요하게 여기심을 보여 줍니다.

❖ **누가복음 15장 주요 메시지**

누가복음 15:1-7은 죄인 한 사람이 회개하면 하나님이 기뻐하신다는 것을 가르쳐 줍니다(7절).
"내가 너희에게 이르노니 이와 같이 죄인 한 사람이 회개하면 하늘에서는 회개할 것 없는 의인 아흔아홉으로 말미암아 기뻐하는 것보다 더하리라"(7절).
죄인 한 사람이 회개하면 기뻐하시는 하나님은 다음과 같습니다.

① 양 백 마리가 있는데 그 중의 하나를 잃으면 그 잃은 하나를 찾아내기까지 찾습니다(4절).
② 잃은 드라크마를 찾으면 벗과 이웃을 불러 함께 즐깁니다(9절).
③ 회개한 자는 하나님의 사자들 앞에 기쁨이 됩니다(10절).
"내가 너희에게 이르노니 이와 같이 죄인 한 사람이 회개하면 하나님의 사자들 앞에 기쁨이 되느니라"(10절).

예수님은 죄인 한 사람이 회개하면 하나님이 기뻐하신다는 것을 잃어버린 탕자의 비유로 가르쳐 주십니다. 누가복음 15:11-32에서 예수님은 탕자가 일어나서 아버지께로 돌아가야 한다고 말씀하십니다(20절).
"이에 일어나서 아버지께로 돌아가니라 아직도 거리가 먼데 아버지가 그를 보고 측은히 여겨 달려가 목을 안고 입을 맞추니"(20절).
탕자의 생활은 다음과 같습니다(11-16절).

① 아버지를 멀리 떠난 생활입니다(13절).

② 허랑방탕하여 재산을 낭비하는 생활입니다(13절).
③ 돼지 먹는 쥐엄 열매로 배를 채우는 생활입니다(16절).

탕자가 스스로 돌이킨 이유는 다음과 같습니다(14-19절).

① 자기는 궁핍하고 아버지에게는 풍족함이 있음을 알았습니다(14, 17절).
② 하늘과 아버지께 죄를 지었음을 알았습니다(18절).
③ 자기를 품꾼의 하나로 여겨도 족하다고 여겼습니다(19절).

탕자가 이에 일어나서 아버지께로 돌아갈 때, 아버지의 반응은 다음과 같습니다.

① 아버지가 그를 보고 측은히 여깁니다(20-21절).
 "이에 일어나서 아버지께로 돌아가니라 아직도 거리가 먼데 아버지가 그를 보고 측은히 여겨 달려가 목을 안고 입을 맞추니"(20절).
② 제일 좋은 옷을 입히고 손에 가락지를 끼우고 발에 신을 신기고 살진 송아지를 잡아 먹고 즐깁니다(22-23절).
 "22 아버지는 종들에게 이르되 제일 좋은 옷을 내어다가 입히고 손에 가락지를 끼우고 발에 신을 신기라 23 그리고 살진 송아지를 끌어다가 잡으라 우리가 먹고 즐기자(22-23절).
③ 아들이 죽었다가 살아났다고 잃었다가 다시 얻었다라고 여기며 즐거워합니다(24절).
 "이 내 아들은 죽었다가 다시 살아났으며 내가 잃었다가 다시 얻었노라 하니 그들이 즐거워하더라"(24절).

아버지가 탕자를 사랑하는 이유는 다음과 같습니다(20-22절).

① 회개하고 아버지께로 돌아왔기 때문입니다(20절).
 "이에 일어나서 아버지께로 돌아가니라 아직도 거리가 먼데 아버지가 그를 보고 측은히 여겨 달려가 목을 안고 입을 맞추니(20절).
② 아버지의 아들이기 때문입니다(21절).

"아들이 이르되 아버지 내가 하늘과 아버지께 죄를 지었사오니 지금부터는 아버지의 아들이라 일컬음을 감당하지 못하겠나이다 하나(21절).
③ 아버지는 아들에게 제일 좋은 것을 주기를 즐거워하기 때문입니다 (22절).
"아버지는 종들에게 이르되 제일 좋은 옷을 내어다가 입히고 손에 가락지를 끼우고 발에 신을 신기라"(22절).

결론

여러분, 일어나서 아버지께로 돌아가야 한다고 예수님께서 말씀하십니다. 잃은 양을 찾으러 나선 목자의 심정을, 잃어버린 은화를 찾는 여인의 마음을, 집 나간 아들을 간절히 기다리는 아버지의 마음을 느껴보시기 바랍니다.
그것이 바로 우리를 사랑하시는 하나님 아버지의 마음입니다.
한 사람 한 사람이 구원받을 때 온 세상에 구원이 확산될 것입니다.
죄인 한 사람이 회개하면 하나님이 기뻐하십니다. 할렐루야! 아멘!

적용과 나눔

오늘 가르침에서 새롭게 깨달은 것 중 개인적으로 적용하여 실천하고자 하는 것을 기록한 후 서로 나누어 봅시다.

기도

성령님의 능력으로 감당하도록 간절히 부르짖고 기도합시다.

제60장 | 누가복음 16장 강론

일어나서 아버지께로 돌아가야 합니다

> 누가복음 16:1-31
> 새찬송가 195, 197, 200, 205, 273, 297, 285, 370, 428장

❖ **누가복음 16장 주제: 부에 관한 예수님의 교훈**

❖ **누가복음 16장의 구조와 내용**

 누가복음 16장의 구조와 내용은 불의한 청지기 비유(1-13절)와 바리새인을 견제하심(14-18절)과 부자와 나사로의 비유(19-31절)입니다.
 두 가지 비유와 바리새인에 대한 한 차례의 경고가 등장하며 전체적으로 봐서 동일한 소재와 주제를 다루고 있다고 해도 무방합니다. 즉 재물을 소재로 하여 그것을 현명하게 사용하는 방법에 대해 교훈합니다. 예나 지금이나 재물은 인간의 마음을 사로잡는 가장 강력한 유혹 거리입니다. 그것을 어떻게 다루고 대하느냐에 따라 삶의 운명이 결정 납니다. 이 같은 사실을 누구보다 정확히 간파하신 예수님은 미래의 삶과 영적 삶을 위해서 재물을 선용할 것을 교훈합니다(1-13절). 이 땅에서 재물을 어떻게 사용하느냐에 따라서 장차 천국에서의 운명이 역전될 수 있습니다(거지와 나사로의 비유).
 부자에게 한 청지기가 있었습니다. 청지기란 묘합니다. 주인에게는 종이지만 다른 종들에게는 주인처럼 행세를 하는 것이 청지기입니다. 주인으로부터 위임받은 권한을 가지고 주인의 소유를 관리하는 것이 바로 청지기입니다. 주인을 대할 때는 충성을 다하며 복종적 위치에 있습니다. 주인의 뜻을 온전히 받들어 시행해야 할 책임이 있습니다. 그런가하면 주어진 권한

안에서 많은 사람들을 다스리고, 주인의 재산을 나름대로 관리하는 상당한 자율적인 권한도 있습니다.

본문에 청지기는 부자로부터 전 재산을 관리하는 책임을 위임을 받았습니다. 그런데 청지기는 주인의 소유를 낭비했습니다. 주인이 소문을 듣고 청지기를 불러 "내가 네게 대하여 들은 이 말이 어찌 됨이냐 네가 보던 일을 셈하라 청지기 직무를 계속하지 못하리라"(2절)라고 명했습니다. 청지기는 주인으로부터 "청지기 직무를 계속하지 못하리라"는 말을 듣고 다음과 같이 생각합니다.

'주인이 내 직분을 빼앗으니 내가 무엇을 할까 땅을 파자니 힘이 없고 빌어먹자니 부끄럽구나.'

고민을 하다가 한 가지 생각을 했습니다. 그래서 빚진 자를 일일이 불러다가 "내 주인에게 얼마나 빚졌느냐?"라고 묻습니다. "기름 백 말이니이다"라고 대답하면 그에게 "네 증서를 가지고 빨리 앉아 오십이라 쓰라"라고 하였습니다. 또 다른 사람에게 "너는 얼마나 졌느냐?"라고 묻고 "밀 백 석이니이다"라고 대답하면 그에게 "네 증서를 가지고 팔십이라 쓰라"라고 하여 청지기는 주인에게 빚진 자들의 빚을 탕감해 주었습니다. 주인의 재물을 가지고 인심을 쓰고 있습니다. 요새로 치면 공문서 위조에 횡령죄에 해당합니다. 이것은 누가 봐도 청지기가 잘못을 범합니다. 지금까지도 주인을 속여 왔습니다. 그래서 책망을 듣고서도 더 큰 잘못을 범합니다.

그런데 본문 말씀에서 주인은 그가 이렇게 한 것을 알고 이 옳지 않은 청지기가 일을 지혜 있게 하였으므로 칭찬을 하였다고 말씀합니다. 그리고 계속해서 "이 세대의 아들들이 자기 시대에 있어서는 빛의 아들들보다 더 지혜로움이니라"라고 말씀하셨습니다(8절). 어찌 보면 이 청지기는 지극히 못된 사람입니다. "옳지 않는 청지기"(8절)라고 했습니다. 그런데 옳지 않은 청지기가 일을 지혜 있게 하였으므로 칭찬을 하였다는 말씀입니다.

이 말씀에서 우리는 '청지기가 일을 지혜 있게 하였다'는 것을 다시 보아야 합니다. 옳지 않은 청지기는 주인으로부터 들은 "네가 보던 일을 셈하라"는 말씀은 곧 종말론적 심판입니다. 심판 주 앞에 구차하게 변명 따위를 늘어놓지 않았습니다.

"그 소문이 잘못된 것입니다."

"내가 잘못한 것은 누구 때문입니다."

이런 저런 구차한 변명을 하지 않았습니다. 나아가 구차하게 기회를 다시 달라고 애걸도 하지 않았습니다. "지난날은 잘못했으니 다시 기회를 주시면 성실하게 일 하겠나이다"라고 하며 손발이 달도록 빌지도 않았습니다. 다만 주인이 "네가 잘못했으니 청지기 직무를 더 이상 하지 못하리라"는 명을 듣자 "예, 알았습니다" 하고 자신의 잘못을 그대로 인정하고 받아들였을 뿐입니다. 사실을 사실대로 인정한 것입니다. 아무런 변명도 없습니다. 심판을 그대로 수용하고 인정합니다. 이것이 청지기의 지혜였습니다.

이 비유의 말씀에 주인은 종말론적으로 심판주가 되시는 예수님이십니다. 예수님께서 청지기 직무를 계속하지 못하리라고 하실 때 우리는 어떤 변명도 할 수가 없습니다. 변명을 해도 소용없습니다. 오직 그분의 말씀대로 이루어질 뿐입니다. 이것을 아는 것이 지혜입니다. 주님 오시는 그날에 "네 보던 일을 셈하라"고 하시는 주님 앞에서 어떠한 변명도 할 수 없다는 것을 알아야 합니다. 우리도 지난날을 돌이켜 보면서 잘못 살아왔다는 것을 깨달아야 합니다. 허비하였다는 것을 알아야 합니다.

그렇다고 해서 지난날 하지 못했던 것을 다시 하려고 하는 것은 잘못입니다. 이미 지난날은 지나갔기 때문에 다시 돌이킬 수 없습니다. 나이 많은 분이 사업에 실패하고 무엇을 잘못해서 실패를 했다는 것을 알고 다시 시작을 하려고 하는 것은 매우 어리석은 일입니다.

✣ 누가복음 16장 주요 메시지

누가복음 16:1-13에서 예수님은 칭찬 받는 청지기에 대해 가르쳐 주십니다(8절).

"주인이 이 옳지 않은 청지기가 일을 지혜 있게 하였으므로 칭찬하였으니 이 세대의 아들들이 자기 시대에 있어서는 빛의 아들들보다 더 지혜로움이니라"(8절).

칭찬 받는 청지기는 다음과 같이 했습니다.

① 직분을 빼앗긴 후에 할 일을 알고 준비했습니다. 즉 미래를 대비했습니다(4절).

"내가 할 일을 알았도다 이렇게 하면 직분을 빼앗긴 후에 사람들이 나를 자기 집으로 영접하리라 하고"(4절).

② 현실에 지혜롭게 처신했습니다(8-9절).
③ 지극히 작은 것에 충성했습니다(10-12절).

칭찬 받는 청지기를 가르쳐 주신 예수님은 누가복음 16:19-31에서 천국과 지옥에 대해 가르쳐 주십니다(24절).
"불러 이르되 아버지 아브라함이여 나를 긍휼히 여기사 나사로를 보내어 그 손가락 끝에 물을 찍어 내 혀를 서늘하게 하소서 내가 이 불꽃 가운데서 괴로워하나이다"(24절).
죽음의 특징은 다음과 같습니다.

① 죽음은 그 누구도 피할 수 없습니다(22절).
② 죽으면 반드시 심판이 있습니다(23-25절).
"아브라함이 이르되 얘 너는 살았을 때에 좋은 것을 받았고 나사로는 고난을 받았으니 이것을 기억하라 이제 그는 여기서 위로를 받고 너는 괴로움을 받느니라"(25절).
③ 죽은 후에는 회개할 수 없습니다(26-31절).
"30 이르되 그렇지 아니하니이다 아버지 아브라함이여 만일 죽은 자에게서 그들에게 가는 자가 있으면 회개하리이다 31 이르되 모세와 선지자들에게 듣지 아니하면 비록 죽은 자 가운데서 살아나는 자가 있을지라도 권함을 받지 아니하리라 하였다 하시니라"(30-31절).

지옥의 특징은 다음과 같습니다.

① 불꽃 가운데서 괴로워합니다(24절).
"불러 이르되 아버지 아브라함이여 나를 긍휼히 여기사 나사로를 보내어 그 손가락 끝에 물을 찍어 내 혀를 서늘하게 하소서 내가 이 불꽃 가운데서 괴로워하나이다"(24절).
② 큰 구렁텅이가 놓여 있는 곳입니다(26절).
③ 고통 받는 곳입니다(28절).
"내 형제 다섯이 있으니 그들에게 증언하게 하여 그들로 이 고통 받는 곳에 오지 않게 하소서"(28절).

그러므로 복음이 필요합니다.

결론

여러분, 예수님이 천국과 지옥을 가르쳐 주셨습니다. 옳지 않은 청지기가 일을 지혜 있게 하였으므로 칭찬을 하였다고 하신 예수님은 천국과 지옥을 가르쳐 주셨습니다. 조나단 에드워드는 어느 날 설교를 하면서 "만약 내가 여러분에게 단 5초만 지옥을 보여 줄 수 있다면, 하나님 앞에서 신실하게 살지 않을 사람이 없을 것이다"라고 말했습니다.
유명한 철학자 임마누엘 칸트는 이런 말을 했습니다.
"이 세상에서 부조리하고 불공평한 처사를 볼 때마다 천국과 지옥은 반드시 있어야 한다고 생각한다."
성경이 가르치는 천국과 지옥을 믿고 이 땅에서 준비해야 됩니다.
할렐루야! 아멘!

적용과 나눔

오늘 가르침에서 새롭게 깨달은 것 중 개인적으로 적용하여 실천하고자 하는 것을 기록한 후 서로 나누어 봅시다.

기도

성령님의 능력으로 감당하도록 간절히 부르짖고 기도합시다.

제61장 | 누가복음 17장 강론

하나님께 영광을 돌리는 믿음

> 누가복음 17:1-37
> 새찬송가 195, 197, 200, 205, 273, 297, 285, 370, 428장

❖ **누가복음 17장 주제: 성도의 생활과 인자의 체험**

❖ **누가복음 17장의 구조와 내용**

 누가복음 17장의 구조와 내용은 교회 공동체 생활의 기초 원리(1-10절)와 열 명을 고치심(11-19절)과 하나님 나라 도래 교훈(20-37절)입니다.
 주님은 제자의 생활 원리, 믿음의 위력, 재림의 시기 등 다양한 주제에 관해 교훈하셨습니다. 이 같은 말씀은 다가오는 수난에 직면하여 제자들에게 그들의 영적 자만을 경계하고 겸허하게 복음 사역에 매진하도록 격려하기 위해서입니다.
 한편 본 장 중간에 삽입된 나병환자 치유 사건은 본서에만 독특하게 등장하는 사건으로서 그것이 지니는 의미가 실로 적지 않습니다. 즉, 이 사건은 불치의 병까지 치유하시는 주님의 메시아적 권능과 치료받은 자가 보인 "은혜와 감사"의 태도를 강조합니다. 은혜를 은혜 되게 하는 것은 감사의 입술입니다.
 하나님께서 이사야 43:7에서 "무릇 내 이름으로 일컫는 자 곧 내가 내 영광을 위하여 창조한 자를 오게 하라 그들을 내가 지었고 만들었느니라"라고 말씀하시며 하나님의 영광을 위하여 사람을 창조하셨다고 하십니다. 창세기 1-2장에 하나님은 엿새 동안 천지와 만물을 만드신 후 마지막으로

사람을 만드시고 복을 주시면서 이 모든 것을 취하고 다스리라고 말씀하셨습니다. 하나님께서 아무런 목적 없이 사람을 만드신 것이 아닙니다. 사람을 통해서 영광을 받으시기 위해서입니다. 사람은 다른 어느 피조물과도 비교할 수 없는 특별한 존재입니다. 그러므로 사도 바울은 "너희가 먹든지 마시든지 무엇을 하든지 다 하나님의 영광을 위하여 하라"라고 권면합니다(고전 10:31).

오늘 말씀에 열 명의 나병환자가 예수님을 만나 자신들을 긍휼히 여겨달라고 간구했을 때, 예수님께서 제사장에게 가서 몸을 보이라고 말씀하십니다. 아직 고침 받지 않은 이들을 향해 다 나은 것처럼 말씀하신 것입니다. 이것은 믿음이 없이는 순종하기 어려운 일입니다. 그러나 이들은 예수님의 말씀에 순종해서 제사장에게로 가는 중에 병이 다 나은 것을 알았습니다. 오늘날도 마찬가지입니다. 우리의 삶 속에 기적이 없는 이유는 순종하지 않기 때문입니다. 말씀대로 순종하기만 하면 반드시 문제가 해결되는 기적을 체험하게 될 것입니다.

그런데 고침받은 열 사람 중에 사마리아 사람 한 사람만이 돌아와 큰 소리로 하나님께 영광을 돌리고 예수님의 발아래 엎드려 감사했습니다. 이에 대해 예수님께서 "열 사람이 다 깨끗함을 받지 아니하였느냐 그 아홉은 어디 있느냐"라고 말씀하십니다. 여기에서 우리는 하나님께 감사하는 것이 하나님께 영광을 돌리는 일임을 알 수 있습니다. 그러나 오늘날 성도들 중에 하나님 앞에 문제 해결 받은 사람들이 다수임에도 감사하지 않는 사람들이 많은 것을 볼 때에 참으로 안타깝습니다. 우리는 감사하는 일에 결코 인색하지 말아야 하겠습니다. 하나님께서 우리에게 복 주시고 병을 고쳐 주시는 것도 영광 받으시기 위해서 하시는 것입니다.

"모든 것을 너희를 위하여 하는 것은 은혜가 많은 사람의 감사함으로 말미암아 더하여 넘쳐서 하나님께 영광을 돌리게 하려 함이라"(고후 4:15).

우리가 하나님 앞에 얼마나 감사하느냐에 따라 그만큼 복과 영광을 더 받게 되는 것입니다. 그러므로 우리는 기도할 때, 남은 생을 우리의 모든 것을 하나님께 영광을 돌리는 도구로 사용되게 해달라고 간절히 기도해야 할 것입니다.

하나님께 영광을 돌리게 되는 때는 다음과 같습니다.

① 우리의 착한 행실을 할 때입니다.
"이같이 너희 빛을 사람 앞에 비춰게 하여 저희로 너희 착한 행실을 보고 하늘에 계신 너희 아버지께 영광을 돌리게 하라"(마 5:16).
② 우리가 거룩하게 살 때입니다.
"19 너희 몸은 너희가 하나님께로부터 받은바 너희 가운데 계신 성령의 전인 줄을 알지 못하느냐 너희는 너희의 것이 아니라 20 값으로 산 것이 되었으니 그런즉 너희 몸으로 하나님께 영광을 돌리라"(고전 6:19-20).
③ 우리가 하나님께 영광을 돌리는 말을 할 때입니다.
"백부장이 그 된 일을 보고 하나님께 영광을 돌려 가로되 이 사람은 정녕 의인이었도다"(눅 23:47).
예수님이 돌아가신 그 자리에서 예수님의 의인되심을 모든 사람 앞에서 외친 것입니다. 이 백부장처럼 말로 하나님께 영광을 돌릴 수 있습니다.
④ 믿음으로 기도할 때입니다.
"환난 날에 나를 부르라 내가 너를 건지리니 네가 나를 영화롭게 하리로다"(시 50:15).
⑤ 우리가 하나님을 찬양할 때입니다. 역대하 20장을 보면, 여호사밧 왕 때 적들이 쳐들어오는 큰 위기가 왔으나 금식하고 찬양으로 나갈 때 하나님께서 복병을 일으키셔서 전쟁에서 승리하게 하십니다. 또 사도행전 16장을 보면, 바울과 실라가 심하게 매를 맞고 빌립보 감옥에 갇혔지만 큰 소리로 하나님을 찬미했을 때 다른 죄수들이 들었습니다. 하나님께서 얼마나 기뻐하셨겠습니까! 하나님께서 지진으로 옥문을 여시고 그곳의 간수가 예수님을 믿게 됩니다. 이처럼 복음 전하다 죽을 일이 와도 힘 있게 찬양하면 하나님께서 큰 영광을 받으십니다.
⑥ 죄인이 회개할 때입니다. 하나님께 영광 돌리는 방법 중 하나가 죄를 회개하는 것입니다. 누가복음 19:8-9에 삭개오가 예수님을 자신의 집에 모시고 회개하는 것을 보여 줍니다.
"8 삭개오가 서서 주께 여짜오되 주여 보시옵소서 내 소유의 절반을 가난한 자들에게 주겠사오며 만일 뉘 것을 토색한 일이 있으면 사 배나 갚겠나이다 9 예수께서 이르시되 오늘 구원이 이 집에 이르렀으니 이 사람도 아브라함의 자손임이로다"(눅 19:8-9).

지난날 우리의 삶이 아무리 부끄럽더라도 철저히 회개하고 거룩하게 사는 우리의 모습을 통해 하나님께 영광을 돌리게 됩니다.

✣ 누가복음 17장 주요 메시지

누가복음 17:1-4에서 예수님은 성도, 신앙인의 덕목을 가르쳐 주십니다. 성도, 신앙인의 덕목은 다음과 같이 행해야 합니다.

① 실족하게 하지 말아야 합니다(1절).
② 죄를 범하거든 경고해야 합니다(3절).
③ 회개하거든 용서해야 합니다(3-4절).

성도, 신앙인의 덕목을 가르쳐 주신 예수님은 누가복음 17:11-19에서 하나님께 영광을 돌리는 믿음을 가르쳐 주십니다(18절).
"이 이방인 외에는 하나님께 영광을 돌리러 돌아온 자가 없느냐 하시고"(18절).
하나님께 영광을 돌리는 믿음은 다음과 같습니다.

① 큰 소리로 자기가 나은 것을 하나님께 영광을 돌립니다(15절).
② 예수님의 발아래 엎드리어 감사합니다(16절).
③ 구원을 받게 하는 믿음입니다(19절).

누가복음 17:20-37에서 바리새인들이 예수님에게 "하나님의 나라가 어느 때에 임하나이까?"라고 물었습니다(20절).
"바리새인들이 하나님의 나라가 어느 때에 임하나이까 묻거늘 예수께서 대답하여 이르시되 하나님의 나라는 볼 수 있게 임하는 것이 아니요"(20절).
하나님의 나라가 임하는 때는 다음과 같습니다.

① 먼저 인자가 많은 고난을 받으며 이 세대에게 버린 바 되어야 합니다 (24-25절).
② 노아의 때와 같은 때입니다(26-27절).
③ 롯의 때와 같은 때입니다(28-31절).

예수님은 "롯의 처를 기억하라"고 말씀하십니다(32절).

결론

여러분, 예수님은 하나님께 영광을 돌리는 믿음을 가르쳐 주십니다. 예수님은 기도를 항상 힘쓰고 기도에 감사함으로 깨어 있으라고 하십니다 (골 4:2). 청각장애인 에디슨은 다음과 같이 말했습니다.
"나는 귀머거리가 된 것을 감사하게 생각합니다. 딴 소리에 신경 쓰지 않고 연구에만 몰두할 수 있었으니까요."
감사할 것이 없다고 생각하는 사람은 감사거리 찾아서 입술로 감사하십시오. 그리고 행동으로 감사를 표현하십시오. 그러면 여러분 마음속에 예수님의 기쁨과 행복이 솟아날 것입니다. 할렐루야! 아멘!

적용과 나눔

오늘 가르침에서 새롭게 깨달은 것 중 개인적으로 적용하여 실천하고자 하는 것을 기록한 후 서로 나누어 봅시다.

기도

성령님의 능력으로 감당하도록 간절히 부르짖고 기도합시다.

제62장 | 누가복음 18장 강론

기도의 자세

> 누가복음 18:1-43
> 새찬송가 195, 197, 200, 205, 226, 297, 285, 370, 428, 565장

❖ **누가복음 18장 주제: 기도와 영생을 가르쳐 주신 예수님**

❖ **누가복음 18장의 구조와 내용**
　누가복음 18장의 구조와 내용은 기도에 대한 교훈(1-14절)과 하나님 나라에 들어가는 조건(15-30절)과 세 번째 수난 예고와 거지 소경 고치심(31-43절)입니다.
　"7 구하라 그러면 너희에게 주실 것이요 … 11 하늘에 계신 너희 아버지께서 구하는 자에게 좋은 것으로 주시지 않겠느냐"(마 7:7-11).
　불의한 재판관 비유는 위 구절을 연상시킵니다. 그 비유의 주제는 기도 생활의 인내와 확신입니다.
　거듭되는 교훈에도 불구하고 영적인 우매함을 떨치지 못한 사람에게 주님은 천국 시민의 생활 원리와 구원의 원리에 대해 역설하셨습니다. 당시의 사람들은 형식적 종교 생활에 탐닉하여 자기 의로 구원받는다고 착각했습니다. 그러나 주님은 "사람의 할 수 없는 것을 하나님은 하실 수 있느니라"(27절)라고 하셨습니다. 구원은 오로지 하나님의 능력에서 옵니다.
　기도는 대화가 가족이나 이웃과 이야기를 나누는 것처럼 창조주와 대화를 나누는 것을 말하는 것입니다. 사람과의 대화도 이웃의 지위에 따라 어려워지고 조심스러워지는데 하물며 지극히 크시고 거룩하신 하나님과의

대화는 참으로 두렵고 떨립니다. 사람은 태어나면서부터 대화를 합니다. 아직 말을 못하는 아기 때에는 눈으로 대화하고 커서는 말로써 대화를 합니다. 우리 기도라는 것은 우리 하나님께 말씀을 드리는 것이므로 상당히 우리 마음속에 경건한 마음을 가지고 조심히 말씀드려야 합니다. 미국의 대각성과 부흥 운동을 일으켰던 조나단 에드워즈(Jonathan Edwards)는 이런 말을 했습니다.

"기도는 우리가 살면서 숨 쉬는 것처럼 믿음이 자연스럽게 표현됩니다."

그러므로 믿음이 있는 사람은 자연적으로 기도하게 됩니다. 위대한 설교가였던 크리소스톰(John Chrysostom)은 다음과 같이 말했습니다.

"기도는 만복의 뿌리이자 근원이고 어머니입니다."

우리 성도에게 기도는 생명의 호흡입니다. 숨을 쉬지 않으면 육체가 죽습니다. 기도하지 않으면 영혼이 죽습니다.

기도는 여러 가지 형태가 있지만 어떻게 하면 우리가 하나님께 기도하고 응답을 받을 수 있을까요?

첫째, 내가 기도 응답을 받으려면 응답을 받겠다는 뜨거운 마음에 소원이 있어야 합니다. 제일 중요한 것이 하나님께 응답 받아야 되겠다는 마음에 열정이 있어야 되는 것입니다. 마음에 열정이 없으면 아무것도 안됩니다. 철야도 나가고, 기도원에도 올라가고, 새벽기도도 나가고 마음이 열정으로 꽉 들어차야 기도가 응답되는 것입니다. 또한 분명한 목표가 있어야 합니다.

"또 기도할 때에 이방인과 같이 중언부언하지 말라"(마 6:7).

정신없이 이 말 저 말 하지 말고 목표를 두고 분명한 목표를 향해서 뜨겁게 기도해야 합니다. 히브리서 11:1에 "믿음은 바라는 것들의 실상"이라고 했습니다. 실상이 뚜렷해야 되는 것입니다. 오늘 주님께서 말씀하신 데를 보면 누가복음 18:3을 보면, 과부의 목표는 "내 원수에 대한 내 원한을 풀어 주소서"라고 아주 분명합니다. 막연하게 내 원한을 풀어 주소서 하지 않습니다. "내 원수에 대한 나의 원한을 풀어 주소서"라고 분명한 요구를 했던 것입니다.

둘째, 우리가 마음속에 꿈을 품고 기도해야 되는 것입니다. 내가 하나님 앞에 응답받기를 간절히 원하면 그것이 이루어진 것을 마음속에 바라보고 기도하라는 것입니다. 비가 오기를 기도하면 기도할 때 비가 내리는 것을 마음속에 그려 보라는 것입니다. 마음에 바라는 것을 그려놓고 그것을 바라보고 기도해야 되는 것입니다.

"여호와께서 아브람에게 이르시되 너는 눈을 들어 너 있는 곳에서 북쪽과 남쪽 그리고 동쪽과 서쪽을 바라보라 보이는 땅을 내가 너와 네 자손에게 주리니 영원히 이르리라"(창 13:14-15).

바라봄의 법칙입니다.

"바라보라. 아직까지 내 손에 안 들어왔지만 미리 없는 것을 있는 것같이 바라보라. 그러면 네가 바라보는 그것을 너와 네 자손에게 주리라."

"그를 이끌고 밖으로 나가 이르시되 하늘을 우러러 뭇별을 셀 수 있나 보라 또 그에게 이르시되 네 자손이 이와 같으리라"(창 15:5).

마음에 없는 것을 있는 것으로 그림을 그리는 것입니다. 바라보고 기도하면 기도가 굉장히 힘이 있게 됩니다. 예수님은 항상 기도하고 낙심치 말아야 할 것을 말씀하시므로 낙심하면 안됩니다. 저도 낙심을 여러 번 했습니다. 다 때려치워 버리고 싶고 하나님께 버림받은 것 같고 모든 것이 실패인 것 같고 좌절과 절망이 다가올 때가 많이 있었습니다. 그러나 그 고비를 넘어야 합니다. 기도 한참 하다가 낙심이 되고 지쳐 버릴 때 그 고비를 넘으면 하나님께서 응답하시는데, 마귀가 끝까지 우리를 막아서 그 고비를 넘지 못하게 하려고 합니다.

"7 하물며 하나님께서 그 밤낮 부르짖는 택하신 자들의 원한을 풀어 주지 아니하시겠느냐 그들에게 오래 참으시겠느냐 8 내가 너희에게 이르노니 속히 그 원한을 풀어 주시리라 그러나 인자가 올 때에 세상에서 믿음을 보겠느냐 하시니라"(7-8절).

셋째, 믿음으로 기도해야 합니다.

"할 수 있거든이 무슨 말이냐 믿는 자에게는 능히 하지 못할 일이 없느니라"(막 9:23).

"오직 믿음으로 구하고 조금도 의심하지 말라 의심하는 자는 마치 바람에 밀려 요동하는 바다 물결 같으니 이런 사람은 무엇이든지 주께 얻기를 생각하지 말라"(약 1:6-7).

넷째, 우리가 기도할 때 감사를 넘치게 하며 기도해야 합니다.

"감사로 제사를 드리는 자가 나를 영화롭게 하나니 그의 행위를 옳게 하는 자에게 내가 하나님의 구원을 보이리라"(시 50:23).

"14 감사로 하나님께 제사를 드리며 지존하신 이에게 네 서원을 갚으며 15 환난 날에 나를 부르라 내가 너를 건지리니 네가 나를 영화롭게 하리로다"(시 50:14-15).

감사가 하나님을 기쁘시게 합니다.

❖ 누가복음 18장 주요 메시지

누가복음 18:1-14에서 예수님은 기도의 자세를 가르쳐 주십니다(1절). 기도의 자세는 다음과 같습니다.

① 항상 기도해야 합니다(1절).
② 낙심하지 말아야 합니다(1절).
③ 부르짖는 기도를 해야 합니다(7절).
④ 믿음으로 기도해야 합니다(8절).
⑤ 세리와 같이 회개하며 기도해야 합니다(9-14절).

기도의 자세를 가르쳐 주신 예수님은 누가복음 18:18-30에서 "내가 무엇을 하여야 영생을 얻으리이까?"라는 물음에 대하여 영생을 얻는 방법을 가르쳐 주십니다(18-19절).

"18 어떤 관리가 물어 이르되 선한 선생님이여 내가 무엇을 하여야 영생을 얻으리이까 19 예수께서 이르시되 네가 어찌하여 나를 선하다 일컫느냐 하나님 한 분 외에는 선한 이가 없느니라"(18-19절).

영생을 얻는 방법은 다음과 같습니다.

① 계명을 지켜야 합니다(20-21절).
② 하늘에 보화가 있게 하고, 주님을 따라야 합니다(22절).
③ 우리의 것을 다 버리고 주를 따라야 합니다(27-30절).

누가복음 18:35-43은 크게 소리 질러 기도할 것을 알려 줍니다(38-39절). "38 맹인이 외쳐 이르되 다윗의 자손 예수여 나를 불쌍히 여기소서 하거늘 39 앞서 가는 자들이 그를 꾸짖어 잠잠하라 하되 그가 더욱 크게 소리 질러 다윗의 자손이여 나를 불쌍히 여기소서 하는지라"(38-39절).

외쳐 크게 소리 질러 기도할 때 결과가 있었습니다.

① 예수님께서 데려오라 명하셨습니다(40절).
② 예수님께서 "네게 무엇을 하여 주기를 원하느냐?"라고 물으셨습니다(41절).
③ 예수님께서 "네 믿음이 너를 구원하였다"라고 말씀하셨습니다(42절).
④ 하나님께 영광을 돌리며 예수님을 따르니 하나님께 영광과 찬송이 되었습니다(43절).

결론

여러분, 예수님께서 기도의 자세를 가르쳐 주셨습니다.
하늘을 쳐다보고 사는 사람에게 땅은 따라옵니다.
"먼저 그의 나라와 그의 의를 구하라 그리하면 이 모든 것을 너희에게 더하시리라"(마 6:33).
할렐루야! 아멘!

적용과 나눔

오늘 가르침에서 새롭게 깨달은 것 중 개인적으로 적용하여 실천하고자 하는 것을 기록한 후 서로 나누어 봅시다.

기도

성령님의 능력으로 감당하도록 간절히 부르짖고 기도합시다.

제63장 | 누가복음 19장 강론

삭개오의 믿음

> 누가복음 19:1-48
> 새찬송가 195, 197, 200, 205, 226, 297, 285, 370, 428, 565장

❖ **누가복음 19장 주제: 예수님의 예루살렘에 입성**

❖ **누가복음 19장의 구조와 내용**

    누가복음 19장의 구조와 내용은 삭개오를 만나심(1-10절)과 므나 비유(11-27절)와 예루살렘 입성 및 성전정화(28-48절)입니다.
    주님과의 만남은 인격과 삶을 변화시킵니다. 그 까닭은 주님 안에 생명의 능력이 충만하기 때문입니다. 세리장 삭개오도 예외는 아니었습니다. 그는 주님과의 만남을 통해서 구원과 생활의 변화를 체험했습니다. 참된 구원은 실생활의 변화가 동반되어야 함을 본 장은 교훈합니다(8절).
    마태복음에 나오는 달란트 비유(마 25:14-30)와 비견되는 므나 비유(11-27절)는 재림의 지연, 종말 때의 심판 원리, 충성 등 다양한 시각에서 읽힐 수 있는 비유입니다.
    한편 28절부터는 수난 주간에 일어난 일을 다루고 있는데, 여기서는 예루살렘 입성과 연관된 사건이 마지막 절까지 계속됩니다.
    성경에 보면 하나님이 주신 기회를 잘 잡은 사람들이 참 많이 나옵니다. 아브라함은 하나님이 네 고향 네 아버지의 집 갈대아 우르를 떠나 지시받을 땅으로 가라고 명령하셨을 때, 지체하거나 머뭇거리지 않고 그 기회를 잡았습니다. 그 결과 그는 믿음의 조상, 복의 근원이 될 수가 있었습니다.

다윗도 마찬 가지 입니다. 소년 다윗이지만 전쟁에 나가 있는 형들을 면회하러 갔을 때, 블레셋의 골리앗을 봅니다. 그리고 골리앗을 무너뜨릴 수 있는 기회를 놓치지 않고 붙잡습니다. 그 외에도 기회를 놓치지 않고 붙잡은 사람들을 성경에서 많이 볼 수 있습니다.

오늘 본문에 '삭개오'라는 사람이 나옵니다. 이 사람이야말로 기회를 잘 잡은 사람입니다. 삭개오라는 이름은 '의로운 자'라는 뜻을 갖고 있습니다. 부모님이 이름을 지어줄 때 '너는 의로운 사람이 되라'는 소원을 갖고 지어준 이름인데 그렇게 살지를 못합니다.

삭개오는 세리장입니다. 세리는 세금을 거두어 정부에 바치는 사람입니다. 그러한 사람들 중에서 최고 책임자가 바로 삭개오입니다. 많은 세금을 거두어 일정액을 로마 황제에게 바치고 나머지는 자기가 갖습니다. 그러니 유대인들은 세리를 아주 싫어하고 증오하고 경멸했습니다. 죄인이라고 생각했으며 강도와 소매치기 수준으로 생각했습니다. 그래서 그 당시에는 "광야에서 가장 잔인한 짐승은 곰과 사자이지만 도시에서 가장 잔인한 짐승은 세리와 기생충이다"라는 말이 있을 정도였습니다. 그래서 삭개오는 부자였습니다. 세리장으로 많은 돈을 거두어 들였으니 당연히 대단한 부자입니다. 그리고 삭개오는 키가 작았습니다. 어느 정도 작았는지 모르지만 아주 작았던 것만은 분명합니다. 자기 앞에 사람이 서면 그 앞을 볼 수가 없을 정도입니다.

삭개오는 같은 유대인으로서 로마의 앞잡이가 되어 동족들의 돈을 갈취하고 불의하게 재물을 불려 나가는 것이 마음이 편하지만은 않았을 것입니다. 동족들의 비난, 손가락질, 동족들로 받는 모멸감 때문에 삭개오 자신도 많은 스트레스를 받았고, 심지어는 동족들 앞에서 나서는 것을 꺼리는 대인공포증, 공황장애, 우울증도 있었을 것입니다. 거기에다 사람들이 "너는 매국노, 죄인이다"라고 낙인을 찍어 버렸고, 키도 아주 작았으니 정신적인, 신체적인 위축감이 아주 컸을 것이며, 자기 자신에 대한 자신감도 아주 부족했을 것입니다. 이름의 뜻도 '의로운 사람'인데, 그 이름답게 살지 못하고 있는 자기 자신을 바라 볼 때, 자기 자신에 대한 실망감도 대단했을 것입니다.

삭개오는 겉으로는 잘 살고 있는 것 같지만 속으로는 너무나 힘들고 고통스럽고 편하지 않는 삶을 살아 왔습니다. 이러한 삭개오가 엄청나게 변화되고 새로운 사람이 되어서, 하나님을 잘 믿는다고 자랑하는 바래새인과 서기관과 장로들과 정통 유대인들을 제치고 아브라함의 자손의 반열에 드는 놀라운 복을 주님으로부터 받았습니다.

어떻게 이런 일이 있었을 수 있었을까요?

삭개오는 소문에 대한 기회를 잡았습니다. 소문이 들린다는 말은, 나에게 정보가 주어지고 있다는 말입니다. 성경이 주는 정보, 예수님이 주는 정보, 주변에 있는 믿음의 사람들로부터 소문과 정보가 주어졌을 때 그것을 귀담아 듣고 그 기회를 놓치지 말고 잡아야 합니다. 삭개오는 이 소문에 대한 기회를 놓치지 않았습니다. 삭개오는 기회를 이루기 위해서는 움직였습니다. 기회가 왔을 때, 머뭇거려서는 안 됩니다. 주저주저해서도 안 됩니다. 기회를 잡기 위해서는 빨리 그 기회를 잡는 방향으로 움직여야 합니다.

삭개오는 예수님을 보기 위해서 예수님이 오시는 쪽으로 재빨리 그의 몸을 움직였습니다. 삭개오는 기회를 잡기 위해서 방해와 장애물을 두려워하지 않았습니다. 삭개오가 예수님을 보기 위해서 예수님이 지나가신다는 길에 나갔지만 벌써 많은 사람들이 예수님을 보려고 길 가에 나와 있었습니다. 삭개오는 키가 작아서 도저히 예수님을 볼 수가 없었습니다.

그래서 삭개오가 집으로 돌아갔습니까?

기회를 잡는 것을 포기하고 말았습니까?

아니요. 삭개오는 그렇지가 않았습니다. 삭개오는 어른임에도 불구하고 앞으로 달려가서 돌무화과나무 위에 올라갔습니다. 예수님의 얼굴이라도 반드시 보아야 하겠다는 것입니다.

"앞으로 달려가서 보기 위하여 돌무화과나무에 올라가니 이는 예수께서 그리로 지나가시게 됨이러라"(4절).

✢ 누가복음 19장 주요 메시지

누가복음 19:1-10은 삭개오의 믿음을 보여 줍니다(2절).

"삭개오라 이름하는 자가 있으니 세리장이요 또한 부자라"(2절).

삭개오의 믿음은 다음과 같습니다.

① 예수님을 만나 보고자하는 믿음입니다(3-4절).

"³ 그가 예수께서 어떠한 사람인가 하여 보고자 하되 키가 작고 사람이 많아 할 수 없어 ⁴ 앞으로 달려가서 보기 위하여 돌 무화과나무에 올라가니 이는 예수께서 그리로 지나가시게 됨이러라"(3-4절).
② 예수님을 즐거워하며 영접하는 믿음입니다(6절).
"급히 내려와 즐거워하며 영접하거늘"(6절).
③ 예수님의 뜻을 실천하는 믿음입니다(8절).
"삭개오가 서서 주께 여짜오되 주여 보시옵소서 내 소유의 절반을 가난한 자들에게 주겠사오며 만일 누구의 것을 속여 빼앗은 일이 있으면 네 갑절이나 갚겠나이다"(8절).

그 결과는 다음과 같습니다.
"⁹ 예수께서 이르시되 오늘 구원이 이 집에 이르렀으니 이 사람도 아브라함의 자손임이로다 ¹⁰ 인자가 온 것은 잃어버린 자를 찾아 구원하려 함이니라"(9-10절).
누가복음 19:11-27을 보면, 하나님 나라가 당장에 나타날 줄로 생각한 사람들이 있었습니다.
"그들이 이 말씀을 듣고 있을 때에 비유를 더하여 말씀하시니 이는 자기가 예루살렘에 가까이 오셨고 그들은 하나님의 나라가 당장에 나타날 줄로 생각함이더라"(11절).
하나님의 나라가 나타나려면 다음과 같이 하라고 말씀하십니다.

① 예수님이 왕으로 오실 것을 믿어야 합니다(12-14절).
② 장사하여 많이 남겨야 합니다(15-16절).
③ 작은 것에 풍성해야 합니다(17절).

누가복음 19:38에서 예수님은 왕으로 불리워지십니다(38절).
"이르되 찬송하리로다 주의 이름으로 오시는 왕이여 하늘에는 평화요 가장 높은 곳에는 영광이로다 하니"(38절).
예수님은 ① 찬송 받으실 왕이요, ② 평화를 주시는 왕이요, ③ 영광 받으실 왕이십니다(38절).

결론

여러분, 삭개오의 믿음을 보았습니다.

예수 그리스도를 만나야 합니다. 예수 그리스도를 믿어야 합니다. 예수 그리스도만이 우리의 죄를 다 용서하실 수 있으십니다. 예수 그리스도만이 우리의 모든 무거운 짐을 해결하실 수 있으십니다.

믿음의 용기를 가지시기 바랍니다. 주님 앞에 담대히 나오시기 바랍니다. 주의 용서와 위로와 사랑 가운데 살아가시기 바랍니다. 구원의 주님, 용서의 주님, 사랑의 주님이신 예수 그리스도를 믿고 의지하여 이 믿음으로 늘 승리하시길 바랍니다. 할렐루야! 아멘!

적용과 나눔

오늘 가르침에서 새롭게 깨달은 것 중 개인적으로 적용하여 실천하고자 하는 것을 기록한 후 서로 나누어 봅시다.

기도

성령님의 능력으로 감당하도록 간절히 부르짖고 기도합시다.

제64장 | 누가복음 20장 강론

하나님이 원하시는 것을 알아야 합니다

> 누가복음 20:1-47
> 새찬송가 195, 197, 200, 205, 226, 297, 285, 370, 428, 565장

❖ **누가복음 20장 주제: 예수님을 향한 간계**

❖ **누가복음 20장의 구조와 내용**

　누가복음 20장의 구조와 내용은 예수님의 권위에 도전(1-8절)과 악한 농부 비유(9-18절)과 납세와 부활에 대한 질문(19-47절)입니다.
　앞 장에 이어지는 내용인 본 장은 예루살렘 입성 후의 사건을 기록합니다. 주님은 반대자들의 본거지라 할 수 있는 예루살렘에서도 자기 사역에 매진하셨습니다. 이로 말미암아 다양한 충돌이 야기되었습니다. 당시 종교 지도자들 특히 기득권자들은 예수의 예루살렘 입성으로 인해 자기들의 기반이 흔들릴 것을 우려했기에 더욱 교묘한 방법으로 주님께 도전해 왔습니다. 그들은 예수의 권위의 출처를 캐묻는가 하면(1-8절), 세금 문제를 들먹이고(19-26절), 부활에 관해 질문(27-40절)했습니다. 그러므로 그들은 예수님의 빛이 바로 옆에 왔으나 알지 못했습니다. 예수님은 어둠에 거하기를 좋아하는 그들, 나아가 유대 민족의 패역한 행적을 비유로 말씀하셨습니다(9-18절).
　본문 말씀은 예수님이 십자가에 달리시기 3일전인 화요일에 일어난 사건에 대한 것입니다. 유대 지도자들이 예수님 앞에 나아와 "당신이 무슨 권세로 이런 일을 행하느냐" 하고 묻는데, 이런 질문의 이유는 누가복음

19:45-48에서 예수님이 성전을 정화하신 사건과 또한 1절에 있는 것처럼 예수님이 성전 안에서 백성들을 가르치셨기 때문입니다. 원래 구약 율법에는 성전을 정화하는 것은 선지자들만 할 수 있는 일이었고 성전 안에서 백성들을 가르치는 것도 제사장만 할 수 있는 일이었습니다. 그런데 예수님이 성전을 정화하시고 또한 성전 안에서 가르치셨다고 하는 것은 율법이 금하는 일이었습니다. 그래서 유대교의 지도자들은 예수님의 권세의 출처에 대해 질문을 던진 것입니다. 그리고 유대 지도자들의 질문 속에는 예수님의 신적인 권세를 어떻게든 부인하려는 의도가 있었습니다.

예수님은 당시 백성들로부터 의로운 선지자라 추앙을 받던 세례 요한의 세례의 기원에 대해 반문함으로써 사실 간접적인 대답을 하신 것입니다. 쉽게 설명하면 4절에 "요한의 세례가 하늘로서냐 사람으로서냐"라는 질문 속에는 요한의 세례가 하늘로서라면 요한이 증거 하던 예수님의 권세도 하늘로서 온 것이 너무도 당연하다는 대답이 포함되어 있는 것입니다. 왜냐하면 요한복음 1:19-28에 세례 요한은 예수님을 만났을 때 이분이 바로 메시아라고 선언했고 자신은 그의 신들메를 풀기도 감당치 못할 존재임을 분명히 밝혔기 때문입니다.

예수의 권세의 출처에 대한 질문을 던짐으로써 예수님을 옭아 보려 했던 유대 지도자들은 도리어 예수님의 반문에 의해서 묶이게 되었습니다. 결국 예수님도 "나도 무슨 권위로 이런 일을 하는지 너희에게 이르지 아니하리라"고 그들의 질문을 잘라 버리십니다. 이것이 진리를 부인하는 정직하지 못한 자들에게 최상의 대답인 것입니다. 오늘날에도 부정직해서 복음의 진리를 알면서도 애써 거부하고 그 진리를 인정하지 않는 무리들이 여전히 존재하는 것을 알 수 있습니다. 이러한 순수하지 못한 그들의 심령의 상태를 예수님은 '포도원의 비유'를 들어 말씀하십니다. 이 비유 속에는 예수님을 메시아로 받아들이지 않는 유대인들의 완악함을 풍자합니다.

여기서 포도원 주인은 하나님, 소작인 농부는 유대인, 주인의 종은 여러 선지자들, 아들은 예수님을 상징합니다. 그리고 이 비유를 통해서 유대인들의 지도자인 대제사장, 서기관, 장로들을 과거 하나님께서 보내신 선지자를 죽였던 선조 유대인들과 동일 선상에 놓고 있습니다. 이 비유를 통해 우리를 향하신 하나님의 뜻을 발견할 수 있습니다.

첫째, 주인의 탄식을 볼 수가 있습니다. 13절에서 "어찌 할꼬" 하는 주인의 탄식은 자신의 소유인 포도원의 소출을 얻지 못한 데 있는 것이 아닙니다. 그 탄식은 바로 자신의 밑에 두었던 소작인들의 배신에 있는 것입니다. 물질의 손해에 대해 섭섭해 하는 것이 아니라, 사람을 잃은 데 대해 슬퍼하는 것입니다.

에덴 동산에서 하나님께서 진노하신 것도 선악과 몇 개를 잃은 때문이 아니라, 사랑하는 인간이 범죄하여 타락했기 때문입니다. 오늘날에도 수많은 사람들이 하나님의 은혜를 저버리고 믿음에서 떠나는 경우가 많습니다. 여러분만큼은 하나님을 실망시키지 않는 성숙한 믿음의 사람들이 다 되시기를 기원합니다.

둘째, 하나님은 마지막까지 기회를 주시는 분이십니다. 주인이 계속해서 종들을 보내고 마지막으로 아들을 보내는 과정에서도 주인이 농부들에 대해 화를 내는 모습을 발견할 수가 없습니다. 도리어 끝없이 배반하는 농부들에게 그래도 남아 있을 마지막 양심에 기대를 거는 모습을 봅니다. 이런 하나님을 출애굽기 34:6은 "자비롭고 은혜롭고 노하기를 더디하고 인자와 진실이 많은 하나님이라"라고 말씀합니다. 하나님은 끝까지 참으시고 예수 그리스도를 이 땅에 보내 주셨던 것입니다.

셋째, 마지막 날에 죄인에게 임할 심판이 얼마나 무서운 것인지를 알 수 있습니다. 하나님은 끝없이 기회를 주시며 사랑하시는데도 불구하고 농부들은 그 아들까지 "이는 상속자니 죽이고 그 유업을 우리의 것으로 만들자" 하고 포도원 밖으로 내어 쫓아 죽였습니다. 15절에서 예수님은 "포도원 주인이 이 사람들을 어떻게 하겠느뇨?"라고 물으십니다.

그것에 대한 대답은 "주인이 직접 와서 농부들을 진멸하고 포도원을 다른 사람에게 주리라"입니다. 마태복음 24:45-47 말씀에서 선한 청지기에게는 칭찬과 함께 다른 큰 일을 맡기며 상급이 주지만 악한 청지기에게는 저주와 직무의 박탈이 주어집니다.

✣ 누가복음 20장 주요 메시지

누가복음 20:9-18에서 예수님은 하나님이 원하시는 것을 알라고 하십니다(9-10절).

"9 그가 또 이 비유로 백성에게 말씀하시기 시작하시니라 한 사람이 포도원을 만들어 농부들에게 세로 주고 타국에 가서 오래 있다가 10 때가 이르매 포도원 소출 얼마를 바치게 하려고 한 종을 농부들에게 보내니 농부들이 종을 몹시 때리고 거저 보내었거늘"(9-10절).
하나님이 우리에게 원하시는 것은 다음과 같습니다.

① 소출을 원하십니다(10-12절).
② 아들을 존대하기를 원하십니다(13절).
③ 하나님이 원하시는 것을 모르면 진멸당하고 빼앗깁니다(16-18절).

누가복음 20:27-42에서 부활이 없다고 주장하는 사두개인들의 질문에 예수님께서 부활을 가르쳐 주셨습니다(34절).
"예수께서 이르시되 이 세상의 자녀들은 장가도 가고 시집도 가되"(34절). 부활하게 되면 다음과 같습니다.

① 장가가고 시집가는 일이 없습니다(35절).
② 다시 죽을 수 없습니다(36절).
③ 천사와 동등입니다(36절).
④ 부활의 자녀로서 하나님의 자녀입니다(36절).
⑤ "하나님은 죽은 자의 하나님이 아니요 살아 있는 자의 하나님이시라 하나님에게는 모든 사람이 살았느니라"(38절).

누가복음 20:45-47에서 서기관들을 삼가라고 하십니다(46절). 서기관은 다음과 같은 사람이었습니다.

① 긴 옷을 입고 다니는 것을 원합니다(46절).
② 시장에서 문안 받는 것을 좋아합니다(46절).
③ 회당의 높은 자리와 잔치의 윗자리를 좋아합니다(46절).
④ 외식으로 길게 기도합니다(47절).
⑤ 더 엄중한 심판을 받게 됩니다(47절).

결론

여러분, 하나님이 원하시는 것을 알라고 하십니다. 예수님의 비유 말씀은 우리를 위한 아주 분명하고 강력한 메시지를 담고 있습니다.

예수 그리스도는 참으로 하나님의 아들이시고 우리의 유일하시고 참되신 구원자시라는 것입니다. 그분은 자신의 십자가에서의 죽음과 부활을 통하여 우리를 새 이스라엘, 즉 참된 하나님의 자녀와 백성이 되게 하시는 초석이 되셨다는 것입니다. 예수님을 알지 못하고 믿지 않으며 따르지 않는 자들에게 예비 된 것은 멸망뿐이라는 것입니다.

예수님 안에서 택하심을 받고 구원을 얻은 하나님의 자녀들은 이러한 세상 것들을 두려워할 필요가 없다는 것입니다. 할렐루야! 아멘!

적용과 나눔

오늘 가르침에서 새롭게 깨달은 것 중 개인적으로 적용하여 실천하고자 하는 것을 기록한 후 서로 나누어 봅시다.

기도

성령님의 능력으로 감당하도록 간절히 부르짖고 기도합시다.

제65장 | 누가복음 21장 강론

종말에 무슨 징조가 있사오니이까?

> 누가복음 21:1-38
> 새찬송가 50, 197, 200, 205, 213, 297, 285, 370, 428, 565장

❖ **누가복음 21장 주제: 종말에 관한 예수님의 교훈**

❖ **누가복음 21장의 구조와 내용**

 누가복음 21장의 구조와 내용은 과부의 두 렙돈(1-4절)과 종말에 대한 예언(5-38)입니다.
 십자가 수난을 사흘 남겨둔 시점에서 주어진 주님의 강화(講話)입니다. 누가복음 17:20-37에 나타난 말씀과 같은 맥락에서 파악될 수 있는 이 교훈은 1차적으로 예루살렘 멸망을, 궁극적으로는 종말의 심판을 염두에 둔 것입니다. 복음서에 나타나는 모든 종말론적 강화와 마찬가지로 여기서도 주님의 종말의 시기와 현상보다는 그것에 대한 성도(제자)의 자세를 강조합니다. 실로 종말이 임박할수록 환난이 가중되겠으나 성도는 주님의 보호를 확신하고(18절) 매사에 경성하는 자세를 견지해야 합니다(34-36절). 이 땅의 쾌락에 집중하여 종말을 망각하거나 종말만을 대망하여 현세의 삶을 방치하는 것 모두는 지양해야 할 부분입니다.
 예수님은 공생애의 마지막을 보내시게 되었습니다. 예수님은 그 마지막을 예루살렘에서 지내셨습니다. 예수님이 예루살렘으로 마지막 방문을 하셨을 때 제자들은 예수님이 가시는 길에 자신들의 겉옷을 깔았습니다. 그리고 '호산나'를 외치며 평화를 선포했습니다. 제자들은 이제 예수님과

함께 행복한 나라, 평화의 나라가 이루어지리라 확신했습니다. 그러나 예수님의 생각은 달랐습니다. 이제 그 평화의 나라가 완성되는 것이 아니라 투쟁과 고난과 십자가를 통해서 이루어지기 시작한다는 것이었습니다. 그 평화의 나라, 하나님의 나라가 이루어지기에는 현재의 제자들의 수준과 이스라엘 백성들의 수준이 너무나 약했습니다. 제자들은 철부지였고, 이스라엘 백성들은 예수님을 메시아로 믿으려고 하지 않았습니다.

"가까이 오사 성을 보시고 우시며"(눅 19:41).

예수님이 우셨다는 기록은 이외에 한 곳밖에는 더 기록되지 않았습니다.

"예수께서 눈물을 흘리시더라"(요 11:35).

그만큼 예수님의 마음은 착잡하고 안타까우셨던 것입니다.

예수님은 이스라엘 백성들이 하나님께 제사드리는 가장 거룩한 성전에 들어가셨습니다. 성전은 하나님의 백성들이 하나님을 예배하는 곳이며 헌신하는 곳으로서 믿음을 실천하는 곳이었습니다. 그래서 성전은 가장 거룩한 곳이며, 자신의 생명을 짐승을 통하여 드리는 희생의 장소였습니다. 그런데 그곳에서 온갖 인간들의 이기심과 욕심과 범죄가 발생하고 있었습니다. 제사를 드리려고 찾아온 사람들은 하나님께 자신을 희생하고 거룩한 마음으로 순종하고자 하는 마음은 없고 형식적으로 제물만 드리고 있었습니다. 더구나 제사장들과 장사꾼들은 서로 결탁하여 자기들의 이익을 위하여 성전에서 장사를 하고 있었습니다.

이러한 장면을 목격한 예수님은 더 이상 참을 수가 없어서 채찍을 드시며 상을 엎어 버리셨습니다. 그리고 그들을 강도들이라고 책망하셨습니다. 하나님께 예배드리는 곳에서 가장 희생적이고 거룩해야 할 성전에서 제사장을 비롯한 모든 사람들이 강도와 같이 자신의 욕심을 채우는 그 현장을 목격하셨을 때 예수님은 흥분하셨던 것입니다.

그러나 그 성전을 찾아온 사람들 중에는 오늘 본문에 기록된 과부와 같이 희생적이고 헌신적인 사람도 있었습니다. 자신의 가진 전부를 하나님께 드리는 그 과부를 목격하신 것이었습니다. 그 과부가 드린 헌금은 부자들과 비교했을 때 아주 미미하고 적은 것이었습니다. 그러나 예수님은 그 과부의 헌금을 보시면서 즉시 제자들을 불러 모았습니다. 그리고서 이렇게 말씀하셨습니다.

"3 이르시되 내가 참으로 너희에게 말하노니 이 가난한 과부가 다른 모든 사람보다 많이 넣었도다 4 저들은 그 풍족한 중에서 헌금을 넣었거니와 이 과부는 그 가난한 중에서 자기가 가지고 있는 생활비 전부를 넣었느니라 하시니라"(눅 21:3-4).

이 사건을 마가복음에서는 다음과 같이 말씀합니다.

"저희는 다 그 풍족한 중에서 넣었거니와 이 과부는 그 구차한 중에서 자기 모든 소유 곧 생활비 전부를 넣었느니라 하시니라"(막 12:44).

예수님이 과부의 헌금을 칭찬하신 이유는 '전부'를 드린 그 마음 때문이었습니다. 하나님의 나라를 이루기 위해서는 희생이 필요하며, 그 희생은 예수님을 위하여 하나님의 나라를 위하여 전부를 희생하려 하지 않는 사람들에 의해서는 결코 이루어지지 않으리라는 것을 예수님은 알고 계셨던 것입니다. '전부'가 아닌 '부분'일 때 하나님의 나라는 언제나 우리에겐 꿈과 같은 이상일 뿐입니다. '전부'인 신앙이 중요합니다.

오늘 본문에 나온 이 여인은 매우 가난하고 보잘 것 없는 사람이었습니다. 이 당시에 과부는 사회생활을 할 것이 없었던 사람입니다. 하루 벌어서 하루를 사는 불쌍한 과부였습니다. 그녀는 '전부'를 드렸습니다. 돈이 문제가 아닙니다. 그 전부를 드릴 수 있는 마음이 문제입니다. 그래서 예수님은 크게 기뻐하셨습니다. 이러한 과부와 같은 사람이 하나님의 나라를 이룰 수 있다고 믿으셨기 때문입니다.

✣ 누가복음 21장 주요 메시지

누가복음 21:1-4에서 예수님은 부자와 가난한 과부의 헌금을 보여 가르쳐 주십니다(1-2절).

"1 예수께서 눈을 들어 부자들이 헌금함에 헌금 넣는 것을 보시고 2 또 어떤 가난한 과부가 두 렙돈 넣는 것을 보시고"(1-2절).

예수님은 부자와 가난한 과부의 헌금에 대해 다음과 같이 말씀하십니다.

① 예수님은 가난한 과부가 다른 모든 사람보다 많이 넣었다고 말씀하셨습니다(3절).
② 부자들은 풍족한 중에서 헌금을 넣었습니다(4절).
③ 과부는 그 가난한 중에서 생활비 전부를 넣었습니다(4절).

종말에 대한 질문에 예수님은 종말의 시기와 현상보다는 그것에 대한 성도(제자)의 자세를 강조하며 가르쳐 주십니다. 누가복음 21:5-19에서 "선생님이여 그러면 어느 때에 이런 일이 있겠사오며 이런 일이 일어나려 할 때에 무슨 징조가 있사오리이까?"(7절)라는 물음에 예수님은 다음과 같이 말씀하십니다(6-7절).

"6 너희 보는 이것들이 날이 이르면 돌 하나도 돌 위에 남지 않고 다 무너 뜨려지리라 7 그들이 물어 이르되 선생님이여 그러면 어느 때에 이런 일이 있겠사오며 이런 일이 일어나려 할 때에 무슨 징조가 있사오리이까"(6-7절).

종말에 대한 성도(제자)의 자세는 다음과 같습니다.

① 미혹을 받지 않도록 주의해야 합니다(8절).
② 난리와 소요의 소문을 들을 때에 두려워하지 말아야 합니다(9절).
③ 민족이 민족을, 나라가 나라를 대적하여 일어날 것입니다(10절).
④ 곳곳에 큰 지진과 기근과 전염병이 있을 것입니다(11절).
⑤ 무서운 일과 하늘에서 큰 징조들이 있을 것입니다(11절).
⑥ 예수님 이름으로 말미암아 박해를 받을 것입니다(12-16절).
⑦ 예수님 이름으로 말미암아 모든 사람에게 미움을 받을 것입니다(17-19절).

누가복음 21:20-38은 예수님이 재임하실 그때를 가르쳐 줍니다(27절).

예수님이 재임하실 그때는 다음과 같습니다.
① 예루살렘에 환난이 있은 후입니다(20절).
② 하늘의 권능이 흔들릴 것입니다(26절).
③ 사람들이 인자가 구름타고 능력과 권능으로 오는 것을 볼 것입니다(27절).
④ 이런 일이 되기를 시작하거든 속량이 가까운 것입니다(28절).

누가복음 21:34-38에서 예수님은 그날이 덫과 같이 너희에게 임하리라고 가르쳐 주십니다(34절).

"그 날이 덫과 같이 너희에게 임하리니"(34절).

① 스스로 조심해야 합니다(34절).
② 인자 앞에 서도록 항상 기도하며 깨어 있어야 합니다(36절).
③ 하나님 말씀 들으려고 성전에 나아가야 합니다(38절).

결론

여러분, "선생님이여 그러면 어느 때에 이런 일이 있겠사오며 이런 일이 일어나려 할 때에 무슨 징조가 있사오리이까?"(7절)라는 물음에 예수님께서 답변해 주셨습니다.

고난과 희생을 다 뒤로 한 채, 종교적 한탕주의가 중심이 되었을 때 그곳은 성전이 아닌 강도의 소굴로 바뀌는 것입니다. 하나님 나라는 전부를 드린 과부와 같아야 한다고 말씀하신 예수님이 가르쳐 주신 종말의 징조 교훈을 적용하시기 바랍니다. 할렐루야! 아멘!

적용과 나눔

오늘 가르침에서 새롭게 깨달은 것 중 개인적으로 적용하여 실천하고자 하는 것을 기록한 후 서로 나누어 봅시다.

기도

성령님의 능력으로 감당하도록 간절히 부르짖고 기도합시다.

제66장 | 누가복음 22장 강론

예수님의 기도

> 누가복음 22:1-71
> 새찬송가 50, 197, 200, 205, 213, 297, 285, 370, 428, 565장

❖ **누가복음 22장 주제: 예수님의 체포당하심**

❖ **누가복음 22장의 구조와 내용**
 누가복음 22장의 구조와 내용은 최후의 만찬(1-23절)과 고별의 말씀(24-28절)과 체포당하신 예수님(29-71절)입니다. 가룟 유다의 배반으로부터 산헤드린 공회에 통고되어 정식으로 재판을 받으시기까지의 예수님의 행적을 소개합니다.
 이 기간 동안 주님은 유월절 만찬을 베푸시고, 성찬 예식을 직접 행하셨습니다. 특별히 이 두 사건에는 자신을 속죄양으로 드려 전 인류를 죄에서 구출하시고자 하는 주님의 구속 열정이 두드러져 보입니다. 요한은 이를 염두에 두고 "세상 죄를 지고 가는 하나님의 어린 양"(요 1:29)이라 증거 했고 히브리서 기자는 "염소와 송아지의 피로 아니하고 오직 자기 피로 영원한 속죄를 이루사"(히 9:12)라고 증거했습니다. 겟세마네 기도에는 하나님의 진노를 대신 짊어지고자 하신 주님의 고통이 절절히 담겨 있습니다.
 누가복음 22-23장은 예수님의 수난의 절정인 십자가 사건으로 치닫고, 마지막 24장은 부활을 주제로 삼고 있습니다. 부활 그리고 제자들에게 나타나심, 승천에 관한 이야기로 이어질 것입니다.
 본문은 유대 종교 지도자들의 살해 음모와 유다의 배신을 다루고 있습니

다. 여러분이 아시는 대로 유대의 종교 지도자들은 처음부터 예수님을 미워했습니다. 그럴 수밖에 없었던 것은 예수님이 나타나기 전에는 그들이 표준이었습니다. 신앙생활은 그들처럼 해야 인정을 받고 그들처럼 행동해야 의로운 사람으로 여김을 받았습니다. 그런데 주님이 나타나면서부터 사람들은 더 이상 그들을 주목하지 않게 된 것입니다. 아니 그들의 위선적인 삶이 폭로되었습니다. 그래서 미워하게 된 것입니다.

"서기관과 바리새인들이 예수를 고발할 증거를 찾으려 하여 안식일에 병을 고치시는가 엿보니"(눅 6:7).

사역 초기부터 그들은 예수님을 공격할 건수를 잡으려고 했습니다. 안식일을 지키지 않는 자라는 혐의를 씌우려고 했습니다. 그런 분위기는 7장에도 이어집니다. 모든 백성들, 심지어 세리들도 요한의 세례를 받으며, 요한의 설교를 듣고 하나님을 옳다고 하지만, 바리새인과 율법교사들은 요한의 세례를 거부하여, 하나님의 뜻을 저버렸습니다(눅 7:29-30). 11장에는 험악한 분위기를 기록합니다.

"거기서 나오실 때에 서기관과 바리새인들이 여러 가지 일을 따져 묻고, 그 입에서 나오는 말을 책잡고자 하여 노리고 있더라"(눅 11:53-54).

그러다가 19장에 도달하면 그들은 더 이상 살의를 감추지 않습니다.

"예수께서 날마다 성전에서 가르치시니 대제사장들과 서기관들과 백성의 지도자들이 그를 죽이고자 꾀하되 백성이 다 그에게 귀를 기울여 들으므로 어찌할 방도를 찾지 못하였더라"(눅 19:47-48).

지상 생애의 마지막을 앞두고 그들의 적의는 한층 더 격렬해졌습니다. 20장에서는 예수님을 고발할 만한 건수를 잡기 위해서 여러 가지 질문을 퍼붓습니다. 하지만 모두 실패로 돌아가고 오히려 예수님의 질문에 대답하지 못하므로 그들의 체면만 구겨졌습니다. 본문 1절을 보십시오.

"유월절이라 하는 무교절이 다가오매"(1절).

유월절 이야기는 출애굽 하는 전날 밤 사건과 관련이 있습니다. 문설주와 문인방에 양의 피가 발린 집은 천사들이 장자를 죽이지 않고 넘어간 것을 기념하는 절기입니다. 율법에 따르면 열두 살 이상 모든 유대인 남자들은 유월절이 되면 의무적으로 예루살렘으로 가야만 했습니다. 유월절 이후에는 무교절이라고 부르는 축제가 7일간 이어집니다. 무교절은 역시 출애굽과 관련된 절기입니다. 이스라엘 백성들이 애굽을 급하게 탈출하던 사건을 기념하는 절기입니다. 그때 그들은 제대로 빵을 구울 시간이 없었습니다. 밀가루에다가 누룩(효모)을 넣고 반죽을 부풀린 다음 빵을 구울 만한 여유가 없었습니다. 그래서 누룩을 넣지 않은 빵을 먹는 절기를 무교절이라고 부릅니다. 두 절기는 서로 다른 것을 기념하는 절기이지만 일반적으로는 유월절이라고 불리기도 했습니다.

3대 절기 가운데 유월절은 유대인에게 특별한 의식입니다. 유대 역사상 가장 중요한 절기를 지키기 위해 로마 제국 전역에서 예루살렘으로 모여들었습니다. 지금껏 유대인들은 세상 어디에 살아도 평생 한 번은 유월절을 예루살렘에서 지내고 싶어 합니다.

"대제사장들과 서기관들이 예수를 무슨 방도로 죽일까 궁리하니 이는 그들이 백성을 두려워함이더라"(눅 22:2).

예수님에 대한 종교 지도자들의 미움은 이제 "예수를 무슨 방도로 죽일까" 연구하는 수준으로 악화되었습니다. 누가복음 20장에는 예수님을 고발할 여러 가지 시도를 했지만 모두 실패로 돌아갔습니다. 22장에는 예수를 죽이려는 그들의 살해 음모가 무르익고 있습니다. 이스라엘 민족이 생명을 건진 이 출애굽을 기념하는 축제를 앞두고 노골적으로 예수를 살해하려고 모의하는 것은 역설적입니다. 그들에게 만만찮은 고민거리가 있었습니다. 이 음모와 배신에 사단이 개입하고 있다고 성경은 말합니다.

✢ 누가복음 22장 주요 메시지

누가복음 22:1-6에서 유다에게 사탄이 들어갔다고 합니다(3절).
"열둘 중의 하나인 가룟인이라 부르는 유다에게 사탄이 들어가니"(3절).
가룟 유다는 다음과 같이 행했습니다.

① 예수를 넘겨줄 방도를 의논했습니다(4절).
② 대적들이 기뻐하여 돈을 주기로 언약했습니다(5절).
③ 예수님을 넘겨줄 기회를 찾았습니다(6절).

"1 유월절이라 하는 무교절이 다가오매 2 대제사장들과 서기관들이 예수를 무슨 방도로 죽일까 궁리하니 이는 그들이 백성을 두려워함이더라"(눅 22:1-2).

당시 사회 구조로 볼 때 그 같은 최고의 권력자들이 담합을 하여 아무런 비호 세력이 없으신 예수님을 죽이려고 한 것은 예수님에게 최대의 위기인 것입니다. 그보다 더 심각한 위기는 그 같은 위기를 만난 예수님을 보호하는 일을 어느 누구보다 앞장서야 할 제자가 예수님을 위기에 몰아넣는 장본인 역할을 하였다는 것입니다. 가룟 유다가 예수님을 죽이려는 자들에게 자청했습니다.

이러한 위기를 만나신 예수님은 유월절을 준비케 하시고 우리의 모든 죄악을 사하시는 피로 세우는 새 언약인 성만찬을 행하시고 다음과 같이 말씀하셨습니다.

"21 보라 나를 파는 자의 손이 나와 함께 상 위에 있도다 22 인자는 이미 작정된 대로 가거니와 그를 파는 그 사람에게는 화가 있으리로다"(21-22절).

그리고 예수님은 베드로에게 다음과 같이 말씀하셨습니다.

"베드로야 내가 네게 말하노니 오늘 닭 울기 전에 네가 세 번 나를 모른다고 부인하리라"(34절).

누가복음 22:31-46은 예수님이 기도하시는 모습을 보여 줍니다(44절).

"예수께서 힘쓰고 애써 더욱 간절히 기도하시니 땀이 땅에 떨어지는 핏방울 같이 되더라"(44절).

예수님이 기도하시는 특징은 다음과 같습니다.

① 우리를 위하여 우리 믿음이 떨어지지 않도록 기도하십니다(32절).
② 예수님께서 습관을 따라 자신을 위하여 기도하셨습니다(39-44절).
 첫째, 무릎을 꿇고 기도하셨습니다(41절).
 둘째, "아버지의 원대로 되기를 원하나이다"라고 기도하셨습니다(42절).
 셋째, 힘쓰고 애써 더욱 간절히 기도하시니 땀이 땅에 떨어지는 핏방울같이 되었습니다(44절).
 이러한 예수님의 기도에 천사가 도왔습니다(43절).
③ 제자들에게도 기도하십니다(46절).

결론

여러분, 예수님이 기도하시는 모습을 보았습니다. 아브라함 링컨 대통령은 자신이 기도할 때에는 반드시 지붕 위에 흰 깃발을 달았다고 합니다. 그것은 누구도 방해할 수 없는 시간이라는 것을 나타냅니다. 그리고 기도하는 일보다 더 중요한 일은 없다는 것을 보여 줍니다.

예수님은 기도 습관을 따라 감람산에서 기도하셨습니다. 감람산의 기도는 하루아침에 되는 것이 아닙니다. 우리가 기도하는 습관을 가져야 합니다. 기도하는 사람과 기도하지 않는 사람의 차이가 있습니다.

할렐루야! 아멘!

적용과 나눔

오늘 가르침에서 새롭게 깨달은 것 중 개인적으로 적용하여 실천하고자 하는 것을 기록한 후 서로 나누어 봅시다.

기도

성령님의 능력으로 감당하도록 간절히 부르짖고 기도합시다.

제67장 | 누가복음 23장 강론

예수님 십자가 수난을 생각합시다

> 누가복음 23:1-56
> 새찬송가 50, 197, 200, 205, 213, 297, 285, 370, 428, 565장

❖ **누가복음 23장 주제: 예수님의 수난과 믿음**

❖ **누가복음 23장의 구조와 내용**

　누가복음 23장의 구조와 내용은 사형 선고(1-25절)과 인자의 처형(26-49절)과 예수님의 장사되심(50-58절)입니다. 정식 재판을 받으신 후 사형을 언도받고 무덤에 장사되기까지의 기록입니다.
　빌라도의 2차에 걸친 심문 중간에 헤롯의 심문기사도 언급되는데, 이는 누가복음에만 등장합니다. 재판의 전 과정에서 보이는 바는 선악의 극명한 대조입니다. 헤롯, 빌라도, 민중으로 대변되는 악인들은 무죄한 자에게 죄를 뒤집어씌우기에 혈안이 되었습니다. "죄로 달려가기에 바쁜" 죄인의 특성이 여지없이 드러나 있습니다. 반면 주님은 야멸차게 쏟아지는 비방과 핍박 속에서도 자기 길을 묵묵히 가심으로써 최후까지 인류의 죄를 어깨에 짊어지고자 하는 투철한 구속 의지를 나타내 보이셨습니다.
　유대의 지도자들은 반드시 죽여야 하는 신성모독죄를 범한 예수를 자기들이 어떻게 할 수 없다는 것을 알고 총독에게로 모두 달려간 것입니다. 물론 그날은 재판이나 심리가 열리는 날이 아닌데도 그를 빌라도에게로 "끌고 가서 고발하기 시작"했습니다. 빌라도 앞에서 재판은 그 모양새로는 특별한 것은 아닙니다. 누가의 기록은 당시 세 단계의 절차를 밟는 로마의

재판 방식을 보여 줍니다. 먼저 고발이 있고 다음에는 심문절차가 있고 마지막은 평결을 하는 세 단계입니다.

먼저 그들의 고발을 들어보십시오. 예수님을 제거하기 위한 복잡하고도 치밀한 고도의 계산을 하고 고발합니다. 예수님에 대한 그들의 세 가지 고발 항목입니다(2절, 메시지 성경).

첫째, 유대인의 법과 질서를 허물었다고 했습니다.

둘째, 황제께 세금 바치는 것을 방해했다고 했습니다.

셋째, 스스로 메시아 왕이라 말했다고 했습니다.

세 가지 항목 가운데 어느 정도 사실에 근거한 고발은 단 하나밖에 없습니다. 그것은 바로 "우리가 이 사람을 보매 우리 백성을 미혹하고"라는 첫째의 고발 항목입니다. 메시지 성경에는 "이 사람은 우리의 법과 질서를 허물고"라는 번역된 구절입니다. 말하자면 유대인의 법과 유대인 정치적인 관점에서 볼 때 "우리가 이 사람을 보매 우리 백성을 미혹하고"라는 것이나 "이 사람은 우리의 법과 질서를 허물고"라는 것은 어느 정도 근거가 있습니다. 이 고발을 잘 살펴보면 두 가지 사실이 들어납니다.

첫째, 유대 지도자들은 예수를 불편해하며 무시하고 있다는 사실입니다. 그러다 보니 예수님의 이름을 부르지 않고 경멸적인 용어 "이 사람"이라고 지칭합니다.

둘째, 유대 지도자들은 예수를 유대 전통과 사회를 위협하는 인물로 간주하고 있습니다. 그가 유대 백성을 미혹하는, 그리고 그들의 법과 질서를 허무는 자로 취급하고 있습니다. 하지만 예수님은 오히려 유대 사회를 향해 "믿음이 없고 패역한 세대여"라고 하시며 안타까워하십니다. 마땅히 새로워져야 하고 하나님께로 돌이키는 일이 반드시 일어나야 하는 것으로 보십니다. 그래서 "회개하라, 천국이 가까웠느니라"(마 4:17)라고 갈릴리에서부터 선포했습니다.

여러분은 세상을 그리고 자신을 어떻게 보고 있습니까?

오늘 우리 시대의 특징은 노골적으로 편향적 사고를 하는 것입니다만 그래도 세상을 어떻게 바라보시며 자신을 어떻게 여기십니까?

✢ 누가복음 23장 주요 메시지

누가복음 23:13-25에서 빌라도의 재판을 보여 주십니다(13-14절).

"13 빌라도가 대제사장들과 관리들과 백성을 불러 모으고 14 이르되 너희가 이 사람이 백성을 미혹하는 자라 하여 내게 끌고 왔도다 보라 내가 너희 앞에서 심문하였으되 너희가 고발하는 일에 대하여 이 사람에게서 죄를 찾지 못하였고"(13-14절).

빌라도의 재판은 있었던 일은 다음과 같습니다.

① 빌라도는 예수님에게서 죄를 찾지 못하였습니다(14절).
② 예수님이 행한 일에는 죽일 일이 없다고 했습니다(15절).
③ 예수님을 놓고자 하였습니다(20절).
 "빌라도는 예수를 놓고자 하여 다시 그들에게 말하되"(20절).
④ 빌라도는 예수님에게서 죽일 죄를 찾지 못하였습니다(22절).
 "빌라도가 세 번째 말하되 이 사람이 무슨 악한 일을 하였느냐 나는 그에게서 죽일 죄를 찾지 못하였나니 때려서 놓으리라 하니"(22절).
⑤ 빌라도가 유대인들이 구하는 대로 하기를 언도하였습니다(23-24절).
 "23 그들이 큰 소리로 재촉하여 십자가에 못 박기를 구하니 그들의 소리가 이긴지라 24 이에 빌라도가 그들이 구하는 대로 하기를 언도하고"(23-24절).

누가복음 23:26-49은 예수님의 십자가 수난을 보여 줍니다(33절).
 "해골이라 하는 곳에 이르러 거기서 예수를 십자가에 못 박고 두 행악자도 그렇게 하니 하나는 우편에, 하나는 좌편에 있더라"(33절).
예수님의 십자가 수난은 다음과 같이 이루어졌습니다.

① 해골이라 하는 곳에서 예수님이 십자가에 못 박히셨습니다(33-34절).
② 비웃음과 희롱과 비방을 당하셨습니다(35-39절).
 첫째, 관리를 비웃었습니다(35절).
 "백성은 서서 구경하는데 관리들은 비웃어 이르되 저가 남을 구원하였으니 만일 하나님이 택하신 자 그리스도이면 자신도 구원할지어다 하고"(35절).
 둘째, 군인들이 예수님을 희롱했습니다(36-38절).
 "군인들도 희롱하면서 나아와 신 포도주를 주며"(36절).

셋째, 달린 행악자 중 하나를 예수님을 비방했습니다(39절).

"달린 행악자 중 하나는 비방하여 이르되 네가 그리스도가 아니냐 너와 우리를 구원하라 하되"(39절).

③ 제 육시쯤 예수님은 완전히 숨지셨습니다(44절).

"때가 제육시쯤 되어 해가 빛을 잃고 온 땅에 어둠이 임하여 제구시까지 계속하며"(44절).

누가복음 23:39-43에서 예수님은 낙원을 소유하는 믿음을 가르쳐 주십니다.

"예수께서 이르시되 내가 진실로 네게 이르노니 오늘 네가 나와 함께 낙원에 있으리라 하시니라"(43절).

낙원을 소유하는 믿음은 다음과 같습니다.

① 하나님을 두려워합니다(40절).

"하나는 그 사람을 꾸짖어 이르되 네가 동일한 정죄를 받고서도 하나님을 두려워하지 아니하느냐"(40절).

② 자신이 행한 일에 상당한 보응을 받는 것이 당연하다고 여깁니다(41절).

"우리는 우리가 행한 일에 상당한 보응을 받는 것이니 이에 당연하거니와 이 사람이 행한 것은 옳지 않은 것이 없느니라 하고"(41절).

③ 예수님으로 말미암아 하나님의 나라에 갈 것을 확신합니다(42절).

"이르되 예수여 당신의 나라에 임하실 때에 나를 기억하소서 하니"(42절).

결론

여러분, 예수님 십자가 수난을 보았습니다.

"그들이 예수를 끌고 갈 때에 시몬이라는 구레네 사람이 시골에서 오는 것을 붙들어 그에게 십자가를 지워 예수를 따르게 하더라 또 백성과 및 그를 위하여 가슴을 치며 슬피 우는 여자의 큰 무리가 따라오는지라"(눅 23:26-27).

슬피 우는 여자와 같이 우리가 나를 위해서 죽으신 예수님의 사랑 때문에 통곡하며 울던 때는 언제입니까?

주님은 우리가 십자가를 기억하며 십자가에 참여하는 삶을 살기를 바라십니다. 이것을 회피하고는 누구도 참된 생명의 길을 걸을 수 없습니다.
인간을 최고로 삼는 자기중심적인 시대에 우리는 우리 자신을 버리고 그리스도의 십자가를 바라보는 믿음을 가져야 합니다.
십자가의 위대한 대속의 공로가 우리 마음속에 영원한 찬양이 되도록 십자가의 도리를 묵상하고 적용하기를 힘써야 합니다.
부활하신 영광스러운 아침을 기쁨으로 맞이하기까지 우리의 생애 내내 십자가에서 우리를 위해 자기를 모두 버리신 그리스도의 사랑을 본받으며 이번에는 우리 자신을 주님 앞에 드리며 살기로 다짐해야 합니다.
이렇게 그리스도와 함께 날마다 그의 죽음을 본받아 그를 위해 살고자 하는 모든 사람들의 마음속에 주님은 우리 자신과 세상을 이길 수 있는 충만한 생명과 사랑을 아낌없이 부어주셔서 승리의 삶을 살게 하실 것입니다. 할렐루야! 아멘!

적용과 나눔

오늘 가르침에서 새롭게 깨달은 것 중 개인적으로 적용하여 실천하고자 하는 것을 기록한 후 서로 나누어 봅시다.

기도

성령님의 능력으로 감당하도록 간절히 부르짖고 기도합시다.

제68장 | 누가복음 24장 강론

주 예수님은 살아 계십니다

> 누가복음 24:1-53
> 새찬송가 162, 164, 200; 205, 213, 297, 285, 370, 428, 481장

❖ **누가복음 24장 주제: 예수님의 부활과 승천**

❖ **누가복음 24장의 구조와 내용**

누가복음 24장의 구조와 내용은 두 천사의 증거(1-12절)와 예수님의 현현(13-49절)과 예수님의 승천(50-53절)입니다.

여인들이 예수님의 무덤을 제일 먼저 찾았다는 사실은 역설적입니다. 생전에 주님과 동고동락한 제자들이나, 심지어 사지(死地)까지 주님을 따르겠다고 고백한 제자는 모습을 보이지 않았습니다. 그러므로 그들이 여인들의 부활의 증언을 신빙성 있게 받아들이지 못한 것도 당연하다고 하겠습니다. 그러나 어쨌든 주님께서는 부활하신 후 엠마오 도상의 제자들에게 나타나셔서 낙망과 불신앙에 빠진 그들을 위로하시고 다시금 복음 사역에 매진할 수 있는 힘을 불어 넣어 주셨습니다. 부활을 거듭 강조하는 주님의 최후 말씀은(46절) 기독교 신앙의 핵심이 그것에서 벗어날 수 없음을 주지시킵니다. 부활이 없으면 복음도 믿음도 헛것입니다(고전 15:14).

우리 주님이 부활하신 날! 할렐루야! 얼마나 기쁜 날인지 모릅니다!

오늘 말씀은 예수님이 돌아가신 후 첫 번째 맞는 주일(主日; 일요일)이었습니다. 오늘의 성경본문에 안식 후 첫날 새벽이라고 기록되어 있는데, 안식일이 금요일 해질 때부터 토요일 해질 때까지인 것을 생각하면 주일

새벽이었습니다. 말 그대로 첫 번째 부활 주일이 된 것입니다. 이 첫 부활 주일 새벽에 몇 여자들이 예수님이 묻히신 무덤에 다가가고 있었습니다. 마가복음 15:47-16:2를 보면 그 여자들은 막달라 마리아, 야고보의 어머니 마리아, 살로메 등이었습니다. 모두 여자들이었습니다. 여자들이 겁도 없이 아직도 어두운 새벽길에 예수님의 무덤으로 다가간 것이었습니다. 남자 제자들은 군병들이나 제사장 그룹들이 자기들을 잡아갈까 봐 무서워서 한 집에 꼭꼭 숨어 있는데, 여자들만 나선 것입니다.

사람이 죽으면 그 시신에 향품과 향유를 바르는데(일종에 염하는 것입니다) 예수님께서 그 향품을 미처 바르지 못하고 무덤에 묻히셨기 때문에 이 여자들은 그 향품을 바르기 위해 올라간 것입니다. 보통 몰약과 침향 섞은 향유 등으로 그 시신에 바르는데, 이를 위해 여자들이 담대히 나선 것입니다.

그런데 여자들이 가보니 무덤 입구를 막아 놓은 돌이 굴려져 열려 있고 지키는 군사들도 없었습니다. 무덤 안에 들어가 보니 예수님의 시신이 보이지 않았습니다. 그래서 이 여자들은 매우 놀랐습니다. 그리고 걱정이 되었습니다.

"도대체 우리 주님, 예수님의 시신이 어디로 간 것일까? 누가 가져가서 해코지하려고 하는 것은 아닐까?"

그런데 주의 사자(使者) 둘이 나타나 이 여인들에게 이야기합니다.

"5 여자들이 두려워 얼굴을 땅에 대니 두 사람이 이르되 어찌하여 산 자를 죽은 자 가운데서 찾느냐 6 여기 계시지 않고 살아나셨느니라. 갈릴리에 계실 때에 너희에게 어떻게 말씀하신 것을 기억하라 7 이르기를 인자가 죄인의 손에 넘기워 십자가에 못 박히고 제 삼 일에 다시 살아나야 하리라 하셨느니라 한대"(5-7절).

그러자 여인들은 숨어 있는 제자들에게 달려가서 이 소식을 전했고 베드로가 가서 확인하는 장면이 오늘의 말씀입니다. 많은 사람들은 부활을 믿지 않습니다(4, 11절). 주님은 말씀대로 부활하셨습니다(5-8절). 예수님의 부활은 영원한 것입니다(요 11:26-27).

❖ **누가복음 24장 주요 메시지**

누가복음 24:1-12은 부활하셔서 살아 계신 예수님을 만나려면 예수님을 찾는 습관을 가져야 함을 가르칩니다(1절).

"안식 후 첫날 새벽에 이 여자들이 그 준비한 향품을 가지고 무덤에 가서"(1절).

예수님을 찾는 습관을 가진 여자들 체험한 것은 다음과 같습니다.

① 안식일 첫날 새벽에 여자들이 준비한 향품을 가지고 무덤에 갔습니다(1절).
② 돌이 무덤에서 굴려 옮겨진 것을 보고 들어가니 주 예수의 시체가 보이지 않았습니다(2-3절).
③ 이로 인하여 근심할 때에 찬란한 옷을 입은 두 사람이 곁에 섰는 것을 보았습니다(4절).
④ 여자들이 두려워하니 그 두 사람이 "어찌하여 살아 있는 자를 죽은 자 가운데서 찾느냐?"라고 말했습니다(5-7절).
"5 여자들이 두려워 얼굴을 땅에 대니 두 사람이 이르되 어찌하여 살아 있는 자를 죽은 자 가운데서 찾느냐 6 여기 계시지 않고 살아나셨느니라 갈릴리에 계실 때에 너희에게 어떻게 말씀하셨는지를 기억하라 7 이르시기를 인자가 죄인의 손에 넘겨져 십자가에 못 박히고 제삼일에 다시 살아나야 하리라 하셨느니라 한 대"(5-7절).
⑤ 예수님의 말씀을 기억하고 열한 사도와 모든 이에게 알렸습니다(8-9절).
⑥ 사도들은 믿지 아니하나 베드로는 무덤에 달려가 들여다보니 세마포만 보이니 놀랍게 여겼습니다(12절).

누가복음 24:1-12은 주 예수님이 살아 계심을 말씀합니다(5-6절).
"5 여자들이 두려워 얼굴을 땅에 대니 두 사람이 이르되 어찌하여 살아 있는 자를 죽은 자 가운데서 찾느냐 6 여기 계시지 않고 살아나셨느니라 갈릴리에 계실 때에 너희에게 어떻게 말씀하셨는지를 기억하라"(5-6절).
주 예수님이 살아 계신 결과는 다음과 같습니다.

① 주 예수님의 시체가 보이지 않습니다(1-3절).
② 죽은 자 가운데서 다시 살아나셨습니다(4-6절).
③ 말씀하신 대로 다시 살아나셨습니다(6절).

누가복음 24:13-35에서 부활하여 살아 계신 예수님은 마음을 뜨겁게 하십니다(32절).

"그들이 서로 말하되 길에서 우리에게 말씀하시고 우리에게 성경을 풀어 주실 때에 우리 속에서 마음이 뜨겁지 아니하더냐 하고"(32절).

부활하여 살아 계신 예수님이 마음을 뜨겁게 하실 때는 다음과 같습니다.

① 나사렛 예수의 일을 말할 때입니다(18-24절).
② 선지자들이 말한 모든 것을 마음에 믿을 때입니다(25-26절).
③ 성경을 풀어 주실 때입니다(27-32절).
"27 이에 모세와 모든 선지자의 글로 시작하여 모든 성경에 쓴 바 자기에 관한 것을 자세히 설명하시니라 … 32 그들이 서로 말하되 길에서 우리에게 말씀하시고 우리에게 성경을 풀어 주실 때에 우리 속에서 마음이 뜨겁지 아니하더냐 하고"(27-32절).

예수님이 마음을 뜨겁게 하신 후에 예수님은 누가복음 24:36-53에서 친히 그들 가운데 서서 축복하시고 하늘로 올려 지셨습니다(36, 50-51절). 부활하여 살아 계신 예수님께서 하늘로 올려 가시기전에 친히 그들 가운데 서서 축복하신 내용은 다음과 같습니다.

① 너희에게 평강이 있을 지어다(36절).
② 내 손과 발을 보고 나인 줄 알라(38-43절, 신령한 육체를 보여 주셨습니다).
③ 마음을 열어 성경을 깨닫게 하셨습니다(44-45절).
④ "너희는 이 모든 일의 증인이라"(46-49절).
⑤ 손을 들어 축복하셨습니다(50-53절).
"50 예수께서 그들을 데리고 베다니 앞까지 나가사 손을 들어 그들에게 축복하시더니 51 축복하실 때에 그들을 떠나 하늘로 올려지시니 52 그들이 그에게 경배하고 큰 기쁨으로 예루살렘에 돌아가 53 늘 성전에서 하나님을 찬송하니라"(50-53절).

결론

여러분, 주 예수님은 살아 계십니다.

초대교회로부터 목사가 예배를 시작하려면 "주님은 부활하셨습니다"라고 선포했습니다. 그러면 "주님은 정말 부활하셨습니다"라고 교우들이 화답하였다고 합니다. 우리도 한번 선포해 봅시다.

"주님은 부활하셔서 살아 계십니다."

"주님은 정말 부활하셔서 살아 계십니다."

우리는 모일 때마다 주님이 부활하셔서 살아 계신다고 전파하여야겠습니다. 그리고 매주일은 작은 부활절로 지킵시다. 할렐루야! 아멘!

적용과 나눔

오늘 가르침에서 새롭게 깨달은 것 중 개인적으로 적용하여 실천하고자 하는 것을 기록한 후 서로 나누어 봅시다.

기도

성령님의 능력으로 감당하도록 간절히 부르짖고 기도합시다.

제4부

요한복음

제69장 | 요한복음 1장 강론

참 빛 예수님이 세상에 오셨습니다

> 요한복음 1:1-51
> 새찬송가 84, 130, 137, 200, 205, 285, 428, 445장

❖ **요한복음 전체 구조**

　요한복음은 '하나님의 아들 예수님'이라는 주제로 24장까지 기록되었는데 전반부는 1-13장은 믿게 하시는 예수님을, 후반부 14-24장은 생명을 얻게 하시는 예수님을 주요 내용으로 기록되었습니다.

❖ **요한복음 1장 주제: 하나님 아들의 성육신**

❖ **요한복음 1장의 구조와 내용**

　요한복음 1장의 구조와 내용은 예수님은 하나님의 아들이시라는 것(1-18절)과 예수님과 세례 요한(19-34절)과 예수님의 제자들(35-45절)과 빌립과 나다나엘의 부르심(46-51절)입니다.

　본서 전체의 서론적인 1-18절에서 요한은 "하나님께서 어떻게 사람이 될 수 있는가?"라는 질문에 대한 명쾌한 해답을 제시합니다. 즉 영원 전부터 계신(로고스의 선재성) 예수님께서 인간이 되사(로고스의 인격성) 구속 역사를 성취하셨음(로고스의 역사성)을 논증합니다. 요한의 이 같은 견해는 로고스를 인물의 이성(법칙)으로만 이해한 당시의 헬라 철학 사조와 구별되는 것으로서, 예수님의 신성과 인성 그리고 초월성을 종합적으로 설파한 심오한 사상입니다. 세례 요한은 예수님을 '세상 죄를 지고 가는 하나님의 어린

양'(29절)으로 표현하여 성육신하신 로고스가 바로 만유의 구속주가 되심을 밝혔습니다. 예수님은 빛으로 이 땅에 오셨습니다.

"그(예수) 안에 생명이 있으니 이 생명은 사람들의 빛이라"(요 1:4).

이 세상에서 가장 중요한 것이 있다면 그것은 빛입니다. 하나님은 천지창조를 하실 때 세상 만물 중에서 빛을 가장 먼저 창조하셨습니다.

"1 태초에 하나님이 천지를 창조하시니라 2 땅이 혼돈하고 공허하며 흑암이 깊음 위에 있고 하나님의 영은 수면 위에 운행하시니라 3 하나님이 이르시되 빛이 있으라 하시니 빛이 있었고 4 빛이 하나님이 보시기에 좋았더라"(창 1:1-4).

성경을 열면 나타나는 하나님의 첫 말씀은 "빛이 있으라"입니다. 흑암과 혼동의 우주 가운데 가장 먼저 들린 하나님의 음성은 "빛이 있으라"입니다. 하나님께서 빛을 가장 먼저 만드신 까닭은 빛이 가장 중요하고 가장 필요하기 때문입니다.

구약의 최대의 사건은 하나님이 온 세상을 창조하시고, 그 창조의 중심에 사람을 지으신 것입니다. 그리고 신약 최대의 사건은 그 창조주 하나님이 자신이 지으신 피조물인 사람이 되셔서 오신 것입니다. 하나님이 사람이 되신 이유는 하나님이 사람이 되셔서 사람의 모든 죄를 친히 담당하시기 위함입니다. 하나님이 사람이 되셔서 친히 그 몸으로 우리 죄를 담당하지 않으셨다면, 저와 여러분과 인류는 아직 죄 가운데 빠져서 하나님의 은혜와 진리를 누리지 못하였을 것입니다. 하나님이 저와 여러분을 사랑하시며 하시고자 하시는 일, 하나님의 왕국을 세우심에 있어서 가장 핵심은 하나님이 사람이 되신 것, 창조주가 피조물이 되신 것, 즉 "말씀이 육신이 되심"입니다.

❖ 요한복음 1장 주요 메시지

요한복음 1:1-5은 말씀이 하나님이심을 가르쳐 줍니다(1절).

"태초에 말씀이 계시니라 이 말씀이 하나님과 함께 계셨으니 이 말씀은 곧 하나님이시니라"(1절).

말씀이 하나님이신 이유는 다음과 같습니다.

① 태초에 말씀이 계셨습니다(1절).
② 이 말씀이 하나님과 함께 계셨습니다(1절).

③ 이 말씀은 곧 하나님이십니다(1절).
④ 만물이 말씀으로 말미암아 지은 바 되었습니다(3절).
"만물이 그로 말미암아 지은 바 되었으니 지은 것이 하나도 그가 없이는 된 것이 없느니라"(3절).
⑤ 말씀 안에 생명이 있었습니다(4절).
⑥ 말씀 안에 있는 생명은 사람들의 빛입니다(4절).
"그 안에 생명이 있었으니 이 생명은 사람들의 빛이라"(4절).
⑦ 이 빛이 어두움에 비취되 어두움이 깨닫지 못합니다(5절).
"빛이 어둠에 비치되 어둠이 깨닫지 못하더라"(5절).

요한복음 1:6-14에서 참 빛 예수님이 세상에 오셨다고 말씀합니다(5-9절). "5 빛이 어둠에 비치되 어둠이 깨닫지 못하더라 … 9 참 빛 곧 세상에 와서 각 사람에게 비추는 빛이 있었나니"(5-9절).
예수님은 다음과 같은 분이십니다.

① 세례 요한이 증언한 빛이십니다(6절).
"하나님께로부터 보내심을 받은 사람이 있으니 그의 이름은 요한이라"(6절).
② 각 사람에게 비추는 참 빛이십니다(9절).
"참 빛 곧 세상에 와서 각 사람에게 비추는 빛이 있었나니"(9절).
③ 세상이 알지 못하는 빛이십니다(10절).
"그가 세상에 계셨으며 세상은 그로 말미암아 지은 바 되었으되 세상이 그를 알지 못하였고"(10절).
④ 그 빛을 영접하는 자는 하나님의 자녀가 되는 권세를 받습니다(11-12절).
"영접하는 자 곧 그 이름을 믿는 자들에게는 하나님의 자녀가 되는 권세를 주셨으니"(12절).
⑤ 은혜와 진리가 충만한 빛이십니다(14절).
"말씀이 육신이 되어 우리 가운데 거하시매 우리가 그의 영광을 보니 아버지의 독생자의 영광이요 은혜와 진리가 충만하더라"(14절).

요한복음 1:6-34은 세례 요한이 증언한 그 예수님을 믿으라고 말씀합니다(6-7절). 세례 요한은 다음과 같은 사람입니다(6-8절).

① 하나님께로부터 보내심을 받은 사람입니다(6절).
"하나님께로부터 보내심을 받은 사람이 있으니 그의 이름은 요한이라"(6절).
② 빛에 대하여 증거 하러 온 자입니다(7-8절).
③ 모든 사람으로 자기를 인하여 예수를 믿게 하려는 사람입니다(7절).
"⁷ 그가 증언하러 왔으니 곧 빛에 대하여 증언하고 모든 사람이 자기로 말미암아 믿게 하려 함이라 ⁸ 그는 이 빛이 아니요 이 빛에 대하여 증언하러 온 자라(7-8절).

세례 요한이 증언한 그 예수님을 영접하고 믿으면 다음과 같은 유익이 있습니다(8-14절).

① 하나님의 자녀가 되는 권세를 받습니다(8-13절).
② 은혜와 진리가 충만해집니다(14절).
"말씀이 육신이 되어 우리 가운데 거하시매 우리가 그의 영광을 보니 아버지의 독생자의 영광이요 은혜와 진리가 충만하더라"(14절).

세례 요한은 다음과 같이 증언하였습니다(15-34절).

① "내 뒤에 오시는 이가 나보다 앞선 것은 나보다 먼저 계심이라"(15절).
② "우리가 다 그의 충만한 데서 받으니 은혜 위에 은혜러라"(16절).
③ 예수님은 "아버지 품 속에 있는 독생하신 하나님이 나타내"신 것이라고 했습니다(18절).
④ 자신은 그리스도가 아니라고 했습니다(19-20절).
⑤ 자신은 엘리야가 아니라고 했습니다(21절).
⑥ 자신은 이사야의 말과 같이 주의 길을 곧게 하라고 광야에서 외치는 자의 소리라고 했습니다(23절).
⑦ 자신은 그분의 신발 끈을 풀기도 감당하지 못한다고 했습니다(27절).
⑧ 예수님을 세상 죄를 지고 가는 하나님의 어린 양이라고 불렀습니다(29절).

"이튿날 요한이 예수께서 자기에게 나아오심을 보고 이르되 보라 세상 죄를 지고 가는 하나님의 어린 양이로다"(29절).
⑨ 성령이 비둘기같이 하늘로부터 내려와서 예수님의 위에 머무른 것을 보고 예수님이 하나님의 아들이심을 증언했습니다(32-34절).

요한복음 1:43-51은 나다나엘의 신앙을 가르쳐 줍니다(46, 49절). 나다나엘의 신앙은 다음과 같습니다.

① 참 이스라엘 사람으로서, 그 속에 간사한 것이 없는 신앙입니다(47절).
② 무화과나무 아래에서 기도하는 신앙입니다(48절).
③ 예수님을 하나님의 아들이시요 이스라엘의 임금으로 믿고 고백하는 신앙입니다(49절).
"나다나엘이 대답하되 랍비여 당신은 하나님의 아들이시요 당신은 이스라엘의 임금이로소이다"(49절).

결론

여러분, 참 빛 예수님이 세상에 오셨습니다.
아무도 성부 하나님을 본 사람은 없습니다. 그러나 성부 하나님의 품속에 계신 독생하신 하나님, 즉 성자 하나님께서 사람이 되어서 우리와 함께하심으로 우리는 성부 하나님을 온전히 뵙게 되었습니다.
여러분, 우리는 말씀 안에서 성령 하나님을 통하여 참 빛 예수님을 뵘으로써 또한 성부 하나님을 뵙고 복을 받습니다. 할렐루야! 아멘!

적용과 나눔

오늘 가르침에서 새롭게 깨달은 것 중 개인적으로 적용하여 실천하고자 하는 것을 기록한 후 서로 나누어 봅시다.

기도

성령님의 능력으로 감당하도록 간절히 부르짖고 기도합시다.

제70장 | 요한복음 2장 강론

모자람이 없는 예수님의 표적을 체험합시다

> 요한복음 2:1-25
> 새찬송가 84, 136, 137, 200, 205, 285, 428, 445, 604, 605장

❖ 요한복음 2장 주제: 하나님 아들의 첫 번째 표적

❖ 요한복음 2장의 구조와 내용

　요한복음 2장의 구조와 내용은 가나안 혼인 잔치 이적(1-12절)과 성전정화(13-25절)입니다.

　요한복음에 나타나는 독특한 관점 중의 하나는 예수님의 초자연적 능력을 항상 '표적'(헬. 세메이온)이라 부른다는 점입니다. 이것은 그리스도가 하나님의 아들이시며 메시아라는 사실을 증거 하기 위해서입니다. 물로 포도주를 만드신 사건은 이러한 표적 중 최초의 것입니다. 다른 공관복음에는 성전정화 사건이 예수님의 생애 말기에 일어난 것으로 기록되었으나 여기서는 공생애 초기에 일어난 것으로 되어 있습니다. 추측하건대 예수님이 2차에 걸쳐 성전을 정화하신 듯합니다. 아무튼 이 사건은 제사(예배)의 참된 의미를 상실한 종교 시설이란 더 이상 하나님의 처소가 아니라는 점과 예수님이야말로 진정한 예배의 대상이 되심을 밝혀 줍니다.

　예수께서 갈릴리 가나 마을 혼인 잔치에 초청을 받아 가셨습니다. 혼인은 기쁨의 상징입니다. 기독교는 금식, 금욕의 종교가 아니라 기쁨의 종교입니다. 금세기의 위대한 랍비 중의 한 사람인 A. J. 헤셸(Abraham Joshua Heschel)은 다음과 같이 말했습니다.

"기쁨이야말로 종교생활의 핵심이요 신앙의 본질이며 다른 모든 종교적인 덕목보다 위대한 것이다."

기쁨이 없는 인생은 기름이 없는 램프와 같습니다.

예수께서 세리 마태의 집에서 저녁 식사를 하고 계실 때 많은 세리들과 죄인들이 와서 함께 식사를 했습니다. 당시 세리들은 이스라엘 백성들이 죄인으로 취급해서 접촉 불가 대상이었습니다.

그런데 예수께서 이러한 죄인들과 서슴없이 함께 식사하고 있는 것을 보게 된 바리새인들이 발끈해서 예수님의 제자들에게 말합니다.

"사기꾼과 쓰레기 같은 인간들과 가까이 지내다니, 도대체 당신네 선생의 이런 행동이 무슨 본이 되겠느냐?"

이 같은 바리새인들의 말을 예수께서 들으시고 이렇게 말씀하셨습니다.

"12 예수께서 들으시고 이르시되 건강한 자에게는 의사가 쓸 데 없고 병든 자에게라야 쓸 데 있느니라 13 너희는 가서 내가 긍휼을 원하고 제사를 원하지 아니하노라 하신 뜻이 무엇인지 배우라 나는 의인을 부르러 온 것이 아니요 죄인을 부르러 왔노라 하시니라"(마 9:12-13).

예수께서 세상에 오신 목적은 인생들로 하여금 기쁨이 충만한 삶이 되게 하시기 위함입니다. 예수 그리스도를 믿고 하나님의 말씀대로 살면, 하나님의 사랑이 함께 하는 기쁨이 충만한, 행복한 삶이 됩니다.

❖ 요한복음 2장 주요 메시지

요한복음 2:1-11은 모자람이 없는 예수님의 표적을 보여 줍니다(11절).

"예수께서 이 첫 표적을 갈릴리 가나에서 행하여 그의 영광을 나타내시매 제자들이 그를 믿으니라"(11절).

모자람이 없는 예수님의 표적은 다음과 같이 나타났습니다.

① 예수님은 청함을 받으셨습니다(1-2절).
  "1 사흘째 되던 날 갈릴리 가나에 혼례가 있어 예수의 어머니도 거기 계시고 2 예수와 그 제자들도 혼례에 청함을 받았더니"(1-2절).
② 예수님과 의논했습니다(3절).
③ 예수님이 무슨 말씀을 하시든지 그대로 행했습니다(5-8절).

"5 그의 어머니가 하인들에게 이르되 너희에게 무슨 말씀을 하시든지 그대로 하라 하니라 6 거기에 유대인의 정결 예식을 따라 두세 통 드는 돌항아리 여섯이 놓였는지라 7 예수께서 그들에게 이르시되 항아리에 물을 채우라 하신즉 아귀까지 채우니 8 이제는 떠서 연회장에게 갖다 주라 하시매 갖다 주었더니"(5-8절).

그 결과는 다음과 같습니다.

첫째, 물이 포도주가 되는 하나님의 초자연적인 능력을 체험했습니다 (7-8절).

둘째, 더 좋은 것을 얻게 되었습니다(10절).

"말하되 사람마다 먼저 좋은 포도주를 내고 취한 후에 낮은 것을 내거늘 그대는 지금까지 좋은 포도주를 두었도다 하니라"(10절).

셋째, 하나님의 영광을 나타냈습니다(11절).

"예수께서 이 첫 표적을 갈릴리 가나에서 행하여 그의 영광을 나타내시매 제자들이 그를 믿으니라"(11절).

가나 혼인 잔치에서 포도주는 상징적으로 예수 그리스도의 인류 구원을 위해서 십자가에서 흘리신 보혈을 의미합니다. 이제 예수 그리스도의 십자가에 흘리신 보혈로 말미암아, 누구든지 예수를 영접하기만 하면 기쁜 삶으로의 변화가 시작되는 것입니다. 예수를 믿고 그분의 말씀에 순종하기만 하면 인생의 모든 기쁨을 신성하게 할 것입니다. 만일 우리가 하나님의 뜻과 그의 방법대로 추구하지 않으면 인생의 즐거움이란 결코 현실적이거나 지속적일 수 없는 것입니다. 참된 기쁨이 결코 베풀어지지 않을 것입니다.

하나님께서 인간들을 위해 풍성하게 예비하신 것을 누리지 못하도록 막는 것은 바로 죄의 존재입니다. 이 죄의 문제를 해결하시는 분은 오직 의로우신 예수밖에 없습니다. 십자가에서 흘리신 보혈이 아니고서는 그 누구도 신성한 인간의 참된 기쁨을 맛볼 수 없습니다.

예수님을 여러분의 삶의 중심에 모시고 사시기 바랍니다.

여러분의 삶의 질적인 변화, 풍성한 삶의 거룩하고 영원한 기쁨을 맛보게 될 것입니다.

예수를 믿으시고 그분의 말씀에 전적으로 순종하시기 바랍니다.

여러분의 삶에 날마다 표적(Sign)이 나타날 것입니다.

하나님 안에서 기쁨을 누리며 살아야 할 인간이 그 말씀에 불순종함으로 기쁨을 상실하였다가, 그리스도의 보혈의 피로 말미암아 참 기쁨의 자리에 다시 들어가게 되었습니다.

요한복음 2:13-22은 성전 안에서 거룩하라고 말씀합니다(14절). 그 방법은 다음과 같습니다.

① 아버지의 집을 장사하는 집으로 만들지 말아야 합니다(14-16절). 곧 기도하는 집이 되어야 한다고 하십니다.
"14 성전 안에서 소와 양과 비둘기 파는 사람들과 돈 바꾸는 사람들이 앉아 있는 것을 보시고 15 노끈으로 채찍을 만드사 양이나 소를 다 성전에서 내쫓으시고 돈 바꾸는 사람들의 돈을 쏟으시며 상을 엎으시고 16 비둘기 파는 사람들에게 이르시되 이것을 여기서 가져가라 내 아버지의 집으로 장사하는 집을 만들지 말라 하시니"(14-16절).
② "주의 전을 사모하는 열심히 나를 삼키리라"(17절).
③ 예수님이 말씀하신 것을 기억하고 믿어야 합니다(21-22절).
"죽은 자 가운데서 살아나신 후에야 제자들이 이 말씀하신 것을 기억하고 성경과 예수께서 하신 말씀을 믿었더라"(22절).

결론

여러분, 모자람이 없는 예수님의 표적을 보았습니다.
제자들은 예수님이 행하신 표적을 통해서 예수님의 영광을 보았습니다. 그들은 예수님이 하나님이심을 믿게 되었습니다. 그러므로 제자들에게는 물이 변하여 포도주가 된 사건이 하나의 기적으로만 끝나지 않고, 표적으로 여겨지게 된 것입니다.
여러분! 오늘 우리는 예수님이 행하신 첫 표적을 살펴보았습니다. 갈릴리 가나의 혼례에 예수님이 청함을 받으셨습니다. 그곳에 포도주가 떨어졌습니다. 그러나 그 혼례에 예수님이 함께 계셨기 때문에, 그 큰 문제가 해결되었습니다.
성전 안에서 거룩하라고 하신 예수님을 날마다 모시고 살기 바랍니다.
예수님은 전지전능하신 하나님이십니다. 예수님은 물을 포도주로 바꾸셨습니다. 예수님은 우리의 슬픔을 기쁨으로 바꾸실 것입니다. 우리의 고통을 평화로 바꾸실 것입니다. 우리의 병약함을 강건함으로 바꾸실 것입니다. 우리의 추함을 정함으로 바꾸실 것입니다. 우리의 실패를 성공으로 바꾸실 것입니다.

갈릴리 가나의 혼례에 예수님이 함께 하심으로 문제가 해결되고 기쁨이 넘쳤던 것처럼, 우리도 늘 예수님을 모심으로 모든 문제를 해결 받고 충만한 기쁨을 누리기를 바랍니다. 할렐루야! 아멘!

적용과 나눔

오늘 가르침에서 새롭게 깨달은 것 중 개인적으로 적용하여 실천하고자 하는 것을 기록한 후 서로 나누어 봅시다.

기도

성령님의 능력으로 감당하도록 간절히 부르짖고 기도합시다.

제71장 | 요한복음 3장 강론

물과 성령으로 거듭나야 합니다

> 요한복음 3:1-36
> 새찬송가 16, 171, 200, 205, 285, 294, 428, 445, 604, 605장

❖ **요한복음 3장 주제: 중생에 대한 교훈**

❖ **요한복음 3장의 구조와 내용**

요한복음 3장의 구조와 내용은 중생에 대한 교훈(3절)과 예수님과 니고데모의 대화(1-21절)와 세례 요한의 그리스도에 대한 대화 내용(22-36절)입니다.

흔히 인간은 자기 의(自己 義)를 통해서 구원을 얻으려고 시도합니다. 그러나 이러한 사람은 영혼의 고통만을 더할 뿐입니다. 니고데모는 이러한 인간상을 대표합니다. 그는 율법 준수자(바리새인)이자 지식인(교사), 그리고 권력자(산헤드린 회원)였음에도 불구하고 구원의 진리에 어두웠습니다. 주님은 그와의 대화를 통해서 인간의 구원이 전적으로 하나님의 능력, 특별히 성령의 역사를 통해서만 가능함을 교훈하셨습니다. 특히 16절은 "복음서 속의 복음"(루터)이라 할 만큼 하나님의 사랑과 구원의 진리를 압축합니다.

한편 세례 요한은 자기 사역을 통해 그리스도를 증거 하는데, 여기서 그의 겸손과 메시아관이 두드러지게 나타납니다. 예수님은 밤에 찾아온 바리새인 니고데모를 맞아 중생하지 못한 사람은 주께서 무슨 말씀을 하셔도 알아들을 수가 없다고 말씀하셨습니다.

"바람이 임의로 불매 네가 그 소리는 들어도 어디서 와서 어디로 가는지 알지 못하나니 성령으로 난 사람도 다 그러하니라"(요 3:8).

바람은 눈에 안 보이니 앉아서 바람소리만 듣고도 어디에서 와서 어디로 가는지 알 수가 없습니다. 성령으로 난 사람은 하나님의 영으로 태어났기 때문에 하나님의 영을 받지 않은 사람이 성령으로 난 사람하고 이야기를 해봤자 하나님의 일을 알지 못한다는 것입니다. 하늘나라 일은 우리 감각의 대상이 아니므로 느낄 수가 없고, 이성의 대상이 아니므로 이성적 사고의 대상도 되지 않습니다. 성령으로 태어나지 않으면 신령한 일을 알지 못합니다. 이것은 외국말을 알지 못하는 사람이 외국인과 앉아서 서로 쳐다보고 아무 대화도 못하는 것을 말하는 것입니다.

서로 쳐다보고 웃고 손 놀리고 해도 무슨 말인지 못 알아듣지 않습니까? 하늘의 일과 땅의 일은 소속이 달라 알아들을 수가 없는 것입니다. 그것은 차원이 다르다는 것입니다. 3차원 물질세상에서 4차원 영계의 일을 알지 못하는 것입니다. 거듭나 4차원의 영적인 인간이 되어야만 신령한 세상, 즉 4차원의 세계를 알 수 있다고 말씀하시는 것입니다.

성령의 세계에 들어온 사람만이 성령의 세계를 알 수 있는 것입니다. 여러분은 예수 그리스도를 구주로 모셔 죄 사함을 받았고, 성령이 여러분 속에 임재하심으로 성령의 세계를 알 수 있게 된 것입니다. 여러분은 두 세계 속에 살고 있지요. 이 세상에 육으로 태어났으니까 육신의 세계, 3차원의 세계에 대해서 잘 압니다. 서로 대화가 되는 것이지요. 그런데 또한 여러분은 예수님을 믿어 영적으로 태어났기 때문에 영의 세계도 잘 알게 되는 것입니다.

예수님이 죽으셔서 장사 지낸 바 되셨다가 부활하셔서 승천하시고 오순절 날에 성령이 강림하셨을 때, 그때부터는 성령시대인 것입니다. 우리가 사는 지금 이 시대는 성령시대인 것입니다.

"오직 성령이 너희에게 임하시면 너희가 권능을 받고 예루살렘과 온 유대와 사마리아와 땅 끝까지 이르러 내 증인이 되리라"(행 1:8).

이제는 아들을 계승한 성령, 즉 다른 보혜사가 우리를 다스리는 시대에 살고 있는 것입니다.

성령은 누구십니까?

예수님의 일을 계승하신 다른 보혜사인 것입니다. 구약 시대가 아닙니다. 아버지 시대가 아닙니다. 신약 시대, 아들의 시대, 예수님의 시대는 예수님이 다 이루셨습니다. 이제는 삼위일체 중에 성령이 오셔서 성령이 아버지와 아들을 대변해서 일을 하시는 것입니다. 그래서 우리에게는 하나님 아버지와 아들과 성령, 세 분 하나님이 한 분 하나님으로 계시는 것입니다.

성령과 우리의 관계를 우리가 반드시 꼭 알고 믿어야 되는데, 예수님과 꼭 같은 인격자를 성령이라고 합니다. 성령은 지식이 있고, 감정이 있고, 의지가 있기 때문에 인격자인 것입니다. 그냥 살아 있는 영이 아닙니다. 인격자인 것입니다.

우리와 같이 지식이 있고, 감정이 있고, 의지와 결단력이 있는 성령, 성령을 우리가 "성령님 인정합니다. 환영합니다. 모셔 들입니다. 의지합니다"라고 하며 극진히 대해야 합니다. 우리가 인격자이기 때문에 손님이 우리 집에 오면 "올라오십시오. 이리 앉으십시오. 무슨 차를 마시겠습니까?"라고 하며 대화가 되는 것입니다. 인격적으로 대해야 되는 것입니다. 그러지 않고 우리에게 손님이 왔는데 "너 누구야? 저 구석에 앉아. 목마르거든 우물에 가서 두레박으로 물 퍼서 마셔"라고 한다면, 인격자로서 대우를 하지 않기 때문에 거기에 있을 이유가 없는 것입니다. 우리가 지극히 사랑의 정성을 다하여 성령을 인격자로 모셔 들이면 성령이 기쁘게 우리와 같이 계신 것입니다.

"보혜사 곧 아버지께서 내 이름으로 보내실 성령 그가 너희에게 모든 것을 가르치고 내가 너희에게 말한 모든 것을 생각나게 하시리라"(요 14:26).

성령을 인격적으로 모시면 성령이 우리에게 모든 것을 가르치시고 모든 것을 기억나게 하시는 것입니다.

여러분, 우리가 기도하면 성령이 운행하십니다.

"땅이 혼돈하고 공허하며 흑암이 깊음 위에 있고 하나님의 신은 수면에 운행하시니라"(창 1:2).

✣ 요한복음 3장 주요 메시지

요한복음 3:1-15에서 물과 성령으로 거듭나야 한다고 하십니다(5절).

"예수께서 대답하시되 진실로 진실로 네게 이르노니 사람이 물과 성령으로 나지 아니하면 하나님의 나라에 들어갈 수 없느니라"(5절).

거듭난 자가 받을 복은 다음과 같습니다.

① 거듭나면 하나님의 나라를 볼 수 있게 됩니다(3절).
② 거듭나면 하나님의 나라에 들어갈 수 있게 됩니다(5-8절).
③ 거듭나야 하늘 일을 말하면 믿게 됩니다(12-15절).

요한복음 3:16-21은 하나님이 우리를 사랑하사 독생자를 주셨다고 하십니다(16절). 하나님이 독생자를 보내신 이유는 다음과 같습니다.

① 저를 믿는 자마다 멸망치 않고 영생 얻게 하시기 위함입니다(16절).
② 세상을 심판하려 하심이 아닙니다(17절).
③ 저로 말미암아 세상이 구원을 받게 하기 위함입니다(17하-21절).

요한복음 3:19-21은 우리에게 빛 안에서 살라고 말씀합니다(19절).
"그 정죄는 이것이니 곧 빛이 세상에 왔으되 사람들이 자기 행위가 악하므로 빛보다 어둠을 더 사랑한 것이니라"(19절).
빛 안에서 살아야 하는 이유는 다음과 같습니다.

① 정죄 받지 않고 살게 되기 때문입니다(19절).
"그러므로 이제 그리스도 예수 안에 있는 자에게는 결코 정죄함이 없나니"(롬 8:1).
② 악을 행하지 않게 되기 때문입니다(20절).
"악을 행하는 자마다 빛을 미워하여 빛으로 오지 아니하나니 이는 그 행위가 드러날까 함이요"(20절, 마 5:14-16 참조).
③ 진리를 따르는 자가 되기 때문입니다(21절).

요한복음 3:31-36은 위로부터 오시는 분이신 예수님을 믿으라고 말씀합니다(31-36절).
"31 위로부터 오시는 이는 만물 위에 계시고 땅에서 난 이는 땅에 속하여 땅에 속한 것을 말하느니라 하늘로부터 오시는 이는 만물 위에 계시나니 … 36 아들을 믿는 자에게는 영생이 있고 아들에게 순종하지 아니하는 자는 영생을 보지 못하고 도리어 하나님의 진노가 그 위에 머물러 있느니라"(31-36절).
예수님은 어떤 분이십니까?

① 하늘로부터 오시는 분이십니다(31절). 즉 하나님 나라로부터 오셨습니다.
② 성령을 한량없이 받으신 분이십니다(34절).
③ 만물을 다 주관하시는 분이십니다(35절).

결론

여러분, 물과 성령으로 거듭나야 합니다. 거듭난 사람은 사망에서 생명으로 옮겨진 사람이며 성령을 모신 사람으로 예수와 하나 된 삶을 살기 시작합니다. 여러분 속에는 하나님의 생명이 들어 있는 것입니다. 여러분에게는 성령이 오셔서 성전 삼고 계시기에, 그 결과로 여러분이 그리스도와 하나 된 생명을 살고 있는 것입니다. 예수 죽음 내 죽음, 예수 부활 내 부활, 예수 승천 내 승천, 예수 천국 내 천국이 되어 있는 것입니다. 그러므로 예수님을 닮은 삶을 우리는 살 수밖에 없습니다. 좋은 일이 안 생길 수가 없습니다. 할렐루야! 아멘!

적용과 나눔

오늘 가르침에서 새롭게 깨달은 것 중 개인적으로 적용하여 실천하고자 하는 것을 기록한 후 서로 나누어 봅시다.

기도

성령님의 능력으로 감당하도록 간절히 부르짖고 기도합시다.

제72장 | 요한복음 4장 강론

예수님이 주시는 물을 마시는 자는 영원히 목마르지 아니하리니

> 요한복음 4:1-54
> 새찬송가 9, 171, 200, 205, 285, 294, 428, 445, 511, 604, 605장

❖ 요한복음 4장 주제: 생명수를 주시는 예수님

❖ 요한복음 4장의 구조와 내용

   요한복음 4장의 구조와 내용은 예수님과 사마리아 여인과의 대화(1-26절)와 사마리아의 복음화(27-42절)와 왕의 신하의 아들을 고침(43-54절)입니다.

   생명수 사상은 구약에까지 거슬러 올라갑니다. 에덴 동산에는 생명의 강이 흘렀고(창 2:10) 에스겔은 척박한 땅을 소생시키는 생수가 성전에서 흘러나오는 환상을 보았습니다(겔 47:1). 이사야 선지자는 "너희 목마른 자들아 물로 나아오라"(사 55:1)라고 요청했습니다. 이제 이 같은 오랜 염원이 그리스도를 통해 성취되고 있습니다. 주님은 영적, 육적으로 목마른, 가련한 한 여인의 갈증을 풀어 주셨습니다. 그분은 참으로 인간 영혼의 소생과 참된 만족과 위안을 주는 '생수' 그 자체이십니다. 누구든지 이 물을 마시는 자는 다시는 우물(세속적 쾌락)을 찾지 않을뿐더러 타인에게 그 생수를 나누어 주는 일에 뛰어들 것입니다(29절).

   인간의 신체는 물이 72% 이상을 차지하기 때문에 인간은 매일 물을 많이 마셔야 하는 존재입니다. 그러나 물외에도 여러 가지의 갈증을 가진 존재이기도 합니다. 육적인 갈증은 물론, 문화적 갈증도 있고, 또 정신적 갈증과

영적인 갈증을 가진 것이 바로 사람입니다. 그래서 아무리 마시고, 채워도 계속해서 목마른 것이 바로 사람입니다. 그런데 오늘 본문에 보면 예수님께서 영원히 목마르지 않게 해 주신다는 약속이 나옵니다.

오늘 말씀은 "수가"라고 불리는 곳에서 일어난 사건입니다. 지금은 '아스카'라고 불리는 곳입니다. 이곳은 야곱이 세겜의 추장인 하몰의 아들들로부터 은 일백 세겔을 주고 산 땅인데 에발산과 그리심 산 사이에 있습니다. 좀 더 정확하게 말씀드리면 북부지역인 갈릴리와 남부지역인 유대의 사이에 사마리아가 있습니다. 바로 이곳에 야곱의 우물이 있었습니다.

사마리아 여인은 여기서 예수님을 만났습니다. 당시 사마리아 사람은 북이스라엘이 앗수르에게 망했을 때에 북이스라엘 사람들이 이방인들과 결혼을 해서 태어난 사람들, 즉 혼혈족이었습니다. 그래서 유대인들은 이들과 상종을 하지 않았습니다. 유대인들의 경전인 미쉬나에 보면 사마리아 여인을 아주 부정하게 보았습니다. 종교적으로는 물론 도덕적으로도 부정하게 보았습니다. 그래서 유대인들은 사마리아인들과 상종치 않았다, 서로 가깝게 교제하지 않았습니다.

그런데 놀랍게도 예수님은 이곳에 일부러 오셔서 이 과거가 있는 여인과 만나셨습니다. 당시 남녀가 유별한 것은 물론이고 더욱 놀라운 것은 유대인들이 개처럼 더럽게 보는 사마리아 여인을 주님이 만나셨다는 점입니다. 심지어 사마리아 여인 자신도 놀랐습니다. 당신은 유대인으로서 "어찌하여 사마리아 여인인 나에게 물을 달라 하나이까?"라고 물었던 것입니다.

왜 예수님은 사마리아 여인을 만나신 것일까요?

물론 예수님께서 여행에 목이 마르고 피곤하였기 때문입니다. 그러나 이것은 외적인 이유입니다. 가장 중요한 것은 주님이 사마리아에 있는 영혼들, 특별히 남편이 다섯씩이나 되어 괴롭힘을 당하고 고통 속에서 목마름을 당하고 있는 여인을 구원하기 원하신 것입니다.

❖ 요한복음 4장 주요 메시지

요한복음 4:7-11에서 사마리아 여인의 무지가 나타납니다(9절).

"사마리아 여자가 이르되 당신은 유대인으로서 어찌하여 사마리아 여자인 나에게 물을 달라 하나이까 하니 이는 유대인이 사마리아인과 상종하지 아니함이러라"(9절).

사마리아 여인의 무지는 다음과 같습니다.

① 하나님의 선물을 알지 못했습니다(10절).
② 물 좀 달라 하는 이가 누구인지 알지 못했습니다(10절).
③ 생수가 어디서 나는지 알지 못했습니다(11절).
　"여자가 이르되 주여 물 길을 그릇도 없고 이 우물은 깊은데 어디서 당신이 그 생수를 얻겠사옵나이까"(11절).

요한복음 4:13-26에서 예수님은 무지한 사마리아 여인에게 예수님이 주시는 물을 마시는 자는 영원히 목마르지 않게 된다고 말씀하십니다(14절).
　"내가 주는 물을 마시는 자는 영원히 목마르지 아니하리니 내가 주는 물은 그 속에서 영생하도록 솟아나는 샘물이 되리라"(14절).
　예수님이 주시는 물을 마시는 자는 다음과 같은 유익을 누립니다.

① 영원히 목마르지 않게 됩니다(14절).
② 그 물이 속에서 영생하도록 솟아나는 샘물이 됩니다(14절).
③ 목마르지 않은 생활을 하게 됩니다(15-26절). 즉 회개하게 됩니다(16-18절).
④ 예배드려 하나님을 만나 삶으로 천국의 삶을 누립니다(22-23절).

요한복음 4:23-24에서 하나님은 예배하는 자들을 찾으신다고 말씀합니다(23절).
　"아버지께 참되게 예배하는 자들은 영과 진리로 예배할 때가 오나니 곧 이 때라 아버지께서는 자기에게 이렇게 예배하는 자들을 찾으시느니라"(23절).

① 아버지께 예배하는 자들을 찾으십니다(23절).
② 참으로 예배하는 자들을 찾으십니다(23절).
③ 영과 진리로 예배하는 자들을 찾으십니다(23-24절).
　"하나님은 영이시니 예배하는 자가 영과 진리로 예배할지니라"(24절).

예수님이 주시는 물을 마신 사마리아 여인은 요한복음 4:27-30에서 전도자가 되었습니다. 그래서 그 여인은 다음과 같이 하였습니다.

① 물동이를 버려두었습니다(28절).
② 동네에 들어가서 사람들을 만났습니다(28절).
"여자가 물동이를 버려 두고 동네로 들어가서 사람들에게 이르되"(28절).
③ 예수님 만난 체험을 들려주고 와서 보라고 말합니다(29절).
"내가 행한 모든 일을 내게 말한 사람을 와서 보라 이는 그리스도가 아니냐 하니"(29절).

사마리아 여인이 전도하는 모습을 보신 예수님은 요한복음 4:34-38에서 "눈을 들어 밭을 보라"라고 하십니다(35절).
"너희는 넉 달이 지나야 추수할 때가 이르겠다 하지 아니하느냐 그러나 나는 너희에게 이르노니 너희 눈을 들어 밭을 보라 희어져 추수하게 되었도다"(35절).
너희 눈을 들어 밭을 보라고 하신 이유는 다음과 같습니다.

① 하나님의 뜻을 행하며 하나님의 일을 온전히 이루라는 것입니다(34절).
"예수께서 이르시되 나의 양식은 나를 보내신 이의 뜻을 행하며 그의 일을 온전히 이루는 이것이니라"(34절).
② 희어져 추수할 때가 이르렀기 때문입니다(35절).
③ 거두는 자가 이미 삯을 받았기 때문입니다(36절).
④ 영생에 이르는 열매를 모으기 때문입니다(36절).
⑤ 뿌리는 자와 거두는 자가 함께 즐거워하게 하기 위함입니다(36절).

누구든지 예수님이 주시는 물을 마시려면 믿는 신앙이 필요하기에 요한복음 4:46-54은 왕의 신하의 신앙을 보여 줍니다. 왕의 신하의 신앙은 다음과 같습니다.

① 예수님께 기도하는 신앙입니다(47절).
② 예수님을 주(主)로 믿는 신앙입니다(49절).
③ 예수님의 하신 말씀을 믿고 가는 신앙입니다(50절).
"예수께서 이르시되 가라 네 아들이 살아 있다 하시니 그 사람이 예수께서 하신 말씀을 믿고 가더니"(50절).

결론

여러분, 예수님이 주시는 물을 마시는 자는 영원히 목마르지 않습니다. 우리의 필요를 아시고, 필요를 구하는 곳에 미리 가 기다리십니다. 우리의 필요한 것을 요구하셨을 때, 우리의 필요를 영원토록 해결해 주십니다. 사마리아 여인이 갈하여 우물가에 갔을 때 주님은 그 여인에게 물을 달라고 말씀하십니다. 보리떡, 물 한 바가지를 주님께 드렸을 때, 주의 종에게 드렸을 때 가루 통에 가루가, 기름 병에 기름이 떨어지지 않는 복이 임합니다.

마음의 갈등, 마음의 상처로 살 수가 없습니다. 주님께 내려놓으십시오. 그리할 때 우리의 필요를 채워 주시고, 우리의 필요를 해결해 주십니다. 주님의 요구는 우리 필요의 응답입니다. 그 응답에 감사할 수 있기를 바랍니다. 우리를 위로해 주시고, 필요를 채워 주시는 그분께 찬양과 영광을 돌려드리는 저와 여러분이 되기를 바랍니다. 할렐루야! 아멘!

적용과 나눔

오늘 가르침에서 새롭게 깨달은 것 중 개인적으로 적용하여 실천하고자 하는 것을 기록한 후 서로 나누어 봅시다.

기도

성령님의 능력으로 감당하도록 간절히 부르짖고 기도합시다.

제73장 | 요한복음 5장 강론

예수님은 하나님과 동등한 권세를 가지셨습니다

> 요한복음 5:1-47
> 새찬송가 9, 171, 200, 205, 285, 294, 428, 445, 511, 604, 605장

❖ **요한복음 5장 주제: 예수님은 하나님의 아들**

❖ **요한복음 5장의 구조와 내용**

요한복음 5장의 구조와 내용은 베데스다의 이적과 안식일 논쟁(1-18절), 하나님과 동등한 자(19-47절)입니다.

베데스다 연못에서 38년 된 병자를 고치신 사건이 서두에 나옵니다. 공관복음과 마찬가지로 여기서도 이 사건이 안식일 논쟁으로 비화됩니다. 주님은 안식일이라는 제도 그 자체보다 사람이 무엇을 하느냐가 더 중요하다는 것을 가르치셨습니다. 실로 주님은 인간 구원을 위해 시간과 장소를 불문하고 일하셔야 했습니다(17절). 그러나 이 사건을 통해서 유대인들은 예수님을 더욱더 신성모독자로 여겼습니다. 그러므로 주님은 그들의 오해에 직면하여 스스로를 변증하실 필요가 있으셨습니다(19-47절). 이 변증의 핵심은 성부, 성경, 표적 등을 종합해 볼 때 주님이 메시아라는 사실입니다.

예수님께서 예루살렘에 올라가신 어느 안식일에 여러 성문 가운데 "양의 문"이라 부르는 문 곁에 있는 베데스다 하는 연못에 가셨습니다(1-2절). 거기에는 많은 병자, 맹인, 다리 저는 사람, 혈기 마른 사람들이 누워 물이 움직이기를 기다리고 있었습니다(3절). 왜냐하면 천사가 가끔 못에 내려와 물을 움직이게 하는데, 물이 움직인 후에 먼저 들어가면 어떤 병에 걸렸든

지 낫게 된다고 사람들이 믿고 있었기 때문입니다(4절). 거기 누워 있던 사람들 가운데는 삼십팔 년 된 병자도 있었습니다(5절). 예수님은 그 사람에게 가셔서 물으셨습니다.

"네가 낫고자 하느냐?"(6절)

그 병자는 "네 낫기를 원합니다. 낫게 해 주십시오"라고 않았습니다. 아마도 그날이 안식일이었기 때문에 혹시나 안식일을 범한다는 비난을 피하기 위해서였을 것입니다. 그러나 낫기를 원하는 뜻을 에둘러 표현했습니다.

"주여, 물이 움직일 때에 나를 못에 넣어 주는 사람이 없어 내가 가는 동안에 다른 사람이 먼저 내려가나이다"(7절).

그에게 예수님께서 말씀하셨습니다.

"일어나 네 자리를 들고 걸어가라"(8절).

그 말씀에 그 사람은 곧 나아서 자기가 누웠던 자리를 들고 걸어갔습니다(9절). 놀라운 일이 일어난 것입니다.

❖ 요한복음 5장 주요 메시지

요한복음 5:1-9에서 병 낫길 기다리는 사람을 보여 줍니다(3-5절).

"3 그 안에 많은 병자, 맹인, 다리 저는 사람, 혈기 마른 사람들이 누워 물의 움직임을 기다리니 4 이는 천사가 가끔 못에 내려와 물을 움직이게 하는데 움직인 후에 먼저 들어가는 자는 어떤 병에 걸렸든지 낫게 됨이러라 5 거기 서른여덟 해 된 병자가 있더라"(3-5절).

병 낫길 기다리는 사람은 다음과 같습니다.

① 자기의 힘으로 병을 낫게 할 수 없는 사람입니다(3-5절).
② 오직 예수님으로만 낫게 될 수 있는 사람입니다(6절).
 "예수께서 그 누운 것을 보시고 병이 벌써 오래된 줄 아시고 이르시되 네가 낫고자 하느냐"(6절).
③ 예수님의 말씀을 받아야만 하는 사람입니다(8-9절).
 "8 예수께서 이르시되 일어나 네 자리를 들고 걸어가라 하시니 9 그 사람이 곧 나아서 자리를 들고 걸어가니라 이 날은 안식일이니"(8-9절).

38년 된 병든 자를 고치신 예수님은 요한복음 5:19-29에서 자신이 하나님과 동등한 권세를 가지셨다고 말씀하십니다(19절).

"그러므로 예수께서 그들에게 이르시되 내가 진실로 진실로 너희에게 이르노니 아들이 아버지께서 하시는 일을 보지 않고는 아무것도 스스로 할 수 없나니 아버지께서 행하시는 그것을 아들도 그와 같이 행하느니라"(19절).

예수님이 가지신 권세는 다음과 같습니다.

① 죽은 자들을 살리는 권세입니다(21절).
"아버지께서 죽은 자들을 일으켜 살리심 같이 아들도 자기가 원하는 자들을 살리느니라"(21절).
② 심판하는 권세입니다(22-23, 27절).
"22 아버지께서 아무도 심판하지 아니하시고 심판을 다 아들에게 맡기셨으니 … 27 또 인자됨으로 말미암아 심판하는 권한을 주셨느니라"(22-27절).
③ 사망에서 생명으로 옮기는 권세입니다(24절).
"내가 진실로 진실로 너희에게 이르노니 내 말을 듣고 또 나 보내신 이를 믿는 자는 영생을 얻었고 심판에 이르지 아니하나니 사망에서 생명으로 옮겼느니라"(24절).

요한복음 5:30-40은 영생을 얻기 위하여 예수를 믿으라고 말씀합니다(39절).

"너희가 성경에서 영생을 얻는 줄 생각하고 성경을 연구하거니와 이 성경이 곧 내게 대하여 증언하는 것이니라"(39절).

영생을 얻기 위하여 다음과 같이 해야 합니다.

① 요한이 증거한 예수님을 믿어야 합니다(31-33절).
"32 나를 위하여 증언하시는 이가 따로 있으니 나를 위하여 증언하시는 그 증언이 참인 줄 아노라 33 너희가 요한에게 사람을 보내매 요한이 진리에 대하여 증언하였느니라"(32-33절).
② 하나님이 이루게 하시는 역사를 이루신 예수님을 믿어야 합니다(36절).
"내게는 요한의 증거보다 더 큰 증거가 있으니 아버지께서 내게 주사

이루게 하시는 역사 곧 내가 하는 그 역사가 아버지께서 나를 보내신 것을 나를 위하여 증언하는 것이요"(36절).

③ 하나님이 친히 증거 하신 예수님을 믿어야 합니다(37-38절).

"또한 나를 보내신 아버지께서 친히 나를 위하여 증언하셨느니라 너희는 아무 때에도 그 음성을 듣지 못하였고 그 형상을 보지 못하였으며"(37절).

④ 성경이 증거 하는 예수님을 믿어야 합니다(39절).

"너희가 성경에서 영생을 얻는 줄 생각하고 성경을 연구하거니와 이 성경이 곧 내게 대하여 증언하는 것이니라"(39절).

요한복음 5:41-47은 어찌 예수님을 영접치 아니하고 믿지 아니 하냐고 말씀합니다(46-47절).

"46 모세를 믿었더라면 또 나를 믿었으리니 이는 그가 내게 대하여 기록하였음이라 47 그러나 그의 글도 믿지 아니하거든 어찌 내 말을 믿겠느냐 하시니라"(46-47절).

예수님을 영접하고 믿어야 할 이유는 다음과 같습니다.

① 서로 영광을 취하기 때문입니다(44절).

"너희가 서로 영광을 취하고 유일하신 하나님께로부터 오는 영광은 구하지 아니하니 어찌 나를 믿을 수 있느냐"(44절).

② 유일하신 하나님께로부터 오는 영광을 구하지 않기 때문입니다(44절).

③ 모세의 글을 믿지 아니하기 때문입니다(46-47절).

"46 모세를 믿었더라면 또 나를 믿었으리니 이는 그가 내게 대하여 기록하였음이라 47 그러나 그의 글도 믿지 아니하거든 어찌 내 말을 믿겠느냐 하시니라"(46-47절).

결론

여러분, 예수님은 하나님과 동등한 권세를 가지셨습니다. 성경의 핵심 단어가 바로 예수님이십니다. 이는 우리를 구원하시려는 하나님의 계획입니다. 하나님의 뜻인 우리의 구원이 아들 예수님을 통해서 나타나게 하셨습니다. 그래서 예수님을 어떻게 아는지가 중요합니다.

예수님을 아는 척하는 것도 아니고, 예수님에 관하여 아는 것도 아니고 예수님 자체를 아는 것입니다. 이것은 예수님과 자신 간의 관계를 정리하는 것입니다. 사람은 관계의 동물이기에 관계가 어떠냐에 따라 대하는 것이 달라집니다. 그래서 예수님을 아는 만큼 믿음이 됩니다.
하나님과 동등한 권세를 가지신 예수님과 함께하시길 바랍니다.
할렐루야! 아멘!

적용과 나눔
오늘 가르침에서 새롭게 깨달은 것 중 개인적으로 적용하여 실천하고자 하는 것을 기록한 후 서로 나누어 봅시다.

기도
성령님의 능력으로 감당하도록 간절히 부르짖고 기도합시다.

제74장 | 요한복음 6장 강론

예수님은 생명의 떡입니다

> 요한복음 6:1-71
> 새찬송가 198, 205, 228, 285, 233, 428, 445, 511, 604, 605장

✥ **요한복음 6장 주제: 생명의 떡이신 하나님의 아들**

✥ **요한복음 6장의 구조와 내용**

요한복음 6장의 구조와 내용은 오병이어의 표적과 물 위를 걸으신 표적(1-21절)과 가버나움 회당에서 교훈(22-59절)과 두 종류의 제자들(60-71절)입니다.

주님의 사역 장소가 예루살렘에서 갈릴리로 바뀌고 있습니다. 이곳에서 주님은 여러 사역을 행하셨지만 본 장은 오병이어 사건과 물 위를 걸으신 사건만을 기록합니다. 22-71절은 오병이어 사건에 대한 예수님의 해석인데, 그만큼 오병이어 사건이 주는 의미가 컸습니다. 특히 주님은 이 사건을 구약의 출애굽 사건과 연관시켜서 하나님께서 이스라엘 백성에게 광야에서 만나와 메추라기를 주셨듯이(출 16:13-15), 주님은 광야에서 무리들에게 떡과 물고기를 주셨습니다. 만나와 떡은 그리스도를 예표합니다. 주님은 스스로를 "하늘로서 내려온 떡"(58절)이라 하셨습니다.

✥ **요한복음 6장 주요 메시지**

요한복음 6:1-2은 큰 무리가 예수님을 따르는 이유를 보여 줍니다. 큰 무리가 따르는 이유는 다음과 같습니다.

① 병자들에게 행하시는 표적을 보았기 때문입니다(2절).
② 예수님을 임금삼기 위해서입니다(15절).
③ 떡을 먹고 배부른 까닭입니다(26절).
"예수께서 대답하여 이르시되 내가 진실로 진실로 너희에게 이르노니 너희가 나를 찾는 것은 표적을 본 까닭이 아니요 떡을 먹고 배부른 까닭이로다"(26절).

하늘로서 내려온 떡이신 예수님은 광야에서 큰 무리를 먹이셨습니다. 요한복음 6:1-15에서 예수님은 큰 무리를 부족함이 없게 오병이어로 먹이셨습니다(7-14절).
"7 빌립이 대답하되 각 사람으로 조금씩 받게 할지라도 이백 데나리온의 떡이 부족하리이다 … 14 그 사람들이 예수께서 행하신 이 표적을 보고 말하되 이는 참으로 세상에 오실 그 선지자라 하더라"(7-14절).
부족함이 없게 먹이시는 예수님의 표적은 다음과 같습니다.

① 한 아이가 보리떡 다섯 개와 물고기 두 마리를 예수님께 드렸습니다(9절).
"여기 한 아이가 있어 보리떡 다섯 개와 물고기 두 마리를 가지고 있나이다 그러나 그것이 이 많은 사람에게 얼마나 되겠사옵나이까"(9절).
② 이 사람들로 앉게 하셨습니다(10절).
"예수께서 이르시되 이 사람들로 앉게 하라 하시니 그 곳에 잔디가 많은지라 사람들이 앉으니 수가 오천 명쯤 되더라"(10절).
③ 예수님께서 떡을 가져 축사하셨습니다(11절).
"예수께서 떡을 가져 축사하신 후에 앉아 있는 자들에게 나눠 주시고 물고기도 그렇게 그들의 원대로 주시니라"(11절).

광야에서 큰 무리에게 오병이어로 부족함이 없게 먹이신 예수님은 요한복음 6:32-51에서 "내가 곧 생명의 떡"이라고 가르쳐 주셨습니다(33-48절).
"33 하나님의 떡은 하늘에서 내려 세상에 생명을 주는 것이니라 … 48 내가 곧 생명의 떡이니라"(33-48절).
생명의 떡이신 예수님으로부터 우리가 누리는 유익은 다음과 같습니다.

① 예수님에게 오는 자는 결코 주리지 않습니다(35절).
"예수께서 이르시되 나는 생명의 떡이니 내게 오는 자는 결코 주리지 아니할 터이요 나를 믿는 자는 영원히 목마르지 아니하리라"(35절).
② 예수님을 믿는 자는 결코 목마르지 않습니다(35절).
③ 예수님에게 오는 자를 결코 내쫓지 않으십니다(37절).
"아버지께서 내게 주시는 자는 다 내게로 올 것이요 내게 오는 자는 내가 결코 내쫓지 아니하리라"(37절).
④ 예수 믿는 자마다 하나님 아버지의 영생을 얻고 부활합니다(38-40절).
"38 내가 하늘에서 내려온 것은 내 뜻을 행하려 함이 아니요 나를 보내신 이의 뜻을 행하려 함이니라 39 나를 보내신 이의 뜻은 내게 주신 자 중에 내가 하나도 잃어버리지 아니하고 마지막 날에 다시 살리는 이것이니라 40 내 아버지의 뜻은 아들을 보고 믿는 자마다 영생을 얻는 이 것이니 마지막 날에 내가 이를 다시 살리리라 하시니라"(38-40절).
⑤ 사람으로 하여금 죽지 않게 합니다(50절).
"이는 하늘에서 내려오는 떡이니 사람으로 하여금 먹고 죽지 아니하게 하는 것이니라"(50절).
⑥ 사람이 이 떡을 먹으면 영생하게 됩니다(51-58절).
⑦ 예수님의 살이 세상의 생명을 위한 살입니다(51절).
"나는 하늘에서 내려온 살아 있는 떡이니 사람이 이 떡을 먹으면 영생하리라 내가 줄 떡은 곧 세상의 생명을 위한 내 살이니라 하시니라"(51절).

요한복음 6:41-46에서 예수님은 생명의 떡이신 예수님께 올 수 있는 자를 가르쳐 주십니다(44절).
"나를 보내신 아버지께서 이끌지 아니하시면 아무도 내게 올 수 없으니 오는 그를 내가 마지막 날에 다시 살리리라"(44절).
생명의 떡이신 예수님께 올 수 있는 자는 다음과 같습니다.

① 아버지께서 예수님에게 주시는 자입니다(37절).
② 아버지께서 이끄는 자입니다(44, 65절).
③ 아버지께 듣고 배운 자입니다(45절).
"선지자의 글에 그들이 다 하나님의 가르치심을 받으리라 기록되었은

즉 아버지께 듣고 배운 사람마다 내게로 오느니라"(45절).

요한복음 6:52-59에서 예수님은 생명의 떡이신 예수님의 살과 피를 먹어야한다고 말씀하십니다(53절).

"예수께서 이르시되 내가 진실로 진실로 너희에게 이르노니 인자의 살을 먹지 아니하고 인자의 피를 마시지 아니하면 너희 속에 생명이 없느니라"(53절).

생명의 떡이신 예수님의 살과 피를 먹어야 하는 이유는 다음과 같습니다.

① 생명을 얻게 되기 때문입니다(53절).
② 영생을 가지게 되기 때문입니다(54절).
③ 마지막 날에 다시 살게 되기 때문입니다(54절).
  "내 살을 먹고 내 피를 마시는 자는 영생을 가졌고 마지막 날에 내가 그를 다시 살리리니"(54절).
④ 예수님 안에 거하기 때문입니다(56절).
  "내 살을 먹고 내 피를 마시는 자는 내 안에 거하고 나도 그의 안에 거하나니"(56절).

요한복음 6:66-71에서 예수님은 생명의 떡이신 예수님과 함께 다니는 사람에 대해 가르쳐 주십니다(66절).

"그 때부터 그의 제자 중에서 많은 사람이 떠나가고 다시 그와 함께 다니지 아니하더라"(66절).

예수님과 함께 다니는 사람은 다음과 같습니다.

① 예수님이 영생의 말씀인 줄 믿는 자입니다(68절).
  "시몬 베드로가 대답하되 주여 영생의 말씀이 주께 있사오니 우리가 누구에게로 가오리이까"(68절).
② 예수님이 하나님의 거룩하신 자신 줄 믿고 아는 자입니다(69절).
  "우리가 주는 하나님의 거룩하신 자이신 줄 믿고 알았사옵나이다"(69절).
③ 예수님에게 선택을 받은 자입니다(70절).

결론

여러분, 예수님은 "내가 곧 생명의 떡"이라고 가르쳐 주셨습니다. 어떻게 해서 주님의 살과 피가 영생을 주는 생명의 떡이 될까요? 우선 영생을 위한 양식은 육체적 생명과 달라서 물질적인 형태의 양식일 수 없습니다. 또한 정신적 양식과 달라서 세상의 지식이나 감정 차원의 양식일 수 없습니다. 영적인 양식이기 때문에 전적으로 하늘로부터 온 신령한 차원의 양식이어야 합니다. 바로 예수님께서 십자가에 달리셔서 우리를 위해 찢기시고 피 흘려 죽으셔서 죄 문제를 해결해 주셨습니다. 우리가 믿음으로 구원 받아 하나님 앞에 설 수 있게 됐습니다. 그래서 하나님 앞에서 죽었던 우리가 하나님 앞에서 다시 살 수 있게 됐습니다. 40절에서 아들을 보고 믿는 자마다 영생을 얻는다고 말씀했습니다. 그래서 주님께서 생명의 떡이 되는 것입니다.

이 생명의 떡은 어떻게 먹을까요?

한 마디로 믿음입니다.

"영접하는 자 곧 그 이름을 믿는 자"(요 1:12)라고 말씀합니다. 우리가 예수님을 믿으면 그분이 내 심령에 들어오십니다. 우리가 음식을 입으로 먹어 그 음식이 내 몸 안에 들어오는 것처럼 우리가 주님을 믿으면 주님께서 내 안에 들어와 계시는 것입니다.

여러분, 예수님은 우리의 생명의 떡이셔서 우리의 영생의 배고픔을 채워 주십니다. 우리가 예수님을 믿으면 이 생명의 떡이 내 안에 들어와 내 생명이 풍성해지는 것입니다.

예수님을 믿고 영적 생명을 얻으시기 바랍니다. 예수님을 잘 믿고 더욱 풍성한 영적 생명을 누리시기 바랍니다. 할렐루야! 아멘!

적용과 나눔

오늘 가르침에서 새롭게 깨달은 것 중 개인적으로 적용하여 실천하고자 하는 것을 기록한 후 서로 나누어 봅시다.

기도

성령님의 능력으로 감당하도록 간절히 부르짖고 기도합시다.

제75장 | 요한복음 7장 강론

예수님은 생수의 강입니다

> 요한복음 7:1-53
> 새찬송가 198, 205, 228, 285, 233, 428, 445, 511, 604, 605장

❖ **요한복음 7장 주제: 하나님의 아들의 자기 증거**

❖ **요한복음 7장의 구조와 내용**

 요한복음 7장의 구조와 내용은 형제들의 불신앙(1-9절)과 명절에 유대인과 논쟁(10-36절)과 생수의 근원이신 예수님(37-53절)입니다.
 초막절을 앞두고 예수님은 다시금 예루살렘으로 입성하셨습니다. 십자가 수난을 얼마 남겨 두지 않은 시점에서 유대교의 본거지라 할 수 있는 이곳을 다시 방문하신 이유는 천국 복음을 되도록 많이 전파하기 위해서였습니다. 그러나 주님의 기대와는 달리 유대인들의 반응은 냉소적이었습니다. 심지어 그들은 예수님에 대한 체포령까지 내림으로써 사악한 본색을 여지없이 드러냈습니다. 논쟁과 비판, 그리고 살의가 번뜩이는 상황에서도 영생의 삶으로 초청하시려는 주님의 호소가 그 강도를 더해 가고 있습니다.
 성경에 보면 물에 대한 기록이 많이 있습니다. 하나님께서 천지 창조 시에도 육지와 바다를 창조하셨습니다. 또 우리 인체의 70%는 수분으로 되어 있습니다. 그래서 사람은 이 물을 통해서 갈한 목을 축이기도 하고, 갈증을 해소하기도 합니다. 또 모든 만물들도 역시 물을 통해서 수분을 흡수하여 성장하게 됩니다. 만일 이 땅에 물이 없었다면 생명의 연장도 이어나갈 수 없었을 것입니다. 그래서 하나님께서 우리에게 필수적으로 물을 주셨습니다.

"명절 끝 날 곧 큰 날에 예수께서 서서 외쳐 가라사대, 누구든지 목마르거든 내게로 와서 마시라. 나를 믿는 자는 성경에 이름과 같이 그 배에서 생수의 강이 흘러나리라"(37-38절).

육신의 목이 마르면 물을 마시면 되지만, 영적으로 갈할 때는 무엇을 마셔야 될까요?

성령의 충만을 받아야 합니다.

"이는 그를 믿는 자의 받을 성령을 가리켜 말씀하신 것이라"(39절).

성령의 충만을 받을 때 인간의 영혼의 갈증이 해갈됩니다. 마음의 슬픔과 괴로움과 고통과 불안과 모든 비관을 제거해 줍니다. 예수님께서 수가성 여인에게 "이 물을 먹는 자마다 다시 목마르려니와"라고 하신 것은 세상의 부귀영화, 명예, 권세, 향락, 오락 이런 것들을 누리고 즐겨도 영적인 갈함은 해갈되지 않는다는 것입니다. 사람의 영적 갈증은 외부적 조건이 좋아진다고 해서 해결되지 않습니다. 아무리 좋은 물을 많이 마시고, 아무리 오락을 많이 즐기고 휴식하여도, 또 많은 돈이 있어 갖고 싶은 것을 모두 다 소유한다 할지라도, 채워지지 않는 것이 있는데, 그것은 바로 인간의 영적 갈증입니다. 영적 존재로 지음 받은 인간의 영적 갈증은 영적인 것으로만 해결할 수 있습니다.

어리석은 사람들은 하나님이 아닌 다른 우상들을 섬김으로써 이 문제를 해결해 보려고 하지만 더욱 문제가 악화되기만 할 뿐입니다. 오직 성령만이 속에서부터 흐르는 생수의 강이 되어 인간의 영적 갈증을 근원적으로 해소해 주십니다. 성령이 충만하면 생활 속의 모든 것에 자신감이 생기고, 마냥 기뻐지고 즐거워지며 그 일에 보람을 느끼게 됩니다. 사람이 마음이 상하면 좋은 음악도 꽹과리 소리 같고, 반가운 사람이 와도 도둑놈 같고, 좋은 음식을 먹어도 모래 씹는 것 같고, 아무리 좋은 옷을 입어도 다 거추장스럽고, 모든 것을 다 포기하게 되는 것입니다. 인생 살기를 포기하는 것처럼 절망스럽고 좌절스러운 것은 없습니다.

날마다 우리에게 새 힘을 주시고 또 새로운 삶의 지혜를 주시는 것이 있는데, 이것이 바로 성령입니다. 성령님은 우리의 보혜사(요 14:26)이십니다. '보혜사'라는 뜻은 '위로한다, 돕는다, 함께 한다'는 뜻입니다. 그래서 성령님이 임할 때 바로 우리에게 위로가 오고, 육체의 모든 멍에가 벗겨지며, 영적으로 자유하게 됩니다. 예수님께로 나아가야 성령이 임합니다.

"명절 끝 날 곧 큰 날에 예수께서 서서 외쳐 가라사대, 누구든지 목마르거든 내게로 와서 마시라"(요 7:37).

영혼의 갈증은 하나님과의 관계의 단절에서 오는 은혜의 결핍 상태를 말합니다. 아담의 범죄 이후 인간과 하나님의 영적 관계는 단절되고 말았습니다.

❖ 요한복음 7장 주요 메시지

요한복음 7:1-9은 예수님 형제들의 불신앙을 보여 줍니다(5절). 예수님 형제들의 불신앙은 다음과 같습니다.

① 예수님이 제자들의 지지를 받기를 원했다고 생각했습니다(3절).
② 예수님이 세상의 출세를 원했다고 생각했습니다(4절).
③ 예수님을 하나님의 아들로 믿지 않았습니다(5절).

요한복음 7:10-24에서 예수님은 예수님 형제들의 불신앙과 무리들이 불신앙에 이상히 여기지 말라고 말씀하십니다(21절).
"예수께서 대답하여 이르시되 내가 한 가지 일을 행하매 너희가 다 이로 말미암아 이상히 여기는도다"(21절).
사람들이 예수님을 이상히 여기지 말라고 하신 이유는 다음과 같습니다.

① 좋은 사람이기 때문입니다(12절).
② 무리를 미혹한다고 생각했기 때문입니다(12절).
③ "배우지 아니하였거늘 어떻게 글을 아느냐"(15절).
④ 귀신이 들렸다고 생각했기 때문입니다(20절).

예수님은 외모로 판단하지 말고 공의롭게 판단하라고 하십니다(24절). 요한복음 7:14-19에서 예수님께서 가르치시는 교훈은 다음과 같습니다.

① 하나님께로부터 온 교훈입니다(16-17절).
"16 예수께서 대답하여 이르시되 내 교훈은 내 것이 아니요 나를 보내신 이의 것이니라 17 사람이 하나님의 뜻을 행하려 하면 이 교훈이 하

나님께로부터 왔는지 내가 스스로 말함인지 알리라"(16-17절).
② 하나님의 영광을 구하는 교훈입니다(18절).
"스스로 말하는 자는 자기 영광만 구하되 보내신 이의 영광을 구하는 자는 참되니 그 속에 불의가 없느니라"(18절).
③ 모세의 율법을 지키라는 교훈입니다(19-24절).
"19 모세가 너희에게 율법을 주지 아니하였느냐 너희 중에 율법을 지키는 자가 없도다 너희가 어찌하여 나를 죽이려 하느냐 … 22 모세가 너희에게 할례를 행했으니 (그러나 할례는 모세에게서 난 것이 아니요 조상들에게서 난 것이라) 그러므로 너희가 안식일에도 사람에게 할례를 행하느니라 23 모세의 율법을 범하지 아니하려고 사람이 안식일에도 할례를 받는 일이 있거든 내가 안식일에 사람의 전신을 건전하게 한 것으로 너희가 내게 노여워하느냐"(19-23절).

요한복음 7:25-36에서 예수님은 자신이 스스로 온 것이 아니라고 말씀하십니다(28절).
"예수께서 성전에서 가르치시며 외쳐 이르시되 너희가 나를 알고 내가 어디서 온 것도 알거니와 내가 스스로 온 것이 아니니라 나를 보내신 이는 참되시니 너희는 그를 알지 못하나"(28절).

① 예수님은 하나님에게서 나셨습니다(29절).
② 하나님이 예수님을 보내셨습니다(29절).
③ 예수님은 자신을 보내신 이에게로 돌아가실 것입니다(33절).

요한복음 7:37-39에서 예수님은 자신이 생수의 강이라고 말씀하셨습니다(38절).
"나를 믿는 자는 성경에 이름과 같이 그 배에서 생수의 강이 흘러나오리라 하시니"(38절).
예수님은 생수의 강이시므로 우리에게 다음과 같이 말씀하십니다.

① "누구든지 목마르거든 내게로 와서 마시라"(37절).

② "나를 믿는 자는 성경에 이름과 같이 그 배에서 생수의 강이 흘러나리라"(38절).

③ 예수 믿는 자는 반드시 성령을 받게 됩니다(39절).

결론

여러분, 예수님은 생수의 강이십니다.

"4 내 안에 거하라. 나도 너희 안에 거하리라 … 5 나를 떠나서는 너희가 아무것도 할 수 없음이라"(요 15:4-5).

예수 떠나서는 우리는 아무것도 할 수 없을 뿐만 아니라 예수 없는 삶은 헛것이고, 예수 없는 모든 소망은 물거품과 같이 부도가 나게 되는 것입니다. 예수 안에서는 실패가 없습니다. 그래서 항상 주님은 "너희가 내 안에 거하고 내 말이 너희 안에 거하면 무엇이든지 원하는 대로 구하라. 그리하면 이루리라"(요 15:7)라고 말씀하십니다. 나는 약해도 주님은 강하시고, 나는 어리석어도 주님은 지혜로우시며, 나는 보잘것없어도 주님은 존귀하시기 때문에 생수의 강이 넘치게 됩니다. 할렐루야! 아멘!

적용과 나눔

오늘 가르침에서 새롭게 깨달은 것 중 개인적으로 적용하여 실천하고자 하는 것을 기록한 후 서로 나누어 봅시다.

기도

성령님의 능력으로 감당하도록 간절히 부르짖고 기도합시다.

제76장 | 요한복음 8장 강론

예수님은 세상의 빛이십니다

> 요한복음 8:1-59
> 새찬송가 198, 205, 228, 285, 233, 428, 445, 511, 604, 605장

❖ **요한복음 8장 주제: 세상의 빛이신 하나님의 아들**

❖ **요한복음 8장의 구조와 내용**

　요한복음 8장의 구조와 내용은 간음한 한 여인을 용서하심(1-11절)과 세상의 빛(12-20절)과 예수님의 신성(21-59절)입니다.
　우리에게 잘 알려진 '간음하다 잡힌 여인'에 관한 기사가 머리에 등장합니다. 베데스다 연못의 병자 치유 기사와 마찬가지로 이 사건이 드러내고자 하는 바는 죄인에 대한 주님의 무조건적인 용서입니다. 실로 우리 모두는 영적 간음자로서 돌에 맞아 죽어야 마땅했으나 주님의 속죄로 사유함을 받았습니다.
　예수님은 세상의 빛으로(21-20절), 성부와 동등한 자(21-30절)로 오셔서 참 진리에 대해 증거하셨으나(31-58절) 사람들은 도리어 그분을 돌로 치려 했습니다. '귀가 있어도 듣지 못하고' 은혜를 옆에 두고도 발로 차버리는 영적 무지자들의 모습입니다.

❖ **요한복음 8장 주요 메시지**

　요한복음 8:1-11에서 서기관들과 바리새인들이 음행 중에 잡힌 여자를 끌고 와서 가운데 세우고(3절) 예수님께 "선생은 어떻게 말하겠나이까?"

라고 질문하자 예수님은 참 용서를 가르쳐 주십니다(5절).
"모세는 율법에 이러한 여자를 돌로 치라 명하였거니와 선생은 어떻게 말하겠나이까"(5절).

① "너희 중에 죄 없는 자가 먼저 돌로 치라"(7절).
② "나도 너(간음한 여인)를 정죄하지 아니하노니"(11절).
③ "가서 다시는 죄를 범치 말라"(11절).

죄인에 대한 무조건적인 용서를 가르치신 예수님은 요한복음 8:12-20에서 자신이 세상의 빛이라고 말씀하십니다(12절).
"예수께서 또 말씀하여 이르시되 나는 세상의 빛이니 나를 따르는 자는 어둠에 다니지 아니하고 생명의 빛을 얻으리라"(12절).

① 예수님을 따르는 자는 어두움에 다니지 않습니다(12절).
② 예수님을 따르는 자는 생명의 빛을 얻습니다(12절).
③ 예수님은 빛이신 하나님과 함께 계십니다(16절).

요한복음 8:21-24에서 예수님은 "너희는 죄 가운데서 죽겠고"라고 말씀하십니다(24절). 그 이유는 다음과 같습니다.

① 죄 아래서 났기 때문입니다(23절).
"예수께서 이르시되 너희는 아래에서 났고 나는 위에서 났으며 너희는 이 세상에 속하였고 나는 이 세상에 속하지 아니하였느니라"(23절).
② 죄악 세상에 속하였기 때문입니다(23절).
③ 예수를 믿지 아니하기 때문입니다(24절).
"그러므로 내가 너희에게 말하기를 너희가 너희 죄 가운데서 죽으리라 하였노라 너희가 만일 내가 그인 줄 믿지 아니하면 너희 죄 가운데서 죽으리라"(24절).

요한복음 8:31-32에서 예수님은 "내 말에 거하면"이라고 말씀하십니다(31절).

"그러므로 예수께서 자기를 믿은 유대인들에게 이르시되 너희가 내 말에 거하면 참으로 내 제자가 되고"(31절).
예수님의 말씀에 거하면 다음과 같은 유익을 얻습니다.

① 예수님의 참 제자가 됩니다(31절).
② 진리를 알게 됩니다(32절).
③ 진리가 우리를 자유케 합니다(32절).
"진리를 알지니 진리가 너희를 자유롭게 하리라"(32절).

요한복음 8:31-47에서 예수님은 진리로 자유케 해 주신 이유를 말씀하십니다.

① 진리가 죄의 종이 되지 않게 하기 때문입니다(34절).
"예수께서 대답하시되 진실로 진실로 너희에게 이르노니 죄를 범하는 자마다 죄의 종이라"(34절).
② 진리가 아브라함의 자손으로 살게 하기 때문입니다(35-40절).
"37 나도 너희가 아브라함의 자손인 줄 아노라 그러나 내 말이 너희 안에 있을 곳이 없으므로 나를 죽이려 하는도다 … 39 대답하여 이르되 우리 아버지는 아브라함이라 하니 예수께서 이르시되 너희가 아브라함의 자손이면 아브라함이 행한 일들을 할 것이거늘(37-39절).
③ 진리로 말미암아 하나님께 속한 자가 되기 때문입니다(42-47절).
"46 너희 중에 누가 나를 죄로 책잡겠느냐 내가 진리를 말하는데도 어찌하여 나를 믿지 아니하느냐 47 하나님께 속한 자는 하나님의 말씀을 들나니 너희가 듣지 아니함은 하나님께 속하지 아니하였음이로다"(46-47절).

요한복음 8:42-47에서 예수님은 진리로 자유케 함을 받은 자는 하나님께 속한 자라고 말씀하십니다(47절).
"하나님께 속한 자는 하나님의 말씀을 들나니 너희가 듣지 아니함은 하나님께 속하지 아니하였음이로다"(47절).
하나님께 속한 자는 다음과 같습니다.

① 예수님을 사랑합니다(42절).
"예수께서 이르시되 하나님이 너희 아버지였으면 너희가 나를 사랑하였으리니 이는 내가 하나님께로부터 나와서 왔음이라 나는 스스로 온 것이 아니요 아버지께서 나를 보내신 것이니라"(42절).
② 예수님의 말씀을 깨닫게 됩니다(43절).
"어찌하여 내 말을 깨닫지 못하느냐 이는 내 말을 들을 줄 알지 못함이로다"(43절).
③ 하나님의 말씀을 듣습니다(47절).
"하나님께 속한 자는 하나님의 말씀을 듣나니 너희가 듣지 아니함은 하나님께 속하지 아니하였음이로다"(47절).
④ 아버지를 공경하게 됩니다(49절).
"예수께서 대답하시되 나는 귀신 들린 것이 아니라 오직 내 아버지를 공경함이거늘 너희가 나를 무시하는도다"(49절).
⑤ 영원히 죽음을 보지 않게 됩니다(51절).
"진실로 진실로 너희에게 이르노니 사람이 내 말을 지키면 영원히 죽음을 보지 아니하리라"(51절).

요한복음 8:51-59에서 예수님은 자신이 아브라함과 비교될 수 없는 자임을 말씀하십니다(51-52절). 그 이유는 다음과 같습니다.

① 아브라함은 죽었어도 예수님은 영원하시기 때문입니다(51-52절).
"51 진실로 진실로 너희에게 이르노니 사람이 내 말을 지키면 영원히 죽음을 보지 아니하리라 52 유대인들이 이르되 지금 네가 귀신 들린 줄을 아노라 아브라함과 선지자들도 죽었거늘 네 말은 사람이 내 말을 지키면 영원히 죽음을 맛보지 아니하리라 하니"(51-52절).
② 예수님은 아브라함보다 크시기 때문입니다(53절).
"너는 이미 죽은 우리 조상 아브라함보다 크냐 또 선지자들도 죽었거늘 너는 너를 누구라 하느냐"(53절).
③ 예수님은 아브라함이 나기 전부터 계신 분이시기 때문입니다(58절).
"예수께서 이르시되 진실로 진실로 너희에게 이르노니 아브라함이 나기 전부터 내가 있느니라 하시니"(58절).

결론

여러분, 예수님은 세상의 빛이십니다. 요한복음에는 예수님이 '나는 무엇이다'라고 말씀하신 경우가 일곱 번이 나옵니다. '나는 생명의 떡(6:51), 세상의 빛(8:12), 양의 문(10:7), 선한목자(10:11), 부활이요 생명(11:25), 길, 진리, 생명(14:6), 참 포도나무(15:5)이다'라고 말씀하셨습니다. 모두 생명, 구원과 관계된 말씀들입니다.

오늘 본문에서는 주님께서 '나는 세상의 빛'이라고 말씀하십니다. 예수님이 구원의 주이시며 생명이심을 말씀하는 것입니다. 빛은 생명의 근원입니다. 모든 생명체는 빛으로 삽니다. 빛이 없이는 어떤 생명체도 생명을 가질 수 없습니다. 그러므로 '나는 세상의 빛이다'라는 말씀은 예수님이 세상의 생명이시라는 말씀입니다. 예수님을 통해서만 생명이 있고, 예수님을 통해서만 구원이 있음을 선언하시는 말씀입니다. 하나님께서 세상을 창조하실 때에도 빛의 창조부터 시작하셨습니다. 모든 생명의 근원이 이 빛에 있기 때문입니다. 예수님께서 세상에 오실 때에도 빛으로 오셨습니다.

이 빛이 사람들에게 비추었지만 사람들이 자기의 행위가 악함으로 빛보다 어두움을 더 좋아하였다고 했습니다(3:19). 그러나 이 빛을 사랑하고 이 빛으로 나오는 사람들에게는 하나님의 자녀가 되는 권세를 주셨습니다. 그러므로 예수님은 영혼의 구원의 빛이십니다. 빛은 아무리 작아도 그 빛만큼 세상의 어둠을 몰아내는 것입니다. 어둠이 아무리 짙고 깊어도 어둠이 빛을 이기는 법이 없습니다. 할렐루야! 아멘!

적용과 나눔

오늘 가르침에서 새롭게 깨달은 것 중 개인적으로 적용하여 실천하고자 하는 것을 기록한 후 서로 나누어 봅시다.

기도

성령님의 능력으로 감당하도록 간절히 부르짖고 기도합시다.

제77장 | 요한복음 9장 강론

실로암 못에 가서 씻으라

> 요한복음 9:1-41
> 새찬송가 198, 205, 228, 285, 330, 428, 445, 447, 604, 605장

❖ **요한복음 9장 주제: 맹인을 고치신 하나님의 아들**

❖ **요한복음 9장의 구조와 내용**
　요한복음 9장의 구조와 내용은 나면서 맹인 된 자를 고치심과 맹인의 고백(1-34절), 그리고 영적 맹인에 관한 교훈(35-41절)입니다.
　맹인 치유 사건이 단일 기사로 상세히 기록되어 있습니다. 요한은 여기서 어둠(맹인)을 쫓아내신 주님의 권능과 맹인의 변화에 초점을 맞추고 있습니다. 즉, 주님은 서두에서 말씀하신 것처럼 '세상의 빛'이십니다. 그러므로 그분을 영접하는 자는 육적인 안목뿐 아니라 영적인 시야도 열리게 됩니다. 맹인은 부모와 바리새인들의 위협에도 불구하고 자기가 체험한 생생한 구원 사건을 명백히 증거 합니다. 나아가 그의 메시아관도 점점 분명해짐을 알 수 있습니다. 구원은 지식과 행동의 변화까지 요청하는 것입니다. 표적을 목도하고서도 메시아를 받아들이지 않은 당시 민중들이 진정한 맹인이었습니다.
　오늘 본문에는 나면서부터 맹인 된 사람을 놓고 제자들이 의문에 빠졌습니다. 이 사람이 나면서부터 맹인으로 태어난 것은 '누구의 죄 때문이냐?' 하는 것입니다. 사실 이 질문은 단지 그 사람만을 놓고 하는 질문이 아닙니다. 바로 우리들 자신을 놓고 하는 질문인 것입니다. 왜냐하면, 우리 모든

인생에게는 '고통'이라고 하는 근본적이고도 공통된 문제가 누구에게나 다 있기 때문입니다. 때때로 우리가 보기에 '저 사람 정도면 아무런 문제도 없겠다'고 생각할 때가 있지만, 그 사람에게 다가가 가까이에서 한번 보면, 그 사람도 그 사람만의 문제로 아파하며 근심하고 있다는 것을 알게 됩니다. 그래서 '왜 우리 인간에게는 이와 같은 고통이 있느냐?' '이와 같은 고통의 문제를 어떻게 해결할 수 있느냐?' 하는 근본적인 질문을 우리 모두가 다 가지고 있습니다.

예수님과 제자들이 길을 가다가 태어날 때부터 맹인이 된 사람을 만납니다. 이때 제자들이 예수님에게 묻습니다.

"랍비여 이 사람이 맹인으로 난 것이 누구의 죄로 인함이니이까 자기니이까 그의 부모니이까?"(2절).

사실 유대인들도 장애가 발생하면 죄 때문이라고 생각했고 오늘날 우리들도 이런 생각을 하는 경우가 있습니다. 날 때부터 이런 자녀를 낳은 부모들은 스스로가 그렇게 생각할 수 있을 것입니다.

'우리 부부가 무슨 죄를 지었기에 이런 자녀를 낳았는가?'

'왜 나에게 하필이면 이런 장애인을 출산하게 하셨는가?'

오늘 본문의 제자들도 일반적인 생각을 가지고 예수님께 질문을 한 것입니다.

"누구의 죄로 인함이니이까 자기니이까 그의 부모니이까?"

이때 예수님은 제자들에게 이렇게 대답하셨습니다. 맹인이 된 것은 누구의 죄 때문이 아니라 '하나님이 하시고자 하는 일을 나타내시려고 하셨다.' 그러므로 우리는 장애인을 볼 때, 벌을 받아서 그런 장애를 갖게 되었다고 생각하는 것을 매우 조심해야 합니다. 오늘 말씀의 주인공 맹인처럼 누구의 죄 때문이 아니라 '하나님이 하시는 일을 나타내시고자' 그렇게 될 수도 있음을 알아야 합니다. 하나님은 장애인이나 육체적 질병을 앓고 있는 환우들을 통해 영광 받으신 일이 많습니다.

예수님은 소경의 눈에 진흙을 바르고 이어서 말씀하셨습니다.

"실로암 못에 가서 씻어라."

보내심을 받았다는 뜻을 가진 못에 가서 눈을 씻게 하십니다. '그냥 눈이 떠져라' 또는 '깨끗한 물에 10번 씻어라'라고 않으시고 '보냄을 받았다'는 뜻을 가진 실로암 못에 가서 씻으라고 하신 것입니다. 이와 같은 예수님의 명령 역시 극적인 의도가 담겨 있는 것입니다. 아무 소경이나 가서 눈을 씻는다고 다 보는 것이 아닙니다. 보냄을 받은 자의 손길이 닿아야만 합니다. 그 손길에 한해서만 눈이 떠지게 되어 있는 것입니다. 예수님은 바리새인들과 서기관들 그리고 오늘날의 모든 기독교인들에게 분명히 말합니다.

누가 구원을 이루어 낼 수 있는가?

구원은 이 세상에 어느 어떤 인간의 손에도 달려 있지 않다는 것입니다. 철저히 보냄을 받은 자의 손길에 의해서만 구원은 일어나게 되어 있다는 것입니다. 그래서 우리는 사도행전 4:12의 말씀이 이상하지 않는 것입니다. "다른 이로서는 구원을 얻을 수 없나니 천하 인간에 구원을 얻을만한 다른 이름을 우리에게 주신 일이 없음이니라 하였더라"(행 4:12).

이렇게 예수님은 하나님 아버지에 의해 보냄을 받은 자신에 의해 이루어져야 하는 구원을 행동을 통해 확실히 보여 주었습니다. 결국 구원은 인간에 의해서가 아니라 은혜에 의해 보냄 받은 자의 손길로 주어진다는 것입니다. 이것을 분명히 하기 위해 예수님은 오늘 '날 때부터 소경 된 자'를 만나 의도적으로 눈을 뜨게 했던 것입니다. 언제나 그렇습니다.

지금 여러분도 진리가 보이십니까?

자유 하십니까?

예수님께서 마치 날 때부터 소경된 자의 눈을 뜨게 하듯이 직접 우리의 눈을 뜨게 하셨습니다.

✣ 요한복음 9장 주요 메시지

요한복음 9:1-12에서 예수님은 실로암 못에 가서 씻으라고 명령하십니다(7절).

"이르시되 실로암 못에 가서 씻으라 하시니 (실로암은 번역하면 보냄을 받았다는 뜻이라) 이에 가서 씻고 밝은 눈으로 왔더라"(7절).

예수님의 이 명령은 다음과 같습니다.

① 하나님이 하시는 일을 나타내려는 명령입니다(3절).
"예수께서 대답하시되 이 사람이나 그 부모의 죄로 인한 것이 아니라 그에게서 하나님이 하시는 일을 나타내고자 하심이라"(3절).

② 세상의 빛을 알게 해 주시는 명령입니다(5-6절).

"5 내가 세상에 있는 동안에는 세상의 빛이로라 6 이 말씀을 하시고 땅에 침을 뱉어 진흙을 이겨 그의 눈에 바르시고"(5-6절).
③ 밝은 눈이 되게 하는 명령입니다(7절).

요한복음 9:24-34은 맹인으로 있다가 보게 된 자의 신앙고백을 보여 줍니다(25절).
"대답하되 그가 죄인인지 내가 알지 못하나 한 가지 아는 것은 내가 맹인으로 있다가 지금 보는 그것이니이다"(25절).
맹인으로 있다가 보게 된 자의 신앙고백은 다음과 같습니다.

① 하나님이 죄인을 듣지 않으십니다(31절).
② 하나님은 경건하여 하나님의 뜻대로 행하는 자는 들으십니다(31절).
③ 예수님은 하나님께로부터 오신 분이십니다(33절).

결론

여러분, 실로암 못에 가서 씻으라고 명령하십니다.
예수님은 왜 맹인을 실로암으로 보내셨을까요?
예수님이 맹인에게 실로암 못에 가서 씻으라는 것은 단순히 물가로 가서 씻으라는 의미가 아닙니다. 그것은 '가장 낮은 곳으로 가라,' '가장 낮은 곳에 거하라,' '가장 낮은 마음의 소유자가 되라'는 주님의 명령입니다. 그 맹인은 주님의 명령을 따라서 가장 낮은 곳으로 내려가 가장 낮은 마음으로 무릎을 꿇었을 때 하늘의 기적이 나타났습니다.
실로암 못의 물이 무슨 신통한 능력이 있는 것이 아닙니다. 주의 명령을 따라 순종했을 때 그는 즉시 밝은 눈으로 지금 자신과 함께하고 계시는 주님을 봤습니다. 하나님이 하시고자 하는 일을 나타내는 기적의 주인공이 됐습니다.
오늘 본문에 등장하는 맹인이 바로 나 자신이라 사실을 알고 계십니까? 우리는 당시의 바리새인들처럼 주님이 내 곁에서 말씀하시고, 진리를 가르쳐 주심에도 불구하고 어둠 속에 빠져서 빛이신 주님을 깨닫지 못했습니다. 지금 이 순간에도 주님이 내 곁에서 동행하시고, 말씀해 주심에도 불구하고 그 주님을 깨닫지 못하고, 느끼지 못할 때가 많습니다. 그것이 바로 영적인 맹인의 상태입니다.
그래서 주님은 오늘 우리를 부르셔서 다시 실로암 못으로 가라고 명하시는 것입니다. 실로암은 '보냄을 받았다'입니다. 주님은 지금 우리를 사도를 부르시고 파송하시듯 우리를 주의 자녀로 부르시고 훈련시키셔서 다시 세상으로 보내십니다. 그러면서 명령하십니다.
"실로암으로 가서 씻으라."
할렐루야! 아멘!

적용과 나눔
오늘 가르침에서 새롭게 깨달은 것 중 개인적으로 적용하여 실천하고자 하는 것을 기록한 후 서로 나누어 봅시다.

기도
성령님의 능력으로 감당하도록 간절히 부르짖고 기도합시다.

제78장 | 요한복음 10장 강론

예수님은 선한 목자입니다

> 요한복음 10:1-42
> 새찬송가 198, 205, 228, 285, 330, 428, 445, 447, 567, 569장

❖ **요한복음 10장 주제: 선한 목자이신 예수님**

❖ **요한복음 10장의 구조와 내용**

요한복음 10장의 구조와 내용은 선한 목자의 비유(1-21절)과 예수님 자신의 대한 말씀(22-42절)입니다.

유목민인 이스라엘인들에게 있어서 양과 목자의 비유만큼 낯익은 것도 없었습니다(시 23편). 여기서도 주님은 자신을 목자로 천명하시고 신자를 양으로 비유함으로써 자신의 구속 사역을 일목요연하게 설명하셨습니다. 목자가 양을 위해 혼신의 힘을 쏟듯이 주님은 구원할 백성을 위해 자기 생명까지 바치십니다. 목자이신 주님의 인류에 대한 사랑, 보살핌, 희생 등이 이렇게 감동적으로 묘사된 부분도 없을 것입니다. 한편 주님께서는 자신처럼 선한 목자도 있는 반면 삯꾼 목자도 있음을 밝히심으로써 백성을 영적 도탄으로 이끄는 당시의 종교 지도자들의 행태를 신랄히 꼬집으셨습니다.

신앙인들이 가장 좋아하는 말씀은 아마 시편 23편일 것입니다.

"여호와는 나의 목자시니 내게 부족함이 없으리로다"(시 23:1).

이 말씀은 아름다우면서도 우리 인간의 실존을 잘 드러내고 있습니다. 인간은 양 같은 존재입니다. 양은 참으로 연약한 동물입니다. 자기 몸에 지닌 무기가 하나도 없습니다. 반면, 호랑이나 늑대는 날카로운 발톱과 어금

니를 가지고 있습니다. 표범은 여기에 더해 빠른 발을 가지고 있습니다. 코끼리는 코라는 무기와 육중한 무게로 버팁니다. 독수리는 부리와 발톱이 날카로울 뿐만 하지만 하늘을 나는 날개를 가지고 있습니다.

그러나 양의 무기는 오직 인해전술뿐입니다. 맹수들에게 잡아먹히고 남은 나머지만 운 좋게 살아남는 전법입니다. 또 양처럼 겁 많은 동물도 없습니다. 토끼보다 더 겁이 많습니다. 토끼 한 마리만 껑충 뛰어도 온 양떼들이 달아나 버리고 맙니다. 그러면서도 고집은 얼마나 센지 모릅니다. 양은 자기가 갔던 길로만 갑니다. 그래서 중동에 가면 산허리마다 오선지처럼 선이 나 있는데 양들이 같은 길로만 지나가서 그렇습니다. 또 한 번 먹었던 곳에서만 가서 먹기에 한 곳만 온통 초토화시켜 버립니다. 양은 또 더위나 추위에 약합니다. 추위나 더위에 무방비 상태로 노출이 되면 불과 몇 시간 만에 죽기도 합니다. 또 양은 뒤로 벌렁 누우면 일어나질 못합니다. 그래서 허공에 발버둥을 치다 위에 가스가 차서 기도가 막혀 죽기도 합니다.

그러면 양이 살 수 있는 방법은 무엇일까요?

양이 살 수 있는 유일한 방법은 좋은 목자를 만나는 것입니다. 양은 홀로는 살 수 없는 존재입니다. 그러나 좋은 목자를 만나면 안전하게 살 수 있습니다. 좋은 목자를 만나면 싱싱하고 풍성한 꼴을 먹을 수 있습니다.

이스라엘 백성과 하나님과의 관계가 그렇습니다. 이스라엘은 남으로 나일강과 북으로 메소포타미아 문명권의 중간 지대에 위치해 있습니다. 주변에는 여러 민족들이 살고 있습니다. 강수량도 많지 않고 산악지형이라 농사를 짓기도 여의치 않습니다. 이스라엘은 단지 비유만이 아니라 실제로 양 같은 존재입니다. 양같이 연약할 뿐만 아니라 양같이 고집이 세고 우둔합니다. 그래서 성경은 이스라엘 백성을 "버러지 같은 너 야곱아"라고 표현하기도 하고, '목이 곧고 완고한 백성'이라고 표현하기도 합니다. 이들이 살 수 있는 길은 오직 여호와만을 의지하는 것입니다. 선지자 아모스 입을 통해 이렇게 외치십니다.

"너희는 나를 찾으라 그리하면 살리라"(암 5:4).

우리 인간도 그렇습니다. 인간은 연약합니다. 인간은 어느 때는 강한 것 같은데 어느 날 다가온 질병이나 죽음 앞에 무기력하게 쓰러집니다. 무슨 일을 하려고 하면 왜 이렇게 자신감이 없는지 쉽게 절망하고 포기하고 싶어집니다. 그래서 파스칼이 말했듯이 인간은 갈대입니다. 비록 생각하는 갈대이지만 바람에 쉽게 쏠리고 부러지기 쉬운 존재입니다. 젊었을 때는 모든 것을 다 할 수 있을 것 같습니다. 그러나 철이 들면서는 인간의 연약함과 무상함을 깨닫습니다. 어쩌면 철이 든다는 것은 자신의 한계나 연약함을 아는 것일지도 모릅니다. 니체는 '신은 죽었다'고 하면서 인간 스스로 강인한 초인적 삶을 살기를 요구했습니다. 마치 탕자더러 아버지 집을 떠나라고 유혹하는 것과 같습니다. 무소의 뿔처럼 당당하게 걸어가고 혼자 살라는 것이지요. 그러나 강한 것은 곧 부러지고 맙니다. 힘의 원리를 내세웠던 인류는 제1, 2차 세계대전을 거치며 허리가 똑 부러지고 맙니다.

성경은 인간은 무기력하다고 말씀합니다. 전적으로 하나님께 의존하는 삶을 살라고 말씀합니다. 돌아온 탕자는 아버지 집에 있을 때 가장 행복하고 안전합니다. 인생의 행복이나 능력은 내 안에 있지 않습니다. 양의 행복이나 능력은 전적으로 목자를 의지하는 데 있습니다. 어떤 양 중에는 자기 분수도 모르고 자기 꾀로 살려고 합니다. 그래서 울타리를 서성대거나 새로운 길로 가려합니다. 결국 자기 멋대로 가다가 위험에 빠지고 맙니다. 성경 말씀은 우리 목자 되신 하나님께서 인생을 풍성하게 살 수 있도록 주신 지침서입니다. 자기 생각을 의존하지 말고 하나님 말씀을 의지할 때 안전하고 풍성한 꼴을 먹습니다.

✤ 요한복음 10장 주요 메시지

요한복음 10:1-18에서 예수님은 "나는 선한 목자"라고 말씀하십니다(11절). "나는 선한 목자라 선한 목자는 양들을 위하여 목숨을 버리거니와"(11절). 예수님이 선한 목자가 되시는 이유는 다음과 같습니다.

① 문으로 들어가시기 때문입니다(1-3절).
② 양의 이름을 각각 불러 인도하시기 때문입니다(3절).
  "문지기는 그를 위하여 문을 열고 양은 그의 음성을 듣나니 그가 자기 양의 이름을 각각 불러 인도하여 내느니라"(3절).
③ 앞서 가셔서 양을 따라오게 하시기 때문입니다(4절).
  "자기 양을 다 내놓은 후에 앞서 가면 양들이 그의 음성을 아는 고로 따라오되"(4절).
④ 양의 문으로 구원을 얻게 하는 목자이시기 때문입니다(7-9절).

⑤ 양에게 꼴을 얻게 하는 목자이시기 때문입니다(9절).
"내가 문이니 누구든지 나로 말미암아 들어가면 구원을 받고 또는 들어가며 나오며 꼴을 얻으리라"(9절).
⑥ 양으로 생명을 얻게 하는 목자이시기 때문입니다(10절).
⑦ 양으로 풍성히 얻게 하는 목자이시기 때문입니다(10절).
"도둑이 오는 것은 도둑질하고 죽이고 멸망시키려는 것뿐이요 내가 온 것은 양으로 생명을 얻게 하고 더 풍성히 얻게 하려는 것이라"(10절).
⑧ 양들을 위해 목숨을 버리는 목자이시기 때문입니다(11절).
⑨ 우리에 들지 아니한 양을 찾아 인도하는 목자이시기 때문입니다(16-17절).

우리의 선한 목자이신 예수님은 요한복음 10:22-29에서 "너희는 내 양"이라고 말씀하십니다(26절).
"너희가 내 양이 아니므로 믿지 아니하는도다"(26절).
우리가 예수님의 양이 되려면 다음과 같이 해야 합니다.

① 예수님을 믿어야 합니다(26절).
② 예수님의 음성을 들어야 합니다(27절).
③ 예수님이 알아주시기에 예수님을 따라야 합니다(27절).
그리하면 다음의 유익을 얻게 됩니다.
첫째, 영생을 주십니다(28절).
둘째, 예수님의 특별한 보호를 받습니다(28절).
"내가 그들에게 영생을 주노니 영원히 멸망하지 아니할 것이요 또 그들을 내 손에서 빼앗을 자가 없느니라"(28절).

결론

여러분, 예수님은 "나는 선한 목자"라고 말씀하십니다. 그분이 우리를 사랑하시기 때문에 선하시고, 우리를 위해 목숨을 내어 놓으신 분이시기에 충분히 믿을 수 있을 정도로 선하신 목자이십니다. 인생의 행복은 이 분에게 우리 인생을 맡겨 드리는 데 있습니다. 주님께 자기를 맡기는 인생은 시편 23편의 다윗의 고백처럼 "여호와는 나의 목자시니 내게 부족함이 없으리로다"(시 23:1)라는 고백을 하게 될 것입니다. 주님은 우리로 윤택하게 만드십니다. 저는 이 '윤택'이라는 단어를 좋아하는데 기름기가 좌르르 흐르는 모습입니다.

여러분, 이처럼 우리 얼굴이 빛나고, 영혼이 부요하며, 물질적으로도 부끄럽지 않은 인생을 만드십니다. 할렐루야! 아멘!

적용과 나눔
오늘 가르침에서 새롭게 깨달은 것 중 개인적으로 적용하여 실천하고자 하는 것을 기록한 후 서로 나누어 봅시다.

기도
성령님의 능력으로 감당하도록 간절히 부르짖고 기도합시다.

제79장 | 요한복음 11장 강론

마르다의 신앙이 필요합니다

> 요한복음 11:1-57
> 새찬송가 198, 205, 267, 285, 330, 428, 445, 489, 567, 569장

✣ **요한복음 11장 주제: 생명을 주시는 예수님**

✣ **요한복음 11장의 구조와 내용**
　요한복음 11장의 구조와 내용은 나사로의 죽음(1-16절)과 나사로를 살리심(17-44절)과 산헤드린의 음모(45-53절)입니다.
　죽은 나사로를 살리신 표적의 참된 의미는 "나는 부활이요 생명"(25절)이라는 주님의 말씀을 통해 정확히 드러나 있습니다. 앞의 여러 표적들을 통해서 생명의 원천(요 6장)되심과 세상의 빛(요 9장)되심을 스스로 드러내신 예수님께서 여기서는 자신이 부활과 생명 되심을 보여 주셨습니다. 이 사건을 계기로 유대인들은 예수님을 살해하고자 공적으로 모의하게 되었습니다. 한편 나사로의 부활은 말세에 그리스도와 연합된 자들이 새 생명을 입을 것임을 예표 하는 것이기도 합니다. 이와 관련하여 바울은 "이 썩을 것이 불가불 썩지 아니할 것을 입겠고 …"(고전 15:53)라며 그때가 반드시 올 것임을 교훈했습니다.
　오늘 본문 말씀은 인간의 가장 중요한 문제인 죽음과 부활에 대한 말씀입니다. 예수께서 사랑하시던 마르다와 마리아의 오라비 나사로가 병이 들었다는 말을 들으시고도 며칠이 지나서야 그곳에 가시게 되었습니다. 나사로는 벌써 죽어서 무덤에 묻힌 지 나흘이나 되었습니다. 마르다와 마리아

의 집은 온통 울음바다가 되었습니다. 그들의 '사랑'인 나사로가 죽었기 때문이었습니다. 그리고 예수께서 조금 더 일찍 오셨더라면 나사로가 죽지 않을 수도 있었을 것이라는 아쉬움 때문이었습니다. 예수님께서도 우셨습니다. 그토록 나사로를 사랑했기 때문이었습니다. 예수께서는 무덤에 가셔서 몸이 썩어서 냄새가 나는 죽은 나사로를 말씀 한마디로 살려내셨습니다.

하나밖에 없는 오라비 나사로의 죽음을 맞은 마르다와 마리아의 비통한 상황, 썩어서 냄새가 나는 무덤 앞에서 울고 있는 인간 마르다와 마리아의 통곡, 이것이 우리 모든 인간이 처한 상황입니다. 하나님은 죄를 범한 인간이 죽지 않고 영원히 사는 것을 원하십니다. 애초에 그렇게 살 수 있도록 창조하셨기 때문입니다. 그러나 인간이 죄를 범하여 죽어야 하는 운명을 지니고 태어나지만, 하나님은 인간에게 죽음을 넘어 영원히 다시 사는 생명을 주시기 위해 이 땅에 예수님을 보내 주셨습니다. 그 예수님께서 다음과 같이 말씀하십니다.

"25 예수께서 이르시되 나는 부활이요 생명이니 나를 믿는 자는 죽어도 살겠고 26 무릇 살아서 나를 믿는 자는 영원히 죽지 아니하리니 이것을 네가 믿느냐 27 이르되 주여 그러하외다 주는 그리스도시요 세상에 오시는 하나님의 아들이신 줄 내가 믿나이다"(25-27절).

하나님은 누구든지, 돈이 많든 없든, 많이 배웠든 배운 것이 없든, 지위가 높든 낮든, 남녀노소, 빈부귀천을 막론하고 누구든지 예수 그리스도를 믿기만 하면 죽어도 다시 살아 영원한 생명을 누리게 하시는 것입니다.

예수님께서 그토록 사랑하시는 나사로가 심각한 병에 걸렸다는 소식을 들으시고도, 곧장 달려가지 아니하시고, 그 나사로가 완전히 죽은 다음에서야 가신 이유는 제자들로 하여금 죽은 자의 부활을 믿게 하시기 위함이었습니다(11-15절).

"11 이 말씀을 하신 후에 또 이르시되 우리 친구 나사로가 잠들었도다 그러나 내가 깨우러 가노라 12 제자들이 이르되 주여 잠들었으면 낫겠나이다 하더라 13 예수는 그의 죽음을 가리켜 말씀하신 것이나 그들은 잠들어 쉬는 것을 가리켜 말씀하심인 줄 생각하는지라 14 이에 예수께서 밝히 이르시되 나사로가 죽었느니라 15 내가 거기 있지 아니한 것을 너희를 위하여 기뻐하노니 이는 너희로 믿게 하려 함이라 그러나 그에게로 가자 하시니"(11-15절).

예수님이 마르다의 집에 도착하셨을 때는 이미 장사 지낸 지 사흘이나 지나서였습니다. 그래서 마르다는 예수님께서 나사로가 죽기 전에 오셨더라면 좋았을 것이라는 아쉬움을 표명합니다(21-22절).

"21 마르다가 예수께 여짜오되 주께서 여기 계셨더라면 내 오라버니가 죽지 아니하였겠나이다 22 그러나 나는 이제라도 주께서 무엇이든지 하나님께 구하시는 것을 하나님이 주실 줄을 아나이다"(21-22절).

이러한 고백은 죽은 오라비 나사로가 "마지막 날 부활에는 다시 살 줄을 내가 아나이다"라는 믿음의 고백입니다. 예수님께서 지금 무덤에 오셨지만, 지금 당장 죽은 나사로가 부활하지 않고, 장차 세상 마지막 날 주님이 다시 오시는 날 부활하게 될 것이라는 고백입니다. 부활에 대한 확고부동한 믿음 고백입니다.

∴ 요한복음 11장 주요 메시지

요한복음 11:20-27은 마르다의 믿음을 보여 줍니다(22-27절).

"22 그러나 나는 이제라도 주께서 무엇이든지 하나님께 구하시는 것을 하나님이 주실 줄을 아나이다 … 27 주여 그러하외다 주는 그리스도시요 세상에 오시는 하나님의 아들이신 줄 내가 믿나이다"(22-27절).

마르다의 믿음은 다음과 같습니다.

① 예수님이 오신다는 말을 듣고 곧 나가 맞이하는 믿음입니다(20절).
  "마르다는 예수께서 오신다는 말을 듣고 곧 나가 맞이하되 마리아는 집에 앉았더라"(20절).
② 예수님께 여짜오는 믿음입니다(21절).
  "마르다가 예수께 여짜오되 주께서 여기 계셨더라면 내 오라버니가 죽지 아니하였겠나이다"(21절).
③ 예수님께서 무엇이든지 하나님께 구하시는 것을 하나님이 주실 줄을 아는 믿음입니다(22절).
  "그러나 나는 이제라도 주께서 무엇이든지 하나님께 구하시는 것을 하나님이 주실 줄을 아나이다"(22절).
④ 마지막 날의 부활에는 다시 살 줄을 아는 믿음입니다(24절).
  "마르다가 이르되 마지막 날 부활 때에는 다시 살아날 줄을 내가 아나이다"(24절).

⑤ 예수님을 부활로 생명으로 믿는 믿음입니다(25절).
"예수께서 이르시되 나는 부활이요 생명이니 나를 믿는 자는 죽어도 살겠고"(25절).
⑥ 예수님을 믿는 자는 영원히 죽지 않으리라는 믿음입니다(26-27절).
"26 무릇 살아서 나를 믿는 자는 영원히 죽지 아니하리니 이것을 네가 믿느냐 27 주여 그러하외다 주는 그리스도시요 세상에 오시는 하나님의 아들이신 줄 내가 믿나이다"(26-27절).
⑦ 주는 그리스도시요 세상에 오신 하나님의 아들이신 줄 믿는 믿음입니다(27절).

요한복음 11:32-37은 예수님이 눈물 흘리심을 보여 줍니다(35절). 예수님이 눈물을 흘리시는 이유는 다음과 같습니다.

① 심령에 비통히 여기셨습니다(33절).
② 불쌍히 여기 셨습니다(33절).
③ 사랑하는 자를 위하여 눈물을 흘리셨습니다(35-36절).

결론

여러분, 마르다의 믿음을 보았습니다. 예수님은 죽은 자 가운데서 부활하심으로 죽음과 사망의 권세를 이기셨습니다. 그래서 이제 예수 그리스도는 죽음과 음부의 열쇠를 가지고 계십니다.
"곧 산 자라 내가 전에 죽었었노라 볼찌어다 이제 세세토록 살아 있어 사망과 음부의 열쇠를 가졌노니"(계 1:18).
이제 누구든지 예수 그리스도께서 자신의 죄를 대신해 십자가에 죽으시고 부활하셨다는 것을 확고하게 믿는 사람에게는 '부활'이 약속되고, 그 약속의 보증으로 '성령'이 주어지게 됩니다. 예수를 믿는 성도가 세상 죄악에 대하여 죽은 자처럼 거룩하게 살아가게 될 때, 예수 그리스도께서 여러분과 함께 하시어 영원한 생명, 부활에 이르게 될 것입니다(롬 6:5). 만일 우리가 그의 죽으심을 본받아 연합한 자가 되었으면 또한 그의 부활을 본받아 연합한 자가 될 것입니다.
"그런즉 한 범죄로 많은 사람이 정죄에 이른 것같이 의의 한 행동으로 말미암아 많은 사람이 의롭다 하심을 받아 생명에 이르렀느니라"
(롬 5:18).

그리스도는 곧 부활이시며 생명 그 자체이십니다. 예수님이 여러분에게 다음과 같이 물으십니다.

"25 예수께서 이르시되 나는 부활이요 생명이니 나를 믿는 자는 죽어도 살겠고 26 무릇 살아서 나를 믿는 자는 영원히 죽지 아니하리니 이것을 네가 믿느냐?"(요 11:25-26)

예수님의 이같은 질문에 "주여 그러하외다 주는 그리스도시요 세상에 오시는 하나님의 아들이신 줄 내가 믿나이다"(요 11:27)라고 신앙고백 하시는 여러분들에게 인생 승리의 영광과 부활 생명이 함께 하시기를 구주 예수님의 이름으로 축원합니다. 할렐루야! 아멘!

적용과 나눔

오늘 가르침에서 새롭게 깨달은 것 중 개인적으로 적용하여 실천하고자 하는 것을 기록한 후 서로 나누어 봅시다.

기도

성령님의 능력으로 감당하도록 간절히 부르짖고 기도합시다.

제80장 | 요한복음 12장 강론

향유 냄새가 가득한 집

> 요한복음 12:1-50
> 새찬송가 198, 205, 267, 285, 330, 428, 445, 489, 567, 569장

❖ 요한복음 12장 주제: 하나님의 아들 예루살렘에 입성

❖ 요한복음 12장의 구조와 내용

　요한복음 12장의 구조와 내용은 기름 부음을 받으시고 예루살렘으로 입성하심(1-19절)과 헬라인의 방문과 유대인들을 향한 최후 경고(20-50절)입니다.
　마리아가 자신의 옥합을 깨뜨려 수난 받으실 주님을 기리는 광경이 잔잔한 감동을 자아냅니다. 그리고 주님은 예루살렘으로 입성하셨습니다. 그러나 주님의 입성은 많은 대중들의 기대와는 달리 정치적 해방자로서의 입성이 아니었습니다. 도리어 그것은 한 알의 썩어지는 밀알(24절)처럼 만인을 위해 자신의 생명을 죄의 담보로 내어 주고자 하신 일이었습니다. 즉 십자가 수난을 위한 구체적인 행보였던 것입니다. 거듭되는 메시아의 자기 계시에도 불구하고 영적 몽매함을 벗어나지 못하는 유대인들에게 주님은 어느 때보다 절박한 심정으로 구원과 회개를 촉구하셨습니다(44-50절). 나사로 사건 후에 예수님은 유월절 엿새 전에 베다니로 다시 오셨습니다. 십자가에 달리실 것을 결심하시고 다시 유대인의 소굴로 들어오신 것입니다. 유대인들은 안식일 저녁에 축제 분위기 속에서 자유롭게 저녁 식사를 했습니다.
　베다니에서 잔치가 벌어지고 있습니다. 이 잔치가 벌어진 장소는 베다니

시몬의 집입니다(1-2절). 이 시몬은 나병환자였다가 예수께 고침을 받은 사람입니다(마 26:6-7). 아마 그는 베다니에 오신 예수님을 환영하면서 나사로의 집안과 합작으로 마을 잔치를 벌인 것 같습니다. 나병에서 고침 받은 시몬이나, 죽었다가 살아난 나사로나 똑같이 예수님을 위해서라면 얼마든지 잔치를 벌였을 것입니다. 시몬은 장소를 제공하고, 마르다는 주방장이 돼서 함께 잔치를 벌였습니다.

이 잔치에서 중대한 사건이 벌어졌습니다. 나사로의 누이 마리아가 향유를 한 옥합 갖다가 깨뜨려서 예수님 머리에 부었습니다(마 26:6-13; 막 14:3-9; 눅 7:36-38; 요 12:1-8). 이 4복음서의 기록들 중에서 마태, 마가, 요한이 기록한 것은 동일한 사건으로 보고, 누가의 기록은 다른 사건으로 봅니다. 당시 유대인들은 집에 귀한 손님이 오면 머리에 향유를 붓는 풍습이 있었습니다.

"주께서 내 머리에 기름을 바르셨으니 내 잔이 넘치나이다"(시 23:5).

누가복음 7:46에서도 주님은 손님으로서 기름 부음을 받은 것을 귀중히 여기고 계십니다. 그러므로 마리아가 예수께 향유를 부은 것은 예수님을 잔치의 주빈으로 대접하는 최선의 표시였습니다. 마리아의 행동에서 상식을 벗어난 몇 가지 특징이 있습니다.

첫째, 그가 드린 향유의 가치입니다. 나드(ναρδος)는 인도산(産) 식물에서 짜낸 가장 비싼 향수입니다. 돈으로 환산하면 300데나리온 어치나 됩니다. 당시에 일반 품꾼의 하루 품삯이 한 데나리온입니다. 마리아는 이것을 아낌없이 들어부었습니다. 사람들이 보기에 지나친 행동으로 느껴졌습니다.

둘째, 머리털로 주님의 발을 닦아 드린 행동입니다. 당시의 유대 풍속으로 본다면 여자가 공중 앞에서 머리털을 푼 것은 수치스런 행동이었습니다. 존경받는 여자는 언제나 머리를 덮고 다녔습니다. 그런데 마리아는 남의 눈을 아랑곳하지 않고 자신의 머리털을 풀었습니다. 그리고 그 머리털로 주님의 발을 닦았습니다. 남의 발을 닦는 일은 가장 천한 종들이 하는 일입니다. 마리아가 어떤 마음으로 주님을 섬겼는지 보여 줍니다. 마리아는 주님의 신성 앞에 굴복합니다. 윤리적 차원이 아닌, 신앙적 차원의 대접입니다.

마리아의 행동에 대해서 많은 사람들이 거부감을 느낀 것은 사실입니다. 그때에 가룟 유다가 앞장서서 비판하고 나섰습니다.

가룟 유다가 어떤 인물입니까?

4절에서, 사도 요한은 가룟 유다에 대해서 세 가지를 언급합니다.

첫째, 제자 중 하나.

둘째, 예수를 팔 자.

셋째, 가룟인.

6절에서는 "도둑"이란 말로 요약합니다. 가룟 유다는 향유를 팔아 가난한 자들을 구제하지 않느냐고 비난합니다. 그의 말은 위선에 가득 찼습니다. 그는 가난한 자들을 빙자하여 돈을 훔치는 사람이었습니다. 마리아의 향유에 대해서 예수님은 마리아가 생각하고 바친 것 이상의 특별한 의미, 특별한 가치를 거기에 부여하셨습니다(7-8절).

첫째, 주님은 자신의 장례를 준비한 것으로 받으셨습니다.

둘째, 향유를 부은 타이밍입니다.

"가난한 자들은 항상 너희와 함께 있거니와 나는 항상 있지 아니하리라 하시니라"(8절).

시기적으로 적당한 때에 향유를 부었다고 말씀하셨습니다. 가난한 이웃은 언제나 있습니다.

셋째, 신앙과 구제의 우선순위 문제입니다. 8절에서 주님은 가난한 자를 섬기는 일과 주님을 섬기는 일을 대조하십니다. 모든 선행은 하나님께 돌아온 후에 시작되어야 마땅합니다.

영혼이 더러운 자가 어찌 선한 일을 할 수 있고, 탐욕에 매인 마음으로 어찌 정의로운 행동을 하겠습니까?

오늘 내가 주님께 부어드릴 수 있는 향유는 무엇일까요?

내가 가장 아끼는 것, 내가 가장 소중히 간직한 것을 드려본 적이 있습니까? 오늘 그것을 드릴 수 있을까요?

드릴 수만 있다면 큰 복입니다.

✢ 요한복음 12장 주요 메시지

요한복음 12:1-8은 향유 냄새가 가득한 집을 보여 줍니다(3절).

"마리아는 지극히 비싼 향유 곧 순전한 나드 한 근을 가져다가 예수의 발에 붓고 자기 머리털로 그의 발을 닦으니 향유 냄새가 집에 가득하더라"(3절).

향유 냄새가 가득한 집이 된 이유는 다음과 같습니다.

① 예수님을 모셨습니다(1절).
② 예수님을 위하여 마르다는 일을 하였습니다(2절).
③ 예수님을 위하여 마리아는 헌신했습니다(3절).

요한복음 12:24-26은 많은 열매를 맺는 방법을 가르쳐 줍니다(24절). 많은 열매를 맺는 방법은 다음과 같습니다.

① 죽으면 많은 열매를 맺습니다(24절).
② 자기 생명을 미워해야 합니다(25절).
③ 예수님을 섬기고 따라야 합니다(26절).

요한복음 12:37-43은 표적을 보고 믿지 아니하는 이유를 가르쳐 줍니다 주십니다(표적은 예수님의 행적).
"이렇게 많은 표적을 그들 앞에서 행하셨으나 그를 믿지 아니하니"(37절).
믿지 않는 그 이유는 다음과 같습니다.

① 눈을 멀게 하셨기 때문입니다(40절).
② 마음을 완고하게 하셨기 때문입니다(40절).
③ 사람의 영광을 하나님의 영광보다 더 사랑했기 때문입니다(43절).

요한복음 12:44-50에서 예수님은 자신이 빛으로 세상에 왔다고 말씀하십니다(46절).
"나는 빛으로 세상에 왔나니 무릇 나를 믿는 자로 어둠에 거하지 않게 하려 함이로라"(46절).
예수님이 세상에 빛으로 오신 이유는 다음과 같습니다.

① 예수 믿는 자로 어두움에 거하지 않게 하려고 빛으로 오셨습니다(46절).
② 세상을 심판하지 않고, 구원하려고 빛으로 오셨습니다(47절).
③ 하나님 아버지의 말씀을 전하려고 빛으로 오셨습니다(48-50절).

결론

여러분, 향유 냄새가 가득한 집을 보았습니다. 노아가 구원받은 방주에서 나와 제단을 쌓고 정결한 짐승과 정결한 새를 구별하여 번제로 제단에 드렸더니, 그 향기를 받으시고 "내가 다시는 사람으로 말미암아 땅을 저주하지 아니하리니 … 땅이 있을 동안에는 심음과 가뭄과 사계절이 쉬지 아니하리라"라고 말씀하셨습니다(창 8:21-22). 예수 그리스도는 "우리를 위하여 자신을 버리사 향기로운 제물과 희생의 제물로 하나님께 드리셨"(엡 5:2)습니다. 마리아의 향기는 그리스도 예수를 아는 자의 냄새였습니다. 그분의 은혜와 사랑을 온몸과 마음으로 체득한 자만이 드릴 수 있는 향기입니다. 생선은 비린내가 나고 향나무는 향기를 냅니다. "14 항상 우리를 그리스도 안에서 이기게 하시고 우리로 말미암아 각처에서 그리스도를 아는 냄새를 나타내시는 하나님께 감사하노라 15 우리는 구원받는 사람에게나 망하는 자들에게나 하나님 앞에서 그리스도의 향기니"(고후 2:14-15).
마리아가 향유를 주께 부어 드려 향유 냄새가 집에 가득했습니다.
할렐루야! 아멘!

적용과 나눔

오늘 가르침에서 새롭게 깨달은 것 중 개인적으로 적용하여 실천하고자 하는 것을 기록한 후 서로 나누어 봅시다.

기도

성령님의 능력으로 감당하도록 간절히 부르짖고 기도합시다.

제81장 | 요한복음 13장 강론

세상에 있는 자기 사람들을 사랑하시니라

> 요한복음 13:1-38
> 새찬송가 198, 205, 273, 285, 428, 437, 489, 567, 569장

❖ **요한복음 13장 주제: 하나님 아들의 최후 만찬**

❖ **요한복음 13장의 구조와 내용**

요한복음 13장의 구조와 내용은 제자들의 발을 씻기심(1-20절)과 가룟 유다의 배신 예고와 고별 설교(21-38절)입니다.

본 장은 요한복음 17:26까지 이어지는 예수님의 고별 설교 중 그 첫머리입니다. 주님은 수난 주간 중 마가의 다락방에서 이 같은 설교와 행적을 나타내 보이셨는데 먼저 제자의 발을 씻김으로 겸손의 모범을 몸소 실천해 보이셨습니다. 주님의 이러한 태도는 그분의 죽음을 목전에 두고서도 이기적인 다툼에 혈안이 된 제자들을 경성(警省)시키기에 충분했습니다. 마침내 주님은 유월절 만찬을 베푸시나, 유다의 배반과 베드로의 부인을 예언하심으로 분위기가 침울해졌습니다. 실로 주님은 자기 죽음의 실상을 속속들이 다 아셨지만 묵묵히 그 길을 끝까지 가셨습니다.

요한복음은 다른 복음서들처럼 예수님의 생애를 다루고 있습니다. 그런데 전체 21장 가운데 거의 절반에 가까운 분량을 주님의 생애 마지막 한 주간에 일어난 사건을 집중적으로 다루고 있는 점에서 다른 복음서들과는 다른 특징이 있습니다. 십자가 죽음을 목전에 두신 주님이 세상에 남겨 두고 떠나야 할 제자들을 어떻게 사랑하셨는지 그 마음 쓰심과 행동들을 생생하

게 기록합니다.

예수님은 33세쯤 되셨을 때 세상을 떠나신 분입니다. 30대 초반의 젊은 이로서는 남겨 두고 갈 사람들보다는 못 다한 자신의 인생에 대한 아쉬움으로 마지막 순간까지 자신에게 집중하다가 떠나기 쉽습니다. 그런데 죽음을 하루 앞둔 주님의 행적은 다른 점이 있습니다. 사도 요한은 13장을 기점으로 예수님이 남은 시간 동안 제자들을 어떻게 사랑하고 계시는지 마치 예수님의 마음속에 들어가 그 생각을 환히 들여다보고 있는 사람처럼 매 장마다 자세하게 기록합니다.

사랑이 무엇이냐고 정의를 내린다면 어떻게 대답하겠습니까?

우리를 향한 예수님의 사랑은 어떻게 정의를 내리겠습니까?

요한복음에 표현된 제자들을 향한 주님의 사랑은 책임 완수라는 말로 바꾸어 말해도 좋을 듯합니다. 그 책임은 하늘 아버지로부터 받은 사명이며, 그 사명은 하나님이 주신 세상 사람들을 영원한 멸망으로부터 건져내어 생명을 주시는 일이었습니다. 주께서 십자가에서 마지막 남기신 말씀은 "다 이루었다"입니다. 주님은 숨을 거두는 마지막 순간까지 아버지께로부터 받은 사명을 이루기 위하여 그 모진 마음의 고통과 신체적 고통을 참고 또 참으심으로 우리를 향한 사랑을 증명하셨습니다.

수님은 잡히시기 전날 마지막 목요일 밤에 제자들과 저녁 식사를 하는 도중에 자리에서 일어나 대야에 물을 담아 오셔서 열두 제자들의 발을 하나씩 모두 씻어 주셨습니다. 자신들 가운데 누가 더 큰 사람인지에 대해 서로 논쟁을 하며 신경전을 벌이던 제자들이었으니 어느 누구도 동료의 발을 씻기는 일은 상상도 못 할 일이었습니다(눅 22:24). 그런데 선생님이신 주께서 먼저 본을 보이셨습니다. 예수님은 이제 내일이면 유대인들에게 체포되어 십자가 사형을 당하실 분으로서 시간이 많지 않았습니다. 그런데 제자들은 선생님을 떠나보낼 준비가 아직 안 되었습니다. 아니 그 정도가 아니라 아직 내일 어떤 일이 일어날지 상상도 하지 못하고 있으면서 '내가 높다 네가 높다' 서로 힘겨루기나 하고 있는 철없는 사람들이었습니다. 예수님은 이런 제자들에게 분명하게 단호한 어조로 당부하십니다.

"34 새 계명을 너희에게 주노니 서로 사랑하라 내가 너희를 사랑한 것 같이 너희도 서로 사랑하라 35 너희가 서로 사랑하면 이로써 모든 사람이 너희가 내 제자인 줄 알리라"(34-35절).

예수님은 이 사랑이 없으면 아무것도 아니라고 강조하십니다. 형제의 발 아래 무릎을 꿇고 그의 허물과 약점을 닦아 주는 마음으로 사랑을 실천하며 사는 것이 주님이 원하신 형제 사랑입니다. 이러한 사랑이 없으면 예수님의 참 제자로 인정받을 수 없기 때문입니다.

하나님이 우리를 사랑하신 것은 우리가 깨끗하고 흠이 없이 완전해서가 아닙니다. 하나님은 외적인 조건 때문에 우리를 사랑하셨다고 하지 않으십니다. 우리가 가진 그럴듯한 조건 때문에 우리를 구원하신다고 말씀한 적도 없으십니다.

"우리가 아직 죄인 되었을 때에 그리스도께서 우리를 위하여 죽으심으로 하나님께서 우리에 대한 자기의 사랑을 확증하셨느니라"(롬 5:8).

내가 무슨 선하고 기특한 일을 해서 하나님 마음이 내게로 돌려졌다고 생각하면 큰 오해입니다. 내 믿음이 남보다 뛰어나서 나를 자녀로 삼아주셨다고 생각하거나 내가 하나님을 사랑한다고 고백했더니 나를 구원하셨다고 생각하는 것은 더 큰 착각입니다. 그 사랑은 내가 시작한 것이 아니라 먼저 하나님께로부터 왔습니다.

"10 사랑은 여기 있으니 우리가 하나님을 사랑한 것이 아니요 오직 하나님이 우리를 사랑하사 우리 죄를 위하여 화목제로 그 아들을 보내셨음이라 11 사랑하는 자들아 하나님이 이같이 우리를 사랑하셨은즉 우리도 서로 사랑하는 것이 마땅하도다"(요일 4:10-11).

✣ 요한복음 13장 주요 메시지

요한복음 13:1-11은 예수님께서 세상에 있는 자기 사람들을 사랑하신다고 말씀하십니다(1절).

"유월절 전에 예수께서 자기가 세상을 떠나 아버지께로 돌아가실 때가 이른 줄 아시고 세상에 있는 자기 사람들을 사랑하시되 끝까지 사랑하시니라"(1절).

예수님의 사랑은 다음과 같습니다.

① 끝까지 사랑하십니다(1절).
② 발을 씻어 주시고 사랑하십니다(5절).

"이에 대야에 물을 떠서 제자들의 발을 씻으시고 그 두르신 수건으로 닦기를 시작하여"(5절).
③ 상관이 없는 자도 사랑하십니다(8절).
"베드로가 이르되 내 발을 절대로 씻지 못하시리이다 예수께서 대답하시되 내가 너를 씻어 주지 아니하면 네가 나와 상관이 없느니라"(8절).

요한복음 13:12-20에서 예수님은 선생이 되어 본을 보여 가르쳐 주셨습니다(15절). 예수님이 선생이 되어 가르쳐 주신 것은 다음과 같습니다.

① 예수님처럼 발을 씻기는 본을 보여야 합니다(14절).
② 예수님처럼 겸손의 본을 보여야 합니다(16절).
"내가 진실로 진실로 너희에게 이르노니 종이 주인보다 크지 못하고 보냄을 받은 자가 보낸 자보다 크지 못하나니"(16절).
③ 예수님처럼 행하는 본을 보여야 합니다(17절).

요한복음 13:34-35에서 예수님은 서로 사랑하라고 말씀하십니다(34절).
"새 계명을 너희에게 주노니 서로 사랑하라 내가 너희를 사랑한 것 같이 너희도 서로 사랑하라"(34절).
예수님이 서로 사랑하라고 하신 이유는 다음과 같습니다.

① 새 계명을 받았기 때문입니다(34절).
"새 계명을 너희에게 주노니 서로 사랑하라 내가 너희를 사랑한 것 같이 너희도 서로 사랑하라"(34절).
② 예수님이 사랑의 본을 보여 주셨기 때문입니다(34절).
③ 예수님의 제자이기 때문입니다(35절).
"너희가 서로 사랑하면 이로써 모든 사람이 너희가 내 제자인 줄 알리라"(35절).

결론

여러분, 예수님은 세상에 있는 자기 사람들을 사랑하십니다. 예수님께서 우리에게 마지막까지 보여 주신 사랑은 끝이 없는 사랑이고 모자람이 없는 사랑이며 책임을 완수하신 사랑입니다. 그리고 그 사랑으로 내가 부름을 받았고 구원을 얻어 하나님의 자녀가 되었습니다. 그리고 예수님은 나를 붙드신 그 사랑의 손을 절대 놓지 않고 끝까지 함께 가십니다. 기쁨의 자리에도 고난과 아픔의 자리에도 함께 가시는 주님이십니다.

아버지 앞에 서는 그날까지 끝까지 나를 사랑하시는 그 사랑을 즐거워하며 서로의 발을 씻기는 사랑으로 성숙한 제자의 삶을 살기 바랍니다. 이것이 그리스도의 고난과 부활을 기억하며 주의 자녀와 제자로 살아가는 사람의 마땅한 삶입니다. 할렐루야! 아멘!

적용과 나눔

오늘 가르침에서 새롭게 깨달은 것 중 개인적으로 적용하여 실천하고자 하는 것을 기록한 후 서로 나누어 봅시다.

기도

성령님의 능력으로 감당하도록 간절히 부르짖고 기도합시다.

제82장 | 요한복음 14장 강론

너희는 마음에 근심하지 말라

> 요한복음 14:1-31
> 새찬송가 198, 205, 273, 285, 428, 437, 489, 567, 569장

❖ **요한복음 14장 주제: 제자들을 위로하시는 예수님**

❖ **요한복음 14장의 구조와 내용**

요한복음 14장의 구조와 내용은 길과 진리와 생명이신 예수님(1-7절)과 아버지와 아들의 관계(8-21절)와 예수님의 말씀을 지키는 자들이 받게 될 사랑과 평안(22-31절)입니다.

14장은 13장의 사건을 염두에 두고 읽어야 합니다. 유다의 배반, 베드로의 부인, 예수의 죽음 등에 관한 예고를 접한 제자들은 불안과 공포에 젖게 되었습니다. 그들의 정황을 간파한 주님께서 그들을 위로하시고(1-15절) 보혜사 성령을 보내겠다고 약속하십니다. 제자를 사랑하되 끝까지 사랑하시고(요 13:1), 그들의 향후 형편까지 고려하시는 주님의 인애로우심이 돋보입니다. 실제로 주님의 이러한 약속은, 부활 후에 제자들에게 나타나심과 오순절 성령 강림을 통해서 역사적으로 성취되었습니다.

오늘 말씀은 예수님께서 열두 제자 중 하나가 자신을 팔아넘길 것이고 수제자 베드로는 세 번 씩이나 자신을 부인할 것이며 자신은 제자들을 떠나 십자가에 달려 죽으셔서 아버지께로 가시겠다고 예고하신 상황에서 하신 말씀입니다. 그런 상황에서 제자들이 당연히 가졌을 불안감을 덜어 주시기 위해 하신 말씀일 것입니다. 그 누구보다도 예수님 자신이 위태롭고

두렵고 괴로운 처지에 계셨을 터인데도 예수님의 말씀은 너무나 평화롭고 확신에 차 있음을 느낄 수 있습니다.

예수님은 먼저 "너희는 마음에 근심하지 말라. 하나님을 믿으니 또 나를 믿으라"라고 말씀하셨습니다. "근심하지 말라"는 것은 현재 닥친 상황과 또 앞으로 전개될 상황 때문에 겁을 먹고 마음의 요동침에 의해 자신이 압도되도록 내버려두지 말라는 말씀입니다. "하나님을 믿으니 또 나를 믿으라"라고 말씀하신 것은 근심하지 않고 마음의 평정을 지킬 수 있는 근거가 하나님과 그의 아들 예수 그리스도에 대한 믿음임을 가르쳐 주신 말씀입니다.

일단 제자들에게 믿음 안에서 근심하지 말 것을 당부하신 예수님께서 아버지께로 가심이 왜 필요하고 제자들에게 유익한 일인지를 말씀해 주셨습니다.

"2 내 아버지 집에 거할 곳이 많도다 그렇지 않으면 너희에게 일렀으리라 내가 너희를 위하여 거처를 예비하러 가노니 3 가서 너희를 위하여 거처를 예비하면 내가 다시 와서 너희를 내게로 영접하여 나 있는 곳에 너희도 있게 하리라 4 내가 어디로 가는지 그 길을 너희가 아느니라"(2-4절).

예수님께서 가시는 길이 십자가를 지고 죽는 길이며 그러나 다시 살아나셔서 아버지께로 가시는 길임을 말씀하신 것입니다. 그것이 제자들에게 하나님 나라에 들어가 하나님과 더불어 사는 길을 여시는 일임을 상기시키신 것입니다. "내 아버지 집에 거할 곳이 많도다"라고 하신 것은 제자들에게 그들 모두가 하나님 나라에 들어갈 사람들임을 알려 주신 말씀입니다.

"그렇지 않으면 너희에게 일렀으리라. 내가 너희를 위하여 거처를 예비하러 가노니 가서 너희를 위하여 거처를 예비하면 내가 다시 와서 너희를 내게로 영접하여 나 있는 곳에 너희도 있게 하리라"라고 하신 것은 하나님 나라에 제자들이 거할 곳이 많지만 설령 그렇지 않다 하더라도 주님께서 지금 아버지께로 가셔서 다 예비하고 오면 될 것이니 염려하지 말라는 뜻입니다.

그리고 "내가 어디로 가는지 그 길을 너희가 아느니라"라고 하신 것은 그동안 예수님께서 여러 차례 말씀하셨기 때문에 제자들을 두고 가시는 길이 어떤 길인지를 그들이 다 잘 이해하고 있는지 확인하시는 말씀입니다.

그런데 예수님의 기대와는 달리 제자들이 예수님의 말씀을 아직 제대로 이해하지 못하고 있음이 드러났습니다. 도마가 나서서 다음과 같이 말한 것입니다.

"주여, 주께서 어디로 가시는지 우리가 알지 못하거늘 그 길을 어찌 알겠사옵나이까?"(5절)

도마의 이 말은 사실상 예수님이 누구이시고 그가 왜 오셨으며 이제 무엇 때문에 십자가의 길을 가시는지에 대한 본질적 이해에 있어서 제자들이 전적인 무지 상태에 있었음을 드러내는 말입니다.

이에 예수님께서 자신의 존재와 사역에 대한 본질적인 가르침을 또 다시 요약하여 주신 것이 6-7절의 말씀입니다.

"6 내가 곧 길이요 진리요 생명이니 나로 말미암지 않고는 아버지께로 올 자가 없느니라 7 너희가 나를 알았더라면 내 아버지도 알았으리로다 이제부터는 너희가 그를 알았고 또 보았느니라"(6-7절).

예수님은 자신을 "길이요 진리요 생명"이라 하셨고 예수님에 의해서가 아니면 하나님께 나아갈 다른 길이 없음을, 하나님을 알 길도 하나님을 볼 길도 없음을 분명히 말씀하신 것입니다. 하나님의 아들이신 예수님이 친히 십자가를 지시고 죽으셨다가 다시 살아나셔서 아버지께로 가셨다가 다시 오시는 일만이 모든 사람에게 구원의 문을 여는 길이며 그 하나님의 뜻을 믿고 따르는 것만이 구원과 영생을 누리는 길임을 재확인시켜 주신 것입니다.

그러나 세사들은 아직도 예수님의 말씀을 바로 깨달아 알지 못한 모습을 또 드러냅니다(8절).

"주여, 아버지를 우리에게 보여 주옵소서 그리하면 족하겠나이다"(8절).

이에 예수님은 9-11절에서 다시 가르쳐 주십니다. 결국 예수님의 존재와 사역이 믿음의 대상임을 강조하신 예수님은 마지막으로 믿음의 중요성을 가르치셨습니다. 12-14절입니다. 믿음은 우리로 하여금 예수님께서 하시는 일을 하게 하고, 큰 일을 행하게 하며, 하나님께서 영광을 받으시게 하고, 무슨 일이든 이루어질 수 있게 하는 것이라는 말씀입니다.

✣ 요한복음 14장 주요 메시지

요한복음 14:1-6에서 예수님은 마음에 근심하지 말라고 말씀하십니다(1절).

"너희는 마음에 근심하지 말라 하나님을 믿으니 또 나를 믿으라"(1절).

그 이유는 다음과 같습니다.

① 하나님을 믿기 때문입니다(1절).
② 예수님을 믿기 때문입니다(1절).
③ 예수님이 우리를 위하여 처소를 예비하시기 때문입니다(2절).
④ 예수님이 다시 와서 우리를 영접하기 때문입니다(3절).
⑤ 예수님이 아버지께 나아가는 길이요 진리요 생명이기 때문입니다(6절).
"예수께서 이르시되 내가 곧 길이요 진리요 생명이니 나로 말미암지 않고는 아버지께로 올 자가 없느니라"(6절).

요한복음 14:16-17에서 예수님은 보혜사 성령를 주시겠다고 말씀하십니다(16절).
"내가 아버지께 구하겠으니 그가 또 다른 보혜사를 너희에게 주사 영원토록 너희와 함께 있게 하리니"(16절).
보혜사는 어떤 영이십니까?

① 예수님이 하나님 아버지께 구하여 보내신 영이십니다(16절).
② 영원토록 성도와 함께하는 영이십니다(16절).
③ 진리의 영이십니다(17절).
④ 예수님 이름으로 보내시는 성령이십니다(26절).
⑤ 평안을 주시는 영이십니다(27절).

요한복음 14:21-24은 예수님을 사랑하라고 말씀합니다(21절).
"나의 계명을 지키는 자라야 나를 사랑하는 자니 나를 사랑하는 자는 내 아버지께 사랑을 받을 것이요 나도 그를 사랑하여 그에게 나를 나타내리라"(21절).
예수님을 사랑하는 자는 다음과 같습니다.

① 예수님을 사랑하는 자는 계명을 지킵니다(21-23절).
② 예수님을 사랑하면 하나님께 사랑을 받습니다(21절).
③ 예수님을 사랑하면 하나님이 함께하여 주십니다(23절).

결론

여러분, 예수님은 너희는 마음에 근심하지 말라고 말씀하십니다. 인간은 누구나 삶의 한계점인 죽음 앞에서 불안과 두려움에 떱니다. 그러나 우리가 올바른 삶의 나침반을 가지고 삶의 목적을 분명히 하고 봉사와 헌신의 삶을 살며 가치 있는 삶을 살았을 때 우리는 죽음 앞에서도 미소 지으며 감사하고 평안하게 죽을 수 있습니다. 안 죽는 게 제일 좋은데 다 죽습니다. 한 번 죽는 것은 정한 이치요, 죽고 난 다음에는 심판이 있습니다.

그러나 예수님께서 "나는 부활이요, 생명이니 나를 믿는 자는 죽어도 살겠고 살아서 믿는 자는 영원히 죽음을 보지 아니하리라"라고 말씀하셨습니다. 지금 이미 예수 믿었으니 이제는 죽음이 없습니다. 영생입니다. 너희는 마음에 근심하지 말라고 하십니다. 할렐루야! 아멘!

적용과 나눔

오늘 가르침에서 새롭게 깨달은 것 중 개인적으로 적용하여 실천하고자 하는 것을 기록한 후 서로 나누어 봅시다.

기도

성령님의 능력으로 감당하도록 간절히 부르짖고 기도합시다.

제83장 | 요한복음 15장 강론

예수님 사랑 안에 거하라

> 요한복음 15:1-27
> 새찬송가 86, 93, 205, 273, 285, 428, 437, 489, 567, 569장

❖ **요한복음 15장 주제: 예수님은 참 포도나무**

❖ **요한복음 15장의 구조와 내용**

　요한복음 15장의 구조와 내용은 예수님과 제자들의 관계(1-11절)과 예수님과 성도들의 관계(12-17절)과 예수님과 세상의 관계(18-27절)입니다.
　주님은 자신을 참 포도나무라 칭하시고 신자를 그 가지에 비유하심으로써 양자 간의 뗄 수 없는 연합을 교훈하셨습니다. 이 같은 신령한 연합을 통해서만 신자는 많은 열매를 맺을 수 있습니다. 반면, 줄기에 붙어 있지 않은 가지가 고사되듯 주님을 거부하는 자는 영적 파멸을 당하게 됩니다. 이 비유 후에 주님은 장차 제자들에게 임할 세상의 핍박을 예고하셨습니다. 세상과 주님 사이의 근원적인 적대감 때문에 복음 증거자들은 핍박당할 것입니다. 그러나 또 다른 보혜사의 사역으로 인해 제자들은 그것을 이길 힘을 얻게 될 것입니다.
　"나는 내가 사랑하는 자를 위하여 노래하되 내가 사랑하는 자의 포도원을 노래하리라"(사 5:1).
　여러분은 하나님이 사랑하시는 자이고, 하나님의 노래이며 하나님의 포도원입니다. 사랑, 노래, 포도원이라고 불리는 하나님의 사랑을 받은 자입니다. 그래서 기름진 산에 포도원이 있습니다(1절). 극상품 포도나무를

심었습니다(2절 상) 그런데 그 결과가 좋은 포도 열매가 아니라 들 포도를 맺었다는 것입니다. 하나님의 사랑받는 자요, 노래할 자요, 기름진 땅에 세워진 포도원인 이스라엘이 좋은 포도 열매가 아닌 들 포도를 맺어서 하나님을 실망시켜 버린 것입니다.

우리는 어떠합니까?

믿음의 열매를 맺기 위하여 주님 말씀 안에 거하라고 하십니다.

"내 안에 거하라 나도 너희 안에 거하리라 가지가 포도나무에 붙어 있지 아니하면 절로 과실을 맺을 수 없음 같이 너희도 내 안에 있지 아니하면 그러하리라"(4절).

"사람은 입의 열매로 말미암아 복록에 족하며 그 손이 행하는 대로 자기가 받느니라"(잠 12:14).

"그러므로 우리는 예수로 말미암아 항상 찬송의 제사를 하나님께 드리자 이는 그 이름을 증언하는 입술의 열매니라"(히 13:15).

성도 생활의 열매를 맺기 위하여 농부의 마음인 열심을 가져야 합니다.

✢ 요한복음 15장 주요 메시지

이사야 5:1-7은 "좋은 포도 맺기를 바랐더니"라고 말씀합니다.

"땅을 파서 돌을 제하고 극상품 포도나무를 심었도다 그 중에 망대를 세웠고 또 그 안에 술틀을 팠도다 좋은 포도 맺기를 바랐더니 들 포도를 맺었도다"(사 5:2).

좋은 포도나무 열매는 기쁨의 삶을 사는 사람을 가리킵니다. 좋은 포도 맺기를 바라는 그 이유는 다음과 같습니다.

① 하나님이 사랑하는 자의 포도원이기 때문입니다(사 5:1).
② 땅을 파서 돌을 제하라고 하셨기 때문입니다(사 5:2). 즉 정성과 수고 모든 능력을 다하셨습니다.
③ 극상품 포도나무를 심었기 때문입니다(사 5:2). 하나님이 택하신 우리는 하나님의 극상품입니다(출 19:5-6 참조).
④ 망대를 세웠고 술틀을 파셨기 때문입니다(사 5:2절).

들 포도 열매를 맺을 때, 하나님의 권징이 찾아옵니다. 하나님의 권징은 하나님의 집으로부터 시작됩니다. 그러므로 우리는 불신자들에게 회개하라고 권하기 이전에 들 포도 열매를 맺은 우리의 인생을 먼저 돌아보고 돌이켜야 할 것입니다. 예수님은 "나는 포도나무요 너희는 가지니 저가 내 안에, 내가 저 안에 있으면 이 사람은 과실을 많이 맺나니 나를 떠나서는 너희가 아무것도 할 수 없음이라"(5절)라고 말씀하셨습니다. 예수님을 떠나면 우리는 아무런 존재도 아닙니다. 아무것도 할 수가 없습니다. 그러므로 여러분, 예수님 안에 거하고, 그분과 동행하며, 기도와 말씀을 따라 사시기 바랍니다.

이사야 5:2에서 하나님은 "좋은 포도 맺기를 기다렸거늘 들 포도를 맺음은 어찌 됨인고"라고 말씀하며 다음과 같이 행하십니다.

① 울타리를 걷어 먹힘을 당하게 하십니다(사 5:5).
② 담을 헐어 짓밟히게 하십니다(사 5:5).
③ 황폐하게 하십니다(사 5:6).

좋은 포도 열매는 하나님의 심판을 준비하는 사람입니다.
요한복음 15:1-8에서 예수님은 열매를 많이 맺으라고 말씀하십니다(5절). "나는 포도나무요 너희는 가지라 그가 내 안에, 내가 그 안에 거하면 사람이 열매를 많이 맺나니 나를 떠나서는 너희가 아무것도 할 수 없음이라"(5절). 사람이 열매를 많이 맺어야 할 이유는 다음과 같습니다.

① 열매를 맺지 아니하면 제거해 버리십니다(2절).
② 버려지고 불에 던져 살라집니다(6절).
③ 열매를 많이 맺으면 하나님께서 영광을 받으십니다(8절).

열매를 많이 맺기 위한 방법은 다음과 같습니다.

① 예수님의 말씀으로 깨끗해져야 합니다(2-3절).
② 포도나무이신 예수님께 붙어 있어야 합니다(4절).
③ 예수님 안에 있어야 합니다(5절).

요한복음 15:9-15에서 예수님은 좋은 포도나무 열매, 기쁨의 삶의 열매를 많이 맺으려면 예수님 사랑 안에 거하라고 하십니다(9절).
"아버지께서 나를 사랑하신 것 같이 나도 너희를 사랑하였으니 나의 사랑 안에 거하라"(9절).
예수님 사랑 안에 거하면 다음과 같은 유익을 얻게 됩니다.

① 예수님의 기쁨이 충만하게 됩니다(11절).
② 더 큰 사랑을 하게 됩니다(13절).
③ 예수님의 친구가 됩니다(14-15절).

요한복음 15:16에서 예수님은 좋은 포도나무 열매, 기쁨의 삶의 열매를 많이 맺게 하려고 제자들을 택하여 세웠다고 말씀하십니다.
"너희가 나를 택한 것이 아니요 내가 너희를 택하여 세웠나니 이는 너희로 가서 열매를 맺게 하고 또 너희 열매가 항상 있게 하여 내 이름으로 아버지께 무엇을 구하든지 다 받게 하려 함이라"(16절).
예수님이 택하신 이유는 다음과 같습니다.

① 가서 과실을 맺게 하기 위함입니다(16절).
② 과실이 항상 있게 하기 위함입니다(16절).
③ 예수님 이름으로 아버지께 무엇을 구하든지 다 받게 하기 위함입니다(16절).

요한복음 15:18-21은 예수님은 세상이 신자를 미워한다고 말씀하십니다. 세상이 신자를 미워하는 이유는 다음과 같습니다.

① 신자는 세상에 속한 자가 아니기 때문입니다(19절).
② 신자는 세상에서 예수님의 택하심을 입은 자이기 때문입니다(19절).
③ 예수님 이름을 인하여 세상이 신자를 미워하기 때문입니다(21절).
"그러나 사람들이 내 이름으로 말미암아 이 모든 일을 너희에게 하리니 이는 나를 보내신 이를 알지 못함이라"(21절).

하나님의 사랑을 받은 자가 꼭 기억할 말씀입니다.

요한복음 15:22-27에서 예수님은 불신앙의 죄와 성령의 역할을 가르쳐 주십니다. 불신앙의 죄는 다음과 같습니다.

① 예수님을 알고도 믿지 않는 죄는 핑계될 수 없습니다(22절).
② 예수님을 미워하는 죄입니다(23절).
③ 예수님의 표적을 보고도 믿지 않는 죄입니다(24절).
④ 연고 없이 예수님을 미워하는 죄입니다(25절).

성령의 역할은 다음과 같습니다(26절).
"내가 아버지께로부터 너희에게 보낼 보혜사 곧 아버지께로부터 나오시는 진리의 성령이 오실 때에 그가 나를 증언하실 것이요"(26절).

결론

여러분, 예수님 사랑 안에 거하십시오. 저와 여러분들은 특별한 목적을 가지고 하나님에 의해서 택하여 부르심을 받은 사람들입니다. 그 부르심의 목적은 바로 하나님께서 기뻐하시는 열매를 많이 맺기 위한 것입니다. 이 거룩한 부르심의 목적을 따라 풍성한 열매를 맺는 성도들이 되기 위해서 포도나무이신 예수님께 견고하게 붙어 있어 예수님 사랑 안에 거하시기 바랍니다. 할렐루야! 아멘!

적용과 나눔

오늘 가르침에서 새롭게 깨달은 것 중 개인적으로 적용하여 실천하고자 하는 것을 기록한 후 서로 나누어 봅시다.

기도

성령님의 능력으로 감당하도록 간절히 부르짖고 기도합시다.

제84장 | 요한복음 16장 강론

보혜사를 너희에게 보내리니

> 요한복음 16:1-27
> 새찬송가 189, 195, 205, 273, 285, 369, 414, 428, 437장

❖ **요한복음 16장 주제: 고별 설교**

❖ **요한복음 16장의 구조와 내용**
    요한복음 16장의 구조와 내용은 임박한 박해와 보혜사 성령 강림은 약속(1-15절)과 보혜사 성령 강림 약속과 예수님의 죽음과 부활 예고(16-33절)입니다.
    내용상 요한복음 15:18-21에 이어지는 부분으로서 제자들에게 임할 환난이 언급됩니다. 예수님은 공관복음의 감람산 강화에서도 이와 흡사한 내용을 말씀하신 바 있습니다(마 24:3-25). 환난은 주의 사역자들이 복음 사역 현장에서 부딪치는 피할 수 없는 문제입니다.
    중요한 것은 우리가 성령의 능력을 의지하여 그것을 담대히 헤쳐 가는 신앙입니다. 바로 이러한 취지에서 주님은 성령의 사역에 대해 구체적으로 설명하셨습니다(7-15절). 주님의 죽음(승천)이 당장에는 제자들을 슬픔에 빠뜨릴 것이나 장차 큰 유익을 가져올 것입니다.
    제자들은 세상을 이기신 주님의 모범을 따라(33절) 고난의 터널을 통과해야만 했습니다. 예수님은 하나님께로 왔다가 하나님께로 돌아가는 것은 제자들에게 성령이 임하게 하므로 그들에게 유익하다고 말씀하시며 그들의 근심이 기쁨으로 변할 것이라고 말씀하셨습니다. 또한 자신이 세상을

이겼으므로 환난을 당하나 담대할 것을 제자들에게 명하셨습니다. 이것은 사망 권세를 깨뜨리고 부활하실 것을 예고하심이었습니다. 보혜사에 대한 예언입니다.

믿었던 사람이 세상을 떠나게 되면 의욕을 상실하는 경우가 있습니다. 예수님께서 지상 사역을 끝내고 하나님 나라로 가시기 전에 예수님을 믿는 성도들에게 '내가 가면은 나를 대신하여 보혜사 성령을 보내 주시겠다'고 하셨습니다.

보혜사란 무엇일까요?

첫째, 협조자(공동번역).

둘째, 보호자(현대인의 성경).

셋째, 변호사(예루살렘 바이블).

넷째, 위로자(킹 제임스 성경).

다섯째, 상담자(NIV 성경).

여섯째, 보혜사(개역개정).

그중에서 제일 번역이 잘 된 것은 우리가 사용하는 개역개정이라고 생각합니다. 보혜사(保惠師)는 보호해 주고 은혜 베풀어 주며 가르쳐 주는 분이라는 뜻입니다. 모든 것을 함축하여 나타낸 뜻이기 때문에 좋은 번역이라고 생각 됩니다.

예수님은 역사적으로 현존하신 하나님이십니다. 역사적 존재라는 것은 시간과 공간의 제약 속에 있다는 것을 말합니다. 따라서 하나님을 만나고 경험할 수 있었던 2천 년 전의 유대인들은 인류 최대의 행운아들입니다. 하나님을 직접 보고, 말하고, 느낄 수 있었기 때문입니다. 역사적 시대가 다른 우리는 예수님을 만날 수 없습니다. 2,000년 전 사람이더라도 동아시아에 살던 이들은 예수님을 만날 수 없었습니다. 예수님은 하나님이셨으나, 인간의 몸을 입고 이 세상에 온 이상 인간의 한계 속에 계셨습니다.

그 예수님이 제자들을 향한 고별 설교에서 '내가 떠나가는 것이 너희에게 유익이다. 왜냐하면 주님이 떠나야 보혜사 성령이 너희에게 오시기 때문이다'(7절)라고 하셨습니다. 영(성령)이신 하나님의 특징은 육체를 지닌 예수님처럼 시간과 공간의 제약 속에 있지 않습니다. 지금 동시에 세계 각 사람들이 성령님을 만날 수 있고, 천 년 전 사람이나, 현대인이나, 미래 사람들도 똑같은 성령 하나님을 만날 수 있습니다. 그래서 예수님은 지금 제자들과 헤어지는 것은 서운하나, 오히려 멀리 보면 예수님이 구원 사역을 다 마치고 떠난 후에, 예수님을 대신해서 영이신 성령이 오시는 것이 제자들을 위해서나, 복음 선포를 위해서 더 유익한 일이라는 것입니다.

기독교에는 보혜사 성령님이 계십니다. 다른 우상의 종교에는 보혜사 성령이 없습니다. 각 사람에게 임하는 성령이 없습니다. 우리에게만 성령님이 계십니다. 그런데 보혜사 성령님은 구약의 성령님과 다릅니다. 구약의 성령님은 왕이나 제사장, 선지자들에게 잠깐 임했다가 떠나가기도 하셨습니다. 그래서 다윗이 성령을 거두어 가지 말아 달라고 기도했습니다. 다윗이 자기 부하 장군의 부인과 간음했습니다. 나단 선지자의 책망을 듣고 참으로 무서운 죄를 지었다는 사실을 깨달은 다윗은 하나님께 버림받을까 봐 울부짖었습니다.

"나를 주 앞에서 쫓아내지 마시며 주의 성령을 내게서 거두지 마소서" (시 51:11).

다윗이 왜 이런 기도를 드렸습니까?

사울 왕에게 성령님이 임하시니 사울 왕이 전쟁에서 계속 승리했는데 승리가 계속되니 사울 왕이 교만해졌습니다. 그러자 성령님께서 사울 왕을 떠나셨습니다. 그 후로 사울 왕은 패배하고 그에게 귀신이 들어가 망하고 말았습니다. 그것을 아는 다윗은 자기도 그렇게 망할까 봐 "주의 성령을 내게서 거두지 마소서"라고 했던 것입니다.

그러나 신약 시대의 성령님은 구약 시대의 성령님과 다릅니다. 보혜사로 오시니 목사나 왕이나 제사장에게만 임하시는 것도 아니라 믿는 모든 자에게 임하시고, 임한 다음에는 떠나가지 않으십니다. 요한복음 14:16 말씀대로 영원히 우리와 함께 거하시는 것입니다.

✣ **요한복음 16장 주요 메시지**

요한복음 16:1-15에서 예수님은 보혜사를 너희에게 보내실 것이라고 말씀하십니다(7절).

"그러나 내가 너희에게 실상을 말하노니 내가 떠나가는 것이 너희에게 유익이라 내가 떠나가지 아니하면 보혜사가 너희에게로 오시지 아니할 것이요 가면 내가 그를 너희에게로 보내리니"(7절).

보혜사를 보내시는 이유는 다음과 같습니다.

① 실족하지 않게 하기 위해서입니다(1절).
② 근심이 가득하기 때문입니다(6절).
③ 유익을 주시기 위해서입니다(7절).
④ 죄에 대해 책망하기 위해서입니다(8-9절).
⑤ 의에 대하여 책망하기 위해서입니다(8-10절).
⑥ 심판에 대하여 책망하기 위해서입니다(8-11절).
⑦ 모든 진리 가운데로 인도하기 위해서입니다(12-13절).
⑧ 예수님의 것을 알려 주시기 위해서입니다(14절).

요한복음 16:16-24에서 예수님은 보혜사로 다시 보게 되는 기쁨을 가르쳐 주십니다. 예수님을 다시 보게 되는 기쁨은 다음과 같습니다.

① 근심이 도리어 기쁨이 되는 기쁨입니다(20절).
② 고통을 다시 기억치 아니하는 기쁨입니다(21절).
③ 그 누구도 빼앗지 못하는 기쁨입니다(22절).
④ 충만한 기쁨입니다(23-24절).
"지금까지는 너희가 내 이름으로 아무것도 구하지 아니하였으나 구하라 그리하면 받으리니 너희 기쁨이 충만하리라"(24절).

결론

여러분, 예수님은 보혜사를 우리에게 보내시겠다고 말씀하셨습니다. 여러분, 성령님은 너무 귀하십니다. 제가 잘 아는 사장님 한 분이 계십니다. 서울에 있는 큰 회사의 사장님으로 장로님인데, 미국 지사장이 어떤 실수를 하여 서울의 사장님이 구속되고 회사가 문을 닫아야 할 지경이 되었습니다. 그런데 장로님을 형님처럼 잘 따르던 변호사가 장로님을 도와주어서 벌금만 내고 회사가 건재하게 되었습니다. 그 장로님이 "그분이 아니었으면 우리 회사는 문을 닫았을 텐데, 그분이 도와주어서 지금도 이렇게 서 있습니다. 이 모든 것이 하나님의 은혜입니다"라고 하셨습니다. 훌륭한 변호사의 도움을 받으면 죄인도 의인이 될 수 있습니다. 하지만 변호사가 능력이 없으면 의인도 죄인이 될 수 있습니다. 변호하는 일이 얼마나 중한지 모릅니다.

보혜사는 'the Counselor,' 즉 위대한 변호사입니다. 보혜사 성령님을 능가할 변호사가 없습니다. 성령님을 능가할 법관이 없습니다. 이렇게 위대한 성령님께서 우리 안에 계셔서 변호를 해 주시는데 돈도 받지 않고 변호해 주십니다. 지금 미국에서는 좋은 변호사의 변호를 받으려면 한 시간에 삼천 불을 내야 한답니다.
대단하지 않습니까?
어느 장로님의 아드님인 한 변호사는 한 달 수입이 오십억 원이라고 했습니다. 그런데 가장 위대한 변호사이신 성령님은 변호비도 받지 않으십니다. 우리를 무료로 도와주십니다. 사랑으로 도와주십니다. 할렐루야! 우리의 남은 생애를 그냥 살지 말고, 위대한 변호사이신 성령님의 도움을 받으시기 바랍니다. 할렐루야! 아멘!

적용과 나눔
오늘 가르침에서 새롭게 깨달은 것 중 개인적으로 적용하여 실천하고자 하는 것을 기록한 후 서로 나누어 봅시다.

기도
성령님의 능력으로 감당하도록 간절히 부르짖고 기도합시다.

제85장 | 요한복음 17장 강론

예수님의 중보 기도

> 요한복음 17:1-26
> 새찬송가 189, 195, 205, 273, 285, 369, 414, 428, 437, 539장

❖ **요한복음 17장 주제: 예수님의 중보 기도**

❖ **요한복음 17장의 구조와 내용**

  요한복음 17장의 구조와 내용은 예수님을 자신을 위한 기도(1-5절)와 제자들을 위한 기도(6-19절)와 온 교회를 위한 기도(20-26절)입니다.

  주님은 생의 중요한 기로에서 기도하셨습니다. 요한복음은 겟세마네 기도를 생략한 대신 '대제사장의 기도'를 수록하고 있다. 구약의 대제사장은 백성들의 죄를 위해 하나님 앞에 기도하였다. 주님은 멜기세덱의 반차를 좇은 영원한 대제사장으로서 성부와 사람 사이에 중보 기도를 드리셨습니다. 이 기도는 대략 3부로 구성되어 있다. 먼저, 성부와 성자의 영광을 구하는 것에서 시작하여(1-5절), 제자들의 충성을 간구한다가(6-19절), 성도들의 신령한 교제(연합)를 염원하는 내용(20-26절)으로 끝납니다. 예수님께서 십자가 죽음을 앞두고서도 자신보다는 제자들의 안위를 먼저 염려하시는 중보자로서의 모습이 현저히 부각되고 있습니다.

  오늘 요한복음 17장에 나타난 예수님의 중보 기도를 통해 우리는 많은 것을 배울 수 있습니다. 우선 중보 기도란 기도의 대상이 바로 자신이라는 것입니다. 요한복음 17:1-5절 말씀은 예수님께서 자신을 위해 중보 기도 하신 내용입니다. 또 6-19절 말씀은 사랑하는 제자들을 위해 집중적으로

기도하신 내용입니다. 그리고 20-26절 말씀은 앞으로 제자들이 전도하면서 하나님을 믿게 될 많은 사람들, 곧 믿는 자들을 위해 기도하신 내용입니다. 17장에서 예수님께서 세 가지 영역으로 기도하십니다.

첫째, 자신을 위해 기도하셨습니다.
둘째, 제자들을 위해 기도하셨습니다.
셋째, 하나님을 믿는 모든 사람들을 위해 기도하셨습니다.

인류를 대신하여 드린 이른바 대제사장적 기도입니다. 예수님의 기도가 완벽하게 기록되어 있습니다.

다락방 강화는 예수님께서 세상을 떠나실 것을 미리 내다보시고 불안해하는 제자들에게 위로와 격려, 그리고 확신을 주신 말씀입니다. 이 말씀을 마치신 주님께서는 눈을 들어 하늘을 우러러보시면서 기도하셨습니다. 존 칼빈은 이 기도는 예수님의 설교에 권위를 주는 인장이라고 했습니다. 마틴 루터는 울리는 소리는 단순하나 그 깊이와 넓이의 풍성한 것을 이루 측량할 수 없다고 했습니다. 성경학자 벵겔(Bengel)은 이것은 전체 성경 말씀 중에서 가장 쉽고 뜻은 가장 깊은 한 장이라고 했습니다.

구약 시대 아론의 직계 자손인 대제사장이 일 년에 한 번씩 예복을 갖추어 입고, 모든 백성의 죄를 속죄하기 위한 희생의 피를 가지고 지성소에 들어가 여호와(야-웨)라는 하나님의 이름을 불렀습니다.

이와 같이 구약의 대제사장이 예표한 바 참되고, 안전하고, 영원한 대제사장이신 그리스도께서 하나님과 인간 사이에 계셔서 모든 교회를 위해 기도하신 것입니다. 우리는 이 기도를 통해서 자기 사람들의 모든 것을 한 몸에 걸머지시고 간절하게 기도하시는 주님의 모습을 엿볼 수 있습니다. 이 기도에는 백성을 향한 우리 주님의 놀라운 사랑이 표현되어 있습니다. 이와 같은 주님의 사랑으로, 그의 온 생애가 그의 백성을 위해서 계속적으로 중보 역할을 합니다. 사실 예수님은 그때뿐만이 아니라 오늘도 그의 백성인 우리를 위해서 하나님 보좌 우편에서 계속 중보 기도를 드리고 계십니다.

✢ 요한복음 17장 주요 메시지

요한복음 17:1-5은 예수님 자신을 위한 기도를 보여 줍니다. 예수님 자신을 위한 기도 내용은 다음과 같습니다.

① "아들을 영화롭게 하사 아들로 아버지를 영화롭게 하게 하옵소서"(1절).
② "모든 사람에게 영생을 주게 하시려고 만민을 다스리는 권세를 아들에게 주셨음이로소이다"(2절).
③ "영생은 곧 유일하신 참 하나님과 그가 보내신 자 예수 그리스도를 아는 것이니이다"(3절).
④ "4 아버지께서 내게 하라고 주신 일을 내가 이루어 아버지를 이 세상에서 영화롭게 하였사오니 5 아버지여 창세 전에 내가 아버지와 함께 가졌던 영화로써 지금도 아버지와 함께 나를 영화롭게 하옵소서"(4-5절).

요한복음 17:6-19에서 예수님은 제자들을 위한 기도를 보여 주십니다.

① 제자들의 신분을 위해서 기도하십니다(6-7절).
"6 세상 중에서 내게 주신 사람들에게 내가 아버지의 이름을 나타내었나이다 그들은 아버지의 것이었는데 내게 주셨으며 그들은 아버지의 말씀을 지키었나이다 7 지금 그들은 아버지께서 내게 주신 것이 다 아버지로부터 온 것인 줄 알았나이다"(6-7절).
제자들의 신분은 다음과 같습니다.
첫째, 세상 중에서 예수님께 주어진 자들입니다(6절).
둘째, 세상 중에서 예수님이 아버지의 이름을 나타내 주신 자입니다(6절).
셋째, 아버지의 것으로서 예수님께 주어진 자들입니다(6절).
넷째, 아버지의 말씀을 지킨 자들입니다(6절).
다섯째, 다 아버지께로부터 온 자들입니다(7절).
② 제자들의 신앙을 위해서 기도하십니다(8절).
"나는 아버지께서 내게 주신 말씀들을 그들에게 주었사오며 그들은 이것을 받고 내가 아버지께로부터 나온 줄을 참으로 아오며 아버지께서 나를 보내신 줄도 믿었사옵나이다"(8절).
제자들의 신앙은 다음과 같습니다.
첫째, 아버지께서 주신 말씀을 받은 신앙입니다(8절).
둘째, 예수님이 아버지께로부터 나온 줄을 아는 신앙입니다(8절).
셋째, 아버지께서 예수님을 보내신 줄을 믿는 신앙입니다(8절).
③ 제자들을 위하여 기도한 이유를 가르쳐 주십니다(9-10절).

"⁹ 내가 그들을 위하여 비옵나니 내가 비옵는 것은 세상을 위함이 아니요 내게 주신 자들을 위함이니이다 그들은 아버지의 것이로소이다 ¹⁰ 내 것은 다 아버지의 것이요 아버지의 것은 내 것이온데 내가 그들로 말미암아 영광을 받았나이다"(9-10절).

제자들을 위해 기도한 이유는 다음과 같습니다.

첫째, 제자들은 아버지의 것입니다(9절).

둘째, 예수님이 제자들로 말미암아 영광을 받으셨습니다(10절).

④ 예수님이 아버지 앞으로 가신 후에 제자들의 뒷일을 부탁하시는 기도를 드리셨습니다.

첫째, "아버지의 이름으로 그들을 보전하사"(11절).

둘째, "우리와 같이 그들도 하나가 되게 하옵소서"(11절).

셋째, "그 중의 하나도 멸망하지 않고 … 성경을 응하게 함이니이다"(12절).

넷째, 아버지께로 가시는 예수님의 기쁨을 "그들 안에 충만히 가지게 하려 함이니이다"(13절).

다섯째, "그들도 세상에 속하지" 않게 하소서(14절).

여섯째, "다만 악에 빠지지 않게 보전하시기를 위함이니이다"(15절).

일곱째, "그들을 진리로 거룩하게 하옵소서 아버지의 말씀은 진리니이다"(17절).

요한복음 17:20-26에서 예수님은 온 교회를 위해 기도하십니다.

① "다 하나가 되어 우리 안에 있게 하사 세상으로 아버지께서 나를 보내신 것을 믿게 하옵소서"(21절).

② "아버지께서 나를 보내신 것과 또 나를 사랑하심 같이 그들도 사랑하신 것을 세상으로 알게 하려 함이로소이다"(23절).

③ "내게 주신 나의 영광을 그들로 보게 하시기를 원하옵나이다"(24절).

④ "내가 아버지의 이름을 그들에게 알게 하였고 또 알게 하리니 이는 나를 사랑하신 사랑이 그들 안에 있고 나도 그들 안에 있게 하려 함이니이다"(26절).

결론

여러분, 예수님의 중보 기도를 보았습니다.

"누가 정죄하리요 죽으실 뿐 아니라 다시 살아나신 이는 그리스도 예수시니 그는 하나님 우편에 계신 자요 우리를 위하여 간구하시는 자시니라"(롬 8:34).

더구나 예수님은 지금 믿는 사람을 위해서만 기도하신 것이 아니었습니다. 앞으로 믿는 이들을 통해서 믿게 될 사람들을 위해서도 기도하셨습니다. 물론 예수님께서 세상에 계시면서 많은 기도를 하셨습니다. 그러나 예수님의 대제사장적 기도처럼 긴 기도는 없습니다. 주기도문은 제자들에게 그들 자신을 위해 무엇을 원할 것인지를 가르치셨고, 대제사장의 기도는 주께서 제자들에게 무엇을 원하시는지를 보여 주십니다.

할렐루야! 아멘!

적용과 나눔

오늘 가르침에서 새롭게 깨달은 것 중 개인적으로 적용하여 실천하고자 하는 것을 기록한 후 서로 나누어 봅시다.

기도

성령님의 능력으로 감당하도록 간절히 부르짖고 기도합시다.

제86장 | 요한복음 18장 강론

예수님의 수난은 자발적입니다

> 요한복음 18:1-40
> 새찬송가 189, 195, 205, 273, 285, 369, 414, 428, 437, 539장

❖ **요한복음 18장 주제: 예수님의 수난**

❖ **요한복음 18장의 구조와 내용**

　요한복음 18장의 구조와 내용은 예수님이 체포당하심(1-11절)과 대제사장 안나스의 심문(12-27절)과 로마 총독 빌라도의 심문(28-40절)입니다.

　13장부터 계속 되었던 예수님의 고별 설교가 끝나고 수난 받으시는 모습이 나옵니다. 사도 요한은 대제사장 가야바와 산헤드린 공회 앞에서 예수님이 받으신 심문(마 26:57-68)을 생략하고 빌라도의 재판을 상세히 기록합니다.

　그리스도의 십자가, 이 큰 역사에 직접적으로 관여된 세 인물을 꼽는다면 본문 가운데 나오는 가야바, 빌라도, 그리고 예수님 자신이십니다. 가야바는 그 당시 유대의 교권자로서 종교의 대표자였고, 빌라도는 로마의 정치적인 권력을 대표했습니다. 그리고 예수님은 구세주로서 참된 종교를 상징합니다.

　신약의 마지막 책인 요한계시록 12장과 13장에 세 인격이 나타납니다. 12장에 나타나는 "여인이 낳은 아이"는 예수님과 그의 몸 된 교회를 가리킨다고 봅니다. 그리고 13장에 두 짐승이 나타나는데 첫째는 "바다에서 나오는 짐승"으로 그 머리가 일곱이요, 뿔이 열이 있어서 세상의 권력을

상징합니다. 다른 하나의 짐승은 '양' 같이 생기고 '용' 같이 말하는 짐승으로서 그것은 거짓 종교를 나타내고 있습니다. 여기서도 우리는 예수님, 빌라도 그리고 가야바 같은 세 인물의 그림자를 볼 수가 있습니다.

본문에 나타난 세 인물은 과거의 인물이고, 요한계시록에 나타나 있는 세 인물은 미래에 나타날 예언적인 인물입니다. 그러므로 과거와 미래를 연결하는 역사의 도상에 사는 오늘의 사회에는 언제나 이 세 가지 인물이 있음을 볼 수 있습니다.

가이사랴 빌립보 지방에서 베드로가 위대한 신앙고백을 했을 때 예수님은 그를 칭찬하면서 '이것은 네가 했다기보다는 하나님 아버지의 뜻을 따른 것'이라고 했습니다. 그러나 베드로는 그 다음 순간 주님을 붙들고 십자가에서 죽지 말라고 간하다가 "사단아 내 뒤로 물러가라"라는 무서운 책망을 들었습니다. 사람은 이렇게 순간적으로 하나님 아버지의 길에서 사단의 길로 옮겨갈 수 있는 가능성이 있습니다. 그러니까 우리는 누구든지 가야바의 길을 갈 수 있고 빌라도의 길도 걸을 수 있고 예수님의 가신 길을 따를 수도 있습니다. 십자가와 세 인물을 생각하는 가운데 나는 어느 편에 속한 사람인지를 반성하기를 바랍니다.

첫째, 가야바는 그 당시 병든 종교의 상징입니다. 대제사장은 사독의 자손으로 이들은 보통 '사두개인'으로 불렸습니다. 이들은 천사들도, 내세도, 그러니까 부활도 믿지 않았습니다. 이들은 성경을 읽기는 하였지만 믿지는 않았습니다. 이런 사람이 유대 종교의 최고 지도자로 있었다면 그때의 종교의 형편을 짐작할 수 있습니다.

그리고 이런 사두개인과 반대되는 파가 바리새인들인데 그들은 성경을 충실히 믿었고, 천사가 있음도 믿었고, 부활도 내세도 믿었습니다. 그러나 이 사람들은 너무 지나치게 율법 위에 수많은 유전을 만들었고 외식주의와 형식주의에 빠져서 '깔따귀는 걸러먹고 낙타는 통으로 삼키는 것' 같은 극단적인 형식주의적 종교로 만들어 버렸습니다. 그래서 예수님께서도 친히 경계하시면서 "바리새인과 사두개인의 누룩을 삼가라"라고 하셨습니다.

둘째, 빌라도는 포악한 로마 정권의 상징입니다. 그는 우리 예수님의 십자가 때문에 유명해진 사람입니다. 그런데 불행한 것은 주님과 접촉할 수 있었던 기회가 그에게 복이 되지 못하고 멸망의 무서운 화근이 되었습니다. 빌라도는 AD 26-36년에 유대와 사마리아, 이두매의 총독이 되어 로마 황제와 반역해 오는 유대 민족 사이에 끼어서 힘들게 총독 임무를 수행해 오고 있었습니다.

빌라도는 유대 총독이 된 것을 보면 유능한 사람이었습니다. 그는 건전한 판단력을 가졌습니다. 유대인의 압력에도 불구하고 그는 세 번씩이나 그리스도의 무죄를 선언했습니다(요 18:38; 19:4, 6). 그는 어느 정도 강한 의지도 갖고 있었습니다. 그는 십자가상의 주님의 명패에 "유대인의 왕"이라고 썼다가 그 시정을 요구하는 사람들에게 "내가 쓸 것을 썼다"고 말했습니다. 또한 그는 좋은 아내를 가졌었습니다. 그 아내는 꿈을 꾸고 남편에게 예수님에 대하여 상관하지 말 것을 권했습니다. 이 부인의 이름이 외경엔 '푸로그라'라고 기록되어 있는데, 그 후에 그녀는 예수를 믿게 되었고 오늘도 희랍 정교회에서는 그녀를 성도로서 성별한다고 합니다.

빌라도는 이와 같은 좋은 조건을 가지고 있었음에도 불구하고 주님을 내어 주어 십자가에 못 박게 하고 말았습니다. 왜냐하면 권력에 대한 미련과 욕망이 있었기 때문입니다. 그래서 그는 이와 같은 무서운 죄에 책임자가 되고 말았습니다. 사도신경에 "본디오 빌라도에게 고난을 받으사 십자가에 못박혀 죽으시고"라는 구절이 있습니다.

셋째, 예수님은 참 종교의 상징입니다. 마태는 예수님을 "유대인의 왕"으로, 마가는 "사람을 섬기는 종"으로, 누가는 "참된 사람"으로, 요한은 처음부터 "하나님의 아들"로 표현했습니다. 그리고 4복음서를 통해서 예수님은 메시아, 구세주로 나타납니다. 십자가와 세 인물, 우리 앞에도 이런 세 갈래의 길이 놓여 있습니다.

우리는 어느 길을 택해야겠습니까?

✣ 요한복음 18장 주요 메시지

요한복음 18:1-11은 예수님의 수난이 자발적임을 보여 줍니다(4절).

"예수께서 그 당할 일을 다 아시고 나아가 이르시되 너희가 누구를 찾느냐"(4절).

예수님의 수난이 자발적임을 보여 주신 내용은 다음과 같습니다.

① 그 당할 일을 다 아시고 나아가셨습니다(4, 7, 8, 10, 11절).
② 말씀을 응하게 하시기 위해 수난을 당하셨습니다(32절).

③ 진리에 대하여 증거 하시려고 수난을 당하셨습니다(37절).

요한복음 18:38-19:6은 빌라도의 고백을 보여 줍니다(요 19:6). 빌리도의 고백은 다음과 같습니다.

① "나는 그에게서 아무 죄도 찾지 못하였노라"(38절).
② "내가 그에게서 아무 죄도 찾지 못한 것을 너희로 알게 하려 함이로라"(요 19:4).
③ "나는 그에게서 죄를 찾지 못하였노라"(요 19:6).

결론

여러분, 예수님의 수난은 자발적임을 보았습니다.
예수님은 동산에 자기를 잡으러 온 말고의 귀를 베드로가 잘라버렸을 때 다시 붙여 주셨습니다. 원수를 사랑하심을 나타냈습니다. 잡히실 때 제자들을 가게 하시는 모습은 위기에 처해서도 제자들의 신변을 생각해 주는 주님의 모습을 보여 줍니다. 십자가에 달리셔서 심한 고통 중에서도 십자가 밑에서 비통해 하는 어머니 마리아를 요한에게 부탁하셨고 성경을 응하게 하려고 "목마르다"라고 하셨습니다. 최후의 순간까지 예수님은 주리시고, 아프시고, 극심한 고난 속에 계셨음에도 불구하고 제자들을 위하시고, 어머니를 위하시고, 하나님의 영광을 위하셨습니다. 그것은 철두철미하게 자기희생의 태도입니다. 가야바나 빌라도의 공통점을 찾는다면 자기중심의 생활이나 예수님은 자기희생이었습니다.
가야바! 빌라도! 예수!
하나는 종교의 탈을 쓰면서도 그 종교의 본성과는 반대되는 그릇된 수단에 사는 거짓 신앙자!
다른 하나는 세상 정권에만 눈이 어두워서 자기도 모르게 큰 범죄를 저지르는 어리석은 권력자!
그리고 또 하나는 완전한 자기희생으로 허물어지고 멸망에 처한 이 세상을 구원하신 구세주!
그 결과는 너무 대조적입니다. 가야바가 영도하던 유대 민족은 메시아께 범한 죗값으로 예루살렘이 함락되어 수십만 명이 학살당하고, 그 민족이

전 세계에 흩어져 사는 유랑민이 되었습니다. 빌라도가 대표하는 로마 제국 역시 멸망하였고 빌라도 자신도 그 지위를 빼앗기고 추방되어 죽임을 당했습니다.

그러나 예수의 국토인 그리스도의 교회는 전 세계의 구석구석을 점령하고 세계 인구의 3분의 1이나 되는 그리스도인의 마음속을 깊이 지배합니다.

어느 길을 택하시렵니까?

할렐루야! 아멘!

적용과 나눔

오늘 가르침에서 새롭게 깨달은 것 중 개인적으로 적용하여 실천하고자 하는 것을 기록한 후 서로 나누어 봅시다.

기도

성령님의 능력으로 감당하도록 간절히 부르짖고 기도합시다.

제87장 | 요한복음 19장 강론

예수님은 성경대로 죽으셨습니다

> 요한복음 19:1-42
> 새찬송가 146, 195, 205, 273, 285, 369, 414, 428, 437, 539장

❖ **요한복음 19장 주제: 예수님의 죽음**

❖ **요한복음 19장의 구조와 내용**

 요한복음 19장의 구조와 내용은 빌라도의 사형 언도(1-16절), 십자가에 처형 되시고 장사되신 예수님(17-42절)입니다.

 시편 22편과 이사야 53장에 나타난 메시아의 수난 예고가 여기서 성취됨을 볼 수 있습니다. 예수님은 빌라도의 최종 사형 언도를 통해 십자가에 못 박히셨습니다. 도살장으로 끌려가는 양 같은 취급을 받으면서도 시종일관 양순한 주님의 모습은 그가 바로 인류를 구속한 유월절 양이심을 보여 줍니다. 성경은 이 같은 예수님의 모습을 "자기를 낮추시고 죽기까지 복종하셨으니 곧 십자가의 죽으심이라"(빌 2:8)라고 증거 합니다.

 한편 여기에는 주님의 가상칠언(架上七言) 중 세 마디가 언급되고 있는데 그중에서도 "다 이루었다"(30절)라는 말씀은 그리스도의 구속 사역의 유일무이한 완전성을 증거해 줍니다. 가상칠언을 정리해 보면 다음과 같습니다.

 제1언: "아버지여 저희를 사하여 주옵소서!"(눅23:34)
 제2언: "내가 진실로 네게 이르노니 오늘 네가 나와 함께 낙원에 있으리라"(눅 23:43).

제3언: "여자여 보소서 아들이니이다!" (요 19:26-27)
제4언: "엘리 엘리 라마 사박다니!" (마 27:46)
제5언: "내가 목마르다!" (요 19:28)
제6언: "다 이루었다!" (요 19:30)
제7언: "내 영혼을 아버지 손에 부탁하나이다!" (눅 23:46)

성경은 하나의 사건을 정점으로 모아지고 통합되어 있습니다. 그 하나의 사건이란 예수님이 십자가에 달려 죽으시는 사건인데, 구약의 모든 예언이 하나의 사건을 향하여 달려가고 있으며, 예언되어 있습니다. 구약의 모든 말씀은 십자가에 달리시는 예수님을 전망하고, 기대하면서 믿는 것이요, 예수님 이후의 사람들은 이미 이루어진 십자가의 사건을 기억하고 회상하면서 믿고 있습니다. 구약의 66권 전체가 오실 메시아를 고대하면서 기록되어 있습니다.

오늘 본문에는 예수님을 십자가에 매달아 죽이는 사형 집행의 현장을 보여 줍니다. 예수님은 자신이 매달릴 십자가를 친히 지시고, '골고다'라는 사형장으로 올라가셨습니다. 사형을 집행하는 로마의 군인들은 예수님을 십자가에 매달았습니다. 예수님은 중앙에 달리고, 양 옆에는 살인강도 죄수를 매달아 죽이고 있었습니다.

로마의 유대 총독인 빌라도는 예수님의 십자가에 죄패를 써서 달았습니다. 그 죄패에는 "나사렛 예수 유대인의 왕"이라고 히브리어와 로마어와 그리스어로 썼습니다. 유대인의 제사장들이 빌라도에게 '유대인의 왕'이라고 쓰지 말고, '자칭 유대인의 왕'이라고 쓰라고 말했습니다. 그때에 빌라도는 단호하게 거절합니다. "내가 쓸 것을 썼다"라고 했습니다. 이때 빌라도는 예수님을 십자가에 내어줄 때와는 다르게 위엄이 있고, 할 말을 하지만, 그는 예수님을 십자가에 내어주었기에, 예수님에게 고난을 준 자로 우리는 신앙고백합니다.

골고다에는 로마의 군인들이 예수님을 십자가에 못 박고는 예수님이 입고 있던 옷을 취하여 네 깃에 나누어 각각 한 깃씩 나누어 가졌습니다. 사형 집행관으로 책임자인 백부장은 예수님이 죽으시는 모습을 자세히 쳐다보고는 하나님께 영광을 돌리면서 하는 말이 "이 사람은 정녕 의인이었도다" (눅 23:47)라고 했습니다.

"내 겉옷을 나누며 속옷을 제비 뽑나이다"(시 22:8).

이 시편 22편은 메시아의 수난에 대하여 마치 보고 쓰신 것처럼 많은 사건을 예언합니다.

예수님은 십자가상에 외마디의 말씀을 하셨습니다. 그중에 가상칠언이 기록되고 있는데, 요한복음에는 "내가 목마르다"라는 말씀이 있습니다. 성경에 이미 이런 일이 있을 것이 예언되었습니다.

"그들이 쓸개를 나의 음식물로 주며 목마를 때에는 초를 마시게 하였사오니"(시 69:21). 예수님은 신포도주를 받으신 후에 "다 이루었다"라고 가상칠언의 제6언을 하셨습니다.

✢ 요한복음 19장 주요 메시지

요한복음 19:7-16은 빌라도가 예수님을 십자가에 못 박히게 넘겨주었다고 말씀하십니다(16절).

"이에 예수를 십자가에 못 박도록 그들에게 넘겨 주니라"(16절).

예수님을 십자가에 넘겨줄 때 빌라도는 다음과 같이 행동했습니다.

① 예수님이 하나님의 아들이라는 말을 듣고 더욱 두려워했습니다(8절).
② 예수님을 놓아주려고 힘썼습니다(12절).
  "이러하므로 빌라도가 예수를 놓으려고 힘썼으나 유대인들이 소리 질러 이르되 이 사람을 놓으면 가이사의 충신이 아니니이다 무릇 자기를 왕이라 하는 자는 가이사를 반역하는 것이니이다"(12절).
③ 예수님을 유대인의 왕이라고 했습니다(14-15절).
  "14 이 날은 유월절의 준비일이요 때는 제육시라 빌라도가 유대인들에게 이르되 보라 너희 왕이로다 15 그들이 소리 지르되 없이 하소서 없이 하소서 그를 십자가에 못 박게 하소서 빌라도가 이르되 내가 너희 왕을 십자가에 못 박으랴 대제사장들이 대답하되 가이사 외에는 우리에게 왕이 없나이다 하니"(14-15절).

요한복음 19:23-37은 예수님이 성경대로 죽으셨음을 보여 주는데(24절) 그 내용은 다음과 같습니다.

① 성경대로 군병들이 예수님의 옷을 제비 뽑아 나누었습니다(23-24절).
"²³ 군인들이 예수를 십자가에 못 박고 그의 옷을 취하여 네 깃에 나눠 각각 한 깃씩 얻고 속옷도 취하니 이 속옷은 호지 아니하고 위에서부터 통으로 짠 것이라 ²⁴ 군인들이 서로 말하되 이것을 찢지 말고 누가 얻나 제비 뽑자 하니 이는 성경에 그들이 내 옷을 나누고 내 옷을 제비 뽑나이다 한 것을 응하게 하려 함이러라 군인들은 이런 일을 하고"(23-24절).
② 예수님은 성경으로 응하게 하려 내가 목마르다고 말씀하셨습니다(28-30절).
③ 성경을 응하게 하려 예수님의 뼈가 하나도 꺾이지 않게 되었습니다(33-36절).
"³³ 예수께 이르러서는 이미 죽으신 것을 보고 다리를 꺾지 아니하고 ³⁵ 이를 본 자가 증언하였으니 그 증언이 참이라 그가 자기의 말하는 것이 참인 줄 알고 너희로 믿게 하려 함이니라 … ³⁶ 이 일이 일어난 것은 그 뼈가 하나도 꺾이지 아니하리라 한 성경을 응하게 하려 함이라"(33-36절).

결론

여러분, 예수님은 성경대로 죽으셨음을 보았습니다.
"²² 사람이 만일 죽을 죄를 범하므로 네가 그를 죽여 나무 위에 달거든 ²³ 그 시체를 나무 위에 밤새도록 두지 말고 당일에 장사하여 네 하나님 여호와께서 네게 기업으로 주시는 땅을 더럽히지 말라 나무에 달린 자는 하나님께 저주를 받았음이니라"(신 21:22-23).
예수님이 십자가에 죽으신 것은 완전한 저주입니다. 예수님은 하나님 앞에서 심판을 받으셨고 그 결과로 저주의 죽음을 당하셨으며 지옥으로 떨어지게 되었습니다. 그런데 예수님의 죽음을 두고 유대인 지도자들 가운데 유월절이 가까워오니 명절이 오기 전에 빨리 시체를 매장하자는 의견이 많았습니다. 그래서 종교 지도자들은 빌라도를 찾아오게 되었고 그의 허락을 받아 다리를 꺾어 죽음을 재촉한 후 장례를 치루려고 한 것입니다. 그런데 예수님의 양편 강도의 다리를 먼저 꺾고 예수님에게 가 보니 이미 예수님은 돌아가신 후였습니다. 이렇게 예수님은 다리를 꺾이지 않고 돌아가셨습니다.

다만 예수님의 죽음을 확인하기 위하여 군인들이 예수님의 옆구리를 창으로 찔러 물과 피가 나왔다고 했습니다. 사도 요한은 이 장면을 목격하면서 이것은 성경의 예언(출 12:46; 민 9:12)이 이루어진 것이라고 했습니다. 예수님이 물과 피를 흘리신 이유는 단지 성경을 응하게 하려 함이었던 것입니다(36절). 예수님의 죽음은 상징적이거나 은유적인 해석을 우리에게 요구하는 것이 아니라 하나님의 말씀을 이루시기 위한 것이었다는 말입니다.

"그 날에 죄와 더러움을 씻는 샘이 다윗을 족속과 예루살렘 거민을 위하여 열리리라"(슥 13:1).

예수님은 예언된 그대로 이 땅에 오셔서 우리 죄를 위해 십자가에 죽어 주셨습니다. 할렐루야! 아멘!

적용과 나눔

오늘 가르침에서 새롭게 깨달은 것 중 개인적으로 적용하여 실천하고자 하는 것을 기록한 후 서로 나누어 봅시다.

기도

성령님의 능력으로 감당하도록 간절히 부르짖고 기도합시다.

제88장 | 요한복음 20장 강론

마리아가 보고 들었던 말씀

> 요한복음 20:1-31
> 새찬송가 146, 195, 205, 273, 285, 369, 414, 428, 442, 539장

✢ **요한복음 20장 주제: 부활하신 하나님의 아들 예수님**

✢ **요한복음 20장의 구조와 내용**

　요한복음 20장의 구조와 내용은 부활의 간접적 증거(1-10절)과 부활의 직접적 증거(11-29절), 그리고 요한복음의 기록 목적(30-31절)입니다.
　예수님은 생전에 "나는 부활이요 생명이니"(요 11:25)라고 말씀하시고 죽은 자를 살리는 이적을 행하기도 하셨습니다. 그런데 이제 예수님이 직접 부활체로 나타나심으로 생전의 약속이 거짓이 아님을 확증하셨습니다. 그러므로 첫째 아담은 "산 영"으로 창조되었으나 둘째 아담인 주 예수님은 살리는 영이 되셨습니다(고전 15:45). 부활을 통해서 주님은 자신의 메시아 되심을 여지없이 증명하셨을 뿐 아니라 예수님을 믿는 신자들에게도 부활의 소망을 안겨 주셨습니다. 바울은 "사망아 너의 쏘는 것이 어디 있느냐"(고전 15:55)라고 부활의 승리를 노래했습니다.
　본문을 보면, 다시 사신 예수님께서 네 차례에 걸쳐서 사람들에게 나타나셨습니다. 주님은 오늘도 우리에게 찾아오셔서 만나 주십니다. 사실 이것이 우리 기독교의 본질입니다. 기독교는 죗값으로 멸망할 수밖에 없는 인류를 구원하시기 위해서 하나님 편에서 먼저 일하십니다. 인간의 노력이나 탐구로 구원에 이르는 것이 아니라 선물로 주어지는 구원을 받는 것이

기독교입니다. 그래서 하나님은 자신의 외아들을 이 세상에 보내셨을 뿐만 아니라 우리 인류의 죄를 대신 걸머지시고 하나님의 어린양으로서 제물이 되게 하셨습니다. 그것이 주님의 수난이요, 십자가와 죽음입니다. 더 나아가 하나님은 우리를 의롭다 하시기 위해서 예수를 다시 살리셨습니다.

그러므로 이제 우리가 할 일은 우리 위해 죽으셨다가 우리 위해 다시 사신 주님을 맞이하는 것입니다. 슬픔과 고독, 두려움과 의심 그리고 절망의 자리에 앉아 있을 것이 아니라 돌아서서 다시 사신 주님을 만나셔야 합니다. 그때에 기쁨과 담대함, 확신과 소망의 밝은 빛이 여러분의 마음을 비춰줄 것입니다.

그렇다면, 다시 사신 주님께서 누구에게 나타났습니까?

첫째, 슬픔에 잠겨 있는 마리아에게 나타났습니다. 슬픔과 고독에 붙잡혀 울고 있는 마리아에게 다시 사신 주님이 찾아 오셨습니다.

둘째, 두려워 떠는 제자들에게 나타나셨습니다. 예수님이 십자가에 못박혀 돌아가신 후 제자들은 유대 사람이 무서워서 자기들이 모인 집의 문을 모두 잠그고 있었습니다. 그때 예수님의 제자들이 얼마나 무서워했을지는 우리도 짐작할 수 있습니다.

셋째, 의심에 빠진 도마를 찾아오셨습니다.

넷째, 실망을 안고 실패를 거듭하는 사람들을 찾아오셨습니다. 예수님이 십자가에서 죽으신 후 베드로는 '3년 후에 얻은 것이 이것뿐이구나'라는 마음으로 실망한 나머지 옛 직장인 갈릴리 바다로 갔습니다. 다른 어부 출신 제자들도 베드로를 따라 갔습니다. 그리고 삼 년 동안이나 놓았던 그물을 다시 배에 싣고 노를 저어 고기잡이를 밤이 맞도록 했지만, 한 마리의 고기도 잡지 못했습니다. 이상할 정도로 잡히지 않았습니다. 날이 밝아 동이 트기 시작할 때, 다시 사신 주님께서 해변에 나타나셨습니다. 그리고 제자들을 다시 부르셨습니다. 가장 존귀한 사명을 버리고 떠났던 베드로를 불러 인간의 영혼을 기르는 사명을 맡기는 엄숙한 임명식을 거행했습니다.

인간 생활의 실패로 말미암아 쓴 잔을 마시고 있는 사람에게 부활하신 주님이 찾아오셔서 새 힘을 주시며, 다시 일어날 기회를 허락하시며, 더 좋은 삶의 목적을 위해 살도록 희망을 안겨 주십니다.

주님은 베드로의 실수를 추궁하지 않으셨습니다. 그저 "네가 나를 사랑하느냐?"라고 물으셨습니다.

우리는 다 실수가 많은 사람들입니다. 그러나 주님께서 그것을 따지지 아니하십니다. 주님은 우리의 과거를 묻지 않으십니다. 지금 우리 마음으로 주님을 사랑하면 그만입니다. 그러면 과거의 실수, 죄악을 다 용서하시고 새롭고 위대한 사명을 맡기십니다.

실망하여 맥없이 사시는 분계십니까?

다시 사신 주님을 만나셔서 새 희망을 가지시고 새로운 역사를 창조할 수 있기를 바랍니다.

✣ 요한복음 20장 주요 메시지

요한복음 20:1-18은 마리아가 보고 들었던 말씀을 보여 줍니다(18절). 마리아가 보았던 것은 다음과 같습니다.

① 돌이 무덤에서 옮겨간 것을 보고 시몬 베드로와 다른 제자에게 말하였습니다(1-8절).
② 무덤 안을 들여다보니 흰옷 입은 두 천사가 예수의 시체 뉘었던 곳에 앉은 것을 보았습니다(11-12절).
"11 마리아는 무덤 밖에 서서 울고 있더니 울면서 구부려 무덤 안을 들여다보니 12 흰 옷 입은 두 천사가 예수의 시체 뉘었던 곳에 하나는 머리 편에, 하나는 발편에 앉았더라"(11-12절).
③ 부활하신 주를 보았습니다(14절).

마리아가 들었던 말씀은 다음과 같습니다.

① "천사들이 이르되 여자여 어찌하여 우느냐 이르되 사람들이 내 주님을 옮겨다가 어디 두었는지 내가 알지 못함이니이다"(13절).
마리아가 우는 이유는 다음과 같습니다.
첫째, 예수님을 옮겨 어디 두었는지 알지 못하였기 때문입니다(13절).
둘째, 예수님을 보나 예수님이신 줄 알지 못하였기 때문입니다(14절).
"이 말을 하고 뒤로 돌이켜 예수께서 서 계신 것을 보았으나 예수이신 줄은 알지 못하더라"(14절).
셋째, 부활의 신앙이 없어 예수님을 동산지기인 줄 알았습니다(15절).

"예수께서 이르시되 여자여 어찌하여 울며 누구를 찾느냐 하시니 마리아는 그가 동산지기인 줄 알고 이르되 주여 당신이 옮겼거든 어디 두었는지 내게 이르소서 그리하면 내가 가져가리이다"(15절).
② 부활하신 예수님의 말씀을 들었습니다(15-18절).

요한복음 20:19-29은 부활하신 예수님께서 제자들에게 주신 말씀을 보여 줍니다(19-21, 26절). 부활하신 예수님께서 제자들에게 주신 말씀은 다음과 같습니다.

① "너희에게 평강이 있을지어다"(19, 21, 26절).
② "아버지께서 나를 보내신 것같이 나도 너희를 보내노라"(21절).
③ "성령을 받으라"(22절).
"이 말씀을 하시고 그들을 향하사 숨을 내쉬며 이르시되 성령을 받으라"(22절).
④ "너희가 누구의 죄든지 사하면 사하여질 것이요"(23절).
"너희가 누구의 죄든지 사하면 사하여질 것이요 누구의 죄든지 그대로 두면 그대로 있으리라 하시니라"(23절).
⑤ "믿음 없는 자가 되지 말고 믿는 자가 되라"(27절).
"도마에게 이르시되 네 손가락을 이리 내밀어 내 손을 보고 네 손을 내밀어 내 옆구리에 넣어 보라 그리하여 믿음 없는 자가 되지 말고 믿는 자가 되라"(27절).
⑥ "보지 못하고 믿는 자들은 복 되도다"(29절).
"예수께서 이르시되 너는 나를 본 고로 믿느냐 보지 못하고 믿는 자들은 복되도다 하시니라"(29절).

요한복음 20:30-31은 요한복음을 기록한 목적을 가르쳐 줍니다(31절).
"오직 이것을 기록함은 너희로 예수께서 하나님의 아들 그리스도이심을 믿게 하려 함이요 또 너희로 믿고 그 이름을 힘입어 생명을 얻게 하려 함이니라"(31절).
요한복음을 기록한 목적은 다음과 같습니다.

① 예수님께서 하나님의 아들이심을 믿게 하기 위함입니다(31절).
② 예수님께서 그리스도이심을 믿게 하기 위함입니다(31절).
③ 예수님을 믿고 그 이름을 힘입어 생명을 얻게 하기 위함입니다(31절).

결론

여러분, 마리아가 보고 들었던 말씀을 보았습니다.
우리 주님은 다시 살아 나셨습니다. 주님을 가장 사랑하였던 막달라 마리아에게 주님이 가장 먼저 나타나셨고 다음에 제자들에게 나타나셨습니다. 부활하신 예수님을 만남으로써 놀랍게도 육체가 새로워지고 영혼이 빛나게 됩니다. 영적 평화와 거룩을 경험할 것입니다.
할렐루야! 아멘!

적용과 나눔

오늘 가르침에서 새롭게 깨달은 것 중 개인적으로 적용하여 실천하고자 하는 것을 기록한 후 서로 나누어 봅시다.

기도

성령님의 능력으로 감당하도록 간절히 부르짖고 기도합시다.

제89장 | 요한복음 21장 강론

부활하신 후 디베랴 바다에서 나타내신 일

> 요한복음 21:1-25
> 새찬송가 146, 195, 205, 273, 285, 315, 414, 428, 539장

❖ 요한복음 21장 주제: 예수님의 나타나심

❖ 요한복음 21장의 구조와 내용

요한복음 21장의 구조와 내용은 고기잡이에 관련된 표적(1-14절), 목양 명령(15-25절)입니다.

앞 장에서는 부활하신 주님이 예루살렘에서 제자들에게 나타나신 사건이 기록되었습니다. 그러나 본 장에서는 장소가 바뀌어 디베랴에서 일곱 제자들에게 주님이 나타나신 사건을 언급합니다. 이 같은 기록은 부활하신 주님이 지속적으로 제자들을 돌보고 그들의 사역에 관심을 가지고 계심을 보여 주는 데 목적이 있습니다.

사실, 주님은 부활하신 후에도 그 이전과 동일한 연민과 사랑으로 제자들의 용기를 북돋우셨습니다. 특히 부활하신 주님과 베드로와의 만남은 죄를 범함으로 사도로서의 권위를 상실한 한 인간을 예수님이 어떻게 회복시켜 주는지를 보여 주는 감동적인 대목입니다. 주님의 부활이 없었다면 기독교는 이 땅 위에 존재할 수 없을 것입니다. 기독교는 부활의 종교입니다. 하나님이 이 우주에 살아 계시고, 이 우주와 인간 역사를 다스리시며, 예수 그리스도께서 과연 살아 계신 하나님의 아들이심을 확증하는 것입니다.

오늘 말씀은 부활하신 예수님께서 디베랴 바다(갈릴리 바다)에서 고기

잡고 있는 제자들에게 나타난 기사입니다. 이 예수님의 제자들은 본래가 이 갈릴리 어부 출신이었기 때문에 이 바다에 대하여는 퍽 익숙했습니다. 그들은 3년 동안이나 손을 놓긴 했어도 그래도 고기잡이에 익숙했습니다. 베드로가 고기 잡으러 가겠다고 나서는 바람에 다른 여섯 사람이 함께 따라 나서 일곱 명의 제자는 갈릴리 바다로 다시 돌아와 3년 동안이나 놓았던 그물을 다시 잡았습니다. 그들은 밤이 맞도록 고기 잡노라 무던히 애써 보았으나 한 마리도 잡지 못했습니다. 그때 부활하신 주님이 제자들을 찾아오셨습니다.

주님 찾아오셨는데 누가 먼저 주님을 보았습니까?

예수님을 제일 먼저 본 사람은 요한이었습니다. "예수께서 사랑하시는 그 제자가 베드로에게 이르되 주님이시라 하니"(7절) 다른 제자들은 나중에 차츰 알게 되었습니다.

여기서 배울 것이 무엇입니까?

신령한 눈이 가장 밝은 사람은 예수님을 가장 사랑하는 사람입니다.

그러면 주님 찾아오신 결과가 무엇입니까?

세 가지 결과가 나타났습니다.

첫째, 새 힘을 얻었습니다. 예수님께서 제자들에게 "와서 조반을 먹으라"라고 하셨습니다. 제자들은 밤을 새워 고기 잡느라 애썼지만, 고기도 못 잡아 더 피곤하고 배도 고팠을 것입니다. 그들은 주님이 주신 조반을 먹고 배도 불렀고 새 힘을 얻었습니다. 주님의 제자들이 예수님께 와서 식사만 한 것이 아닙니다.

둘째, 사랑의 다짐을 받았습니다. 특별히 베드로에게 물으셨습니다.

"네가 이 사람들보다 나를 더 사랑하느냐?"(15절)

이 말씀은 베드로에게만 해당되는 것이 아닙니다. 예수님은 오늘 우리 주님께서 찾아오셔서 물으십니다.

"네가 이 사람들보다 나를 더 사랑하느냐?"

참된 기독교의 요소가 무엇일까?

첫째도 주님을 사랑하는 것이요, 둘째도 주님을 사랑하는 것이요, 셋째도 주님을 사랑하는 것입니다.

여러분! 정말 주님을 사랑하십니까?

마음으로 대답해 보십시오. "주님, 그렇습니다. 제가 주님을 사랑하는 줄을 주님께서 아십니다"라고 대답하시기 바랍니다. 주님이 찾아 오셔서 제자들에게 새 힘을 주실 뿐 아니라 자신을 시험하는 기회를 주셨습니다.

셋째, 위대한 사명을 맡겼습니다. 주님이 베드로에게 주신 말씀은 "내 어린 양을 먹이라," "내 양을 치라," "내 양을 먹이라"입니다.

✧ 요한복음 21장 주요 메시지

요한복음 21:1-14은 예수님이 부활하신 후 디베랴 바다에서 나타나신 일을 보여 줍니다(1절).

"그 후에 예수께서 디베랴 호수에서 또 제자들에게 자기를 나타내셨으니 나타내신 일은 이러하니라"(1절).

예수님이 부활하신 후에 디베랴 바다에서 나타나셔서 하신 일은 다음과 같습니다.

① "애들아 너희에게 고기가 있느냐"라고 물으셨습니다(5절).
"예수께서 이르시되 애들아 너희에게 고기가 있느냐 대답하되 없나이다"(5절).
② 그물을 배 오른편에 던지라고 하셨습니다(6절).
③ 지금 잡은 생선을 좀 가져오라고 하셨습니다(10절).
④ 와서 조반을 먹으라고 하셨습니다(12-14절).
"12 예수께서 이르시되 와서 조반을 먹으라 하시니 제자들이 주님이신 줄 아는 고로 당신이 누구냐 감히 묻는 자가 없더라 13 예수께서 가셔서 떡을 가져다가 그들에게 주시고 생선도 그와 같이 하시니라 14 이것은 예수께서 죽은 자 가운데서 살아나신 후에 세 번째로 제자들에게 나타나신 것이라"(12-14절).

요한복음 21: 15-19에서 부활하신 예수님은 베드로에게 사명을 주십니다. 베드로에게 주신 사명은 다음과 같습니다.

① 예수님의 양을 먹이고 치는 삶을 살라는 사명입니다(15-17절).
"15 그들이 조반 먹은 후에 예수께서 시몬 베드로에게 이르시되 요한의 아들 시몬아 네가 이 사람들보다 나를 더 사랑하느냐 하시니 이르

되 주님 그러하나이다 내가 주님을 사랑하는 줄 주님께서 아시나이다 이르시되 내 어린 양을 먹이라 하시고 16 또 두 번째 이르시되 요한의 아들 시몬아 네가 나를 사랑하느냐 하시니 이르되 주님 그러하나이다 내가 주님을 사랑하는 줄 주님께서 아시나이다 이르시되 내 양을 치라 하시고 17 세 번째 이르시되 요한의 아들 시몬아 네가 나를 사랑하느냐 하시니 주께서 세 번째 네가 나를 사랑하느냐 하시므로 베드로가 근심하여 이르되 주님 모든 것을 아시오매 내가 주님을 사랑하는 줄을 주님께서 아시나이다 예수께서 이르시되 내 양을 먹이라"(15-17절).

② 예수님의 십자가를 지는 삶을 살라는 사명입니다(18절).
"내가 진실로 진실로 네게 이르노니 네가 젊어서는 스스로 띠 띠고 원하는 곳으로 다녔거니와 늙어서는 네 팔을 벌리리니 남이 네게 띠 띠우고 원하지 아니하는 곳으로 데려가리라"(18절).

③ 죽음으로 하나님께 영광을 돌리는 생애가 되라는 사명입니다(19절).
"이 말씀을 하심은 베드로가 어떠한 죽음으로 하나님께 영광을 돌릴 것을 가리키심이러라 이 말씀을 하시고 베드로에게 이르시되 나를 따르라 하시니"(19절).

결론

여러분, 예수님께서 디베랴 바다에서 나타나셔서 하신 일을 보았습니다. 12-14절에서 예수님께서 '누구든지 목마르면 나에게 와서 생수를 마시라'고 말씀하신 것처럼, 숯불 위에 생선과 떡을 준비하시고 제자들이 잡은 생선도 더해서 와서 먹으라고 초청하십니다. 음식을 앞에 두고 설명이 길고 묵상이 길면 배고픈 사람은 더욱 배고파지는 법입니다. 그럴 때는 그냥 먹으라고 권해야 합니다. 천국은 모두 와서 먹고 즐기는 곳입니다. 예수님의 모습은 너무나 아름답습니다. 제자들은 와서 말없이 먹습니다. 예수님이 떡과 생선을 떼서 제자들에게 권하십니다.
여기서 우리는 실패한 인생들에게 희망과 용기를 주시는 예수님의 모습을 발견하게 됩니다. 예수님께서 고기를 잡으러 바다로 간 제자들을 책망하시지 않으십니다. 우리의 내면을 뒤집어 보면, 말을 하지 않을 뿐이지 부끄러운 구석을 많이 갖고 있습니다. 하지만 예수님은 모든 사실을 알고 계시지만 모르시는 척해 주시는 겁니다. 사람이 인생을 살면서 알고도 모르는 체하는 것도 삶의 한 가지 지혜입니다. 사람은 상대방의 약점과 수치를 들춰내 굴복시키려 하지만, 예수님께선 모든 것을 용납하시고 모르시는 척해 주십니다.

예수님과 같이, 우리는 상대방의 약점과 실수를 덮어 주고 편안하게 대해야 합니다. 음식을 권하고 따뜻한 마음으로 감싸줘야 합니다. 과거의 실수나 허물에서 벗어나 예수님이 주시는 위로와 격려로 다시 일어설 때, 희망의 전도사가 될 수 있습니다. 할렐루야! 아멘!

적용과 나눔

오늘 가르침에서 새롭게 깨달은 것 중 개인적으로 적용하여 실천하고자 하는 것을 기록한 후 서로 나누어 봅시다.

기도

성령님의 능력으로 감당하도록 간절히 부르짖고 기도합시다.